도시문화연구 004

서울 산책

홍성태 지음

'산책 도시'를 꿈꾸며

진인진

서울산책 '산책도시'를 꿈꾸며

초판 1쇄 발행 | 2017년 5월 8일

지은이 | 홍성태
편　집 | 배원일
발행인 | 김영진
발행처 | 진인진
등　록 | 제25100-2005-000003호
주　소 | 경기도 과천시 별양상가 1로 18, 614호(과천오피스텔, 별양동)
전　화 | 02-507-3077~8
팩　스 | 02-504-3079
홈페이지 | http://www.zininzin.co.kr
이메일 | pub@zininzin.co.kr

ⓒ 진인진 2017
ISBN 978-89-6347-326-0　03000

목차

- 머리말 / '산책 도시'를 위해 __5

- 서울에서 산책하기 __9

1장 / 한양을 둘러싼 한양도성 __19

2장 / 경복궁과 청와대를 걷는다 __37

3장 / 한국의 중심, 세종로를 걷는다 __53

4장 / 태평하지 않은 태평로 __73

5장 / 북촌과 송현동을 찾아서 __99

6장 / '서촌'의 골목길을 걷는다 __119

7장 / 아늑하고 위태로운 부암동 __143

8장 / 서대문형무소에서 서대문 네거리로 __161

9장 / 낙타산 아래 대학로 __185

10장 / 동대문에서 남산으로 __207

11장 / 청량리는 청량한가? __233

12장 / 종로, 서울을 대표하는 길 __251

13장 / 청계천은 복원되었는가? __271

14장 / 남산, 무서운 식민과 독재의 역사 __287

15장 / 남영동 대공분실을 찾아서 __305

16장 / 용산은 시멘트 아파트 산이 되었네 __321

17장 / 낙한강의 재자연화를 꿈꾼다 __343

18장 / 여의도의 벚꽃 섬둑길을 걷는다 __367

19장 / 영등포와 가리봉을 걷다 __385

20장 / 강남 또는 괴물을 찾아서 __403

• 참고자료 __433

_머리말

'산책 도시'를 위해

서울은 어떤 도시인가? 서울은 천만 명의 사람들이 모여 살고 있으며, 자동차와 고층 건물들이 대단히 많은 세계적인 대도시이다. 그런데 걷기의 관점에서 보면, 지금 서울은 산책하기 어려운 도시이며, 앞으로도 계속 산책하기 어려운 도시일 공산이 큰 데, 부디 하루빨리 산책하기 좋은 도시가 되기를 바란다. 사람이 편하게 걸어 다닐 수 없는 도시는 사람을 무시하는 나쁜 도시일 수밖에 없다. 이런 점에서 지금 서울은 세계적인 대도시이지만 결코 좋은 도시라고 할 수는 없다. 서울은 '세계 최초의 보행조례를 갖고 있는 지자체'[1]이지만 그 실상은 여전히 큰 문제를 안고 있는 것이다.

산책[2]은 천천히 편하게 걸어 다니는 것이다. 그런데 산책은 단지 천천히 편하게 걷는

---

1 1995년 12월에 이를 위한 시민운동이 시작됐고, 1996년 5월 '걷고 싶은 서울 만들기 운동본부'가 발족했으며, 1997년 1월 '서울특별시 보행권 확보와 보행환경 개선에 관한 기본조례'가 제정됐고, 이에 따라 1998년 5년 단위의 〈서울시 보행환경 기본계획〉이 수립됐다. 한편 이 운동을 주도한 1994년에 설립된 '시민교통환경연구소'는 1997년 6월에 강병기 교수를 대표로 '도시연대'(걷고 싶은 도시 만들기 시민연대)로 발전했다. http://www.dosi.or.kr/ 참고.

2 만보(漫步)는 천천히 걷는 것을 강조한 말이다. 퇴계 이황(1501~1570)의 시 '만보'(晚步)는 해가 지는 저녁 시간에 거니는 것을 뜻한다. 19세기 초반 파리에서 거리를 산책하는 사람들이 많이 나타나게 되었는데 프랑스의 시인 샤를 보들레르(Charles Baudelaire, 1821-1867)는 '플라뇌르'(flâneur, 산책객=게으른 산책자)라고 불린 이 사람들을 근대 사회의 중요한 표현으로 파악했다. 20세기 초반에 독일의 유태인 문예비평가 발터 벤야민(Walter Benjamin, 1892~1940)이 보들레르의 연구를 이어받았는데, 보들레르는 나폴레옹 3세와 조르주-위젠 오스만이 만든 파리의 대로에 관심을 기울인 데 비해, 벤야민은 그 때문에 없어진 골목길(파사쥬, passage)과 그 상가(아케이드, arcade)에 관심을 기울였다.

것만이 아니라 걸으면서 두리번두리번 구경하는 것과 걷다가 지치면 편하게 앉아서 쉬는 것을 포함한다. 따라서 산책을 잘 할 수 있기 위해서는 도시가 걷기에 편해야 할 뿐만 아니라 공기가 매연과 미세먼지에[3] 찌들어 있지 않아야 하고, 그악스럽고 위험한 간판이 아니라 좋은 볼거리가 많아야 하고, 폭력적인 소음이 아니라 은은한 음악이나 고요가 많아야 하고, 잠시 앉아서 지친 다리를 쉴 수 있는 곳이 많아야 한다. 그러므로 느긋하고 즐겁게 산책을 잘 할 수 있는가는 좋은 도시의 핵심적인 기준이다.

도시를 걸으면 우리는 몸으로 도시를 익히게 된다. 자동차들이 정신없이 달리는 큰 길로 구획된 큰 건물들 사이를 걷다 보면 우리 몸은 자기도 모르게 잔뜩 위축되고 만다. 그러나 작은 길들이 자유롭게 오가고 저층 건물들이 오손도손 들어서 있는 동네를 걷다 보면 우리 몸은 어느 틈엔가 스르르 편해진다. 우리의 머리로 공간의 질을 파악하기 전에 공간의 질이 먼저 우리의 몸으로 다가오고 스며드는 것이다. 산책은 도시를 몸으로 느끼고 알 수 있는 방법이며, 산책에 좋은 도시는 우리의 몸에 좋은 도시이다. 좋은 도시는 걷는 것을 배척하는 도시가 아니라 걷는 것을 중시하는 도시이다.

1990년대 중반에 '문화도시'라는 개념이 처음으로 나타나서 서울을 비롯한 한국의 도시들이 나아가야 할 방향으로 널리 채택되었다. 유럽에서는 1980년대 초부터 문화산업의 중요성을 강조하는 연구가 본격적으로 제시되기 시작했는데, 그 연장선에서 영국의 찰스 랜드리가 1990년에 처음으로 '창조도시'라는 개념을 전면에 내세운 도시 개혁안을 제시했다.[4] 얼마 뒤에 일본에서는 사사키 마사유키佐々木 雅幸가 '창조도시'를 강력히 제시하고 나섰다. '문화도시'나 '창조도시'나 모두 주민의 관점에서 도시의 자연, 역사, 문화를 강조하는 공통점을 갖고 있다. 요컨대 '문화도시'나 '창조도시'나 모두 이런저런 거창한 개발

---

[3] 2017년 3월 30일 서울의 대기가 인도의 뉴델리에 이어 세계에서 두번째로 나쁜 것으로 보도되었다. 베이징은 개선되었으나 서울은 계속 나빠졌다. 중국의 영향도 크지만 서울과 수도권의 공장, 자동차, 석탄발전을 조장한 이명박-박근혜 비리 정권의 잘못된 정책 탓이 크다. 더욱이 이명박-박근혜 비리 정권은 중국의 영향에 대해서도 그저 방관으로 일관했다.

[4] Charles Landry, *Glasgow: The Creative City and its Cultural Economy*, 1990. *The Creative City in Britain and Germany*, 1994. *The Creative City: A toolkit for urban innovators*, 2000(임상오 역, 『창조도시』, 2004). John Howkins, *The Creative Economy*, 2001. Richard Florida, *The Rise of the Creative Class*, 2002.

을 벌이는 것이 아니라 도시의 자연, 역사, 문화를 잘 보살피는 도시가 좋은 도시라는 뜻을 담고 있다.[5]

이런 생각의 연장선에서 우리는 걷기를 중심으로 새로운 좋은 도시의 상을 제시할 수 있다. '산책 도시'가 바로 그것이다. 좋은 도시는 편안히 즐겁게 걸어 다닐 수 있는 도시여야 한다. 걷기는 사람의 본질에 해당되는 활동이니 걷기에 좋지 않은 도시는 결국 사람의 본질에 좋지 않은 도시이다. 누구나 산책을 즐길 수 있는 도시는 사람의 본질을 존중하는 도시이다. 유럽의 도시들은 깨끗하고 아름다울 뿐만 아니라 편하고 즐겁게 걸을 수 있는 것으로 유명하다. 이 때문에 세계의 수많은 사람들이 유럽의 도시들을 동경하고 찾아가는 것이다. 서울은 그렇게 변할 수 없을까?

서울은 삼각산을 비롯한 수십 개의 산들과 한강을 비롯한 수십 개의 하천들에 의지해서 만들어진 생태도시이며, 조선을 넘어서 고려, 신라, 고구려, 백제로까지 그 역사를 거슬러 올라가게 되는 역사도시이다. 서울은 그 자연과 역사의 면에서 세계에 크게 자랑할 귀중하고 아름다운 도시인 것이다. 그러나 오늘날 서울은 행정과 자본의 무분별한 개발로 말미암아 그 자랑거리를 크게 잃어 버렸을 뿐만 아니라 시민들의 불평등이 심각한 수준에 이른 양극화 도시의 면모를 보이고 있다. '산책 도시' 서울을 위해서는 우선 서울의 산책을 통해 이런 문제들을 잘 살필 필요가 있다. 산책으로 산책을 위한 도시를 추구하는 것이다.

이 책의 글들은 서울의 여러 곳을 산책하고, 그곳의 역사와 현황에 대해 살펴보고, 그곳의 미래를 전망하는 내용으로 되어 있다. 도시를 잘 알기 위해서는 많은 자료들을 살펴봐야 한다. 보이지 않는 사회가 보이는 도시를 만들기 때문에 더욱 더 그렇다. 그런데 모든 도시는 사회의 산물이니 도시를 산책하는 것은 결국 사회를 산책하는 것이다. 산책을 통

---

[5] 미국 뉴욕의 기자였던 제인 제이콥스(Jane Jacobs, 1916~2006)가 1961년에 발간한 『미국 대도시의 죽음과 삶』은 주민의 생활에 바탕을 둔 새로운 도시정책의 길을 제시해서 문화도시론과 창조도시론의 뿌리가 되었다. 그 연원은 19세기 중반 영국의 예술 비평가 존 러스킨(John Ruskin, 1819~1900)으로까지 거슬러 올라갈 수 있다. 20세기 말에 나타난 '세계도시'에서 '문화도시'로의 변화를 잘 설명한 사사키 마사유키(2001), 정원창(2004), 『창조하는 도시』, 소화를 참고. 창조도시에 대한 전반적인 검토는 박세훈 외, 『창조도시를 넘어서』, 나남, 2014를 참고.

해 우리는 좋은 도시를 만드는 것과 좋은 사회를 만드는 것이 동전의 양면처럼 맞붙어 있는 과제라는 사실을 몸으로 깨닫게 된다. 보행권을 넘어서 주거권, 정주권, 도시권, 생활권, 문화권, 생태권 등의 인권이 헌법과 법률로 더 넓고 깊게 확보되어야 한다. 그렇지 않다면 도시의 곳곳에서 도시계획위원회와 같은 전문 기구를 내세운 '정관재언학법'(정치인, 관료-공무원, 재벌-기업-지주-투기꾼, 언론인, 학자, 법조인)의 보이지 않는 연줄망이 파괴적이고 불평등한 재개발, 재건축, '젠트리피케이션'을 끝없이 강행하며 도시를 거대한 불행의 장소로 만들게 된다.

산책은 어떤 장소에 대해 몸으로 살피고 배우는 과정이기도 하다. 산책을 하며 우리는 개발의 문제와 인권의 가치를 몸으로 잘 알 수 있다. 그러므로 산책을 즐기는 사람들이 늘어날수록 사람을 돌보는 좋은 도시가 늘어날 가능성이 커질 것이다. 또한 서울처럼 오랜 역사를 간직한 도시에서의 산책은 항상 공간의 산책이자 시간의 산책일 수밖에 없다. 이렇게 이중의 산책을 열심히 하다 보니 이 책은 단순한 '산책기'를 넘어서 『서울의 개혁』(진인진, 2014)과 흡사한 '연구서'의 성격을 갖게 되었다. 서울이 오랜 개발독재의 폭력 비리에서 비롯된 투기적 재개발과 착취적 젠트리피케이션의 문제를 해결하고 탈개발주의 '생활도시'로 나아갈 수 있기를, 그리하여 사람들이 서울의 모든 곳에서 편안히 산책을 즐기며 창조성을 키우는 진정한 '창조도시'가 될 수 있기를 바란다.

2017년 3월 18일
북한산 비봉 아래 은민재에서

홍성태

서울에서 산책하기

1

서울에서 산책하기는 쉽지 않다. 서울의 공기는 별로 깨끗하지 않고, 보도는 각종 물건들, 자동차들, 커다란 전기 배전함, 지하철 환기구와 출입구 등이 차지하고 있고, 폭력적이고 위험천만한 간판들이 곳곳에 널려 있고, 귀를 때리는 소음들이 넘치기 일쑤이기 때문이다. 그러나 서울에서의 산책은 상당히 재미있기도 하다. 서울은 산과 강이 빚어내는 대단히 아름다운 자연 속에 오랜 역사와 다양한 생활을 담고 있는 도시이기 때문이다. 특히 강북의 도심은, 비록 이미 많이 파괴되었어도, 아름다운 산들로 둘러싸여 600년의 역사를 담고 있는 곳이다. 서울에서의 산책은 아주 흥미로운 만화경 속으로 들어가는 것과 비슷하다. 우리는 그 만화경 속을 거닐며 큰 공간적-사회적 재미와 의미를 동시에 느낄 수 있다.

오늘날 서울은 25개의 구로 이루어져 있는데, 지리적으로는 한강을 중심으로 크게 강북과 강남으로 나뉜다. 강북과 강남의 구분은 서울의 경제적 구분을 대표하기도 하는데, 강남의 서초구, 강남구, 송파구가 서울에서도 가장 부유한 곳이기 때문이다. 역사적으로 보자면 서울의 중심은 역시 종로구와 중구이다. 이곳은 500년 동안 조선의 왕도였던 '한양'이 있던 곳으로서 서울의 '역사 중심'이다. '역사 중심'은 한 나라의 역사를 대표하는 공간이다. 한양은 중국의 '왕도' 건설방식과 인의예지신仁義禮智信의 유교 이념에 따라 건설되었지만 그 바탕에는 자연과의 조화를 강조하는 풍수지리가 놓여 있었다. 그것은 무엇보다 한양 안팎의 산들을 존중하는 것으로 나타났다.[1]

서울은 1960년대 중반부터 박정희 군사독재에 의해 극심한 난개발로 큰 고통을 겪었는데, 2002년 7월 1일 서울시장에 취임한 이명박은 '뉴타운'을 내걸고 더욱 더 거대한 난개발을 강행하기 시작했다. 그 무렵 30대 말이었던 나는 서울의 개혁에 대한 커다란 열정과 의지를 갖고 서울의 곳곳을 살펴보고 '서울 만보기'를 썼다.

---

[1] 모든 강은 산에서 시작해서 들을 지나 바다로 들어간다. 강은 생명의 원천이고, 산은 강의 모태이다. 산을 지키는 것은 강을 지키고 생명을 지키는 것이다. '강산'이라는 말이 '세상'을 뜻했던 것은 이 때문이었다. 생태위기가 갈수록 악화되고 있는 상황에서 우리는 대단히 절박한 심정으로 이 '강산의 세계관'을 올바로 인식하고 회복해야 한다.

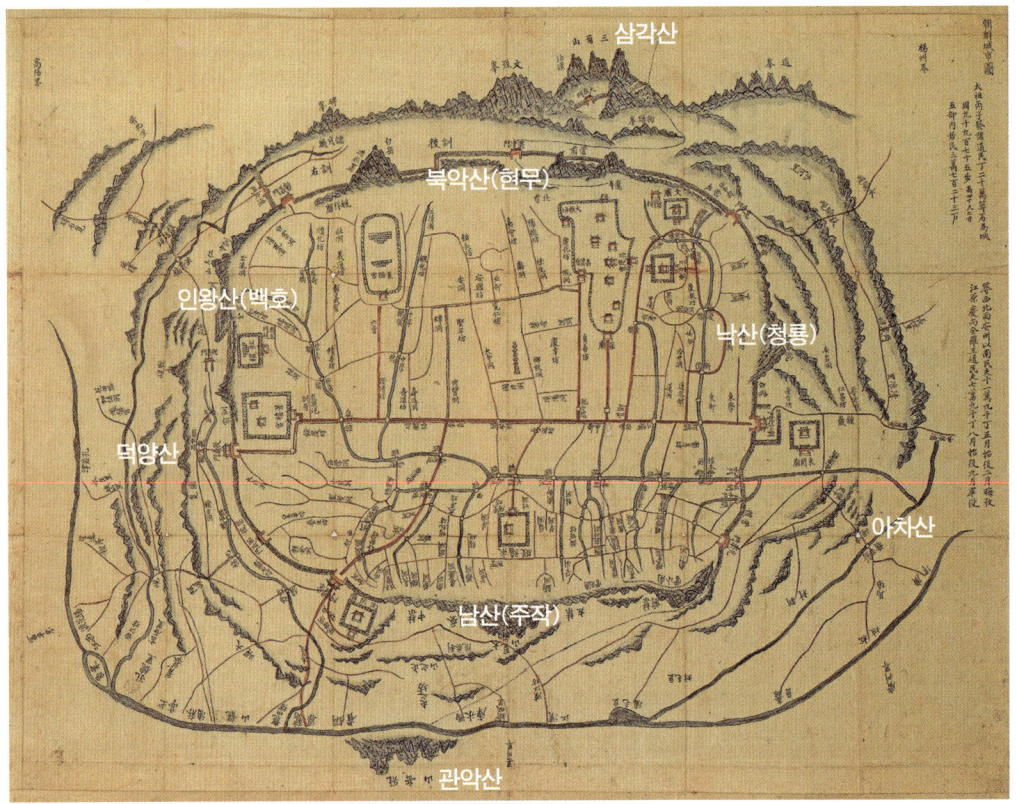

서울의 '강북'과 '강남'(위쪽), 한양의 내사산과 외사산(아래쪽)

'내사산'은 한양도성이 의지한 주요한 네 개의 산으로 백악, 목멱, 타락, 인왕을 가리키며, '외사산'은 한양으로 들어오는 주요 길목에 있는 네 개의 산으로 삼각(북한), 관악, 아차, 덕양을 가리킨다.
출처: 『조선성시도』, 1830.

나는 2000년대 초에 건축가 정기용 선생(1945~2011)과 함께 서울의 개혁에 관한 활동을 하며 많은 영향을 받았다. 정기용 선생은 현장에 대한 직접적인 경험과 관찰을 중시했다. 그렇게 해야 공간과 사람을 존중하는 건축이 가능하기 때문이다. 건축은 단지 건물을 짓는 것이 아니라 자연과 역사와 생활이 깃들어 있는 공간을 다른 공간으로 바꾸는 것이다. 그러므로 건축은 이런 사실에 크게 주의해서 이루어져야 한다.

사회학자로서 나는 '도시는 사회의 공간적 구현체'라는 명제를 세우고 이에 입각해서 서울의 곳곳을 내 몸으로 경험하고 그 결과를 '서울 만보기'로 쓰고자 했다. 이런 점에서 나의 '서울 만보기'는 조선 이래 이 나라를 대표하는 공간인 서울을 대상으로 현대 한국 사회의 변화와 특징을 기록한 것이기도 했다. 그리고 여기서 나아가 나는 '서울 만보기'에서 서울에 대해, 그리고 현대 한국 사회에 대해 많은 분석과 제안을 시도했다. 사실 서울에서 나고 자란 나는 오래 전부터 서울에서의 만보를 취미로 즐기며 서울과 한국 사회에 대해 이런저런 생각들을 해 왔다.

서울은 일본의 식민지 지배에 의해 조선 500년의 역사를 크게 상실하고 말았으며, 김일성 독재의 남침에 따른 '한국전쟁'으로 서울은 다시 대대적인 파괴를 겪었고, 박정희 독재의 '조국 근대화'에 의해 오늘날 우리가 보고 있는 거칠고 답답한 난개발 도시 서울이 만들어졌다. 서울은 참혹한 전쟁의 폐허에서 극적인 소생을 이룬 '경이의 도시'이다. 그러나 서울은 극심한 난개발의 문제를 안고 안으로 무너지고 있는 '내파의 도시'이기도 하다. 이런 점에서 서울은 한국 사회의 특징을 공간적으로 응축해서 보여주는 사회적 장소이다. 서울은 한국 사회의 성과와 과제를 여실히 보여준다.

2

오늘날 서울은 자동차와 아파트가 들어차고 매연과 미세먼지로 시달리는 대표적인 난개발 도시이지만 본래 서울은 풍수사상에 근거해서 자연을 존중하고 만들어진 생태적인 도시였다. 이미 여러모로 안타까운 상황이기는 하지만 서울도 즐겁고 쾌적한 '산책 도시'가 될 수 있다. 이를 위해 무엇보다 '토건도시'에서 '생활도시'로의 전환이 이루어져야 할 것이다. 건물과 도로를 건설하는 데 몰두하는 도시가 아니라 시민들의 생활을 존중하는 도시가 좋은 도시이다. 이를 위해서는 무엇보다 공간의 공공성을 잘 지켜서 권력과 자본이 공간을 먹이로 삼지 못하게 하고, 시민들이 투기적 이익을 노리고 난개발 경쟁을 벌이지 않도록 해야 한다. 개발과 투기가 당연시되는 한국 사회에서는 참으로 어려운 과제이지만 비리의 해결에 초점을 맞춰 진행하면 곧 큰 성과를 거둘 수 있을 것이다.

나이를 먹을수록 걸음걸이가 만보에 가까워지기 쉽다. 그리고 만보를 하면 보도 위의 온갖 장애물들(간판, 지하철 환풍구, 지하철 출입구, 각종 물건들, 자동차들 등)을 늘 만나게 된다. '만보漫步'는 '한가롭게 걷는 것'을 뜻한다. '만漫'은 '흩어지다, 게으르다' 등의 여러 뜻을 갖고 있는 데, '만보'에서는 '게으르다'를 뜻한다. '산보'와 '산책'은 '만보'와 비슷한 말로 '만보'보다 훨씬 더 일상적으로 사용된다. '산散'도 '흩어지다, 게으르다' 등의 뜻을 갖고 있다. 만보, 산보, 산책 등은 다 비슷한 뜻인데, '만보객'은 보통 프랑스어 플라뇌르flâneur를 번역한 것으로 여겨진다. 산책은 천천히 걸으며 찬찬히 생각한다는 뜻을 담고 있다.

도시는 많은 사람들이 모여 사는 곳이다. 그런 만큼 도시는 무엇보다 사람의 관점에서 이해되어야 한다. 이런 점에서 우리는 산책자에 관한 이런저런 논의보다 산책 자체의 중요성에 더 깊은 관심을 기울일 필요가 있다. 산책은 차량이나 건물의 관점이 아니라 사람의 관점에서 도시를 경험하고 이해하기 위한 좋은 방법이다. 도시의 곳곳을 천천히 걸으면 거대한 건물들은 물론이고 거친 시멘트 보도 위에 피어난 작은 꽃과 그 꽃 사이를 오가는 더 작은 개미들까지도 볼 수 있다. 산책은 확실히 사람의 관점에서 도시를 살펴보고 이해할 수 있는 좋은 방법이다. 그러나 그 바탕에는 거주를 비롯한 생활에 대한 존중이 자리잡고 있어야 한다. 생활을 존중하지 않는 산책은 사람들을 구경거리로 여기는 털끝같이 가벼운 오락이거나 '젠트리피케이션gentrification'[2]을 비롯한 각종 재개발로 나타나는 극심한 파괴의 전조일 수 있다.

3

오늘날 서울은 세계적인 대도시이다. 대략 $606 km^2$에 이르는 현재 서울의 면적은 1990년

---

2 〈참고자료 1〉 젠트리피케이션 참고.

대 중반에 확정되었는데, 이 안에서 대략 1,000만 명 정도의 사람들이 살고 있다.[3] $1km^2$당 인구 밀도는 17,300명 정도로 세계 최고 수준이다. 더욱 놀라운 것은 국토 크기에 대비한 인구 집중도이다. 서울의 면적은 전국(남한)의 0.6%에 불과하다. 그러나 그 안에서 살고 있는 사람들은 전체 인구의 20%에 이른다. 이렇게 많은 사람들이 모여 살면서 서울은 급속히 고층화되었다. 시멘트 아파트 건설이 본격화된 1970년대 초부터 30년이 지난 2000년대 초에 이르러 서울은 그야말로 전면적인 고층 시멘트 아파트 도시가 되고 말았다.

잠시 관련 통계를 보자. 2014년 현재 서울에는 모두 2,736,092호의 주택들이 있고, 그 구성은 단독주택 398,125호, 아파트 1,613,846호, 연립주택 142,704호, 다세대주택 556,979호 등이다('국가통계포털'의 '총조사 주택' 중 '주택 총조사'(2014)의 '주택의 종류별 주택). 아파트가 전체 주택의 59%이고, 아파트와 연립주택과 다세대주택[4]이 전체 주택의 83%에 이른다. 사정이 이렇다 보니 서울에서 산책은 크게 두가지 문제를 안게 된다. 하나는 고층[5] 시멘트 아파트에 늘 시야가 막혀 답답한 것이고, 다른 하나는 고층 시멘트 아파트에 의해 획일화된 경관이다. 시멘트는 서울을 대표하는 물질이고, 답답함은 서울을 대표하는 정서이며, 획일성은 서울을 대표하는 외양이다.

그러나 아직 서울에는 다양한 자연과 역사와 생활이 남아 있다. 이것을 지키고 살리는 것이 오늘날 서울의 올바른 발전을 위한 관건적 과제이다. 서울이 고층 시멘트 아파트 도시가 된 것은 단순히 인구가 급증했기 때문이 아니라 박정희-전두환 개발독재 이래 정부가 줄곧 고층 아파트 중심의 개발과 투기를 우선하는 정책을 강행했기 때문이다.[6] 이명

---

[3] 김선웅(2015), '서울시 행정구역의 변천과 도시 공간구조의 발전', 서울정책아카이브 홈페이지.

[4] 법적으로 아파트는 5층 이상의 공동 주택, 연립주택은 1개 동의 바닥 면적 합계가 $660m^2$를 초과하고 4층 이하의 공동 주택, 다세대주택은 1개 동의 바닥 면적 합계가 $660m^2$ 이하이고 4층 이하의 공동 주택을 뜻한다('건축법 시행령'의 '별표 1: 용도별 건축물의 종류').

[5] '건축법'에서 '고층 건축물'은 30층 이상 또는 높이 120m 이상의 건물을, '초고층 건축물'은 50층 이상 또는 200m 이상의 건물을 뜻한다. 이와 달리 '소방법 시행령'에서 '고층 건축물'은 높이 31m 이상의 건물, 즉 대체로 11층 이상의 건물을 뜻한다. '소방법 시행령'은 일반적으로 5층 이하는 저층, 6~10층은 중층, 11층 이상은 고층으로 구분하는 것과 연관된다.

[6] 서울의 강남은 그 대표적인 지역이다. 이에 대해 MBC의 '이제는 말할 수 있다'의 '투기의 뿌리 강남 공화국' 참고(https://www.youtube.com/watch?v=_1OYewvwW7o).

박과 오세훈이 '뉴타운'으로 잘 보여주었듯이 이런 고층 아파트 중심의 개발과 투기의 정책을 계속 강행하면 머지 않아 서울은 완전히 사라지고 말 것이다. 그렇게 되어도 여전히 서울에는 볼 것과 놀 것이 많을 수 있겠지만, 오랜 세월에 걸쳐 이루어진 서울만의 특징과 정취는 사라지고, 그것을 일구고 다듬어 온 사람들도 사라지고 말 것이다. 서울은 탈개발의 변화를 절실히 필요로 한다.

　서울에서의 산책을 통해 우리는 많은 것을 보고 배울 수 있다. 서울을 산책하며 우리는 사람의 관점에서, 평범한 시민의 관점에서, 서울이 어떤 도시이며 어떤 도시여야 하는가에 대해 몸으로 깊이 탐구할 수 있다. 세계적인 대도시 서울은 어떻게 이루어졌는가? 세계적인 대도시 서울이 세계적인 명도시 서울로 발전하기 위해서 무엇을 해야 하는가? 서울의 난개발, 양극화, 혼란은 어떻게 치유될 수 있는가? 한양도성, 경복궁, 북촌, 서촌, 세종로, 종로, 청계천, 한강, 여의도, 영등포, 강남, 잠실 등 여러 곳에서 큰 길과 골목길을 천천히 걸어 다니며 이런 문제들에 대해 찬찬히 생각해 보자.

서울 인왕산의 국사당 앞에서 본 서대문 일대(2013년)
인왕산의 서남쪽 자락에 있는 국사당의 뒤에서 한강 쪽을 바라보고 찍은 사진. 서울역에서 불광동으로 이어지는 의주로를 사이에 두고 인왕산과 안산-금화산의 양쪽 자락에 고층 아파트들이 빼곡히 들어서 있다. 이렇게 답답한 모습이 오늘날 서울의 대표적인 모습이 되었다. 산자락에 고층 아파트들이 빼곡히 들어섰기 때문에 지역의 환기에도 상당한 문제가 발생하기 쉽다.

4

한국은 1960년대 초부터 거대한 파괴적 근대화를 겪었다. 일제군 출신 독재자 박정희가 강행한 군사적 근대화가 그것이다. 그것은 1900년대 초부터 일본 제국주의가 강행한 식민지 근대화를 더욱 급격하고 거대하게 강행한 것이었다. 일본 제국주의의 식민지 근대화로 한성은 한양도성과 성저십리에서 그 주변으로 크게 확대되었고, 박정희 독재의 군사적 근대화로 서울은 강북에서 강남으로 더욱 크게 확대되었다. 그리고 그것은 단순히 공간의 확대를 넘어서 거기에 담겨 있던 역사와 자연이 대대적으로 파괴되는 것이었다. 이렇듯 파괴적 근대화를 통해 서울은 그 모습을 크게 잃었고, 개발과 투기가 비리사회 한국을 형성하고 유지하게 되었다.

서울에서 가장 최근에 가장 급격히 변모한 곳으로 마포구의 상암동을 들 수 있다. 상암동의 한강변에는 저 유명한 '난지도(蘭芝島)'가 있다. 듣는 순간 쓰레기를 떠올리게 하는 난지도는 사실 난꽃이 피어나는 아름다운 섬이라는 뜻이다. 겸재 정선도 그 아름다운 풍광을 그림으로 그렸다. 그런데 1977년 박정희 군사독재가 이곳에 공원을 만든다며 사람들을 속이고 내쫓은 다음 제방을 쌓아 난지도를 없애고 서울의 쓰레기 매립장으로 만들어

겸재 정선의 '금성평사(錦城平沙)' ⓒ간송미술문화재단
영조 16년(1740년)에 그린 그림. 강 건너의 그윽한 마을이 난지도다.

버렸다. 1978~1993년의 15년 동안 온갖 쓰레기를 이곳에 버려서 애초에 해발 8m였던 곳에 해발 98m의 산이 두 개나 생겼다. 난지도가 쓰레기 매립장이었던 때에 이곳에는 쓰레기를 뒤져서 생계를 잇는 사람들의 판자촌이 있었고, 주변은 작은 산들 사이의 한산한 농촌인 상태에서 매봉산 자락에 '석유 비축기지'가 숨어 있었다. 그런데 1990년대 말부터 2002년 월드컵에 대비해서 대대적인 신도시 개발이 진행되어 난지도는 하늘공원과 노을공원의 두 생태공원으로 바뀌었고, 주변에는 월드컵 경기장에 이어 '상암 DMC Digital Media City'라는 거창한 신도시가 들어섰고, 매봉산 석유 비축 기지는 공원으로 바꾸고 있다.

이렇게 난지도와 그 주변은 거대한 쓰레기 매립장 동네에서 한국 최고의 미디어 문화 중심지로 바뀌었다. 난지도 지역은 혹독한 박정희 개발독재에서 21세기 미디어 문화 사회로의 변화를 보여주는 핵심지인 것이다. '무한도전'에서는 DMC의 문화방송 사옥을 무대로 여러 프로그램을 만들었는데, 공간을 더 넓혀서 난지도 지역의 변화를 중심으로 서울과 한국 사회의 변화를 다루는 프로그램을 만들면 아주 좋을 것 같다.

상암동 MBC 방송국과 그 주변의 파노라마 사진

MBC는 서울 정동에서 여의도로, 다시 상암동으로 옮겼다. MBC의 이사 자체가 서울의 확장사를 잘 보여준다. 상암동 MBC 사옥 앞에 천막이 보이는데 이명박-박근혜 정권이 MBC를 장악해서 부당하게 해고-징계된 PD와 기자들의 농성장이다. 이명박-박근혜 정권에서 MBC는 최고의 방송에서 최악의 방송으로 전락했다는 비판을 받았다. 두 정권의 반민주적 방송 장악 책략이 그 원인이다. 이명박-박근혜 정권의 MBC는 건물이 크고 화려해진다고 해서 사회가, 나라가 좋아지는 것은 아니라는 것을 생생히 보여주었다.

월드컵 경기장과 그 주변

왼쪽으로 상암 DMC의 고층 건물이 보이고 오른쪽으로 멀리 북한산이 보인다. 앞은 '월드컵 공원'의 중심인 '평화공원'이다.

인왕산 범바위 쪽의 한양도성
오른쪽 위로 여의도의 63빌딩이 보이고, 저 멀리 관악산이 보인다.

::1장
漢 陽 都 城
한양을 둘러싼 한양도성

'한양도성'(사적 10호)은 '한양이라는 왕도를 둘러싼 성벽'을 뜻한다. 그 길이는 '대략 18㎞', '18.2㎞' 등으로 제시됐으나 이제 '18.6㎞'로 확정되어 제시되고 있다('서울 한양도성' 홈페이지 참고). 태조 이성계는 1395년 윤9월에 '도성축조도감'을 설치해서 정도전에게 도성을 축조하도록 했다. '한양도성'은 1396년 1월 9일에 축조되기 시작해서 2월 28일에 1차 공사를 마쳤고, 8월 6일부터 9월 24일까지 2차 공사를 해서 완공되었다.* 그런데 동대문의 옹성은 1397년 4월에, 남대문의 문루는 1398년 2월 8일에 완공되었다.

---

* 4대문과 4소문을 만들고 그 이름을 다음과 같이 정했다. "정북(正北)은 숙청문(肅淸門), 동북(東北)은 홍화문(弘化門)이니 속칭 동소문(東小門)이라 하고, 정동(正東)은 흥인문(興仁門)이니 속칭 동대문(東大門)이라 하고, 동남(東南)은 광희문(光熙門)이니 속칭 수구문(水口門)이라 하고, 정남(正南)은 숭례문(崇禮門)이니 속칭 남대문이라 하고, 소북(小北)은 소덕문(昭德門)이니, 속칭 서소문(西小門)이라 하고, 정서(正西)는 돈의문(敦義門)이며, 서북(西北)은 창의문(彰義門)이라 하였다"(『조선왕조실록』, 태조 10권, 5년(1396 병자/명 홍무(洪武) 29년) 9월 24일(기묘) 2번째 기사).

1

'한양도성'은 500년 동안 조선의 수도 한양을 지키는 가장 커다란 물리적 시설이었으나, 일제의 침략과 함께 대대적으로 철거되어 망국의 고통을 대표하는 시설이 되었으며, 1975년부터 복원되기 시작해서, 2009년 6월에는 〈서울성곽 보존 및 활용에 대한 종합정비계획〉이 수립됐고, 2012년 11월에는 '유네스코 세계유산 잠정목록'에 등재됐다. 2015년 현재 70% 정도가 복원·보존되고 있는 '한양도성'은 세계에서 가장 오랜 기간 동안 도성으로 쓰였던 현존하는 도성으로서 이제 세계의 문화재로 기억되고 보호받게 되었다.[1]

그런데 '한양도성'은 태종 때인 1396년에 20만 명 정도를 동원해서 일단 완성했고, 세종 때인 1422년에 32만여 명을 동원해서 크게 개축해서 실제로 완성했고, 숙종 때인 1704년에 다시 개축했다. 오랜 기간에 걸쳐 전국에서 수십 만 명이 동원되어 참으로 고된 노동으로 '한양도성'을 만들었던 것이다. '한양도성'은 수십 만 명의 선조들이 흘린 피땀으로 만든 '노동유산'이다. '한양도성'은 고통스런 노동으로 만든 '노동유산'이기에 더욱 소중한 '문화유산'이다. '한양도성'이 세계문화유산으로 등재된다면 우선 고된 노역에 시달린 선조들에게 감사의 제례를 지내야 옳을 것이다.

역사가 오래 된 도시들은 대체로 오랜 역사를 간직한 도심과 비교적 최근에 확장된 외부로 이루어져 있다. 서울도 이런 이중의 공간구조를 갖고 있다. 서울은 대체로 조선의 수도로서 만들어진 600년 역사의 역사 도심, 일제강점기에 형성된 1차 외부(용산, 노량진, 영등포, 청량리 등), 박정희 시대에 형성된 2차 외부(강남, 강동, 강서, 상계동 등) 등 3개의 층으로 이루어져 있다. 서울을 흔히 600년 역사도시라고 하는 데 그 실체는 바로 역사 도심을 뜻한다. 그리고 서울의 역사 도심은 바로 '한양도성'으로 둘러싸여 있는 곳이다. 한양도성은 '내사산'을 이어 만든 외성으로서 우백호인 인왕에서는 경복궁과 세종로 일대를 잘 볼 수 있고, 좌청룡인 타락(낙산)에서는 대학로와 종묘 일대를 잘 볼 수 있으며, 안산인 목멱(남산)에서는 서울의 도심은 물론 한강과 강남 지역을 포함해서 서울 전체를 잘 볼 수 있다.

---

1 2017년 3월 초 유네스코는 한양도성에 대해 '등재 불가' 판정을 내렸다. 오래 유지되었으나 제대로 보존되지 않았기 때문이다. 그렇다고 해도 한양도성이 세계에 자랑할 서울의 대표 역사유적이라는 사실은 변하지 않는다.

서울 구경이건 서울 공부이건 서울을 알기 위해 꼭 가 봐야 할 곳으로 '한양도성'을 빼놓을 수 없다. '한양도성'은 그 자체로 훌륭한 역사유적이자 관광자원이다. '한양도성'은 조선 때의 토목 기술을 잘 보여주는 중요한 자료이기도 하다. 우리는 한양도성을 따라 걸으며 서울의 자연과 역사에 대해 아주 풍부하게 공부할 수 있다. '한양도성'을 하루에 다 걷는 것은 조금 어렵다. 특히 그 주변에 펼쳐져 있는 서울의 자연과 역사를 잘 보고자 한다면, '한양도성'을 최대 네 번에서 최소 두 번으로 나누어 걷는 게 좋다. 물론 체력이 된다면 한번에 다 걸어도 좋다. 사실 한양도성을 걸어서 도는 '순성놀이'를 하루에 하는 사람들도 적지 않다.

서울은 '성곽 도시'라고 한다. 사실 여기서 서울은 '한양도성'으로 둘러싸인 곳, 즉 '한양'을 가리키는 것이다. 그런데 성곽에서 성은 왕이 살고 일하는 궁宮, palace을 지키는 높은 담장(내성, 궁성)을 뜻하고, 곽은 궁을 중심 시설로 하는 도시를 둘러쌓은 높은 담장(외성, 도성)을 뜻한다. 우리는 흔히 궁궐이라는 말을 쓰는 데, 궁宮은 왕의 거소를 뜻하고, 궐闕은 궁 주위를 감시하기 위해서 궁을 둘러싼 담장 위에 만들어 놓은 높은 망루를 뜻한다.[2] 경복궁에는 동십자각과 서십자각이라는 두 개의 궐이 있었는데, 지금은 동십자각만 길 안에 고립된 형태로 남아 있다. '한양도성'은 바로 곽, 즉 외성을 가리키는 것이다. '한양도성'은 어떻게 만들어졌으며, 어떻게 돌아봐야 할까? 그 건축과 변화는 한국 사회에서 어떤 의미를 가질까?

2

서울은 조선의 수도였던 '한양'(태조가 1395년에 '한성'으로 변경)을 그 원천으로 하고 있다.[3] 조선의 태조 이성계(1335~1408)는 본래 고려의 장군이었으나 군사반란을 일으켜서

---

[2] '궁궐이란 용어는 궁(宮)과 궐(闕)의 합성어로서 궁이란 천자나 제왕, 왕족들이 살던 규모가 큰 건물을 일컫고, 궐은 본래 궁의 출입문 좌우에 설치하였던 망루를 지칭한 것'('궁궐(宮闕)', 〈한국민족문화대백과〉).

[3] 오늘날 서울의 구역은 한양보다 훨씬 넓으며 그 안에는 훨씬 오랜 역사가 담겨 있다. 암사동의 선사 유적지, 구기동 북한산의 신라 순수비, 망우리 아차산의 산성과 보루, 그리고 풍납동과

고려 왕조를 멸망시키고 조선 왕조를 세웠다(1392년). 이어서 이성계는 고려의 수도였던 '개경'4을 버리고 남쪽으로 110㎞ 정도 떨어진 고려의 남경南京을 조선의 수도로 정하고 '신도궁궐조성도감新都宮闕造成都監'을 설치해서 경복궁을 건축하고 1394년 11월에 천도했다.5 사실 개경의 예성강은 조운에 불편했고, 남경의 한강이 조운에 편했던 것이 천도의 중요한 이유였다. 1394년 11월의 천도 이후 28년의 긴 시간 동안 토목과 건축의 여러 공사들이 계속 추진되어 한양은 조선의 수도로서 면모를 갖추게 되었다.

태조 이성계의 결정에 따라 한강 하류의 작은 도시였던 남경은 조선을 대표하는 큰 도시로 빠르게 탈바꿈하게 되었다. 최고의 개국공신인 성리학자 정도전(1342~1398)과 이성계의 내밀한 상담자인 무학대사(1327~1405) 사이에 정궁(왕이 거주하는 중심 궁전)의 자리를 인왕산 아래로 하느냐 백악 아래로 하느냐의 논쟁이 있었다고 하지만6, 결국 불교의 고려를 멸망시키고 유교의 조선을 세우고자 한 정도전의 뜻을 따라 한양의 건설이 이루어졌다. 그 기본은 3000년 전 중국의 주나라(周, 기원전 1046년~기원전 256년)에서 지어졌다고 하는 『주례』의 「고공기」에 의거해서 도성과 왕궁 등을 건설하는 것이었다. 이에 따라 한양의 주산으로 정해진 북한산 줄기 백악 아래에 정궁인 경복궁이, 그 왼쪽에 종묘가, 그 오른쪽에 사직단7이 지어졌다(「고공기」에서 제시된 '좌묘우사'의 원리).

조선의 건국과 한양의 건설에서 가장 중요한 인물로 단연 정도전을 꼽을 수 있다. 정

방이동의 백제 유적은 그 좋은 예들이다. 특히 풍납동의 풍납토성은 방이동의 몽촌토성과 함께 2000년 전 '한성 백제'의 왕성(위례성) 유적으로 추정되는 귀중한 곳이다. '한양'이라는 지명은 신라의 경덕왕(?~765, 재위 742~765) 때 여기에 '한양군'을 설치한 것에서 비롯되었다.

4   현재의 이름은 개성. 2013년 6월 개성의 고려 유적지는 유네스코 세계문화유산으로 지정됐다('개성 역사유적지구'). 한반도에서 도시(의 한 지역) 전체가 세계문화유산으로 지정된 것은 이것이 처음이며 유일하다.

5   처음에는 계룡산 아래로 천도하기로 하고 1393년에 공사를 한창 진행했으나 하륜(1348~1416)이 계룡산은 너무 남쪽에 치우쳐 있어서 적합하지 않다고 주장해서 한양으로 옮기게 되었다. '신도안(新都安)'이라는 지명은 그 역사적 흔적이다.

6   〈참고자료 2〉 하륜 참고.

7   사직단은 토지와 곡식의 신을 모시는 제단이다. 사(社)는 토지의 신을, 직(稷)은 곡식의 신을 뜻한다.

도전은 이론과 실천의 양 면에서, 정치, 경제, 법 등 여러 분야에서 매우 뛰어난 인물이었다. 그런데 이성계는 계비인 신덕왕후(강비, 1356~1396)를 총애해서 그 아들인 방석(1382~1398)을 1392년 8월에 정도전 등의 추거를 받아 세자로 책봉했다. 이로써 정도전은 정비인 신의왕후(한비, 1337~1391)의 아들들과 원수가 되었고, 결국 '1차 왕자의 난'(1398년 8월) 때 정도전은 이방원(1367~1422, 조선의 세번째 임금인 태종이며 세종의 아버지)에 의해 살해되었다. 그리고 거의 500년 동안 정도전은 사면되지 못했다. 태종의 후손들에게 정도전은 최고의 개국공신에서 최악의 간신이자 역신으로 변질해 버린 자였기 때문이다. 고종이 즉위하고 흥선대원군이 임진왜란(1592) 때 파괴된 경복궁을 복원하면서(1865~1872) 경복궁을 지은 정도전의 공을 인정해서 그를 비로소 사면했다.

한양은 왕도이니 한양을 대표하는 건물은 당연히 왕궁이었다. 그러나 한양이라는 장소를 가장 명확하게 규정한 것은 바로 '한양도성'이었다. 태조는 1395년에 '도성축조도감 都城築造都監'을 설치하고 1396년 1월에 한양도성의 축조를 시작했다. 그런데 '한양도성'은 한번에 완성되지 않았다. 태조(1335~1408)와 세종(1397~1450)에 의해 대체로 완성되었고, 200여 년 뒤 숙종(1661~1720)에 의해 보수되었다.[8] 전국에서 동원된 수십만 명의 사람들이 피땀을 흘려 '한양도성'을 쌓았다. '한양도성'은 사실 여러 산들을 이어서 쌓은 '산성'이다. 많은 사람들이 크고 작은 수많은 돌들을 지고 들고 날라서 '산성'을 쌓은 것이다. '한양도성'을 둘러볼 때 수십만 명의 평민과 천민들이 수십 년에 걸쳐 피땀을 흘렸다는 사실을 잊지 말아야 한다. 그리고 그렇게 고생해서 쌓았으나 임진왜란, 병자호란 등 외적의 침입에 완전히 무용지물이었다는 사실도 잊지 말아야 한다.[9]

---

8 숙종(1661~1720, 1674년 즉위)은 1711년에 북한산성을 쌓았다. 그런데 이 산성은 사실 아무런 쓸모가 없었다. 한양도성, 북한산성, 화성 등을 쌓는 노력으로 한강에 다리를 놓고 각지로 뻗는 넓은 길들을 닦았다면 조선은 일찍이 부국강병을 이루고 일본의 침략을 물리쳤을 것이다.

9 1592년 4월 13일 일본은 부산으로 쳐들어왔는데, 선조(1552~1608)는 보름만에 개경으로 도망쳤고, 다시 평양을 거쳐 의주로 도망쳤다. 선조의 서손으로서 반란(인조반정, 1623년 4월 11일)을 일으켜서 선조의 서차남으로서 왕이 된 광해군(1575~1641)을 내쫓고 왕이 된 인조(1595~1649)는 1636년 12월 28일 병자호란이 일어나고 보름 뒤인 1637년 1월 9일 남한산성으로 도망쳤다.

행정상으로 한양은 18.6㎞ 길이의 한양도성으로 둘러싸인 성 안과 성 밖 10리의 지역인 '성저십리城底十里'로 이루어졌다. 그러나 실질적으로 한양은 바로 성 안을 뜻했다. 한양도성은 한양을 명확히 구획하는 거대한 물리적 시설이었다. 성 안의 면적은 16㎢ 정도였고(〈서울지도 홈페이지〉, '행정구역 변천사 1394~1913), 거기서 조선 520년 동안 10만~20만 명의 사람들이 살았다. 성 안은 대단히 많은 사람들이 버글거리는 소란스러운 곳이었다. 이에 비해 '성저십리' 지역은 1㎢에 한 두 명이 사는 한산한 농촌이었으며, 한양을 지원하는 채소밭, 과수원, 유원지, 공동묘지(아현동, 공덕동, 용산, 신당동 등) 등이 있었다.

　　"1394년 10월 서울이 조선 왕조의 수도가 된 이후 600여 년이라는 세월이 흘렀다. 그간 서울의 인구는 100배 이상 늘어났고, 면적도 38배나 늘어났다. 조선 시대의 서울인, 한양부 시대의 초기에 인구는 대략 10만 인 정도였으며, 인구가 20만 인으로 증가하는 데 약 400년(조선 조 세종 대에서 순조)이 걸렸다. 일제강점기의 서울 즉, 경성부 시대의 초기 인구는 대략 25만 인으로서 100만 인으로 증가하는데 10년이 걸렸다.
　　대한민국 정부 수립 후 서울은, 서울특별시 시대가 시작된 1945년 인구는 90만 인이었으며, 인구 100만 인에서 200만 인으로 되는 데 15년, 200만 인에서 400만 인으로, 또 400만 인에서 800만 인으로 되는 데 각각 약 10여 년이 걸렸다. 또 인구의 증가와 함께 행정

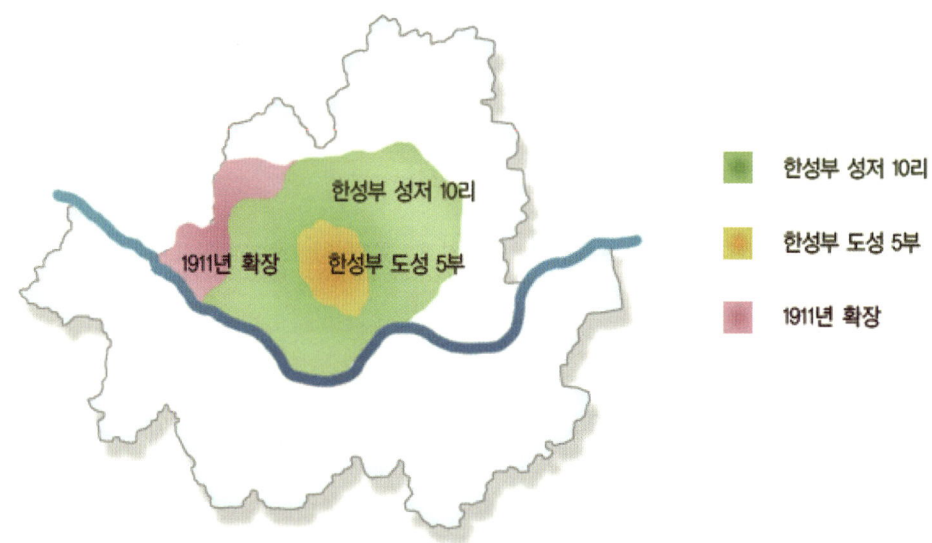

http://gis.seoul.go.kr/image/gis_edu/h_map1.gif

구역도 해방당시의 136.04㎢, 1973년의 627.06㎢로 확장되었고 현재 605.95㎢에 이르고 있다"(서울특별시 도시계획국, '도시구조', http://www.seoul.go.kr/).

조선 시대에 22.1만 ㎢의 삼천리 한반도에는 대체로 1천만 명 정도의 사람들이 살았다. 평균으로 따져서 전국적으로 1㎢에 45명 정도 살았는데, 국토의 0.007%밖에 안 되는 한양에서는 1㎢에 6,000~13,000명 정도가 살았다. 이런 상황이었으니 시골 사람들은 한양에 와서 정신을 잃을 지경으로 혼잡함을 느끼게 될 수밖에 없었을 것이다. 더욱이 '운종가雲從街, 종로'에는 수백 곳의 상점들이 있어서 온갖 물건들이 널려 있었고 사람들이 말 그대로 구름같이 모여들었다. 운종가는 '구름이 흐르는 거리'라는 뜻인데 흰옷을 입은 많은 사람들이 오가는 모습이 구름이 흐르는 것처럼 보였을 것이다. 시골 사람들은 하루 종일 한 사람의 외지인도 보기 힘들고 평생 별다른 물건도 몇 개 볼 수 없는 시골에서 살다가 한양에 오면 엄청난 혼란을 느꼈을 것이다.

한양에 드나드는 사람들은 모두 한양도성의 규칙을 따라야 했다. 그것은 무엇보다 문의 규칙이었다. 한양도성의 문들은 새벽 4시에 열리고 밤 10시에 닫혔다. 한양도성에는 4개의 대문과 4개의 소문이 있었고, 2개의 수문이 있었다. 정도전은 유교의 기본교리인 '인의예지仁義禮智'를 따라 4대문의 이름을 지었다. 그래서 동대문은 '숭인지문', 서대문은 '돈의문', 남대문은 '숭례문'인 것이다.[10] 본래 북대문은 '홍지문'으로 하려고 했는데, '숙청문'으로 했다가 뒤에 '숙정문'으로 바꿨다. 1968년 1월 21일의 '1·21 사태' 이후 청와대의 경비를 명목으로 숙정문과 백악 지역은 박정희 군사독재에 의해 완전히 폐쇄되었다가 2006년 4월에 참여정부의 민주화 정책의 일환으로 비로소 다시 공개되었다. 4소문은 혜화문(동소문), 광희문(남소문), 소덕문(뒤에 소의문으로 개칭, 서소문), 창의문(북소문)이고, 2개의 수문은 동대문 옆 청계천 위에 건축되었던 오간수문과 그 옆이지만 도성 밖 청계천 지류에 있던 이간수문이다.[11]

---

10 〈참고자료 3〉 서대문과 남대문의 수난 참고.
11 일제는 1907년 오간수문을 철거하고 그 자리에 오간수교를 건설했다. 이 다리는 이승만-박정희 때의 청계천 복개로 없어졌으며, 그 아래에 남아 있던 유구는 이명박의 청계천복원으로 없어졌다. 이간수문은 일제가 경성운동장(1925)을 건축해서 그 아래에 매몰되었다가 오

숙정문 아래에 있는 북악산 전면개방 기념비석

북악산 전면개방 1주년 기념 조림을 알리는 노무현 대통령의 조촐한 기념비석. 민주적 대통령은 사람들을 자유롭고 편안하게 살 수 있게 하고, 반민주적 대통령은 사람들을 억압하고 괴롭히며 온갖 비리를 저질러 나라를 망친다.

그런데 유교의 기본교리는 '인의예지신'의 다섯 가지로서 이것을 '오상五常'이라고 한다. 그렇다면 '신'은 어디로 갔을까? '신'은 한양도성의 문들을 여닫는 시간을 알리는 시설의 이름에 썼다. 바로 '보신각普信閣'이다. 한양 복판의 '보신각'과 한양을 둘러싼 한양도성은 한 몸인 것이다. 사실 안과 밖, 속과 겉은 별개의 것이 아니라 하나로 이어져 있다. 이런 식으로 '한양도성'은 한양을 특수한 곳으로 규정하고 보호하기 위해 만들어졌다. 그러나 '한양도성'은 한양을 특수한 곳으로 규정할 수 있었으나 보호할 수는 없었다. 남에서 왜군이 쳐들어온 임진왜란(1592) 때도, 북에서 청군이 쳐들어온 병자호란(1636) 때도, 한양도성은 결코 적을 막지 못했다. 권력자들의 국방 주장을 그대로 믿어서는 안 된다. 특히 반민주적 권력자들은 박정희-전두환 독재가 잘 보여주었듯이 국방을 독재와 비리의 수단으로 악용한다.

3

전근대 사회의 도시는 대체로 '성곽 도시'였다. 외성城郭이 도시의 전체 경계를 구획하고,

세훈의 '동대문디자인플라자(DDP)' 공사로 다시 세상에 모습을 드러내게 되었다. 그러나 DDP의 건축이 이곳의 역사를 무시하고 강행된 결과로 이간수문은 이상한 장식물과 같은 형태로 보존되고 있다.

골든 혼 건너에서 바라본 이스탄불의 옛 도심
곳곳에 모스크의 탑들이 솟아 있는 이스탄불의 옛 도심 모습. 저 모습을 잘 지키고 있기에 이스탄불의 옛 도심은 전체가 유네스코 세계문화유산으로 지정됐으며, 터키 정부와 전문가들은 먼 곳의 개발도 이곳의 경관의 영향을 주기 때문에 강력히 규제하고 있다. 예컨대 2014년 8월에 터키 대법원은 이스탄불의 경관을 훼손하는 먼 곳의 고층 아파트의 상부를 철거해서 층고를 낮추라고 판결했다('Istanbul's 'illegal' towers to be demolished after landmark court ruling', *The Guardian* 2014.8.21)

그 안에 영주의 거처를 지키는 내성^{宮城}이 있었던 것이다. 우리는 사람이 많이 모여 사는 곳은 보통 '도시^{都市}'라고 부르는 데, 이 말은 사람이 많이 모여^都 물건을 사고 파는 곳^市이라는 뜻이다. 그런데 고대부터 이런 곳은 보통 외부의 침략에 대비해서 높은 담벽을 쌓아 지켰다. 이 때문에 중국에서는 '도시'라는 말을 쓰지 않고 '성시^{城市}'라는 말을 쓴다. 서구의 -burg라는 말도 이런 '성'이라는 뜻이다.[12]

'성곽'은 외부의 침략을 막기 위해 지어졌다. 그러나 외부의 공격을 끝까지 막은 성곽은 거의 없었다. 역사상 최고의 성곽은 아마도 콘스탄티노플의 성곽이었을 것이다. 4세기에 만들어진 콘스탄티노플(콘스탄티누스의 도시, 공식 이름은 비잔티움, 324~1453)의 엄청나게 두꺼운 성벽은 천 년 동안 외부의 침략을 막을 수 있었다. 바이킹도 이 도시를 함락시킬 수 없었다. 그러나 명나라(1368~1644)에서 개발된 화약이 서쪽으로 전해져서 대포

---

12 -berg는 '산'이라는 뜻이다.

의 공격을 받게되자 콘스탄티노플의 성벽도 무너지고 말았다.13 이렇게 해서 세계 최초의 기독교 도시 콘스탄티노플이 새로운 이슬람 도시 이스탄불로 바뀌게 되었다. 무기의 성능이 강화되면서 성곽의 가치는 약화되었던 것이다.

　외부의 침략에 대한 방어라는 본래의 기능에 국한해서 보자면 성곽의 가치는 이미 오래 전에 사라졌다. 그러나 성곽의 가치는 그것만이 아니었다. 사실 성곽은 외부를 향한 군사적 기능보다 내부를 향한 행정적 기능이 더 중요했다. 그것은 사람들에게 권력의 존재를 뚜렷이 제시하고 도시의 안정을 이룰 수 있는 기본적인 시설이자 장치였다. '한양도성'도 마찬가지였다. 외부를 향한 군사적 기능의 면에서 보자면, 임진왜란과 병자호란이 너무나 잘 보여주었듯이, '한양도성'은 아무런 쓸모가 없었다. 그러나 사람들의 통행을 통제하고 내부의 반란을 억지하는 데는 명백한 효과가 있었다.

　지금 '한양도성'의 가치는 무엇일까? 이제는 군사적 가치는 물론 행정적 가치도 없다. 지금 '한양도성'은 문화재로서 중요하다. '한양도성'은 조선의 수도였던 한양을 외적으로 규정한 가장 중요한 물리적 시설이었다. '한양도성'을 지키는 것은 한양의 역사를 지키는 것이다. 그렇다면 한양의 역사는 왜 지켜야 하는가? 과거는 그 자체로서 중요할 뿐만 아니라 현재와 미래를 위해 필요하다. 현재는 과거의 축적이고, 미래는 현재의 축적이다. 과거는 버리려고 해도 결코 버릴 수 없는 것이며, 중요한 과거의 성과와 자취는 잘 지켜서 현재와 미래의 자산으로 활용해야 한다.

　사실 한양만이 아니라 관찰사가 있는 지방의 중심도시였던 원주, 전주, 평양 등도 모두 '성곽 도시'였다. 이 성곽들은 일제의 식민지 근대화에 따라 대대적으로 파괴되었다. 역사를 올바로 지키기 위해 우리는 남아 있는 것만이 아니라 사라진 것에도 주의를 기울여야 한다. '한양도성'에서 우리는 외세의 침략에 올바로 대비하지 못해서 당했던 참혹한 파괴의 역사에 대해, 그리고 외세의 침략에 올바로 대비하지 못한 내부 지배세력의 탐욕과 무능에 대해 깊이 성찰해야 한다.

　'한양도성'의 철거는 1898~99년의 전차의 건설에도 이루어지지 않았으나 1905년 경

13　화약과 총기는 모두 중국에서 발명되었다. 화약은 9세기에 처음 발명되었고, 역사적 자료가 있는 최초의 총기는 1356년에 발명되었다. 주원장은 총으로 원나라의 기병을 무찌르고 명나라를 세웠다.

부철도 개통으로 남대문의 혼잡이 더욱 심해지자 1907년 3월 고종의 재가로 결정되었다 ('무너진 도성', 〈문화콘텐츠닷컴〉). 그러나 실제 철거는 일본이 1907년 6월의 헤이그 밀사 사건을 계기로 7월 20일 고종을 강제 퇴위시키고 7월 30일 '내각령 1호'로 '성벽처리위원회'를 만들어 시행했다. 그 총책은 1905년 11월 17일 을사늑약으로 초대 조선통감이 되어 조선을 사실상 지배하고 있던 이토 히로부미였다. 일본은 1907년 10월 16일 일본의 다이쇼大正 왕자의 서울 방문을 빌미로 남대문 양 옆의 성벽을 철거하고[14] 남대문 앞의 큰 연못이었던 '남지'를 매립해서 없앴다. 그 뒤 1912년 9월부터 '시구개정사업'을 벌이면서 1914~15년에 성벽과 성문을 대대적으로 철거했고 남대문 옆 남산 자락에는 '한양도성'을 대대적으로 없애고 '조선신궁'이 들어서게 되었다.

조선을 식민지로 만든 일제는 근대화를 명목으로 '한양도성'을 대대적으로 파괴했고, 박정희가 1974년 유신독재의 강화를 위해 국방 유적 보존을 지시해서 1975년부터 '한양도성'의 복원이 시작됐다. 일제의 만주군 출신 박정희[15]는 마치 일제의 식민지 근대화를 더욱 대규모로 이어받는 듯이 '조국 근대화'를 내세워서 서울과 전국의 파괴적 개발을 대대적으로 강행했다. 그는 민주주의를 강력히 짓밟고 역사와 자연을 파괴하고 척박한 시멘트 강산을 만들었다. 그러나 이와 함께 그는 자신을 '민족의 지도자'로 보이게 하기 위해 자기 방식으로 전통의 보호와 복원을 추진하는 것으로 선전했다. 시멘트로 만든 엉터리 광화문의 '복원'(1968)은 그 대표적인 예였다.[16] 박정희의 한양도성 복원은 이런 잘못

---

14 이것으로 500년이 넘게 한양의 가장 큰 상징이었던 '한양도성'의 대대적 파괴가 시작됐다.

15 박정희(1917~1979)는 일왕에게 충성을 맹세하는 혈서를 쓰고 일제의 만주군관학교와 일본 육군사관학교를 졸업해서 일제의 만주군에 배속되어 독립군을 상대로 싸웠던 희대의 친일파 매국노였다. 대법원은 2009년 2월 7일 박정희의 독립군 토벌 내용을 담고 있는 책을 출판한 사람에 대해 무죄를 확정했고, 박정희가 일왕에게 충성 혈서를 쓴 것이 사실이라고 판결했다. 나아가 박정희는 1961년 5월 16일 군사반란의 수괴로 권력을 찬탈해서 18년에 걸쳐 민주주의를 압살하고 영구집권을 꾀하다가 1979년 10월 26일에 부하였던 김재규 장군에 의해 사살되었다. 김재규 장군이 매국 반란 독재 박정희로부터 나라를 구했던 것이다.

16 이렇게 시멘트로 전통 건물을 흉내낸 것을 '박정희 양식'이라고 부르기도 한다. 박정희 독재는 불국사를 통일신라 시대의 대표 건축물로 복원했다고 대대적으로 선전했는데 실은 아무런 근거도 없이 박정희 독재가 멋대로 지은 것이었다. '불국사가 통일신라 건축물? 박정희 정권 '상상력의 산물''〈한겨레〉 2012.12.30. 박정희는 '통일신라'를 우리 역사의 실질적 기

된 전통의 복원에 군사적 경각심을 강화해서 국민의 저항을 억제하고 유신독재를 강화한다는 정치적 목적이 덧붙여져서 추진됐던 것이다. 그 결과 여러 구간에서 한양도성의 복원은 엉터리로 이루어졌다. 바로 이런 점에서 한양도성은 조선 초부터 최근의 역사까지 담고 있는 중요한 역사유적이다.

4

한양은 험한 자연조건에 의지해서 건설되었다. 사실 한양은 수십 개의 산들 사이에 만들어진 산중 도시였던 것이다. 특히 백악, 인왕, 타락, 목멱 등의 '내사산內四山', 즉 '성 안에 있는 네 개의 산'이 중요했다. 풍수지리에 따라 백악은 주산, 인왕은 우백호, 타락은 좌청룡, 목멱은 안산으로 설정됐다.[17] 한양은 이렇게 주어진 산세와 물길을 잘 살려서 만들어진 조선의 왕도였다. 한양도성은 긴 성벽들이 '내사산'을 물결치듯 이어지게 만들어진 '산성'이다. 한양도성을 걸으면서 우리는 우선 이런 자연성을 잘 살펴봐야 한다. 자연의 형태를 살리는 방식으로 만들어진 한양도성이 잘 보여주듯이 한양은 자연을 지키는 방식으로 만들어진 조선의 왕도였다.

한양도성을 돌아보는 방식도 이것과 깊이 연관되어 있다. 두 번으로 나누어 보는 것은 두 산을 한 번에 넘는 것이고, 네 번으로 나누어 보는 것은 한 산을 한 번에 넘는 것이다. 아무튼 시작은 주산인 백악으로 하는 것이 좋다. 지금 그 입구는 한양도성의 북소문인 '창의문' 옆에 있다. 이 일대는 1968년의 '1·21 사태' 이후 독재를 강화하고자 하는 박정희의 정치적 목적에 의해 많은 병력은 물론이고 '발칸포'도 배치된 삼엄한 군사지역이 되었다. 그리고 1987년의 6월 민주항행 이후 민주화에 따라 인왕 구간은 김영삼 정부가 들

원으로 조작하고 자신을 '통일신라'의 적통으로 제시하는 방식으로 영-호남 지역갈등을 확립해서 '영남 독재'를 추구했다. 이른바 TK(대구-경북)의 폐쇄성, 독재성은 이렇게 만들어졌다.

17 백악과 목멱은 신으로 여겨져서 각각 그 정상에 '백악신사'와 '목멱신사'를 지어 제를 올렸다. '목멱신사'는 '국사당'으로 불렸는데 일제가 그 아래에 '조선신궁'을 지으면서 인왕산 서쪽으로 옮겨졌다.

어선 1993년 2월에 개방되었고, 백악 구간은 노무현 정부의 4년차 초기인 2006년 4월에 개방되었다. 그러나 지금도 이 일대는 서울 도심에서 군사적 위협 상태를 느끼게 하는 강력한 군사정치적 장소이다. 이런 억압성은 이명박-박근혜 정권에서 크게 강화되었다.

한양도성에 대한 관심이 커지면서 한양도성을 유네스코 세계문화유산으로 등재하기 위한 노력도 활발히 펼쳐지고 있다. 그런데 여기에는 몇 가지 큰 문제들이 있다. 첫째, 1975년부터 복원을 해 왔어도 여전히 1/3인 $6km$ 정도가 완전히 멸실된 상태라는 것이다. 요컨대 한양도성의 완전한 복원은 불가능하다. 둘째, 담장이나 축대로 사용되고 있는 구간의 복원도 사실상 불가능한 것으로 보인다. 매입해서 없애야 할 건물들이 너무 많기 때문이다. 박정희 독재가 '자유센터'와 '타워 호텔'의 축대로 훼손한 한양도성은 올바로 복원되어야 한다. 셋째, 원형이 가장 잘 남아 있는 인왕과 백악의 구간이 여전히 강력히 군사적 통제 속에 있다. 이명박 정권에서 군은 이 구간의 군 시설을 더욱 확대해서 큰 비판을 받기도 했다. 넷째, 이명박의 청계천 파괴와 오세훈의 동대문운동장 파괴로 말미암아 한양도성의 두 수문인 오간수문과 이간수문의 유적이 심각하게 훼손되었다. 다섯째, 박정희 독재 때 상당한 구간이 엉터리로 복원되었다. 특히 신라호텔 뒷쪽 구간의 여장은 완전히 다시 공사하지 않으면 안 된다. 한양도성의 세계문화유산 등재를 위해서 이런 명백한 문제들부터 제대로 정리하고 직시해야 할 것이다.

'한양도성'을 유네스코 세계문화유산으로 등재하기 위해서는 주변 지역들도 역사를 존중하는 모습을 보여야 한다. 이를 위해 서울시는 2012년 10월 '한양도성'을 중심으로 하는 역사도시 서울에 대한 심층적인 연구결과를 발표했고, 이어서 2013년 5월 '한양도성' 주변에 '성곽마을'을 조성하는 방안을 발표했다. 그런데 2013년 봄부터 서대문과 사직터널 사이의 한양도성 옆 동네인 교남동과 교북동에 대한 '뉴타운 사업'이 시작되었다. 이로써 고층 아파트 단지가 이 구간을 심하게 훼손하게 됐다. 이곳에는 '월암月巖'이라는 글자가 새겨진 큰 바위가 있는데, 2014년 6월 이 글자를 문화재로 지정[18]한 직후에 뉴타운 사업을 하며 그 바위를 많이 훼손해 버렸다. 여기서 사직터널 쪽으로 가면 역시 근대 문

---

18 2014년 6월에 '서울특별시 문화재 자료 제60호'로 지정되었다. 서울특별시 고시 제 2014-237호 참고.

화재인 홍난파(1898~1941)[19] 가옥이 있고, 사직터널 위에는 중요한 근대 건물이나 문화재로 지정되지 않고 훼손되고 있는 '딜쿠샤'('이상향'이라는 뜻)[20]가 있는데, '딜쿠샤'는 한국에서 유일한 프랑스식 2층 주택으로 중요한 근대 건축문화의 가치를 갖고 있으며, 이 집을 지은 앨버트 테일러(1875~1948)는 사업가로 한국에 왔으나 AP통신의 기자로도 활동하며 3·1혁명을 세계에 알렸고 직후에 일어난 일제의 제암리 학살도 세계에 알린 인물이다. 1942년에 일제에 의해 추방됐던 그는 1948년에 미국에서 세상을 떠났는데 그는 한국에 묻히기를 원해서 1949년에 서울 마포구 합정동의 '서울 외국인 묘지 공원'으로 이장되었다. 이곳은 본래 권율 대장군의 집이 있던 곳으로 그 앞에는 권율 장군(1537~1599)이 심었다는 4백 살 넘은 은행나무가 있어서 동네 이름도 '행촌동(은행 마을)'이다.

박정희와 전두환의 개발독재를 흉내내서 이명박과 오세훈이 '뉴타운'의 이름으로 서울 전역에서 자행한 거대한 파괴와 투기의 문제를 바로잡는 것은 대단히 어려운 일이다. 부디 '한양도성'을 보호하고 복원하는 여러 방안들이 올바로 실현되기를 바란다. 도시는 권력의 과시장이나 자본의 투기장이 아니라 많은 시민들이 어우러져 살아가는 시민의 삶터이다. 서울의 자연과 어우러진 '한양도성'을 잘 지키기 위해서는 서울의 자연과 어우러진 삶터를 잘 지켜야 한다. 당연한 일이 자연스레 이루어지는 서울이 되기를, 그리하여 이 나라의 '진정한 선진화'를 이끄는 서울이 되기를.

---

19 홍난파는 안익태(1906~1965), 현제명(1902~1960) 등과 함께 대표적인 친일(일제 부역 반민족 활동) 음악인이었다. '난파 음악상 거부–홍난파는 진짜 친일 음악가였나?', http://impeter.tistory.com/2284

20 조운찬, '서울의 근현대 새겨진 '행촌동 벽돌집' 딜쿠샤', 〈경향신문〉 2014.4.4. 다행히 2016년 2월 25일 기획재정부, 문화재청, 서울시, 종로구청이 딜쿠샤를 복원해서 2019년에 서울시 유형문화재로 지정하기로 약정했다('딜쿠샤의 문화재 관리방안 협약서'에 관한 '기획재정부 보도자료').

낙산 정상 부근에서 남쪽(동대문과 남산 쪽)을 바라본 모습(2004년 5월)

낙산 정상에서 동대문 쪽으로 굽이치며 흘러 내려가는 한양도성의 모습. 사실 반생태적 시설이나 자연성을 살린 아름다운 생태미학을 구현하고 있다.

낙산 정상 부근에서 북쪽(혜화문과 성북동 쪽)을 바라본 모습(2017년 3월)

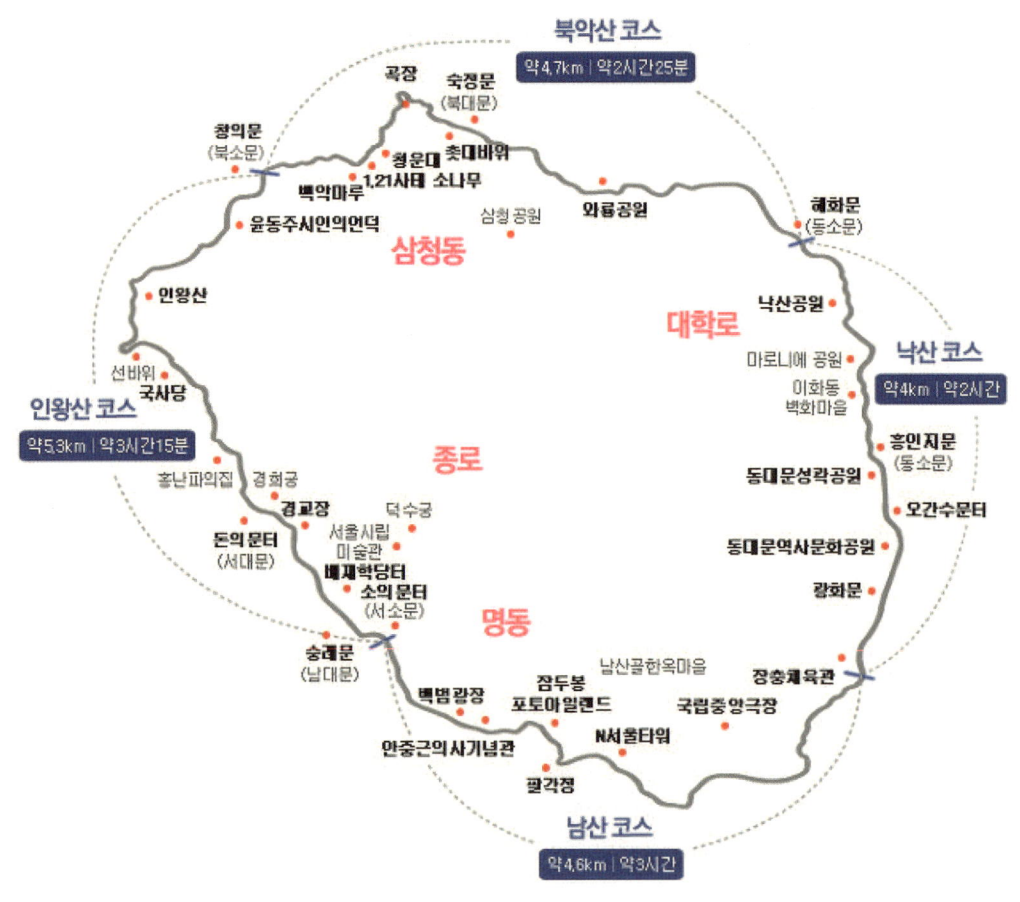

한양도성의 구간
자료: 2015 한양도성 문화제

漢陽都城
한양도성 답사

한양도성에 관한 정보와 답사에 대해서는 서울시에서 운영하는 '**한양도성 홈페이지**'를 참고하는 것이 좋다. 자녀들과 역사 산책을 하기 위해서는 **인왕 구간**이 가장 좋고, 연인이 데이트 산책을 하기 위해서는 **낙산 구간**이 가장 좋다. 인왕 구간은 조금 가파른 편이지만 경복궁을 비롯해서 역사 도심을 가장 잘 내려다 볼 수 있고, 낙산 구간은 가장 완만하면서 성북동, 대학로, 동대문 등 '젊은이들의 지역'과 바로 이어져 있다.

  답사에 대략 2시간 정도 걸리는 **백악 구간**은 청와대 때문에 경비가 삼엄하고 출입을 엄격히 통제한다. 신분증을 지참해서 구간 입구의 안내소에서 출입신청서를 작성해서 제출하고 표찰을 받아야 한다. 창의문(부암동), 숙정문(성북동), 말바위(혜화동) 등 세 곳의 안내소가 있다. 입장시간은 하절기(3월~10월) 오전 9시~오후 4시까지, 동절기(11월~2월) 오전 10시~오후 3시까지이며, 퇴장시간은 하절기 오후 6시, 동절기 오후 3시이다. 매주 월요일에 휴관하며, 월요일이 공휴일인 경우는 화요일에 휴관한다.

경복궁 전경

경복궁 뒤 백악 아래 경복궁을 내려다보듯이 있는 번쩍이는 푸른 기와의 청와대가 대단히 흉물스럽다.

광화문 앞의 고층 건물들

세종로 동쪽에 고층 건물들이 경쟁적으로 들어서서 광화문이 잘 보이지 않을 지경이 되었다.

::2장

景福宮　　青瓦臺
경복궁과 청와대를 걷는다

　서울의 역사는 조선의 건국으로 시작된다. 태조 이성계는 1392년 7월 17일 조선을 개국했다. 1393년 2월 15일 태조는 국호를 조선으로 정하고 천도를 추진해서 1394년 8월 24일 한양을 조선의 수도로 정했다. 이에 따라 '신도 궁궐 조성 도감'을 설치하고 1394년 11월 26일 한양 천도를 시행했다. 조선의 정궁이었던 경복궁은 천도 직후인 1394년 12월에 건축되기 시작해서 1395년 9월에 390여 칸의 규모로 1차 완공되었다.* 경복궁은 정사를 보던 근정전, 그 뒤의 침전, 그리고 그 뒤의 후원 등 크게 세 구역으로 구분된다. 청와대도 본래 경복궁의 후원 지역이었다. 경복궁은 뒤의 백악과 잘 어우러진 아름다운 궁이지만 조선의 문제를 아주 잘 보여주는 곳이기도 하다. 경복궁은 두 번 크게 파괴되었는데, 모두 일본에 의한 것이었고, 또한 모두 조선의 왕족과 양반이 부패하고 무능해서 빚어진 참사였다. 경복궁과 북촌은 자연과 잘 어우러진 아름다운 조선의 도시와 건축이 겨우 남아 있는 귀한 곳이지만 무능한 왕족과 부패한 양반의 문제가 참으로 깊게 남아 있는 곳이기도 하다.

---

* 〈참고자료 4〉 조선왕조실록의 경복궁 준공 기록 참고.

1

서울은 조선의 수도였던 한성漢城[1]을 이어받은 도시이다. 지난 100여 년 동안 정신없이 빠르게 이루어진 서울의 변화는 집중화와 광역화로 요약될 수 있다. 인구와 자원이 서울로 집중되면서 서울의 영역이 광역화되었던 것이다. 그러나 물론 집중화와 광역화만 이루어진 것은 아니었다. 이 과정에서 서울은 자연과 조화를 이루었던 본래의 모습을 크게 잃었다. 도성 안은 물론이고 도성 밖의 많은 곳들도 오랫동안 지켜졌던 자연과 역사의 파괴를 겪었다. 한성에서 경성을 거쳐 서울로 변화되는 과정에서 우리가 이룬 것뿐만 아니라 잃은 것에 대해서도 큰 관심을 기울여야 한다. 우리는 귀한 것들을 아주 많이 잃었다. 그 내용을 잘 살펴서 이제 그런 잘못을 가능한 한 저지르지 않도록 해야 한다.

1994년에 서울은 '정도 600년'을 맞았다. 조선의 태조는 1394년 9월 1일에 '신도 궁궐 조성 도감'을 설치해서 한양을 수도로 만드는 작업을 본격적으로 시작했다. 정도전 등은 풍수사상에 따라 삼각산의 맥이 이어지는 백악을 주산으로 해서 정궁인 경복궁의 자리를 잡고 고대 중국의 왕도 건설지침을 기록해 놓은 『주례』의 「고공기」를 따라서 수도 건설을 본격적으로 시작했다. 한양은 일본에 의해 500년 동안 지켜왔던 모습을 빠르게 잃게 되었다. 그 본격적인 시작은 1907년의 창경궁 공원화 훼손과 남대문 옆 성벽 파괴였지만 사실은 1882년의 임오군란과 1884년의 갑신정변을 거치면서 일본은 한양 거주 일본인의 보호를 명목으로 중구 예장동과 주자동 등 남산 자락에 '일본인 거류구역'을 설정해서 한양을 바꾸기 시작했다. 그리고 1910년 대한제국을 강점한 일본은 1912년부터 1928년까지 한양 안에 47개의 도로를 만들면서 궁궐, 종묘, 사직, 도성의 구조와 형태를 대대적으로 파괴했다. 한편 조선병합 5년 뒤인 1915년에는 조선 식민화의 치적을 자랑한다면서 경복궁을 대대적으로 파괴하고 '조선 물산공진회'를 열었고, 다음 해인 1916년에는 근정전 앞에 아시아 최대의 석조건물이었던 조선총독부 청사를 건축하는 공사를 시작했다.

서울의 권역이 빠르고 크게 넓어졌지만 오랜 역사를 통해 형성된 서울의 문화적 핵은 도성 안이다. 물론 서울의 대부분은 전통적인 것보다는 현대적인 것이 지배하고 있고, 사실 도성 안도 궁궐(과 관련 시설)과 일부 동네를 빼고는 그렇다. 그렇기 때문에 서울을 대

---

1 〈참고자료 5〉 서울 이름의 변천사 참고.

표하는 것은 도성 안이 아니라 서울의 곳곳에서 만나게 되는 현대적인 것, 그 중에서도 어디서나 쉽게 볼 수 있는 고층 건물이라고 하는 게 옳을 수도 있다. 그러나 서울을 세계적으로 귀중한 역사도시라고 한다면, 그것은 바로 도성 안의 역사 때문이다. 이 역사를 잘 지키고 살리는 것은 서울의 문화적 핵을 잘 지키고 살리는 것이다. 경복궁은 이 문화적 핵의 중심이라는 의미를 갖고 있다. 한성은 조선의 왕도로 만들어진 계획도시이며, 경복궁은 왕의 궁들 중에서 중심인 정궁이기 때문이다.

2

조선의 최고 개국공신인 정도전은 풍수사상에 따라 한성의 자리를 택했고, 고대 중국의 왕도 건설지침인 『주례周禮』의 「고공기考工記」에 따라 한성을 만들고자 했다.[2] 이에 따르면 왕궁은 산을 등지고 남쪽을 향해야 하고, 왕궁 앞에는 조정이 놓이고, 왕궁 뒤에는 시장이 놓여야 했다.[3] 그러나 한성의 땅은 그렇게 생기지 않았다. 그래서 백악 아래에 남쪽을 향해 정궁인 경복궁을 건축하고 그 앞에 육조거리를 조성하고 양쪽에 6조의 건물들을 건축했으나, 시장은 육조거리의 끝(현재의 세종로 네거리)에 있던 언덕인 황토현에서 동대문을 향해 동서로 길게 놓인 길인 종로의 양쪽에 설치해야 했다. 한성의 정치적 중심은 육조거리였고, 그 경제적 중심은 종로였다. 지도에서 쉽게 볼 수 있듯이, 경복궁은 한양의 복판이 아니라 서북쪽에 있는데, 이것은 아름다운 백악을 한양의 주산으로 정한 결과였다.

2009년 8월 1일 너비 34m, 길이 740m의 광화문광장이 개방되어 세종로 한복판에서

---

2 주나라는 기원전 1046~256년에 걸쳐 존재했고, 기원전 770~221년은 춘추전국 시대였는데 진이 통일했다. 중국을 영어로는 차이나(china)라고 하는데 원래의 발음은 '치나'이고 이것은 바로 이 진(秦, 기원전 221~206년)에서 유래된 것이다.

3 이것을 '전조후시(前朝後市)'의 원칙이라고 한다. 이것은 '의(義)' 즉 공익을 앞세우고, '이(利)' 즉 사익을 뒤에 두는 원칙이다. 이 원칙에 따라 조선 초에는 경복궁의 후문인 신무문 건너편, 즉 지금의 청와대 자리에 작은 시장을 열었다고 한다. 그러나 크기가 작아서 곧 폐지하고 종로에 시장을 설치했다(정연욱(1994), '정도 600년 서울 재발견⟨64⟩ 도시의 형성(1) 한양 건설 개경 골격 본땄다', ⟨동아일보⟩ 1994년 5월 2일).

광화문과 백악의 아름다운 경관을 잘 볼 수 있게 되었다. 광화문광장의 폭신한 잔디밭에 앉아 광화문과 백악을 바라보노라면 여기가 이 나라에서 가장 넓은 차도의 한복판이라는 사실이 믿어지지 않을 정도이다. 그러나 광화문광장은 큰 문제를 안고 있기도 하다. 가장 심각한 것은 많은 비가 오면 침수되곤 하는 것이다. 백악과 인왕의 중턱까지 모두 콘크리트와 아스팔트로 포장되어 있고, 광화문광장과 세종로도 모두 그렇게 되어 있기 때문이다. 광화문광장 침수는 서울의 시멘트화가 상당히 과도한 상태에 이르러 있으며, 서울의 탈시멘트화가 대단히 시급한 과제임을 잘 보여주는 증거이다. 삭막한 시멘트 도시를 쾌적한 탈시멘트 도시로 바꾸는 것은 안전의 면에서도 중요한 과제이다.

경복궁의 정문은 남쪽에 있는 광화문이다. 동쪽에는 건춘문, 서쪽에는 영추문, 북쪽에는 신무문이 있다. 장대하고 아름다운 광화문은 1399년(정종 1년)에 지어졌으나 1425년

광화문과 월대, 그리고 해치상

광화문 앞에는 너비 30m, 길이 52m의 월대가 설치되어 있었다. 월대(月臺)는 "중국에서 노천의 평평한 대를 가리키는 말. 과거에는 독립된 노천의 평대 외에 사원, 사묘, 궁전 등 대전의 기단 전면에 행사시의 참례자를 위한 공간으로서 설치된 평대 부분을 가리켰다"(《종교학대사전》, '월대'). 흥선대원군의 경복궁 재건 때 설치된 해치상은 이세욱의 작품으로 밝혀졌다(김민규, '경복궁 인수형 서수상의 제작시기와 별간역 연구', 2014). 해치상은 관악산의 화기를 누르기 위해서 세웠던 것이 아니라 옳고 그름을 판단하는 영물인 해치를 보고 올바른 정치를 하도록 신하들을 경계하기 위해 지금의 '세종로공원' 자리에 있던 사헌부 앞에 세웠던 것이다. 해치상 앞에는 노둣돌이 있었는데, 이것은 왕이 아닌 누구나 말에서 내려야 하는 것을 뜻했으며, 여기서부터 궁궐의 영역이라는 것을 뜻했다. 흥선대원군은 해치상을 통해 왕권을 정립하고 신하들을 복속시키고자 했던 것이다(홍순민, 『우리 궁궐 이야기』, 청년사, 1999; '왕조를 지켜라, 해치', 문화유산 TV).

(세종 7년)에 그 이름을 얻었다. '광화'는 왕의 덕이 햇빛처럼 널리 세상을 밝힌다는 뜻인데 광화문은 옮겨지고 불타고 엉터리로 복원되는 수난[4]을 계속 겪었으니 세상을 밝히는 것은 역시 어려운 일인 모양이다. 광화문에는 세 개의 문이 있었는데, 가운데 문은 왕이 다니는 어문이었고, 신하들은 양 옆의 협문으로 다녔다(문관은 동협문, 무관은 서협문). 광화문은 어렵게 되살릴 수 있었지만 일제가 그 앞에 큰 길을 만들어서 원래의 위치보다 뒤로 물러나야 했고 그곳에 있던 월대는 결국 되살릴 수 없게 되었다. 이렇듯 광화문에는 파란만장한 서울의 역사가 고스란히 서려 있다.

그런데 사실 광화문 앞에 서면 광화문에 관한 이런저런 역사적인 얘기보다는 이문세의 노래 '광화문 연가'(이영훈 작사-작곡, 1988년)가 더 잘 떠오른다. 꽃향기 날리는 5월에 눈 내린 광화문을 떠올리는 그 가사는 쓸쓸하면서도 따뜻하게 광화문을 떠올리게 한다.

향긋한 오월의 꽃향기가
가슴 깊이 그리워지면
눈 내린 광화문 네거리
이곳에 이렇게 다시 찾아와요

광화문을 앞에서 볼 때는 뒤의 백악과의 조화를 눈여겨볼 필요가 있다. 한성의 주산인 백악은 북한산과 이어진 바위산이다. 큰 바위가 하얗게 보이기 때문에 백악이다. 백악과

광화문과 백악

---
4 〈참고자료 6〉 광화문의 파괴와 복원 참고.

향원정과 백악

광화문의 조화는 그야말로 절묘하다. 광화문으로 들어가서 흥례문과 근정문을 지나면 왕이 정사를 보던 건물인 근정전이 있다. 그 뒤에는 백악이 부드럽게 앉아서 근정전을 지키고 있고, 그 왼쪽에는 인왕이 강인한 모습으로 우뚝 서서 근정전을 지키고 있다. 뒤의 백악은 의연한 아버지인 듯하고, 왼쪽의 인왕은 용맹한 시위 무사인 듯하다. 경복궁의 가장 뒤쪽에 있는 연못 정원의 향원정과 백악의 조화도 참으로 우아하다. 고종 때 지어진 향원정은 백악을 배경으로 해서 더욱 멋지다.[5] 이렇듯 경복궁은 자연을 억누르고 지어진 궁이 아니라 자연 속에 들어앉은 궁이다. 이런 점에서 경복궁은 자연을 존중한 조선 유교 미학의 고갱이였고 세계적인 문화유산이었다.

경복궁은 큰 복을 받으라는 뜻이지만 결코 큰 복을 받지 못했다. 경복궁은 파괴, 방기, 화재, 그리고 또 파괴의 수난을 계속 겪었던 것이다. 경복궁의 역사는 조선의 역사를 응

---

5 〈참고자료 7〉 경복궁의 건청궁과 향원정 참고.

축해서 보여준다. 그것은 부실한 왕조와 사악한 양반, 그리고 악랄한 일본이라는 세 주체가 빚어낸 이야기이다. 태조의 명으로 1394년에 경복궁을 건축하기 시작해서 1395년에 일단 완공했다. 물론 불과 1년 만에 그 많은 건물들을 지을 수는 없었고 중요한 몇 건물들을 우선 지었고 필요한 건물들을 계속 지었다. 예컨대 연회장이었던 경회루는 태종 때 지었다. 그리고 1592년에 일본의 침략으로 경복궁은 대참사를 맞았다. 임진왜란이 일어났을 때 선조는 강력히 맞서 싸우기는커녕 나라와 백성을 버리고 도망가기에 급급했다. 일본은 경복궁을 완전히 부수고 태워 버렸다. 선조의 도망에 분노한 백성들이 경복궁을 부수고 태웠다는 것은 백성들을 버리고 도망쳤던 선조와 양반들이 백성들을 억압하기 위해 만든 허구이다.[6]

임진왜란이 끝나고 경복궁은 고종(1852~1919, 1863년 즉위)의 아버지인 흥선대원군 이하응(1820~1898)이 1865~68년 경복궁을 중건하기까지[7] 270년이나 폐허로 방치되었다. 신하들은 단종(1441~1457)이 세조의 반란으로 폐위되었다거나 사림士林의 지도자였던 조광조(1482~1520)가 친국을 당했다거나 하는 이유들을 들어 경복궁의 중건을 반대했으나, 실은 양반들이 많은 세금을 내서 경복궁을 중건하고 왕권을 강화하는 결과가 되는 것을 강력히 막았던 것이다. 조선은 정조(1752~1800) 때 잠깐 부흥하는 모습을 보이는가 했으나 결국 정조가 씨를 뿌린 세도정치에 의해 허울뿐인 왕국이 되고 말았다. 흥선대원군은 세도정치를 타파하고 왕권을 강화하고자 했다. 그러나 왕권을 강화하고자 했던 흥선대원군도, 그에 맞선 권문세족 대표 민비도 실패했다. 흥선대원군은 외세에 의해 연금됐고, 민비(대한제국 수립 뒤에 명성황후로 추존, 1851~1895)는 매국노들을 앞세워 경복궁으로 난입한 일본의 군벌 출신 공사 미우라 고로三浦梧樓와 폭력배들에게 참혹히 시해됐고, 고종은 경복궁에 유폐되었다가 영국, 미국, 러시아 공사관이 옆에 있는 경운궁(덕수궁)으로 도피해서 계속 거기서 지냈다.[8]

---

6 〈참고자료 8〉 임진왜란 때 일본의 경복궁 파괴 참고.

7 1868년에 고종이 경복궁으로 거처를 옮겨서 경복궁은 다시 정궁이 되었다. 경복궁의 중건을 담당한 '영건도감'은 1872년에 해체됐다.

8 동학혁명(1894년 2월 15일, 음력 1월 10일)이 일어나고 고종과 민비가 청의 파병을 요청한 것을 빌미로 일본이 청일전쟁(1894년 7월 25일~1895년 4월 17일)을 일으켜서 청을 제압하

조선총독부와 경복궁의 파괴
경복궁의 건물들이 대부분 헐려 없어졌고, 광화문은 동쪽으로 옮겨졌고, 서십자각이 헐려 없어졌고, 동십자각은 길 안에 고립되었다. 뒤쪽에 1937~39년 완공된 총독관저가 보이니 1940년대 초의 사진인 듯하다.

일본에 의한 경복궁의 유린은 대한제국의 패망과 함께 더욱 더 크게 자행되었다. 19세기 말의 〈북궐도형北闕圖形〉에 도시된 건물의 수는 모두 509동이었으나 일제에 의해 무려 469동이 없어져서 겨우 40여 동만 남게 되었다('경복궁의 눈물', EBS 2013.3.1).[9] 일본은 경복궁의 정전인 근정전 앞에 거대한 '조선총독부 청사'를 지었다(1916~26년). 일본의 대한제국 병탄을 이것보다 더 강력하게 보여주는 것은 없었다. 일본은 경복궁의 많은 건물들을 부숴 없앴고, 광화문도 부숴 없애려 하다가 동쪽의 건춘문 옆으로 옮겼다(1927년). 광화문의 양쪽 담장 끝에는 주변을 살피는 망루(궐대)인 동십자각과 서십자각이 있었는데, 일제는 서십자각은 부숴 없앴고(1923년) 동십자각은 차도 속의 섬으로 만들어 버렸다(1929년). 1990년에 경복궁 복원사업이 시작되었고, 1995년 8월 15일 '조선총독부 청사'가 철거되었다. 그런데 '조선총독부 청사'는 '철거 쇼'로 없애는 것이 아니라 다른 곳으로 옮겨서 식민지 역사관으로 썼어야 했다. 이제 경복궁에서 암울했던 역사를 찾아보기 어렵다. 그러나 보이지 않는다고 역사를 잊어서는 안 된다. 역사를 잊는 자에게 역사는 반드시 복수한다.[10]

고 조선을 지배할 수 있게 되었다.

9 〈참고자료 9〉 경복궁 복원 계획 참고.
10 일제에 붙어서 나라를 팔아먹고 민족을 괴롭혔던 친일파(일제 부역 반민족 세력)들이 강고한 '연줄 결속체'를 형성해서 이 나라를 여전히 지배하고 있다. 이 사실은 2016년 10월에 밝혀진 '박근혜-최순실 게이트'를 통해 다시금 생생히 확인되었다.

3

사실 일제의 유산은 경복궁 터에 지금도 대단히 강력히 남아 있다. 그것은 바로 청와대이다.[11] 일제는 '조선총독부 청사'를 1916년 7월 10일 시공해서 1926년 1월 4일에 완공했다. 그런데 당시 총독의 관저는 남산 자락 왜성대(박정희 독재의 중앙정보부, 전두환 독재의 국가안전기획부, 현재 서울시 유스호스텔 입구)와 용산 일본 군사기지(현재 용산 주한미군 사령부)에 있었다. 그 뒤 1937년 10월~1939년 7월에 일제는 경복궁의 뒤에 있던 경무대 터에 2층 양옥으로 총독 관저를 지었다.[12] 본래 청와대의 자리는 고려 때 남경의 이궁이 있던 곳이고, 조선 때 경복궁의 후원 지역이었다.[13] 이곳은 경복궁의 북문인 신무문 밖 백악의 산자락 지역으로서 융문당, 융무당, 옥련정, 경농재, 내농포, 중일각, 오운각, 경무대 등이 있었고 경무대는 왕이 병사들의 군사훈련을 참관하던 시설이었다.[14] 일제는 1927년에 오운각만 남기고 모든 시설들을 없애서 공원을 만들었고 다시 1937~39년에 총독 관저를 지었던 것이다. 이로써 경복궁의 후원이었던 청와대 쪽은 도로로 경복궁에서 떨어지게 되었다.[15]

경복궁을 능멸하고 들어선 일제 총독의 관저는 미 군정 시기(1945년 9월~1948년 7월) 군정장관의 관저로 쓰였으며, 이어서 이승만에 의해 경무대라는 이름으로 대통령 관저로 쓰이게 되었다. 이승만은 1949년 6월 6일 '반민족행위특별조사위원회'를 무력으로 해산시키고 일제 부역 반민족 세력과 결탁해서 학살, 살인, 고문 등의 폭력으로 극악한 독재를 시행

---

11 청와대와 그 주변 지역은 서울에서 가장 아름다운 자연의 지역이면서 가장 풍부한 역사를 간직한 지역이다. 노무현 대통령 때(2003년 2월~2008년 1월) 청와대 경호실은 시민이 접근할 수 없는 곳도 많은 이 지역에 대해 열심히 공부해서 훌륭한 책을 펴냈다(김진균 평전, 진인진, 2014). 대통령 경호실, 『청와대와 주변 역사·문화유산』, 2007이 그 책이다. 한편 청와대 앞 분수대는 전두환 독재 때인 1985년 11월에 이일영(1925~2001)의 설계로 만들어졌다. 그는 박정희 유신 독재 때인 1978년 8월에 준공된 신세계백화점 앞 조각 분수대도 설계했다(중앙일보 1978.8.19). 두 분수는 사실 두 독재 정권의 선전용이며, 청와대 앞 분수대는 1923년에 부설된 효자동선 전차의 종점 자리였다.

12 국가기록원, '총독관저-고적·관사·사법·행형 등 일제시기 건축도면 컬렉션' 참고.

13 그 형태는 북궐후원도형(北闕後苑圖形)으로 기록되어 있다.

14 양택규(2007), 『경복궁에 대해 알아야 할 모든 것』, 책과 함께, 390쪽.

15 〈참고자료 10〉 일제의 도시계획 참고.

하고 극심한 비리를 저질렀다. 이로써 경무대는 이승만 무리가 적나라하게 보여준 친일과 독재의 비리를 대표하는 명칭이 되었다. 1960년 4월 19일 분노한 학생들과 시민들이 마침내 이승만 독재에 맞서 혁명을 일으켰다.[16] 4·19 혁명 뒤 윤보선이 대통령에 취임해서 경무대가 이승만 독재의 대명사가 되었기 때문에 청와대로 이름을 바꿨다. 일제의 총독 관저가 이층 양옥이었지만 지붕이 청기와였기에 청와대로 불렸던 것이다.[17] 청와대의 새 대통령 관저는 1990년 10월 25일에 준공됐고 새 대통령 집무실(본관)은 1991년 9월 4일에 준공됐는데, 청와대라는 명칭을 살리려고 한옥으로 지은 본관과 양쪽의 별관에 무려 15만 장의 청기와를 만들어서 지붕에 얹었다. 그리고 김영삼이 1993년 8월 9일에 구 관저의 철거를 지시해서 일제의 총독 관저는 사라졌다.[18] 이 자리는 옛 지형대로 복원해서 '수궁터'로 이름을 붙였다(〈동아일보〉 1993.11.17). 그런데 청와대 정문은 일본식으로 남았다.[19]

1993년 2월 김영삼 정부가 출범하면서 비로소 민주화가 추진되기 시작했다. 김영삼 정부는 박정희-전두환-노태우 군부독재 세력과 야합해서 성립됐지만 김영삼은 오랜 세월 반독재 민주화 투쟁을 해 왔기에 대통령에 취임하고 민주화를 추진했던 것이다. 민주화에 따라 청와대와 그 주변도 비로소 시민들이 자유롭게 오갈 수 있는 곳이 되었는데, 이명박-박근혜 정부에서 다시 상당히 권위적이고 위압적으로 운영되었다. 경호요원들과 경찰들이 청와대 앞과 주변의 큰 길들은 물론이고 골목길들도 늘 통제하며 오가는 사람들을 억압하고 감시했다. 주변의 산들에는 군인들도 배치되었으며 경계지역을 부암동의

---

[16] 이승만 정권은 어린 국민학생, 중학생들까지 참여한 이 혁명에 대해 무차별 발포로 대응했으며, 그 결과 4월 19일 당일에만 186명의 사람들이 이승만 독재정권에 의해 살해됐다.

[17] 월간 『샘이 깊은 물』이라는 잡지의 1988년 1월호에 1700년대 말에 그려진 '경복궁 계회도'가 처음으로 공개됐다. 이 그림을 공개하면서 이 잡지는 청와대라는 명칭이 일식 양옥에 청기와를 얹은 것을 기리는 식민주의적 발상이며 미국의 백악관을 흉내낸 아류적 명칭이므로 다른 이름으로 바꿔야 한다고 주장했다(〈경향신문〉 1988.1.6).

[18] 이 건물은 철근 콘크리트로 지어졌으며, 본관(지하 1층, 지상 2층), 지하 벙커, 토굴 뒷방, 경호원 숙소, 창고 등으로 이루어졌다(〈경향신문〉 1993.8.12).

[19] 1977년 청와대 영빈관의 시공과 1991년 청와대 본관의 신축은 모두 현대건설이 했는데 이명박은 1977년 현대건설의 사장이었고 1991년 현대건설의 회장이었다. 'MB시절의 현대건설, 청와대 정문 일본식으로 지었다. 일본 신사·조선총독부 건축 양식과 동일…시민단체, "역사 바로 세우기 위해 즉각 철거" 주장', 〈시사저널〉 1167호/2012.2.28.

벽련봉까지 확대해서 시민들을 감시했다.

　경복궁의 북문인 신무문 앞에서 청와대를 배경으로 사진을 찍을 수 있는데, 여기에 경무대와 청와대의 역사를 알려주는 안내판을 세울 필요가 있다. 청와대 지역은 고려 때 남경의 이궁, 조선 때 경복궁의 후원, 일제 때 조선 총독의 관저, 해방 뒤 대통령 집무실 등으로 계속 바뀌었다. 1960년의 4·19 혁명 때 경찰은 악랄하고 무능한 독재자 이승만을 지키고 계속 권력을 농단하기 위해 경무대 앞에서 시민들에게 발포해서 수십 명을 살해했다. 4·19 혁명으로 경무대는 청와대로 이름을 바꾸고 민주화의 중심이 되는가 했으나 4·19 혁명은 박정희의 군사반란으로 곧 무너지고 말았다. 그 뒤 군사반란 범죄(1961년 5·16 군사반란, 1979년 12·12 군사반란)의 수괴들인 박정희, 전두환, 노태우가 청와대를 차지하고 무려 30년이 넘는 긴 세월 동안 반민주와 반인권의 군사독재를 자행했다. 오랫동안 청와대는 이 나라에서 가장 무서운 곳이었다. 경무대는 이승만 독재의 대명사였으며, 청와대는 군사독재의 대명사였다. 청와대는 아직도 그 어두운 역사를 청산하지 못했다. 그리고 청와대는 경복궁의 뒤에 군림하는 모습으로 있으면서 아름다운 경복궁과 백악의 경관을 해치고 있다.

　이명박 정권 때부터 청와대는 '산채'로 비판받게 되었다. 2008년 5월에 이명박은 광우병 위험 미국산 쇠고기의 전면수입을 덜컥 강행했고, 이에 저항하는 국민들의 행진을 막기 위해 광화문 네거리에 컨테이너들로 '명박산성'을 쌓았다. 이 황당한 사건을 계기로 국민

4·19 혁명 때 경무대 앞에서 시민들에게 발포하는 경찰들

들은 청와대를 '산채'로 부르게 되었다. '산채'는 잘 알다시피 '산적들의 소굴'을 뜻한다. 이명박은 청와대에 있으면서 반민주 독재화를 위한 방송 장악, 100조원이 넘는 4자방 비리(4대강 죽이기, 자원외교 비리, 방위산업 비리), 국정원의 대선 개입 등의 엄청난 비리 범죄들을 계속 저질렀으니 국민들이 청와대를 '산채'로 부른 것은 당연한 비판이었을 뿐이다.

박근혜 정권에서 청와대의 문제는 더욱 더 악화되었다. 2013년 2월 박근혜의 취임 때부터 '문고리 3인방'으로 불린 측근들의 전횡은 잘 알려졌으나, 2016년 11월 최순실이라는 '비선'이 청와대를 좌우했다는 놀라운 사실이 만천하에 밝혀진 것이다. 김기춘 비서실장, 조윤선 정무수석-문제부 장관 등 청와대 전체가 사실상 최순실의 수족이었고, 불법 영양주사 할매, 미용 시술 전문 의사, 몸매 관리사, 한식 대가 식모 할매 등이 '비선'으로 청와대를 드나들고 아예 청와대 관저에서 살고 있었다. 청와대는 국정원을 동원해서 문제를 호도했을 뿐만 아니라 자유총연합, 어버이연합, 엄마부대 등의 폭력 단체 등도 동원했고 전경련이 그 돈줄로 작동하게 했다. 박근혜는 삼성의 이재용을 비롯해서 재벌들에게 막대한 돈을 바치도록 직접 요구했고, 재벌들은 박근혜-최순실에게 막대한 뇌물을 바쳐서 더 막대한 이익을 누렸다. 박근혜는 삼성의 편법 상속을 위해 심지어 수천억 원의 국민연금을 쓰게 했고, 삼성의 이재용은 수백억 원을 박근혜-최순실에게 바치는 대신 수십조원의 이익을 거두었다. 2017년 2월 17일 삼성 재벌의 '총수'로서는 최초로 이재용이 박근혜에게 뇌물을 준 뇌물죄로 구속됐다.

이런 엄청난 문제들이 드러나자 청와대의 위치와 그 시설들의 배치도 중요한 문제로 떠올랐다. 건물들이 흩어져 있어서 유기적 업무 처리에 문제가 있고, 본관과 관저의 구조도 너무 크고 산만하다는 것이다. 심지어 박근혜는 관저의 거실을 '거울방'으로 만들어서 몸매 관리에 썼고, 방 하나는 '비선 식모'의 방으로 몰래 쓴 것으로 밝혀졌다. 이런 황당한 실태가 드러나자 민주당의 문재인은 세종로의 정부청사로 대통령 집무실을 옮기고 청와대는 시민공간으로 바꾸겠다는 뜻을 밝혔다. 이것은 대단히 중요한 제안이다. 청와대는 본래 경복궁의 후원 터로서 상당 부분 복원되고 공원으로 운영될 필요가 있다. 이를 위해 박정희가 독재를 정당화하기 위해 시행한 서울 군사기지화의 핵심으로 배치된 청와대 뒤쪽 백악 줄기의 군부대들도 대체로 철수해야 한다. 이렇듯 청와대의 전면개편은 서울의 복원과 개선이라는 점에서, 또한 민주화의 심화라는 점에서 대단히 큰 의미를 갖는 것이다.

2017년 3월 23일 청운동 주민센터 앞 신교동 네거리에서 청와대 쪽을 바라본 모습. 박근혜가 파면되어 쫓겨났어도 경찰은 여전히 과잉경계로 시민들을 압박하고 있다.

청운동주민센터

2016년 11월 26일 제5차 박근혜 탄핵 촛불 집회에서 신교동 네거리에 운집한 수만 명의 시민들 위로 세월호를 상징하는 고래 풍선이 헤엄쳐 갔다. 경찰은 청운동 주민센터 앞에서부터 시민들을 막았다. 이에 시민들은 법원에 제소했고, 법원은 청와대 100m까지 접근을 허가했다.

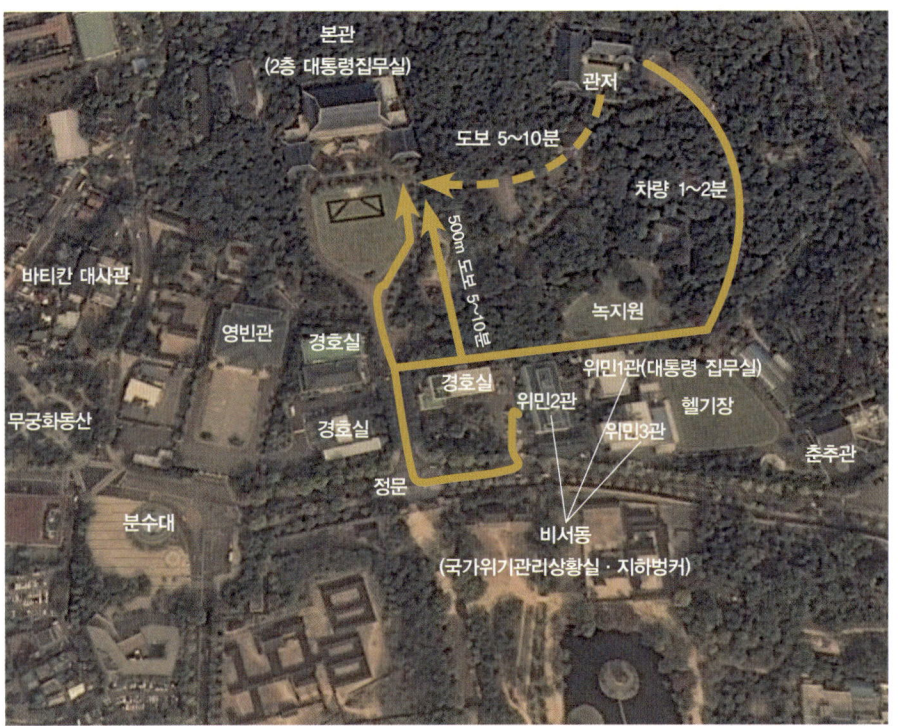

청와대 구내 전경

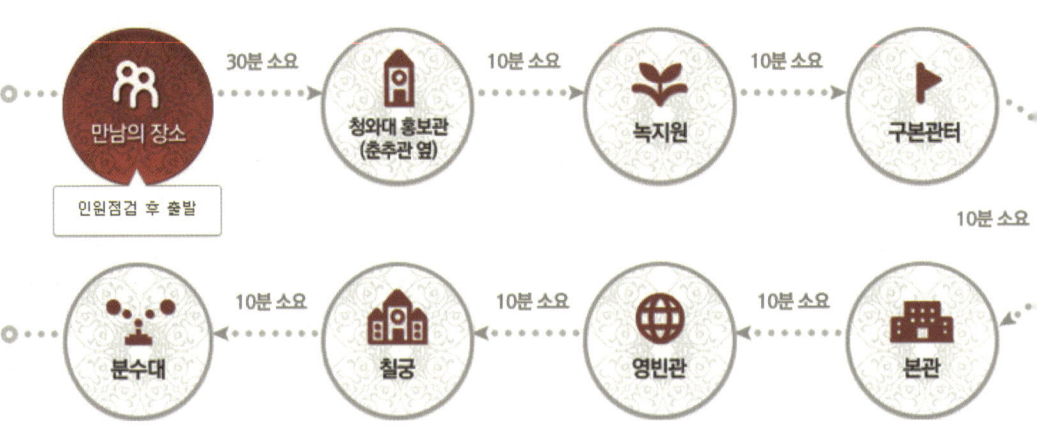

景福宮　　　青瓦臺
경복궁과 청와대 답사

경복궁은 **지하철 3호선 경복궁역**에서 내려서 서쪽 문으로 들어가서나 광화문으로 들어가는 게 가장 편하다. 가장 좋은 것은 **광화문광장**에서 걸어가는 것이다. 광화문 뒤로 보이는 백악과 북한산 산줄기의 모습이 광화문에 가까이 갈수록 달라지며 광화문의 모습도 달라지는 것을 볼 수 있다. 광화문과 경복궁이 자연과 조화를 잘 이루고 있다는 것을, 백악과 북한산 산줄기가 대단히 중요하다는 것을 잘 알 수 있다.

　경복궁은 매일 아침 9시에 문을 열며, 문을 닫는 시간은 계절에 따라 오후 5시와 6시로 다르다. 매주 화요일은 '휴궁일'이다. 24세 이하 65세 이상의 사람들은 무료로 들어갈 수 있다. 경복궁 관람에 관한 자세한 내용은 경복궁 홈페이지에서 확인할 수 있다.

2016년 현재, 청와대의 관람은 **청와대 홈페이지**에서 관람 희망일 **20일 전까지 예약**해서 할 수 있다. 관람 코스는 왼쪽 그림과 같다.

광화문의 가운데 문(어문(御門), 왕이 다니는 문)의 안쪽에서 바라본 세종로의 모습

::3장

한국의 중심, 세종로를 걷는다
世宗路

　세종로는 거리의 이름이자 동네의 이름이다. 거리로서 세종로는 광화문에서 광화문 네거리까지 이르는 너비 100m, 길이 600m의 길을 가리킨다. 동네로서 세종로는 청와대부터 광화문 네거리에 이르는 지역을 가리킨다. 세종로 1번지는 경복궁과 청와대이다. 사실 청와대는 본래 경복궁의 뒷마당이었던 곳이다.
　그런데 〈네이버〉에서 '읍면동'과 '거리' 사이의 크기로 이곳의 지도를 보면, 경복궁 북쪽에 있어야 할 청와대와 세종로 거리에 있어야 할 미 대사관이 없다. 정부 서울청사, 종로구청, 서울 경찰청은 다 있다. '거리' 수준으로 지도의 크기를 키우면 미 대사관은 나타난다. 그런데 최대 크기인 '부동산' 수준으로 키워도 청와대는 나타나지 않는다. 이런 식으로 주요 시설을 지도에 표시하지 않는 것은 미개한 독재 시대의 유산이다. 우리는 지도에서조차 아직 식민의 역사도, 독재의 역사도 제대로 청산하지 못하고 있는 것이 아닌가?

1

세종로는 무엇인가? 세종로는 이 나라에서 가장 넓은 길이다. 그러나 사회적으로 보아서 세종로는 단순히 큰 길이 아니다.[1] 그곳은 이 나라의 정치적 중심 공간이다. 공간은 사회를 반영하며, 사회는 공간을 구현한다. 세종로처럼 정치적 중심 공간인 곳은 더욱 더 그렇다. 이런 점에서 세종로가 어떤 상태에 있는가를 보면 이 사회의 상태를 잘 알 수 있으며, 세종로를 좋은 거리로 만드는 것은 이 사회를 좋은 사회로 만드는 과제와 동전의 양면을 이룬다. 세종로를 걸으면서 우리는 탁 트인 시야 속에서 다양한 건물들과 사람들을 보게 된다. 그러나 가만히 살펴보면 그 다양한 건물들과 사람들의 뒤에서 세종로를 지배하고 있는 것은 권력과 거대 기업이라는 사실을 쉽게 알 수 있다. 이 나라가 여전히 제대로 민주화되지 않았으며, 오히려 심각한 민주화의 위기를 겪고 있다는 사실을 세종로는 여실히 보여준다.

일제강점기[2]에 세종로 근처 통인동의 한옥 골목에서 태어나서 자란 작가이자 건축가였던 이상(1910~1937, 본명 김해경)은 1934년에 '오감도烏瞰圖'라는 연작시를 발표했다. 일본의 문화학자 가와무라 미나토川村湊 교수는 그의 『서울 도시 이야기』라는 책에서 이 시를 골목에서 놀던 아이들이 넓은 세종로로 뛰어나가 달리면서 느낀 상쾌함을 표현한 것이라고 설명했다. 그럴 듯하다. 작고 낡은 초가집들로 이루어진 좁고 구불구불한 골목에서 놀던 아이들이 어느 날 넓은 세종로로 나가 신나게 달렸을 때 커다란 상쾌감을 느꼈을 수 있을 것이다. 지금도 통인동, 통의동, 체부동, 효자동 등의 아늑한 골목길을 걷다가 세종로로 가면 시원한 상쾌감을 느낄 수 있다. 그러나 '오감도'는 상쾌감이 아니라 불안감을 훨씬 더 분명하게 묘사한 시이다. 일제가 조선의 육조거리를 멋대로 개조하고 '광화문

---

1 〈참고자료 11〉 도로원표 참고.

2 일본이 대한제국(1897년 10월 12일~1945년 8월 29일)을 무력으로 병합해서 점령했던 불법 폭력의 시대를 뜻한다. 그 시기는 1910년 8월 29일의 '경술국치'(한일합병)로부터 1945년 8월 15일의 '광복'까지이다. 1919년 3월 1일에 '3·1 혁명'이 한반도 전역에서 벌어졌고, 그 성과로 4월 13일에 '대한민국 임시정부'가 수립되었다. 헌법에서 명확히 밝히고 있듯이 이로써 대한민국의 역사가 시작되었다.

통'이라고 이름을 붙인 조선총독부 앞의 조선총독부 대로[3]는 결코 상쾌한 큰 길일 수 없었다.

위에서 아래로 내려다보고 그린 그림을 '조감도', 즉 새가 내려다본 그림이라고 부른다. '오감도'는 새 조鳥를 비슷하게 생긴 까마귀 오烏로 바꾼 것으로 까마귀가 내려다본 그림을 뜻한다. '오감도'는 이상이 〈조선중앙일보〉에 1934년 7월 24일부터 8월 8일까지 연재한 연작시의 제목으로 제시한 신조어로써 이상은 모두 15편의 시를 발표하고 독자들의 항의에 의해 연재를 중단했다. 독자들의 항의는 '오감도'가 대단히 난해할 뿐더러 불길한 느낌이 강했기 때문이었다. 한국에서 까마귀는 길조가 아닌 흉조의 대표로 꼽히니 '오감도'는 불길한 느낌을 강하게 풍기는 말이다. 여기서 나아가 '오감도'의 '시 제1호'는 '13인의 아해가 도로를 질주하오'로 시작해서 서양에서 가장 불길한 숫자로 여기는 13을 반복해서 불길한 느낌을 크게 강화했다.[4]

지금도 세종로는 결코 상쾌한 큰 길이 아니다. 2008년 6월 10일 이명박 정권은 시민들의 행진을 막기 위해 세종로 네거리 쪽에 대형 컨테이너 상자들을 쌓아 세종로를 완전히 막았다. 이 황당한 차단벽은 '명박산성'이라고 불렸으며 이명박 정권의 반민주성을 세계에 보여준 사례가 되었다. 2009년 8월 1일 세종로 가운데에 만들어진 '광화문광장'이 개방되어 세종로는 새로운 서울의 관광명소가 되었다. 그러나 이명박 정권은 매일 수십 대의 경찰 버스와 수백 명의 경찰들을 동원해서 '광화문광장'의 자유로운 이용을 강력히 억압했다.[5] 이런 행태는 2013년 2월에 시작된 박근혜 정부에서도 그대로 되풀이되었다. 한편 2014년 4월 16일 정부의 비리와 무능으로 '세월호 대참사'가 발생했다. 사고가 진행되고 있던 절체절명의 위급한 때에 박근혜 대통령은 7시간이나 종적을 감췄으며, 박근혜 정부는 사고의 진상을 밝히라는 세월호 유가족들의 한맺힌 호소에 결코 귀 기울이지 않았

---

3 일제는 1914년 4월 1일에 '육조거리'의 이름을 '광화문통'으로 바꿨다('황토마루', 『서울의 고개』, 1998). 일본식으로 읽으면 '광화문 도리'이고 그 뜻은 '광화문 대로'이다.
4 〈참고자료 12〉 이상과 미쓰코시(三越) 백화점 참고.
5 이명박 정권은 2009년 8월 4일 광화문광장의 자유로운 이용과 표현의 자유를 요구하던 시민단체의 기자회견마저 중단시키고 참가자들을 연행하는 반민주적 행태를 보였다.

세종로 네거리의 세월호 대참사 유가족

광화문광장 촛불집회(2017년 1월 7일)

다. 이에 세월호 유가족들은 2014년 7월 14일 이순신 장군 동상[6] 앞에 농성장을 마련해서 진상 규명을 위한 처절한 농성을 시작했다.

2011년 6월 여러 건축가들이 '광화문광장'을 최악의 건축으로 뽑았을 정도로 '광화문

---

6 〈참고자료 13〉 박정희 독재의 동상 건립 참고.

광장'은 그 형태, 조성 방식, 이용 내용 등의 여러 면에서 문제가 많은 곳이다.[7] 정치적 권위를 상징하는 세종로에 시민의 광장이 조성된 것은 민주화의 성과를 보여주는 중요한 변화이다. 그러나 '반민주 독재화'를 추구한 이명박-박근혜 정권에서 세종로는 여전히 권력의 거리, 정치의 거리였다. '광화문광장' 안에서는 각종 관제 행사들이 늘 열렸고, 그 주변에는 많은 경찰들이 늘 배치되어 오가는 사람들을 감시했다. 세종로가 정말 시민의 거리, 문화의 거리로 바뀌는 것은 '취약한 민주화'를 넘어 '공고한 민주화'를 이루는 과제와 맞물려 있다. 공간은 사회와 분리되어 있지 않다. 어떤 건물과 거리의 의미는 결국 사회에 의해 규정된다. 좋은 건물, 좋은 거리를 원한다면, 우리는 좋은 사회를 추구해야 한다.

세종로의 머리에는 경복궁의 뒤로 청와대가 자리잡고 있고, 그 어깨에는 정부청사와 미 대사관이 자리잡고 있다. 이 때문에 세종로가 권력과 정치의 거리일 수밖에 없다고 생각할 수도 있다. 그러나 결코 그렇지 않다. 민주화가 올바로 이루어지면 권력과 정치의 거리가 시민과 문화의 거리로, 억압과 통제의 거리가 자유와 해방의 거리로 바뀌게 된다. 그러므로, 정확히 말하자면, 권력과 정치가 문제인 것은 아니다. 지금 세종로가 잘 보여주고 있듯이, 반시민과 반문화를 강행하는 나쁜 권력과 정치가 문제인 것이다. 이명박-박근혜 정권 때의, 세종로를 장악하다시피 하고 있던 경찰들, 거리 곳곳에 널려 있던 시대착오적인 사진들, 시민들을 모욕하는 반민주적인 현수막들 따위는 그 누추한 증거들이었다. 어떤 경우이건 거리에 이런 시대착오적이고 반문화적인 사진이나 현수막 따위가 널려 있는 것은 큰 문제가 아닐 수 없다. 거리의 모습을 너절하게 만들고 오가기에 불편하게 만드는 것이기 때문이다.

---

[7] 2010년과 2011년의 광화문 일대 물난리도 오세훈이 광화문광장을 만들면서 조경에만 치중하고 침수에 제대로 대처하지 않은 결과였다. 당시 서울시는 사후대책도 부적절하게 시행했다. 이 사실은 감사원의 감사로 명확히 밝혀졌다. 감사원, 〈도시지역 침수예방 및 복구사업 추진실태〉, 2012.5.30.

2

세종로는 너비가 100m로 한국에서 가장 큰 길이다.[8] 2005년에 사라진 청계천로는 너비가 80m였고, 강남에서 가장 넓은 길인 영동대로는 너비가 70m이다. 본래 세종로는 조선왕조의 정궁인 경복궁 앞에 놓인 '주작대로'였다. '주작대로'는 당나라 수도 장안성의 중심 도로로서 왕성의 남문(정문)에서 외성의 남문에 이르는 도로이다. 장안성의 남문은 주작문인데, 이 문에 그려진 주작[9]이 지키는 큰 길이라는 뜻으로 '주작대로'라는 이름이 붙었다. 광화문의 홍예문 천장에도 주작이 그려져 있으니 광화문과 세종로는 장안문과 주작대로를 모범으로 해서 만들어진 것이라고 할 수 있다. 그런데 장안성의 '주작대로'는 너비 150m 정도로 만들어졌으나 한성의 '육조거리'는 너비 60m 정도로 만들어졌다. 사실 '주작대로'는 중국의 황제가 사는 황도의 중심 도로여서 그 제후국인 조선의 왕이 사는 왕도의 중심 도로는 공식적으로 너비 17m 정도로 만들어야 했다. 그러나 조선은 세종로를 그보다 훨씬 넓게 만들어 백악과 경복궁의 경관을 살리고 왕실의 위엄을 보이고자 했다.[10]

조선 시대에 세종로는 '주작대로'가 아니라 '육조거리'라는 이름으로 불렸다. 이 길 양쪽에 조선의 중앙관청인 '육조'와 서울시청에 해당되는 한성부 등이 들어서 있었는데, 동쪽에 의정부, 이조, 한성부, 호조, 기로소 등이 있었고, 서쪽에 예조, 중추부, 사헌부, 병조, 형조, 공조 등이 있었다('사이버 조선왕조 조정-육조 관청', http://www.1392.org/1392jos.htm). '육조거리'는 관악산의 화기를 피한다는 풍수적 이유로 동쪽으로 살짝 틀어져 있었다. 그러나 세종로의 해치상은 관악산의 화기와 아무런 관련이 없는 것이었다. 지

---

8 1952년 3월에 100m로 확장하기로 정해졌으며 박정희 독재 때인 1966년과 1970년의 확장공사를 통해 실제로 확장되었다('세종로의 어제와 오늘', 〈연합뉴스〉 2006.12.27). 박정희 군사-개발 독재는 세종로의 차도를 크게 확장하는 대신에 보도를 크게 축소해서 세종로를 자동차의 거리로 만들었다.

9 중국의 전국시대(기원전 403~기원전 221)에 오행사상을 통해 체계화된 사신 사상에서 남방을 주재하는 신으로 붉은 봉황의 모습을 하고 있다. 동쪽은 청룡이고, 서쪽은 백호이며, 북쪽은 현무(검은 거북이)이다. 동대문 옆 낙산이 청룡에 비유되고, 서대문 옆 인왕산이 백호에 비유되는 것도 이 사신 사상에서 비롯된 것이다.

10 〈참고자료 14〉 조선시대 세종로의 넓이 참고.

금의 세종로공원 자리에 사헌부가 있었는데, 지금 광화문 앞에 있는 해치상은 흥선대원군이 경복궁을 중건하며 조정의 기강을 바로잡기 위해 사헌부와 이조 앞에 세웠던 것이다.[11]

일제는 조선을 침략해서 병탄하고 무력으로 조선인을 억압했을 뿐만 아니라 각종 문화적인 방식으로 조선인의 의식을 바꾸고자 했다. 일제는 무력 침략과 문화 침략을 함께 추진했던 것이다. 일제는 문화 침략의 핵심으로 조선의 역사를 왜곡하는 것과 함께 조선을 대표하던 건물과 거리를 훼손했다. 그 결과 조선의 정궁인 경복궁이 대대적으로 훼손되어 정전인 근정전 앞에 거대한 조선총독부 청사가 들어섰고(1916~26), 광화문은 완전히 파괴될 위기를 겨우 모면하고 동쪽으로 이전되었으며(1925~27), '광화문통'으로 개칭(1914)된 세종로는 남산에 들어선 일제의 '조선신궁'(1920~25)을 향해 동쪽으로 5.6도 방향을 틀게 됐고 53m 너비로 줄어들었다(1936).

해방이 되고 1946년 10월 1일 '광화문통'은 '세종로'로 이름을 바꾸었다. 세종대왕은 우리의 역사를 넘어서 인류의 위인으로 경배될 만한 분이니 이 나라의 중심 거리에 '세종로'라는 이름을 붙인 것은 아주 잘 한 것이다. 그리고 한국전쟁이 아직 끝나지 않았던 1952년 3월 25일 세종로의 너비는 현재와 같은 100m로 확정되었다. 그 뒤 1960~80년대를 지나면서 세종로 주변은 크나큰 변화를 겪었으나 세종로는 '세종로 지하도' 건설(1966년 9월 30일 완공)과 도로 폭 100m 확장 공사를 빼고는 거의 그대로 유지되었다. 박정희-김현옥은 사람들이 세종로를 위로 건너다닐 수 없게 만들었다. 그리고 일제가 '육조거리'를 '광화문통'으로 바꾸고 그 방향을 남산의 조선신궁을 향하도록 하기 위해 심어 놓은 은행나무들은 계속 자라서 수령 100살에 이르는 거목이 되었다. 사실 은행나무는 일본의 수도인 도쿄의 나무이기도 하다. 세종로의 은행나무는 일제의 식민정책의 산물이었던 것이다.

---

11 해치의 한자는 獬豸 또는 獬廌이다. 그런데 이 '치'를 '태'로도 읽는다. 중국에서 옳고 그름을 세우는 상상 속의 동물로 제시되었다. 본래 뿔이 있으나 한국의 해치는 뿔이 없이 사자와 비슷한 형태가 되었다. 해치는 본래 중국 황제의 동물이라 속국인 조선의 왕은 내세울 수 없는 동물이었기 때문이다. 흥선대원군이 이조와 사헌부 앞에 세웠던 해치상, 즉 지금의 광화문 앞에 놓여 있는 해치상은 당대 최고의 석공이었던 이세욱(李世旭)의 작품이다. 법(法)의 원래 글자는 灋으로서 해치가 물처럼 올바로 판단해서 그른 것을 혼낸다는 뜻을 담고 있다. 그래서 해치는 지금도 국회, 법원, 경찰 등에서 상징 동물로 내세우고 있다.

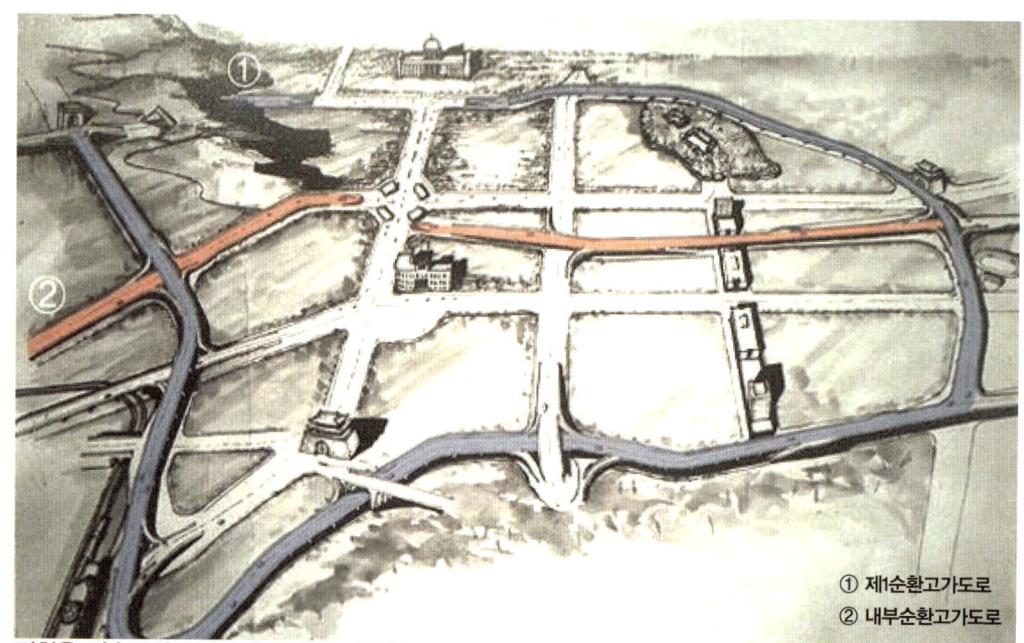

① 제1순환고가도로
② 내부순환고가도로

김현옥-김수근의 도심 고속고가도로 구상(1967)

전상봉, '서울역고가 공원화 사업, 원점에서 재검토해야', 〈칼라밍〉 2015.6.1.

  1976년에 서울시는 '3·1 고가도로'를 세종로까지 연장하는 방안을 발표했다. '3·1 고가도로'에서 무교로로 내려온 차량들이 정체되는 것을 피하기 위해 세종로까지 고가도로를 연장해서 서대문로로 빠지도록 한다는 것이었다. 이 방안은 1977년 4월 '세종로 입체교차로' 설계로까지 이어졌다. 그러나 다행히 이 황당한 방안은 실현되지 않았다. 사실 이 터무니없는 방안은 1967년 8월 박정희 군사-개발 독재의 대표 건축가인 김수근에 의해 제시되었던 것이다. 1967년 8월 8일 김현옥 시장은 돌연 '유료 고가도로 건설계획'을 발표했는데 여기서 김수근은 세종로 네거리로 고가도로가 지나가는 그림을 제시했다 (〈동아일보〉 1967.8.8). 김현옥-김수근의 계획은 일주일 뒤인 8월 15일의 청계고가도로 기공식 때 '순환 고속고가도로 구상'으로 발표됐다.[12] 이 계획은 박정희 군사-개발 독재 시대의 황량한 실상을 잘 보여준 사례이다.

  2000년대에 들어와서 세종로는 큰 변화를 겪게 되었다. 먼저 2005년 4월에 광화문 네거리에 건널목이 설치되어 사람들이 세종로를 40년 만에 다시 지상으로 건너다닐 수 있

---

12 전상봉, '서울역 고가 공원화 사업, 원점에서 재검토해야', 〈칼라밍〉 2015.6.1.

게 되었다. 그리고 2009년 8월 1일에 '광화문광장'[13]이 완공되어 이곳에서 사람들이 광화문과 백악의 멋진 경관을 보거나 다양한 행사를 할 수 있게 되었다. 세종로의 중앙 녹지 분리대로 구실하던 은행나무들은 주변의 보도로 이식되었으며, 세종로의 너비는 계속 100m이지만 차도는 16차선에서 10차선으로 줄어들었다. 이런 세종로의 변화는 민주화에 따라 시민의 자유로운 보행과 자유로운 활동을 우선시해야 한다는 인식이 확산되면서 이루어진 커다란 성과였다. 서울의 발전은 이 성과를 올바로 키우는 것과, 즉 민주화를 심화하는 것과 깊이 연관되어 있다. 지금 '광화문광장'에 절실히 필요한 것은 형태의 변형이나 확대가 아니라 이용의 민주화를 확립하는 것이다.

 2010년에 행정적으로 세종로와 태평로가 통합되어 '세종대로'가 되었다. 본래 광화문 네거리에는 '황토현'이라는 작은 언덕이 있었다. 1912년 일제는 이 언덕을 밀어 없애고 남대문에 이르는 큰 길을 새로 만들어서 그 이름을 '태평통'이라고 붙였다. 이 이름은 남대문 옆에 명나라의 사신이 머물던 '태평관'이 있었던 데서 유래했다. 여기에 동아일보, 조선일보, 프레스센터 등 언론기관들이 모여 있게 된 것은 세종로와 태평로가 정치와 경제의 중심이었기 때문이다. 그런데 이명박-박근혜 정권 때 '세종대로'의 곳곳에서 시대착오적이고 반인권적인 선전이 난무하며 거리를 어지럽힌 반면, 자유와 정의를 갈구하는 시민들은 경찰의 감시와 압박 아래 매일 큰 고통을 당했다. '세종대로'의 풍경은 복잡하고 착잡했다. 이것은 이명박 정권과 박근혜 정권의 '반민주 독재화' 정책의 중요한 결과였다. 2016년 10월말부터 2017년 2월에 걸쳐 마침내 대다수 국민들이 박근혜 정권의 비리와 무능에 맞서 '촛불 혁명'을 펼치면서 '세종대로'의 모습은 크게 바뀌었다. 비리 세력이 권력을 장악하고 전횡하면 나라가 망하게 마련이며, 서울의 거리도 억압과 타락의 고통을 겪을 수밖에 없다.

---

13 1970년 4월 22일 미국에서 첫 '지구의 날' 행사가 열렸다. 1999년 4월 25일 서울시는 '지구의 날' 행사의 일환으로 처음으로 세종로에서 '차 없는 거리' 행사를 열었다. 이어서 2000년 6월에 서울시는 세종로 한복판의 중앙분리대를 없애고 보도광장을 만드는 방안을 처음으로 제시했다. 그리고 2002년 6월의 '월드컵' 때 수많은 시민들이 세종로 네거리에 모여서 '붉은 악마'의 대열을 이루고 열렬히 응원했다. 이런 변화를 바탕으로 시민단체들은 2003년 7월에 '광화문광장'의 조성을 촉구하고 나섰다.

3

광화문광장에서 광화문 쪽을 바라보면 백악과 어우러진 광화문의 모습이 대단히 아름답다. 백악은 팔을 벌려 부드럽게 경복궁을 감싸고 있는 것 같고, 광화문은 위엄있게 우뚝 서서 세종로를 바라보는 것 같다. 그런데 광화문 앞에 서서 세종로를 바라보면 세종로 주변은 그렇게 보기 좋은 모습이 아니다. 세종로의 양 옆으로 판상형 고층 건물들이 어지럽게 들어서 있기 때문이다. 이런 변화를 주도한 것은 1967년 7월에 착공되어 1970년 12월에 완공된 '정부종합청사'(세종로 정부중앙청사)이다. 그런데 이 건물은 경복궁을 압박하는 그 크기와 형태도 큰 문제이지만 그 건축과정에서 더욱 더 심각한 물의를 빚었다.

1967년 초에 현상공모로 국내 건축가의 설계가 채택되어 7월에 '정부종합청사'의 공사가 시작됐다. 그런데 8월에 장군 출신 토목기술자가 현장소장으로 부임하며 문제가 발생했다. 이 자는 건축에 대해 계속 터무니없는 요구를 했으나 받아들여지지 않았다. 그리고 갑자기 10월에 미국의 PA&E라는 회사가 재설계를 맡아서 현재의 건물을 짓게 되었다. 이에 대해 당시 건축계는 강력히 반발했으나 소용이 없었다(《매일경제》 1967.12.8). 장군 출신 대통령과 장군 출신 시장이 통치하던 시대에 장군 출신 현장소장이 큰 물의를 일으키며 이 커다란 판상형 건물을 지었던 것이다. '정부종합청사'는 이렇게 군인 출신 토목기술자가 국내 건축가를 무시하고 미국 건축가에 맡겨서 건축한 건물이었으나 그 속내는 스프링 쿨러도 설치되지 않은 문제가 많은 건물이었다.

세종로를 대표하는 건물로는 세종문화회관(엄문덕 설계)을 꼽아야 할 것 같다. 지하 3층 지상 6층의 이 건물은 1974년 1월에 착공되어 1978년 4월에 완공됐다. 이 건물은 한옥 기와 건물의 기둥과 지붕 양식을 부분적으로 표현한 현대 건물이다. 이 건물은 너무 무거운 느낌이 있지만 기품이 있다.[14] 이 자리에는 시민회관이 있었는데 1972년 12월 2일 오후 8시 27분에 전깃줄의 합선으로 불이 나서 무려 53명이 죽었다. 문화방송 개국 11주년 기념 10대 가수 청백전이 열려서 많은 사람들이 모였던 것이다. 세종문화회관은 사실 정권을 과시하기 위한 정치적 목적을 강하게 갖고 건축되었으나 세종로를 시민의 거리, 문화의 거리로 만들기 위한 귀한 기반이 되었다. 건너편의 미 대사관이 용산으로 이

---

14 〈참고자료 15〉 건축가의 의도를 잘 지킨 세종문화회관 참고.

전하고 그 건물이 문화시설로 개편되면 세종로는 더욱 더 시민의 거리, 문화의 거리의 면모를 갖추게 될 것이다.

세종로는 공원들의 거리라고 할 수도 있다. 여러 논란이 있지만 세종로의 복판에 편하게 걷고 놀 수 있는 공원이 만들어진 것은 다행스러운 일이다. 그런데 이 공원이 만들어지기 전에 세종로 옆에 두 개의 작은 공원이 만들어졌다. 세종문화회관 옆에는 '세종로 공원'이 있다. 이 공원의 지하에는 주차장과 상가가 있다. 주차장 지상부를 공원으로 만든 것이다. 그런데 놀랍게도 여기에는 극심한 친일파였던 주요한(창씨개명 松村紘一, 1900~1979)의 시비가 있다.[15] 이 시비는 하루빨리 없애거나 주요한의 흉악한 정체를 밝히는 안내비를 옆에 세워야 한다. 건너편 대한민국 역사박물관[16] 옆에는 1999년 1월 1일에 개장한 '광화문 시민 열린마당'이 있다. 이곳은 본래 육조의 수장인 '의정부'가 있던 곳으로 여기에 현대적으로 재현해 놓았다는 '육조 마당'은 너무 억지스러워서 역사를 놀리는 것 같다. 2015년 6월에 서울시는 '의정부'의 복원 계획을 발표했는데 이것도 역시 너무 억지스러운 느낌이 든다.

'육조거리'라는 점에서 보자면, 세종로를 대표하는 건물은 교보빌딩 남쪽 길 모퉁이에 겨우 남아 있는 작은 한옥일 것이다. 1969년 7월에 사적 171호 지정된 '고종 즉위 40주년 칭경 기념비전'이다. 교보빌딩의 자리는 정2품 이상의 높은 벼슬을 했던 70세 이상 노인을 원로로 모신 '기로소'가 있던 곳으로, 1902년(광무 6년=대한제국 6년)에 고종이 51살이 되어 즉위 40년을 맞고 기로소에 들어가게 된 것을 기념해서 순종 황태자의 글씨로 '大韓帝國大皇帝望寶齡六旬御極四十年稱慶紀念碑'(대한제국대황제망보령육순어극40년칭경기념비)라고 새긴 비석을 이 '비전' 안에 세웠다. "대한제국의 대황제가 육순을 바라보시게 되었고 임금에 즉위하셔서 40년이 된 것을 경축하는 비석"이라는 뜻이다.[17] 대한제국 시기의 빼어난 건물로 손꼽히는 이 작은

15　〈참고자료 16〉 이승만의 반민특위 해체 참고.

16　〈참고자료 17〉 대한민국 역사박물관과 한국 정부의 문화체육관광부 참고.

17　왕실의 무능과 양반의 비리로 이미 망국의 지경에 이른 당시의 상황에서 이런 칭송비를 세운 것은 조선 왕실의 깊은 문제를 보여주는 것이다. 같은 해에 김성근 등의 썩은 양반들은 고종에게 아첨하기 위해 '송성 건의소'를 조직해서 환구단 옆에 고종을 칭송하는 석고단을 만들었다. 지금 황궁우 옆에 있는 세 개의 석고(돌북)는 그 유물이다(전우용, '아첨의 기념비', 〈한국일보〉 2012.11.13).

고종 즉위 40주년 칭경 기념비전   현재의 기념비전

고종의 즉위 40년(1902)을 기념해서 아들 순종이 글을 써서 기념비를 만들었고 그걸 세워두고 보호하는 작은 건물을 지은 것이 이 '기념비전'이다. 이 건물이 가장 잘 쓰인 것은 1919년 3월 1일의 고종 인산일=장례일 때였던 것 같다. 사람들이 덕수궁에서 오는 고종의 장례 행렬을 보기 위해 이 건물에 빼곡이 들어찼던 것이다.

고종은 1852년에 태어나서 아버지 흥선대원군 이하응의 기지로 1863년에 즉위했는데 무능과 비리로 조선을 계속 망쳤고, 1907년에 일제의 이토 히로부미에 의해 쫓겨나서 1919년 1월 21일에 죽었다. 고종의 장례일인 3월 1일에 많은 사람들이 모일 것으로 예상하고 삼일 독립운동을 펼치게 됐던 것이다.

건물도 일제에 의해 유린되어 1979년에나 겨우 제 모습을 찾게 되었으나, 박정희 때의 광화문과 한양도성의 복원처럼 역시 제대로 복원되지 못했고 박정희 때 허가된 교보빌딩 때문에 극히 초라한 모습으로 남아 있게 되었다(노주석, '세종로 사거리', 〈서울신문〉 2013.7.26).

4

2010년대에 들어와서 세종로 주변은 급속히 추진된 초고층 재개발로 크게 훼손됐다. 이곳은 깊은 역사를 갖고 있는 곳이면서 커다란 상징적 가치를 갖고 있는 곳이기 때문에 신중히 그 변화를 추구해야 한다.[18] 2000년대에 이루어진 세종로 건널목 설치, 광화문광장 조성 등의 변화는 시민, 문화, 역사, 자연 등의 가치를 추구한다는 점에서 바람직한 것이었다. 그러나 그것은 아직 충분하지 않을 뿐더러 여전히 많은 문제를 안고 있기도 하다. 세종로와 광화문광장이 시멘트로 덮여 있는 것도 그 중요한 예이다. 세종로는 서울의 주산인 백악이 이어지는 곳인 만큼 세종로가 정말 자연이 살아 있는 곳으로 바뀌면 좋겠다. 그렇게 하면 백악에 의지해 건축된 경복궁을 애써서 복원하는 의미도 훨씬 더 커질 것이다.

세종로의 탈시멘트화보다 훨씬 더 어려운 과제는 세종로 주변의 건물들이 세종로를 존중하도록 하는 것이다. 이것은 사실 백악과 경복궁을 존중하도록 하는 것이다. 세종로는 백악, 경복궁과 한 몸이고, 더 나아가 태평로, 남대문과 한 몸이다. 이 점을 염두에 두고 세종로 주변의 변화를 추구해야 한다. 여기서 아주 답답한 판상형 건물인 KT 건물(1981년 준공)을 떠올리게 되는데,[19] 사실 여기서 가장 유명한 건물인 '교보빌딩'(시저 펠리[20]

---

18 이 사실은 2008년 8월에 행해진 광화문광장 조성을 위한 '육조거리' 발굴에서 가장 잘 드러났다. 아스팔트 아래에 '육조거리'의 600년 역사가 고스란히 들어 있었던 것이다(박준범, '조선의 상징거리 주작대로를 발견하다', 〈월간 문화재사랑〉 2009년 8월호). 더 자세한 내용은 한강문화재연구원, 〈서울 광화문광장 조성사업 부지 내 문화재 정밀 발굴조사 약보고서〉, 2008년 10월 참고.

19 이 건물 뒤에 이탈리아의 유명 건축가 렌조 피아노(1937년 생)의 설계로 2015년 1월에 지상 25층의 신사옥이 준공됐다. 길 건너의 '세종로공원'은 KT의 역사적 모태라고 할 수 있는 '한성전보총국'의 터이다.

20 시저 펠리(Cesar Pelli)는 1926년에 아르헨티나에서 태어나서 대학을 마치고 미국으로 가서

설계, 1977년 11월 착공, 1980년 가사용 허가, 1981년 6월 1일 교보문고 개장, 1984년 12월 준공,[21] 2010년 11월 리모델링 준공, 지상 23층/지하 4층)에 더욱 더 주의할 필요가 있다.[22] 이 거대한 판상형 건물은 그 크기로 세종로를 위압하는 문제와 도쿄의 '주일 미국 대사관'을 그대로 모방했다는 문제를 안고 있다. 이런 점에서 이 건물은 옆의 미국 대사관과 함께 일본이 떠난 자리를 미국이 차지하게 됐다는 느낌을 갖게 한다.[23] 서울의 도심처럼 오랜 역사와 깊은 자연을 가진 곳에서 건축은 정말로 신중하게 이루어져야 한다.[24]

세종로와 그 주변의 변화에서 가장 유의해야 할 것은 무엇일까? 토목과 건축은 도시의 필요조건이며, 생활과 문화가 도시의 충분조건이다. 예컨대 보도가 사람들이 편하게 오

크게 성공한 미국의 유명 건축가이다.

21 1981년 6월 1일 대대적인 준공식을 했으나 토지 정리 문제로 법적 준공은 1984년 12월 28일에 이루어졌다.

22 본래 교보빌딩과 광화문 빌딩(동화 면세점과 감리교 본부 등)은 건물이 들어설 수 없는 공원 부지였다. 한국전쟁 중이었던 1952년 3월 25일에 내무부 고시로 세종로 네거리 일대를 공원 부지로 정했서 세종로 네거리 일대는 경복궁과 어우러진 도심 공원이 될 것이었다. 그러나 1962년에 박정희 군사독재가 이곳에 건물을 지을 수 있도록 변경했으며, 교보빌딩은 박정희 정권에 의해, 광화문 빌딩은 전두환 정권에 의해 허가되었다(손정목,『서울도시계획 이야기 1』, 한울, 2003; 노주석, '세종로 사거리', 〈서울신문〉 2013.7.26). 답답하고 반역사적인 광화문 네거리의 풍경은 반인륜 반민주 군사독재의 산물인 것이다.

23 교보의 신용호 회장은 시저 펠리에게 주일 미국 대사관과 비슷한 건물의 건축을 강력히 요청했고, 그 뒤 시저 펠리에게 저작료를 지급하고 전국 곳곳에서 이 건물을 모방한 건물들을 지었다. 신용호의 고집 때문에 '다다미'를 주제로 한 주일 미국 대사관 건물이 전국 곳곳에 들어선 셈이다. 신용호(1917~2003)는 전남 영암의 독립운동가 집안 출신으로 그 자신도 중국에서 사업하며 이육사 선생(1904~1944)에게 독립자금을 제공하는 등 독립운동에 참여했다. 한편 많은 독서로 독학한 신용호 회장이 세상에 이바지하기 위해 주위의 반대를 물리치고 지하 1층에 교보문고를 만들었다고 한다. 참고로 교보빌딩의 주소는 세종로가 아니라 '종로 1가 1번지'이다.

24 2013년 3월에 서울시는 〈세종로 지구단위계획 변경 및 지형도면〉을 고시해서 세종로가 도시설계구역으로 지정된 지 30년 만에 처음으로 비로소 세종로를 올바로 관리하기 위한 기준을 제시했다.

갈 수 있는 곳이 되고, 보도와 건물의 1층이 바로 연결되어 사람들이 건물에 쉽게 드나들 수 있게 되고, 많은 사람들이 거리를 오가며 찾게 마련인 찻집, 음식점, 옷가게, 장난감 가게 등이 건물의 1층에 들어서는 것이다. 이런 점에서 지금 세종로에서 가장 급한 것은, 거의 늘 보도를 에워싸고 교통을 방해하는 경찰차들을 싹 치우는 것이고, 시민들을 세뇌하기 위해 보도를 차지하고 설치되어 있는 시대착오적인 사진판과 현수막 등을 싹 없애는 것이다. 그러나 갈수록 세종로 주변에는 고층 건물들이 늘어나고 있고, 보도에는 시대착오적 선전물이 늘어나고 있는 것 같다. 이명박-박근혜 정권의 정체성이 이렇게 드러난 것이다. 답답하고 안타깝다.

광화문에서 세종로 네거리까지 세종로를 걷거나, 또는 남대문을 지나 서울역까지 '세종대로'를 걷거나, 우리는 이 서울의 중심 가로에서 아주 많은 건물들과 물건들과 사람들을 볼 수 있다. 더욱이 이 거리의 곳곳에는 여전히 600년의 역사가 깃들어 있기도 하다. 그러나 2016년 12월 현재, 세종로는 여전히 걷기 편하지 않고 심지어 불쾌하기까지 하다. 시대착오적 선전물의 난립과 세월호 유가족들의 고통에 찬 농성을 보면, 지금 세종로는 세상이 어떻게 그럴 듯한 나쁜 곳으로 변할 수 있는가를 잘 보여주는 것 같다. 광화문광장은 차도로 차단되어 있을 뿐만 아니라 실은 더욱 강력한 경찰력으로 차단되어 있다. 세종로는 시대에 걸맞은 시민, 문화, 역사, 자연을 대표하는 공간으로 거듭나야 한다. 광화문광장에서 세종대왕과 이순신 장군은 이런 고민을 하고 있지 않을까?

광화문과 육조거리(1900년 무렵)

해치상은 광화문 앞으로 100m 정도 떨어진 곳에 있던 사헌부(서쪽, 지금의 세종로공원)와 이조(동쪽, 지금의 대한민국 역사박물관) 앞 쪽에 놓여 있었다.

조선총독부와 광화문통(1930년대 초)

일제는 경복궁 근정전 앞에 동양 최대의 석조 건물이었던 '조선총독부 청사'를 지어 일제의 힘을 과시했다.

세종로와 주변
世宗路

　세종로 가운데에 광화문광장이 있고, 서쪽에 정부 서울청사, 세종로공원, 세종문화회관, 현대해상 빌딩, 동쪽에 광화문 시민 열린마당, 대한민국 역사박물관, 주한 미 대사관, KT 사옥, 교보빌딩 등이 있다. **광화문광장**에는 세종로의 최고 명물인 이순신 장군 동상(김세중 작, 1968년 4월 건립)과 광화문광장의 조성으로 신축된 세종대왕 동상(김영원 작, 2009년 10월 건립)이 있다. 이순신 장군 동상은 칼집을 오른손으로 잡고 있는 것을 비롯해서 '5대 잘못'이 제기되어 있기도 하지만 그 앞은 일년내내 많은 사람들이 다양한 주제로 1인 시위를 펼치는 1인 시위의 명소가 되었다.

　세종문화회관과 교보빌딩의 뒤쪽으로 옛 골목길들과 가게들이 많이 있었다. 그런데 2000년대 중반을 지나면서 교보빌딩과 세종문화회관의 뒤쪽이 크게 재개발되기 시작했다. 그 결과 세종로 주변도 고층건물의 숲으로 빠르게 변해 버렸고, 수십 년의 이력을 갖고 있는 수십 곳의 식당들이 모두 여기저기로 쫓겨나 버렸다. 미 대사관 뒤쪽은 조선의 최고 개국공신이었으나 이방원(태종)에게 맞섰다가 망해서 500년 동안 조선의 최고 역적으로 여겨졌던 **정도전의 집터**였다. 종로구청 앞에 그 표지석이 있지만 '더-케이(The-K) 트윈 타워'와 종로구청의 땅이 모두 정도전의 집터였으니 최고 개국공신으로서 정도전의 막강한 권세를 쉽게 짐작할 수 있다. "정도전이 죽고 그의 집은 몰수되어 그 서당은 '중학'이 되었고, 그 마굿간은 말과 마구를 돌보는 관청이었던 '사복시(司僕寺)'가 되었다. 지금 '사복시' 자리에는 이마(利馬) 빌딩이 있는데, 그 이름은 이 역사를 담은 것이라고 한다."

　세종로는 서울의 중심이기 때문에 어디서나 편리하게 접근할 수 있다. 바로 이 때문에 이곳은 권력의 거리가 아니라 시민의 거리가, 통치의 거리가 아니라 문화

세종로와 중앙청(1970년 여름)

세종로 네거리와 광화문광장(2012년)

의 거리가 되어야 한다. 지하철 3호선 경복궁역, 5호선 광화문역, 그리고 많은 버스들로 세종로에 갈 수 있다. 대한민국 역사박물관 옥상에서 경복궁과 세종로를 잘 살펴볼 수 있는데, 이곳이 '**육조거리**'였을 때의 사진을 인터넷에서 쉽게 찾아볼 수 있으니, 자녀들과 함께 그 사진들을 찾아보고 저 옥상에서 지난 100년 동안 이곳이 얼마나 크게 바뀌었는가에 대해 살펴보면 아주 좋은 역사 답사가 될 수 있다 (서울시정개발연구원 편, 『서울, 20세기: 100년의 사진기록』, 2000; 서울시사편찬위원회, '서울의 역사와 문화유산' 홈페이지 등 참고).

짙은 스모그 속의 세종대로

세종로는 광화문 앞에서 광화문 네거리(조선 때 황토현)까지이고, 태평로는 거기에서 남대문까지이다. 역사와 내력이 아주 다른 두 길을 합쳐서 '세종대로'로 정한 것은 분명 잘못이다. 태평로의 입구에는 일제 때 만들어진 대표 신문인 동아일보와 조선일보의 사옥이 있다. 두 신문사는 세종로와 태평로의 스모그보다 훨씬 더 위험한 존재이다.

::4장
太 平 路
태평하지 않은 태평로

태평로는 세종로와 마찬가지로 거리 이름이자 동네 이름이다. 거리 이름으로서 태평로는 세종로와 태평로가 2010년에 '세종대로'로 통합되어 공식적으로는 없어졌으나, 동네 이름으로서 태평로는 2011년 '도로명 주소'가 본격 시행되었어도 '법정동'으로 계속 남아 있다. 도로명 주소는 1995년에 김영삼 정부가 '국가 경쟁력 강화'를 내걸고 시작해서, 2006년 10월에 '도로명 주소 등 표기에 관한 법률'이 제정되어 2007년 4월부터 시행됐고(2009년 4월 '도로명 주소법'으로 개칭), 2011년에 큰 우려에도 불구하고 이명박 정부에 의해 본격 시행되기 시작했고, 2014년 1월 1일부터 전면 시행됐다. 그런데 '도로명 주소'는 유용성을 내세워서 시행됐으나 수백 년의 역사를 간직하고 있는 동네 이름을 없애서 역사를 훼손하고 큰 혼란을 초래한 '총체적 실패'의 사업이라는 비판을 받고 있다.[*]

---

[*] '총체적 실패 도로명 주소…5천세대에 주소 딱 2개-도로명 주소 10개월 써 보니', the300, 2014.11.7.

1

2010년에 '세종대로'라는 이름으로 너비 100m 세종로와 너비 50m 태평로가 하나로 통합되었지만 본래 태평로는 남대문에서 세종로 네거리에 이르는 큰 길을 뜻한다. 태평로는 서울의 강북에서 세종로에 이어 두 번째로 큰 길이다. 이 길은 1912~14년에 일제가 만든 것이니 이 길에 대해 우리는 일제가 남쪽에서 북쪽으로 침략해 들어오던 관점에서 생각할 필요가 있다. 일본은 서울을 두 번 점령했다. 첫 번째는 1592년 임진왜란[1] 때이고, 두 번째는 1910년 대한제국의 병합에 의해서이다. 일본은 두 번 다 남대문으로 들어와서 남대문로로 나아가서 광교를 건넌 뒤 보신각에서 왼쪽으로 꺾어지고 세종로 삼거리에서 오른쪽으로 꺾어져서 광화문에 이르게 되었다. 1912~13년에 일제가 세종로 삼거리의 황토현(지금의 동아일보사 사옥과 건너편 광화문 빌딩의 사이에 있던 작은 동산)을 없애고 남대문에서 세종로로 이어지는 '태평통'을 만들어서 세종로 삼거리는 비로소 세종로 네거리가 되었고, 500여 년 만에 처음으로 남대문과 경복궁을 바로 잇는 큰 길이 만들어졌다.[2]

조선이 남대문과 경복궁이 바로 이어지지 않게 길을 만들었던 것은 이성계가 대단히 신뢰했던 무학대사(1327~1405)의 주장에 따른 것이었다고 한다. 무학대사는 관악산의 화기를 막기 위해 남대문과 경복궁이 구불구불하게 이어지도록 길을 만들어야 한다고 주장했다는 것이다. 이 주장은 '화기'가 반란이나 침략을 뜻하는 것이라면 나름대로 의미가 있는 것일 수 있었다. 남대문으로 쳐들어온 반란군이나 침략군이 궁으로 바로 쳐들어오기 어렵게 하는 것이었기 때문이다. 그러나 이렇게 길을 만들었어도 화재도, 침략도 전혀

---

1 〈참고자료 18〉 임진왜란 참고.
2 황토현의 서쪽으로 백운동천이 흘러와서 청계천으로 들어갔다. 지금 현대해상 건물 뒷쪽의 사선으로 된 길은 이 백운동천을 복개한 것이다. 황토현 옆으로 육조거리와 경운궁을 잇는 작은 길이 있었는데 1897년 10월 고종이 경운궁(덕수궁)을 정궁으로 삼아 '대한제국'을 선포한 뒤 이 길을 조금 넓혔다. 그리고 일제는 1912년 5월 경운궁 부지를 일부 수용해서 태평로의 조성을 시작했고, 9월 조선총독부 훈령 9호로 '시구개정'을 발표해서 태평로를 비롯한 서울의 도로 개조를 본격 추진했다. 이순우(2006), '광화문통과 태평통을 이어주는 가교, 황토현 신교', http://cafe.daum.net/distorted 참고. 또한 한강문화재연구원(2008), 〈광화문광장 조성사업 부지 내 문화재 정밀 발굴조사 약보고서〉, 11~17쪽의 지도들을 참고.

1800년대 말 광화문에서 바라본 육조거리
황토현이 육조거리를 막고 있고, 그 뒤로 멀리 관악산이 보인다. 이 사진은 광화문에서 육조거리를 찍은 유일한 사진이다.

막지 못했다. 지척에 있는 남대문과 광화문이 무려 500여 년이나 작은 동산으로 가로막힌 채로 구불구불하게 이어져 있어야 했다는 것은 참으로 황당한 일이었다. 처음부터 황토현을 없애고 남대문과 광화문을 바로 잇는 큰 길을 만들어서 한양의 발전과 민생의 향상을 추구했어야 옳았다.

일제는 1912~13년에 광화문과 남대문을 바로 잇는 태평로를 만들었고,³ 이어서 1916~26년에 광화문과 근정전 사이에 조선총독부 청사를 지었고, 그 뒤 1937~39년에 경복궁의 북문인 신무문 뒤 백악 자락에 총독 관사를 지었다. 이로써 일제의 조선총독부 청사가 조선의 정궁을 가로막고 조선 총독의 관사가 조선의 정궁을 굽어보는 꼴이 되었는데, 이것은 일제가 조선을 정복했다는 사실을 참으로 모욕적인 방식으로 세상에 과시하는 것이었다. 이런 역사의 면에서 보자면, 지금 청와대 즉 대통령 청사가 대단히 고약

---

3 일제는 1920~25년 남산의 서쪽 자락에 거대한 '조선신궁'을 지었고 남대문 옆으로 거기에 이르는 큰 길을 만들었다. 태평로는 광화문과 남대문을 잇는 길이 아니라 실은 조선총독부와 조선신궁을 잇는 길이었다.

한 자리에 있다는 것을 알 수 있다. 이 문제를 해결하기 위해서는 청와대의 경박한 지붕을 그윽한 색조로 고치고, 그 주변을 정말 개방적이고 자유로운 곳으로 만들어야 할 것이다. 그러나 이명박-박근혜 정권에서 청와대와 그 주변은 '산채'라는 말을 들을 정도로 경박하고 억압적인 곳이 됐다.

2

세종로에서 세종로 네거리를 지나 태평로로 건너와서 세종로를 돌아보면 그 모습이 대단히 기이하다. 오른쪽 모퉁이에 있는 '고종 즉위 40년 칭경 기념비전'[4]은 그 뒤의 교보빌딩이 워낙 커서 마치 큰 나무에 붙어 있는 작은 매미 꼴이다. 그런데 저 큰 나무는 일본 도쿄에 있는 '주일 미국 대사관 건물'을 그대로 모방한 것이다. 여기서 일본과 미국이 손을 잡고 조선을 일본의 식민지로 만든 암울한 역사를 다시 떠올리게 된다. 1905년 7월의 이른바 '태프트-가쓰라 밀약'이 그것이다.[5]

> "태프트-가쓰라 밀약(영어: Taft-Katsura Secret Agreement) 또는 가쓰라-태프트 밀약(일본어: かつら-タフト密約)은 러일 전쟁 직후 미국의 필리핀에 대한 지배권과 일본 제국의 대한제국에 대한 지배권을 상호 승인하는 문제를 놓고 1905년 7월 29일 당시 미국 육군 장관 윌리엄 하워드 태프트와 일본 제국 내각총리대신 가쓰라 다로가 도쿄에서 회담한 내용을 담고 있는 대화 기록이다. … 이 밀약은 대한제국에 대한 일제의 식민지배와 필리핀에 대한 미국의 식민지배를 상호 양해한 일종의 신사협정이었고, 이 합의로 대한제국

---

4 조선 시대에는 신분에 따라 지을 수 있는 집의 크기와 이름이 정해져 있었다. 이름은 '전-당-합-각-재-헌-루-정'의 순서이다. '전하'는 왕의 호칭이며, '각하'는 대신의 호칭이다. 한때 '비전'을 '비각'으로 불렀는데 이것은 잘못된 것이었다.

5 2015년 9월에 많은 사람들이 '을사늑약'으로 대한제국이 사실상 일본의 식민지가 되었던 1905년을 떠올리게 되었다. 박근혜 정권으로 '친일파'(일제 침략 부역/옹호의 반민족 세력)가 득세하며 완전한 역사의 왜곡을 강행하는 동시에 일본의 아베 신조 정권은 미국의 지지 아래 집단자위권법의 제정을 강행해서 전쟁과 침략의 길을 다시 열었기 때문이다.

에 대한 미국의 개입을 차단한 일제는 같은 해 11월 대한제국에 을사조약을 강요했으며, 미국은 이를 사실상 묵인했다(〈위키백과〉, '가쓰라-태프트 밀약')."

또한 여기서 가장 주의해야 할 것은 1968년 4월에 일제군 출신 친일파 독재자 박정희가 임진왜란 때 일본군을 무찌른 이순신 장군(1545~1598)의 동상을 세종로의 입구 한복판에 세운 것이다. 저 동상의 뒤에는 박정희가 기부해서 세웠다는 사실이 새겨져 있다. 박정희는 자신을 이순신 장군과 같은 존재로 제시하고 싶었던 모양이다. 저 동상을 볼 때마다 친일파가 권력을 잡고 독립군을 해치고 애국자 행세를 한 암울한 역사를 떠올려야 한다. 역사를 올바로 알고 잊지 말아야 한다.

태평로는 1912년 5월에서 1913년 8월까지 일제가 세종로 네거리에 있던 황토현을 없애고 덕수궁의 부지를 일부 수용해서 만든 큰 길이다. 일제가 광화문 네거리에서 남대문까지 이어지는 이 길에 '태평통'[6]이라는 이름을 붙인 것은 남대문 옆에 있던 명나라의 사

1913년 8월 개통 당시의 태평로 모습
〈매일신보〉 1913.8.22.

---

6 일본에서 '통'(通)은 '도리'로 읽으며 큰 길을 뜻한다. 한국은 '도로명 주소법'의 시행령 6조에서 도로를 "1.대로: 도로의 폭이 40미터 이상이거나 왕복 8차로 이상인 도로 2.로: 도로의 폭이 12미터 이상 40미터 미만이거나 왕복 2차로 이상 8차로 미만인 도로 3.길: 대로와 로 외의 도로"로 규정하고 있다.

신 관사가 '태평관'이었던 데서 유래했다.[7] 그러나 단지 이것만은 아니었을 것이다. 일제는 조선이 일제의 식민지가 되어 태평성대를 맞게 되었다고 선전하고자 이 길의 이름을 이렇게 지었을 것이다. 사실 조선 시대에 언론재단의 자리에는 '군기시'가 있었는데 그 앞은 대역죄인을 '능지처참'하는 곳이었다. 이곳에서 성삼문을 비롯한 '사육신'이 능지처참 당했다.[8] 일제는 이렇게 조선 시대에 가장 무서운 곳이었던 곳을 편리한 큰 길로 만들어서 자신의 능력을 과시하고 태평시대의 도래로 선전했던 것이다. 그러나 일제의 침략과 지배는 염상섭(1897~1963)이 『만세전』(1922~1924)에서 제시했듯이 조선 전체를 '무덤'으로 만드는 것이었다. 매국을 애국으로, 죽이기를 살리기로 호도하는 괴벨스적 선전술을 일제도 아주 잘 사용했다.[9] 이런 점에서 보자면, 이 길의 이름은 하루빨리 바꾸는 게 좋을 것이다. 2012년에 나는 이 길의 이름을 '김구로'로 바꾸자고 제안했는데, 요컨대 침략과 식민의 길을 민족과 민주의 길로 바꾸자는 것이다.

3

그냥 이름에 비추어 보더라도 지금 태평로는 전혀 태평하지 않은 길이며, 서울시는 물론이 나라가 결코 태평하지 않다는 사실을 잘 보여주는 길이다. 세종로 쪽 입구 양쪽에는 '보수'를 내걸고 '친일'과 '독재'를 적극 옹호하는 비리 세력의 신문으로 비판받는 동아일보와 조선일보가 있다. 두 신문사는 1919년 3월 1일의 '3·1 혁명'을 계기로 일제 총독부가 '문화통치'로 전환해서 설립되었다. '동아일보' 사옥은 원래 유명한 기생 요리집이었던 '명월관'의 자리에 1926년에 건축됐고, '조선일보' 사옥은 다음 해인 1927년에 원래 '경운

---

[7] 여진족 사신의 관사는 동대문 옆 낙산 자락(옛 이화여대병원, 현 한양도성박물관)에 있는 '북평관'이었다. 중국 사신과 여진 사신이 오는 길과 묵는 집이 다 달랐던 것이다. 명나라가 여진족의 청나라에 망한 뒤에 청나라 사신은 명나라 사신의 자리를 차지했다.

[8] 능지처참은 고통을 크게 하기 위해 사지를 천천히 찢어 죽이는 것을 뜻한다. '이기환의 흔적의 역사-사형장의 살풍경…인간백정의 역사', 〈경향신문〉 2014.12.2.

[9] 일제는 서구에 맞서 '총력전'을 추진했는 데, 여기에는 '사상전'도 포함되어 있었다. 그 핵심에는 조선이 일본의 식민지가 되어 크게 발전하게 되었다는 식의 선전이 포함되어 있었다. 渋谷 重光, 『大衆操作の系譜』, 勁草書房, 1991.

궁'의 엄비(1854~1911) 처소가 있던 곳에 건축됐다. '동아일보' 때문에 서울 시하철 1호선의 종묘 역과 시청 역 구간에서 140m 정도가 거의 90도로 꺾이게 됐으며, '조선일보'는 1968~71년에 20층의 '코리아나 호텔'을 지었는데 태평로로 돌출해서 큰 교통 혼잡을 빚게 되었다. 모두 심각한 비리 특혜의 의혹을 안고 있다.[10]

파이낸스 빌딩 앞 보도에서는 2008년 2월에 이명박 정권이 출범하고 시민의 보행권을 침해하는 시대착오적인 전쟁 상기 사진들이 몇 년이나 계속 전시되었다. 언론재단 건물 앞에서는 이명박 정권의 언론장악에 맞서 공정언론을 위한 항의가 몇 년 동안 계속 이어졌으며, 2013년 여름에는 '골든 브릿지 증권' 이상준 회장의 문제를 해결하기 위한 투쟁이 펼쳐졌고, 2014년에는 씨엔엠 노동자들이 부당해고에 맞서 언론재단 건물 앞 전광판 위에서 고공농성을 했다. 이명박-박근혜 정권 때 태평로를 걷다 보면 나도 모르게 가슴이 무거워지고 손에 힘이 들어가기 십상이었다. 이 나라를 정말 태평하게 만들고자 한다면, 태평로에서 보이는 문제들을 적극 해결해야 한다. 도시는 사회를 고스란히 보여준다. 우리는 태평로를 걸으며 서울을 넘어 이 나라의 문제를 생생히 확인할 수 있었다.

2013년 여름에 덕수궁 쪽 보도의 상황은 더욱 좋지 않았지만 덕수궁이 있는 정동[11] 쪽에서는 언제나 아름다운 '성공회성당'(서울시 유형문화재 35호)에서 큰 위안을 받을 수 있다. 일제의 경성부가 1935년에 지은 극장인 '부민관'(1951~75년 국회의사당, 현 서울시의회)은 태평로 가에 있으나 '성공회성당'은 일제가 1937년에 지은 조선총독부 체신국 청사(국세청 남대문 별관)에 가려 태평로에서 잘 보이지 않았다. 2015년 8월 서울시는 이 건물을 철거하고 그 자리에 공원을 조성하기 시작했다.[12] 이로써 아름다운 '성공회성당'이 태평로에 그 모습을 환하게 보이게 되었다. 이에 앞서 서울시는 2015년 1월에 '서울시청~세종로 네거리 지하보도'와 '종각역~세종로 네거리 지하보도'를 잇는 '지하도시'

---

10 '언론권력, 도시계획 바꾸고..지하철도 비켜가고-조선, 건물 도로쪽 돌출… 2개 차로 줄어 도심체증, 코리아나 호텔 건립 때 차관 특혜 의혹도-동아, 50, 60년대 '세종로 광장'계획 이전 거부로 무산, "사옥 손 못 댄다" 시청~종각 1호선 노선 수정', 〈한겨레〉 2001.3.6.

11 〈참고자료 19〉 정동의 유래 참고.

12 영국 대사관, 성공회성당, 서울시의회(부민관), 조선일보사(코리아나 호텔) 등의 부지는 모두 원래 경운궁(덕수궁)의 부지였다.

정동의 성공회성당(2016년 9월)
서울시청사와 프레스센터의 사이에서 바라본 모습. 앞에 들어서 있던 국세청 건물을 철거하자 이 아름다운 건물이 환히 드러났다.

건설계획을 '세종대로 일대 역사문화 특화 공간 수립방안'의 한 핵심으로 발표했다. 아주 큰 변화가 태평로의 지상뿐만 아니라 지하에서 진행되고 있는 것이다. 그런데 이런 지하의 변화가 과연 좋은 변화인가? 박정희-김현옥이 강행한 소공동 지하상가, 명동 지하상가, 남대문 지하상가 등이 건널목의 설치도 막고 있지 않나?

　1980년대 초 당시 최고의 인기 가수였던 혜은이 씨는 1981년 8월에 발표한 '옛사랑의 돌담길'[13]이라는 노래에서 '정동 교회 종소리 은은하게 울리면은 가슴이 뭉클해졌어 눈시울이 뜨거워졌어'라고 노래했다. 이렇듯 성공회성당은 오래 전부터 많은 사람들에게 감동과 추억을 안겨주는 서울의 명소였다. 이 아름다운 로마네스크[14] 양식의 건물은 1922년에 착공되어 1926년에 축성되었으나 그로부터 70년이 지난 1996년에 완공되었다. 오랫동안 미완성인 채로 남아 있다가 다행히 원래의 설계도면이 발견되어 1990년대에 다시 공사해서 완성했던 것이다. 잘 알다시피 성공회는 헨리 8세(1491~1547)가 만든

13 　'덕수궁 돌담길'은 1917년에 일제가 만들었다(김정동, '개화기 이후의 서울 정동 동역의 변천사', 2002). 이 길은 낭만의 길이 아니라 실은 비애의 길인 것이다. 이 길은 영국 대사관에 의해 170m 정도 막혀 있는데, 서울시는 2014년 10월에 이 구간의 연결을 영국 대사관에 요청했고, 2015년 5월 14일 서울시와 영국 대사관은 이를 위한 양해각서를 체결했다.

14 　〈참고자료 20〉 로마네스크 건축 양식 참고.

영국의 국교이다. 그래서 영국 공사관의 바로 옆에 성공회성당이 지어졌던 것이다. 지금도 성공회성당 골목의 안쪽에는 영국 대사관이 있다.[15] 그런데 이 아름다운 건물은 박정희-전두환의 군사독재를 타도한 '6월 민주항행'이 시작된 곳이기도 하다. 1987년 6월 10일 오전 10시에 이곳에서 전두환-노태우의 학살 독재에 맞선 민주화 항쟁이 시작됐던 것이다. 지금 성공회성당 마당에는 이 사실을 알리는 기념비가 서 있다.

6월 항쟁의 성지이기도 한 아름다운 '성공회성당'을 지나 덕수궁 정문 쪽으로 걸어가면 담장 옆 보도 위에 만들어진 작은 꽃밭을 만나게 된다. 그러나 이 꽃밭은 사실 서울을 넘어 세계에서 가장 무서운 꽃밭이다. 크나큰 불행에 처한 사람들을 쫓아내기 위해 만든 꽃밭이기 때문이다. 좁은 보도 위에 꽃밭을 만든다는 것은 아주 몰상식한 일이다. 이 꽃밭은 부당 해고와 경찰의 폭력에 맞서서 목숨을 지키기 위해 이곳에서 농성하던 쌍용자동

덕수궁 정문 앞 모습(2013년)

15 미국 대사관저와 함께 영국 대사관 자리도 조선 태조 이성계의 계비 신덕왕후(神德王后)의 묘인 정릉의 원래 자리로 추정되고 있다. 그리고 성공회성당의 지하 소성당에는 이 아름다운 건물을 건립한 한국 성공회의 3대 주교 마크 트롤로프(1862~1930)의 무덤이 있다. 이 무덤은 한양도성 안에 있는 유일한 무덤이다.

차 해고자들[16]을 저기 어디론가 쫓아버리기 위해 서울 중구청이 만든 것이었다.[17] 100년 전인 19세기 말과 20세기 초에 덕수궁 앞마당은 일제의 침략과 양반의 학정에 맞서 백성의 주권을 외치던 곳이었다. 그런데 주권자인 시민의 기본권을 훼손하기 위해 보도 위에 꽃밭이 만들어지고 그것을 지키기 위해 경찰들이 보도와 도로에 늘 진을 치게 되었으니 역사의 발전이란 과연 어떻게 이루어지는 것인가?

4

덕수궁은 고종이 1897년 10월 대한제국을 수립하고 나름대로 자주적인 근대화를 추구했다고 하는 곳이다.[18] 이 때문에 덕수궁에는 서구식 건물인 석조전이 지어졌고, 맞은편에는 대한제국의 수립을 하늘에 알린 환구단이 지어졌다. 마침 그곳은 중국 사신을 맞던 '남별궁' 터였다.

> "천자(天子)가 하늘에 제사를 드리는 제천단(祭天壇)을 가리킨다. 명칭의 한자 표기와 독음을 환구단(圜丘壇)과 원구단(圓丘壇 또는 圓丘壇)으로 혼용하던 것을 2005년 문화재청에서 한자 표기는 《고종실록》에 기록된 '圜丘壇'으로, 한글 표기는 고종이 제사를 지낸 1897년 10월 당시 《독립신문》을 따라 '환구단'으로 정하였다. … 지금의 환구단은 1897년 (고종 34) 고종의 황제 즉위식과 제사를 지낼 수 있도록, 옛 남별궁(南別宮) 터에 단을 만들어 조성한 단지이다. 그 뒤 단지 내에는 화강암으로 된 기단 위에 3층 8각 지붕의 황궁우(皇穹宇)를 1899년에 축조하고 신위판(神位版)을 봉안(奉安)하였으며, 1902년 고종 즉

---

16 〈참고자료 21〉 2009년 쌍용자동차 폭력진압 참고.
17 2013년 3월 문화재청장은 덕수궁 정문 앞 쌍용차 해고자 농성장이 덕수궁 경관을 훼손한다며 거기에 꽃밭을 설치하도록 서울 중구청장에게 지시했다. 이 꽃밭을 지킨다는 핑계로 남대문경찰서장은 이곳에서의 농성과 집회를 봉쇄했다. 2013년 12월 서울행정법원은 경찰의 봉쇄가 헌법을 위반한 불법이라고 판결했다. 2017년 2월 서울 중앙지법은 집회를 봉쇄한 현장 책임자였던 당시 남대문경찰서 경비과장 최 모에 대해 벌금 1,200만 원을 선고했다. 이명박-박근혜 정권이 자행한 '비정상화'가 조금 '정상화'된 것이다.
18 〈참고자료 22〉 고종과 덕수궁 참고.

위 40주년을 기념하는 석고단(石鼓壇)을 황궁우 옆에 세웠다. 석고(石鼓)의 몸체에 부각된 용무늬는 조선 말기 조각의 걸작으로 꼽힌다.[19] 처음 조성된 단지는 1913년 일제에 의해 철거되고 이듬해 그 자리에 철도호텔이 들어서면서 축소되었으며, 지금은 황궁우와 석고 그리고 3개의 아치가 있는 석조 대문만이 보존되어 조선호텔 경내에 남아 있다"(『두산백과』, '환구단').

2007년 8월 환구단 정문이 서울 우이동의 옛 그린파크 호텔에서 발견되어 2009년에 복원되었으며, 우리의 전통 마당이 아닌 일본식 잔디밭으로 훼손되었던 황궁우 마당의 복원공사가 2013년에 이루어졌다. 그러나 본래 환구단 정문의 자리는 조선호텔 정문이니 그 복원은 제대로 된 복원이 아니다. 박정희-전두환 독재는 환구단과 그 일대를 복원할 수 있었으나 그렇게 하지 않고 신세계(조선호텔), 롯데, 한화(플라자호텔) 등 재벌들에게 넘겼다. 대한제국의 최고 신성 지역이 일제에 의해 파괴되고 농락되고, 박정희-전두환 독재에 의해 재벌의 땅이 되어 버렸다.[20]

조선호텔 1층의 커피숍은 옛 담장과 삼문, 그리고 황궁우가 빚어내는 그윽한 경치를 바라볼 수 있어서 최고의 맞선 자리로 손꼽혔다. 그러나 사실 황궁우는 하늘과 땅을 다스리는 모든 신들의 위패를 모신 사당이고, 이 일대는 일제의 악랄한 파괴로 크게 망가진 비애의 장소이다. 1910년 8월 29일 일제는 '일한병합에 관한 조약'을 체결하는 방식으로 대

---

19 앞에서 밝혔듯이 이 석고는 고종에 대한 '아첨'의 산물이다. 나라가 망할 지경에 처했는데도 무능한 고종과 썩은 양반들은 이렇게 노닥거리고 있었던 것이다.

20 한편 조선호텔 건너편에는 대한제국의 영빈관이었던 '대관정'이 있었는데 그 터를 부영그룹이 매입해서 27층 건물을 지으려 한다는 사실이 알려져서 2015년에 큰 논란을 빚었다. 부영은 1990~2000년대에 아파트 건설로 크게 성장한 중견 재벌인데, 이 과정에서 큰 비리를 계속 저질렀다. '대관정 주변 근대건축물 철거 위기', 〈한겨레〉 2015.10.20.과 '자꾸만 옛날로 부르는…여기는 '근대사의 첫 거리'', 〈한겨레〉 2015.10.11.을 참고. 2016년 11월에 이중근 부영 회장이 안종범과 만나 '거래'했다는 사실이 밝혀졌다. 이중근은 2004년에도 120억 원대의 비자금 조성, 즉 횡령과 조세포탈 등으로 구속됐었는데, 박근혜 정부에서 최순실과 '거래'하고 있었다는 사실이 밝혀진 것이다. '안종범, 부영 회장과 "70억 지원" "세무조사 편의" 뒷거래', 〈한겨레〉 2016.11.2. '고영태 "최순실, 부영그룹에 체육연맹회장 자리 주고 토지 받자" 증언', 〈조선일보〉 2017.2.7.

한제국을 병탄하고 그 재산을 모두 약탈했다. 환구단과 그 부속시설인 황궁우도, 고종에게 아부하기 위해 썩은 양반들이 환구단의 서쪽에 세운 석고단도 모두 일제의 재산이 되었다. 일제는 1913년에 황궁우만 남기고 환구단을 철거해서 그 자리에 철도호텔(1914년 9월 준공)을 지었다. 일제는 신성한 황궁우를 철도호텔의 그윽한 뒷마당처럼 만들어서 대한제국을 우롱했는데, 이것이 조선호텔 1층 커피숍이 최고의 맞선 자리가 된 내력이다. 또한 일제는 석고단을 없애고 1923년에 그 터에 조선총독부 도서관을 건축했는데, 그 뒤쪽에 석고를 보호하는 석고전을 남겨 두었다가 1935년에 이토 히로부미를 기리기 위해 장충단을 파괴하고 그 옆에 세운 히로부미지(박문사, 1929~31년 건립)의 종각으로 썼다. 일제는 이렇게 건물들을 파괴하고 우롱하는 동시에 소공로를 확장해서 환구단 지역을 훼손했다.

5

태평로에서 보이는 반인권의 문제들을 바로잡기 위해서는 무엇보다 정치의 개혁이 중요하다. 보수를 참칭해서 자행되는 '저강도 독재화' 또는 '반민주 독재화' 문제가 계속 악화된다면, 이 나라는 결국 일제의 식민 지배와 이승만-박정희-전두환-노태우의 독재로 그 문제가 여실히 나타났던 비리 세력에 의한 전락의 길을 다시 걷게 될 것이다. 독재는 인권에 대한 억압이라는 점에서 타파되어야 하지만 필연적으로 비리의 만연을 야기한다는 점에서도 타파되어야 한다. 19세기 중반 영국의 역사가 존 액튼(John Acton, 1834~1902)은 '권력은 부패한다. 절대 권력은 절대 부패한다'고 갈파했다. 태평로에서 쉽게 확인하게 되는 반인권의 문제들을 그냥 동정의 시선으로 지나쳐서는 안 되는 것은 바로 이 때문이다. 이명박-박근혜 정권 때 우리는 태평로에서 한국 사회와 한국 정치의 문제를 몸으로 느낄 수 있었다.

현재 태평로에서 정치적으로 가장 중요한 시설은 서울시청사(등록문화재 52호. 원래 경성부청사, 현재 서울도서관. 1926년 건립)와 서울시의회(등록문화재 11호. 원래 일제의 경성부가 세운 경성부민관. 경성부의 부민들을 위한 문화시설로 1935년 건립. 1951년 서울 수복 뒤부터 1975년까지 국회의사당으로 사용)이다. 이명박 시장과 오세훈 시장 때 서울시의회는 한나라당이 독점하다시피 해서 서울시의 거수기라는 비판을 들었다. 뉴타운 사업, 한양주택 파괴, 세빛둥둥섬, 서울시 신청사, 동대문디자인플라자^{DDP}, 한강 르네상스, 고척 돔구장 등 서울의 역사와 자연을 해치고 많은 혈세를 낭비했다는 비판을 받는 사업들의 목록은 길게 이어진다. 세상은 그냥 좋아지지 않는다. 서울시와 서울시의회가 제대로 활동하도록 시민들의 감시와 비판이 더욱 강화되어야 한다. 가장 중요한 것은 올바른 사람을 시장과 의원으로 선출하는 것이지만, 시민들의 감시와 비판이 이어지지 않으면 좋은 사람도 타락하기 쉽다.

　서울시장의 중요성은 큰 논란을 일으킨 서울시 신청사에서도 쉽게 확인할 수 있다. 이제는 서울도서관으로 바뀐 예전의 서울시청사는 일제의 경성부청사(1926년 10월 30일 준공)로 지어진 아주 중요한 근대 건물인데 오세훈 시장이 현재의 신청사를 짓기 위해 2008년 8월 26일 사적 지정을 앞두고 뒤쪽의 본회의장을 기습적으로 파괴해 버렸다. 그리고 오세훈 시장은 3,900억 원이 넘는 혈세를 투여해서 서울시 신청사를 건축했다. 이 건물은 해괴한 모양의 문제를 떠나서 경제성, 안전성, 생태성, 문화성 등에서도 큰 문제를 안고 있다. 그 안은 식물이 무성해서 편안하게 느껴지나 사실 바깥보다 더 문제가 많다. 사무실이 아니라 거대한 온실을 건축한 것이라고 할 수 있기 때문이다. 이 건물의 설계가 공개심사를 통해 선정됐다는 사실이 쉽게 믿어지지 않는다.

서울시 구청사와 신청사

사실 오세훈 시장이 벌인 토건사업들 중에서 서울시 신청사만이 문제는 아니다. 오세훈 시장의 3대 토건사업인 서울시 신청사, 세빛둥둥섬, 동대문디자인플라자가 모두 커다란 혈세 낭비와 파괴의 문제를 안고 있다. 이 중에서 그 과정의 문제가 제대로 밝혀진 것은 세빛둥둥섬밖에 없다. 세빛둥둥섬은 1,000억 원대의 혈세를 낭비한 토건사업이라면, 서울시 신청사는 3,900억 원대의 혈세를 썼고, 동대문디자인플라자는 5,000억 원대의 혈세를 썼다. 서울시 신청사는 서울시를 대표하는 건물로서 엄청난 상징성을 갖고 있고, 동대문디자인플라자는 동대문 지역의 역사와 생활에 미치는 영향이 대단히 크다. 막대한 혈세를 투여해서 이루어진 이 토건사업들의 과정도 세빛둥둥섬과 마찬가지로 낱낱이 밝혀져야 한다.

서울시청 맞은편에는 '플라자 호텔'(1976년 10월 개관, 한화 재벌 소유)이 시야를 완전히 가리고 들어서 있다. 이것은 박정희의 지시에 의한 서울 도심 재개발의 결과이다. 1966년 10월 31일 린든 존슨 미국 대통령이 방한해서 서울시청 앞에서 대대적인 환영 행사를 열었다. 당시 서울시청 건너편은 화교촌[21]과 창녀촌의 남루한 건물들이 모여 있는 곳이었다. 그런데 이 남루한 지역의 모습이 린든 존슨 미국 대통령의 환영 행사를 통해 전세계에 비춰졌다. 이에 크게 화가 난 박정희는 도심 재개발을 강력히 추진할 생각을 품게 되었고, 결국 1973년 이 지역을 포함한 11개 지역이 최초의 도심재개발구역으로 지정되었다.[22] 그리고 곧 서울의 도심은 재벌들이 골고루 나눠 차지하는 꼴이 되었다. 요컨대 박정희 독재가 강행한 서울의 도심 재개발은 "중소 상인들을 몰아내고 삼성, 현대, SK, 롯데, 두산, 한화 등 대기업에 도심을 상납하는 형태로 귀결됐다"(노주석, '도심재개발', 〈서울신문〉 2013.8.30).

서울시청과 덕수궁을 지나 남대문 쪽으로 걸어가면 행정구역으로는 태평로 2가가 되는데, 이곳의 오른쪽 길가에는 이 나라를 지배하는 최강 경제 실세로 손꼽히는 삼성 재벌의 본사가 있다. 여기에 삼성 재벌의 본사가 들어선 것도 박정희 정권의 도심 재개발에 따른

---

21 〈참고자료 23〉 서울의 화교촌 참고.

22 손정목(2003), '존슨 대통령 방한에서 88올림픽까지-도심부 재개발사업', 『서울도시계획이야기 2』, 한울과 서울특별시(2010), 〈2020년 목표 서울특별시 도시·주거환경정비기본계획〉의 '제2장 도시환경정비정책의 평가 및 개선과제' 참고.

태평로의 삼성 본관과 '태평로 빌딩' (2005년)

삼성은 국가와 국민을 내세워서, 심지어 가족과 이웃을 내세워서, 노동자들을 착취하고, 납품업자들을 착취하고, 거대한 정경유착 비리로 막대한 부를 쌓았다. 삼성은 삼성전자의 백혈병 사망 노동자들에게 마지못해 500만 원을 지급했으나, 이건희의 성매매 범죄를 위해 여성들에게 1인당 500만 원을 지급했고, 최순실-정유라에게는 드러난 것만 무려 400억 원이 넘는 뇌물을 바쳤다.

것이다. 삼성 본관의 양 옆에도 삼성 재벌의 건물이 있다. 남쪽은 삼성생명 본관이고, 북쪽은 '태평로 빌딩'으로 불린다. 전자는 2016년 1월 부영에게 팔렸고, 후자도 매각될 예정이다. 세종로와 태평로를 통틀어 가장 무서운 곳은 어쩌면 이곳인지도 모른다. 삼성 재벌이 전국에서, 세계에서 일으킨 문제들을 보면, 이곳에서는 매일 여러 집회가 열려야 할 것이다. 그러나 이곳은 거의 언제나 태평해 보인다. 그 이면에서 삼성 재벌의 강력한 권력이 작동하고 있다는 것은 다시 말할 필요가 없다. 청와대에서 시작되는 막강한 권력의 흐름은 정부 종합청사, 미국 대사관, 동아일보, 조선일보, 서울시의회, 서울시청 등을 거쳐 삼성 재벌 본사에서 완성되는 것인지 모른다. 세계 일류를 자랑하는 삼성 재벌이 노동조합을 올바로 인정하고 시민을 위하는 정상적인 기업이 되는 날은 언제일까? 2017년 2

월 17일 삼성 재벌의 총수 이재용이 구속된 것은 삼성의 역사에서 초유의 일이다. 이병철과 이건희는 번번히 구속되지 않고 빠져나갔던 것이다. 삼성의 처벌은 한국의 정상화를 위한 핵심 과제이다.

6

태평로는 크게 세 구간으로 나뉠 수 있다. 광화문 네거리에서 서울시청과 대한문까지 구간, 서울광장과 대한문 앞 구간, 그리고 서울광장과 대한문을 지나 남대문까지 구간 등이다. 첫째 구간은 언론과 행정의 구간이다. 동아일보, 조선일보, 언론재단, 서울시의회, 서울시청 등이 여기에 있다. 덧붙여서 성공회성당과 영국 대사관도 여기에 있다. 둘째 구간은 고종이 조선을 대한제국(1897년 10월 12일~1910년 8월 29일)으로 바꾸고 환구단을 세워 독립을 선포했으며, 1987년 6월 항쟁에서 시민들의 민주화 열망이 응집됐던 민족과 민주의 구간이다. 셋째 구간은 삼성 재벌 본사가 자리잡고 있는 삼성과 금권의 구간이다. 이렇게 이루어진 태평로에서 가장 이상한 건물은 조선일보/코리아나 호텔 건물이다. 왜 이 건물만 보도로 지붕을 만들어 놓고 손님을 맞는가?[23]

　이 길이 진정 태평로가 되기 위해서는 어디에서나 시민들의 권리가 무엇보다 우선되어야 한다. 누구나 헌법에서 보장된 집회와 시위의 자유를 누릴 수 있어야 하며, 시민들을 부당하게 괴롭히는 관리들과 경찰들은 엄벌되어야 한다. 그리고 이 길의 모든 건물들을 시민들이 자유롭게 드나들고 이용할 수 있도록 고쳐야 한다. 시민들을 존중하는 건물들이 늘어날수록 시민들을 존중하는 도시가 될 수 있다. 태평로가 권력이나 재벌들이 태평한 곳이 아니라 시민들이 태평한 곳이 되어야 서울의 진정한 발전이 이루어지는 것이다. 고층 건물들의 넓은 마당은 본래 시민들이 자유롭게 이용할 수 있어야 하는 '공개 공지'이다.[24] 그곳에서 시민들이 자유롭게 다양한 활동들을 할 수 있어야 한다. '공개 공지'의

23　'조선일보 사주일가 소유 코리아나호텔, 서울시 땅 무단 사용', 〈FactTV〉 2014.11.13.
24　그 내용은 건축법 67조와 건축법 시행령 113조에 규정되어 있다. "건축법 시행령 제113조(공개공지등의 확보) ① 법 제67조제1항의 규정에 의하여 다음 각호의 1에 해당하는 건축물의 대지에는 공개공지 또는 공개공간을 확보하여야 한다. (개정 99.4.30) 1. 연면적의 합

시민 이용을 막는 것은 시민의 재산을 편취하는 범죄로 엄벌되어야 한다.

　세종로와 태평로를 합쳐서 '세종대로'로 한 것은 역사적 연원이 크게 다른 두 길을 합쳐 놓은 것으로서 아주 어색하다. 세종로와 태평로는 따로 다루어야 옳을 것이다. 그리고 태평로라는 이름은 그 연원부터 문제가 많으니 바꾸는 게 좋을 것이다. 세종로의 연장으로서 세종로에 못지 않은 커다란 상징성을 갖고 있는 태평로를 '김구로'로 바꾸자. 세종로를 전근대 역사에서 가장 위대한 위인을 기리는 곳으로 만들고, 태평로를 근대 역사에서 가장 중요한 목표를 다지는 곳으로 만들자. 그것은 바로 민족과 민주의 목표이고, 그 대표적인 인물은 바로 김구 선생이다. 대한문 앞 태평로 복판에 김구 선생의 동상을 세우고 명나라에 대한 사대와 일제의 침략을 미화하는 태평로를 '김구로'로 바꾸자. 김구 선생은 자기를 한없이 낮추며 민족과 민주를 추구했을 뿐더러 모든 사람들의 공생을 위한 평화와 문화를 추구했다. 이것은 옳게 살고자 하는 누구나 나아가야 할 길이 아닌가?

"그러므로 우리 민족으로서 하여야 할 최고의 임무는, 첫째로 남의 절제도 아니 받고 남에게 의뢰도 아니하는, 완전한 자주 독립의 나라를 세우는 일이다. 이것이 없이는 우리 민족의 생활을 보장할 수 없을 뿐더러, 우리 민족의 정신력을 자유로 발휘하여 빛나는 문화를 세울 수가 없기 때문이다. 이렇게 완전한 자주 독립의 나라를 세운 뒤에는, 둘째로 이 지구상의 인류가 진정한 평화와 복락을 누릴 수 있는 사상을 낳아, 그것을 먼저 우리나라에 실현하는 것이다." (김구, '나의 소원', 1947년 발표, 1945년 이전 집필)

　계가 5천제곱미터이상인 문화 및 집회시설, 판매 및 영업시설(「농수산물유통 및 가격안정에 관한 법률」 제2조의 규정에 의한 농수산물유통시설을 제외한다), 업무시설, 숙박시설, 2. 기타 다중이 이용하는 시설로서 건축조례가 정하는 건축물."

태평로에서 바라본 세종로(1926년 5월?)

태평로에서 바라본 세종로. 조선총독부는 1926년 10월 1일 완공되었고, 광화문은 1926년 7월 22일 해체되기 시작해서 1927년 9월 15일 건춘문 북쪽에 이건되었다(홍순민(1999), 『우리 궁궐 이야기』, 청년사, 135쪽). 이런 사실과 거리의 나무, 사람들의 옷 등으로 봤을 때, 이 사진은 1926년 5월 정도의 사진으로 추정된다. 세종로 네거리의 서쪽에는 백운동천이 인왕산에서 흘러오고 있었기에 당시의 태평로에서 백운동천(현재의 현대해상) 뒷길은 이렇듯 다리의 구조로 되어 있었다.

太平路
태평로와 주변

태평로는 세종로 네거리에서 남대문에 이르는 길이다. 세종로 쪽에서 시작하면, 동쪽에 동아일보, 청계천의 시작 지점, 파이낸스 센터 건물, 프레스 센터(언론재단) 건물, 서울시 청사, 서울광장, 플라자 호텔 등이 이어지며, 서쪽에 조선일보, 서울시의회, 성공회성당, 덕수궁, 삼성, 태평관 터 등이 이어진다. 시민의 관점에서 가장 중요한 곳은 **서울광장**인데, 이곳이 서구의 '선진국'에서 볼 수 있는 것과 같은 시민광장이 되기 위해서는 더욱 더 자유롭게 이용될 수 있어야 한다. 서울광장을 사이에 두고 **덕수궁**과 **환구단**이 마주보고 있으며, 서울광장 주변은 조선이 대한제국으로 바뀌던 때의 서울을 담고 있는 역사적인 장소로서 당시의 상황을 설명하는 안내판이 설치되면 좋을 것 같다.

  서울시청이 태평로의 중간에 해당되는 데, 지하철 1호선과 2호선의 시청역으로 가장 편리하게 접근할 수 있다. 지하철 1호선의 종각역은 종로 1가나 청계천 옆을 걸어서 태평로에 다가갈 수 있는 역이며, 5호선의 광화문역은 세종로 네거리를 지나 태평로로 다가갈 수 있는 역이다.

  태평로는 남대문 안쪽에서 남대문로를 만나면서 끝난다. 5개의 큰 길들이 만나는 남대문 주위에는 온통 고층 건물들이 들어서서 남대문을 내려다보고 있다. 본래 조선 때 경복궁으로 가려면 남대문로로 가서 광통교를 건너고 보신각에서 오른쪽으로 꺾어서 가야 했다. 남대문로를 지나면 남산으로 올라가는 큰 길이 이어진다. 이 길은 일제가 조선을 문화적으로 제압하기 위해 남산에 지은 거대한 '**조선신궁**'(1920~25년 건축)*으로 가는 길이었다. 일제는 근대화의 이름으로 서울을 악랄하게 파괴하고 훼손했다. '**조선총독부-세종로-태평로-남대문-조선신궁 도로-조선신궁**'의 축은 그 핵심이었다.

서울산책 **91**

1896년경 서울 전경
조선사진안내(1926) 수록. 사진아카이브연구소 소장.

1926년경 서울 전경
조선사진안내(1926) 수록. 사진아카이브연구소 소장.

경운궁과 환구단 – 1897년 환구단을 건축 중인 모습

오른쪽 둥근 지붕이 환구단으로 이것을 부수고 철도호텔을 지었으며 이 호텔을 부수고 다시 조선호텔을 지었다. 가운데 위의 산은 경복궁 뒤의 백악이고, 그 오른쪽은 인왕이고, 백악 뒤는 평창동의 보현봉이다.

경성 시가의 중앙
'경성부청사' 자리에 '경성일보사'가 있으니 1924년 이전의 모습.

경성 시가 전경의 일부

'경성부청사'가 들어섰으니 1926년 이후의 모습이며, '미쓰코시 백화점 경성점'(신세계백화점 본점)이 들어서기 전이니 1930년 이전의 모습이다.

가회동의 한옥촌에서 바라본 시내와 남산의 모습

::5장

북촌과 송현동을 찾아서
北 村   松 峴 洞

'북촌'은 경복궁과 창덕궁 사이의 아늑한 옛 동네를 가리킨다. 조선 때 이 동네는 최고 권력자들이 모여 사는 곳이었다. 지금도 이 동네는 대단한 부자들과 권력자들이 많이 사는 곳이다. 이곳이 경복궁 동쪽인데 '북촌'인 이유는 조선 때 서울에서 동서남북의 기준은 종로와 청계천이었기 때문이다. 동서로 길게 뻗은 종로와 청계천을 기준으로 북쪽에 있는 동네여서 '북촌'이었던 것이다. 조선 때 도성 안은 높은 양반들의 '북촌', 낮은 양반들의 '남촌', 그리고 중인들의 '중촌'으로 크게 나뉘었다(『서울』, 뿌리깊은 나무, 140쪽). '북촌'은 사간동, 송현동, 소격동, 팔판동, 삼청동, 화동, 가회동, 재동, 계동, 안국동, 원서동 등 옛 골목들과 한옥들로 이루어진 작은 동네들이 옹기종기 모여 있는 곳이다. 그러나 이 지역은 1980년대에 들어와서 크게 훼손되기 시작했으며 지금도 큰 위기가 계속되고 있는 곳이다. 북촌의 서남쪽 입구에 해당되는 송현동은 그 핵심 지역이다.

1

북촌은 경복궁과 창덕궁[1]의 사이에 있는 동네이다. 여기에는 삼청동, 팔판동, 화동, 소격동, 사간동, 송현동, 가회동, 재동, 계동, 원서동 등 작은 동네들이 많이 모여 있다. 본래 이곳에는 높은 벼슬을 한 양반들이 많이 살았다. 그런데 조선 말에 이르러 그들 중의 일부는 무능하고 부패한 세도정치에 염증을 내고 반란을 꾀하게 되었다. 1884년 12월 4일의 '갑신정변'[2]이 그것이다. 김옥균, 홍영식, 박영효, 서광범, 서재필 등 높은 양반 집안의 청년들[3]이 청과 결탁한 민비 중심 척족 세도파[4]를 몰아내고 개화를 이루고자 반란을 일으켰다. 그러나 그들은 일본의 꼬임에 속아서 일본에 일방적으로 의지한 채 반란을 일으켰다. 결국 젊은 개화파의 반란은 청의 개입으로 사흘만에 실패로 끝났다. 그 결과 영의정 집안이었던 홍영식(1855~1884)의 집안은 졸지에 파탄났고, 김옥균(1851~1894)은 일본으로 도망갔다가 상해에서 조선 정부가 보낸 홍종우에 의해 암살됐으며(3월 28일), 그 시체는 조선으로 옮겨져서 양화진에서 능지처참됐다(4월 28일). 김옥균의 집도 완전히 파괴되었고, 뒤에 그 자리에 경기고가 세워졌고, 1977년에 경기고가 강남으로 이사하고 정독도서관이 들어섰다. 이렇듯 북촌은 조선 말의 격동을 엿볼 수 있는 곳이다. 일제의 대한제국 병탄 이후 북촌의 큰 집들은 대부분 팔려서 작은 집들로 쪼개져서 다시 지어졌다.[5]

전통 주거지역으로서 북촌을 대표하는 곳은 한옥이 가장 많이 남아 있는 가회동일 것

---

1 아름다운 후원으로 널리 알려진 창덕궁은 사적 122호로 지정되었으며, 태종이 개경에서 한성으로 재천도한 1405년에 조선 왕조의 5대 궁 중 두번째로 지어졌다.

2 척족 세도파 집안의 청년들인 '개화파'가 일본에 기대어 왕권 전통파와 척족 세도파에 맞서 반란을 일으켰으나 일본에 이용되고 참담하게 실패했다.

3 가장 연장자였던 김옥균이 1851년 생으로 당시 33살이었고, 가장 어렸던 서재필은 1864년 생으로 당시 20살이었다.

4 "1882~1884년경 조선의 사회정치세력은 ①급진 개화파(개화당), ②온건 개화파, ③민씨 수구파, ④대원군 수구파, ⑤위정척사파 등 5대 세력으로 분화되어 있었다. 1884년의 갑신정변은 5대 세력 중에서 ①급진개화파가 ③청국과 결탁한 민씨 수구파에 대항하여 일으킨 정치투쟁이었다"('갑신정변', 『한국민족문화대백과』).

5 〈참고자료 24〉 북촌의 한옥 참고.

이다. 그러나 이곳도 1988년 말에 안국동 네거리에서 헌법재판소, 재동초등학교를 지나 감사원으로 오르는 넓은 찻길이 닦이면서 크게 훼손됐다. 조금 앞서서 국립현대미술관 서울분관(2013년 11월 개관, 옛 기무사[6])의 북쪽에서 (재)대우재단의 아트선재센터(김종성 설계, 1998년 개관, 지하 3층/지상 3층)를 지나 창덕궁으로 가는 넓은 찻길이 닦이면서 계동의 여운형 선생 가옥이 크게 훼손되기도 했다.[7] 원래 우리의 전통 동네는 작은 수레가 겨우 지나다닐 수 있을 정도로 길이 좁게 만들어졌다.[8] 이 때문에 자동차와 전통 동네의 조화는 사실 불가능하다. 전통 동네를 지키고자 한다면 자동차의 이용을 강력히 규제하는 수밖에 없다. 아름다운 베니스는 자동차를 탈 수 없게 해서 유지되고 있다는 사실을 떠올릴 필요가 있다. 북촌을 거니는 것은 아직 즐거운 일이지만 사실 많이 훼손된 것에 유의해야 한다. 찾는 사람들이 많으니 경제적 가치가 커져서 개발이 더욱 활성화된다. 예컨대 아트선재센터 앞 골목은 2000년대 초까지만 해도 조용한 북촌의 주거지였으나 지금은 늘 많은 사람들이 북적이는 상점가나 식당가와 같은 곳이 되었다. 그 결과 이곳의 쌀집, 철물점, 목욕탕 등이 식당, 화랑, 장신구 가게 등으로 바뀌었다. 사람이 사는 곳에서 물건을 사는 곳으로 크게 바뀐 것이다.

또 다른 면에서 북촌을 대표하는 곳은 삼청동이다. 도교의 삼청전[9]이 있던 데서 연유하는 삼청동은 백악의 동쪽 줄기에 있는 삼청공원에서 청와대 입구와 경복궁 입구로 이어지는 길을 따라서 있다. 한옥과 저층 양옥들이 섞여서 아늑한 분위기를 빚어내는 데다가 가로수가 잘 자란 길들이 분위기를 더욱 아늑하게 만들어서 많은 사람들이 삼청동을 찾

---

[6] 이곳은 조선 때 '종친부'가 있던 곳이었으며, 일제 때 경성제대 의대 부속병원(박길룡 설계, 1933년, 지상 3층)이 들어섰고, 박정희 때 국군 보안사령부(노태우 때 기무사령부로 개칭) 청사가 되었다. 옆의 국군 서울지구병원에 김재규에게 살해된 박정희의 시체가 안치되었으며, 이 때문에 전두환 일당이 이곳에 모여 '12·12 쿠데타'를 모의했다.

[7] 이 길은 한때 '북촌길'로 불렸으나 현재는 계동길을 기준으로 북촌로와 창덕궁로로 나뉘어 불린다. 1989년 6월의 도로 확장으로 당시 여운형 선생이 살던 집이 대부분 파괴됐고 그 일부가 지금 '안동 칼국수'로 남아 있다.

[8] 〈참고자료 25〉 전통 골목길의 형성 참고.

[9] "조선 시대 소격서(昭格署)에서 삼청동에 설치한 제단의 하나. 옥황상제(玉皇上帝), 태상노군(太上老君), 보화천존(普化天尊) 등 남자상(男子像)을 모시고 제사를 지냈다"(다음 사전).

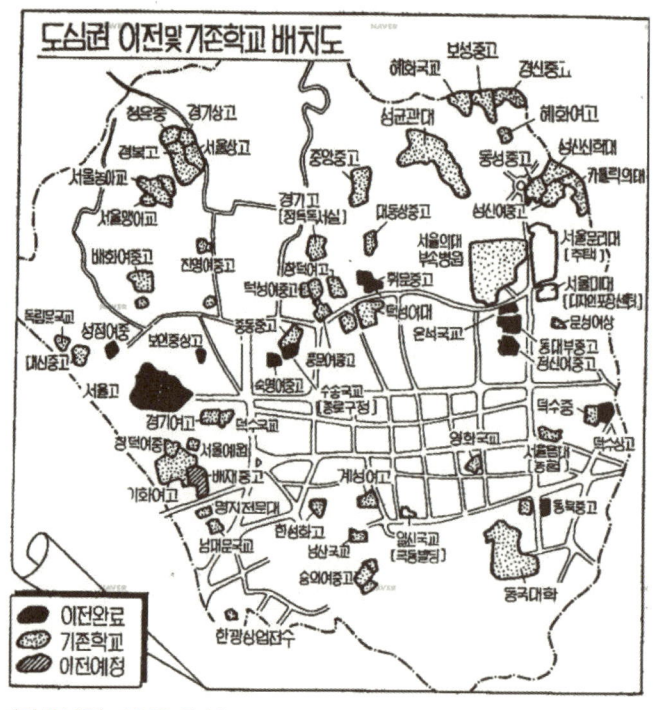

〈경향신문〉 1982.5.13.

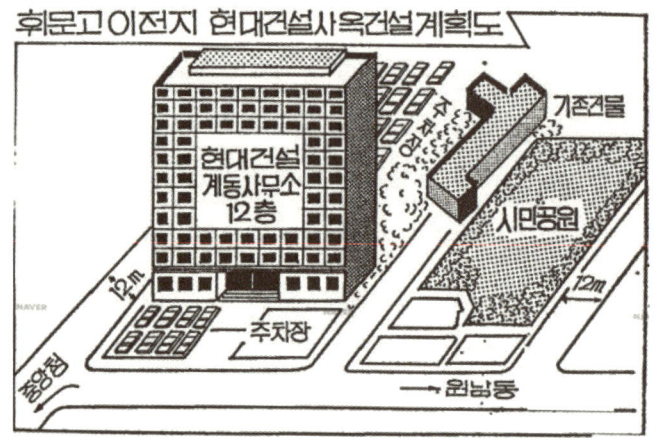

〈경향신문〉 1982.8.10.

고 있다. 그 결과 2000년대 초부터 삼청동은 빠르게 변하게 되었다. 맥주를 마시며 노래와 연주를 즐길 수 있었던 총리 공관 앞 '재즈 스토리'도 사라지고 말았다.[10] 삼청동의 곳곳에서 아늑한 한옥들과 저층 양옥들이 사라지고 커다랗고 요란한 건물들이 계속 늘어난다. 좋은 곳이라는 사실이 알려지며 좋은 곳이 훼손되고 사라지는 재개발과 '젠트리피케이션gentrification'의 문제가 정치·군사·역사적 특수지역인 삼청동에서도 이미 상당히 진행되었다.

'북촌'이 겪고 있는 개발의 위기는 사실 1976년 말에 시작되었다.[11] 당시 현대건설이 계동의 휘문고[12]

---

10 삼청동 '재즈 스토리'는 훌륭한 노래와 연주를 즐길 수 있는 곳이었지만 '무규칙 토종 건축가' 차운기(1955~2001)가 설계한 특이한 '재활용 건물'도 대단히 인상적인 곳이었다. 2008년에 '재즈 스토리'는 대학로로 옮겨갔고, 이 독특한 건물은 철거되어 없어졌다.

11 〈참고자료 26〉 북촌의 개발과 파괴 참고.

12 〈참고자료 27〉 민영휘와 휘문고 참고.

를 매입해서 그 자리에 사옥을 짓기로 했기 때문이다. 1977년에 현대건설은 서울고 자리 (경희궁 자리, 조선총독부 관사)를 매입해서 28층의 건물을 지으려고 했으나 여의치 않자 1978년에 휘문고가 강남으로 옮긴 뒤에 그곳에 사옥을 짓는 계획을 추진했다. "이 일대는 구식 한옥이 즐비 … 우리 고유의 고풍을 느끼게 하던 곳인데" 본관 12층과 별관 8층의 거대한 현대 빌딩이 들어서서 크게 파괴되었고 계동을 비롯해서 북촌 전체의 훼손이 본격화되었다('휘문고교 자리가 빌딩가로 바뀐다', 〈동아일보〉 1978.5.26). 이 계획은 1982년 8월에 도심의 학교 이적지에 신규 건축이 허용되면서 추진되어, 1983년 10월에 현대건설 본사는 세종로에서 계동 사옥으로 이전했다. 그런데 이곳은 조선 때 제생원, 관상감, 경우궁, 계동궁[13] 등이 있던 깊은 역사의 장소이다. 그 흔적은 현대 빌딩의 마당에 있는 '관천대'(보물 1740호)와 '공간 사옥' 뒤쪽 '원서 공원'에 있는 수령 300살의 거대한 회화나무에서 살펴볼 수 있다. 현대 빌딩은 휘문고 교정의 일부였던 이 공원을 기부하는 조건으로 허가받아 지어졌으나 사실 이것은 큰 특혜와 파괴의 문제를 안고 있는 것이었다.[14]

'원서공원'의 회화나무

---

13 경우궁과 계동궁은 갑신정변 때 '개화당'이 고종과 민비를 속여서 머물게 했던 급박한 역사를 간직한 곳이다.

14 〈참고자료 28〉 강북학교의 강남 이전 참고.

2

지금 이명박-박근혜 정권에서 북촌이 처한 가장 큰 개발의 위기는 경복궁 동남쪽 입구 지역의 옆이자 북촌의 서남쪽 입구 지역인 송현동에서 전개되었다. 송현동은 원래 솔숲 언덕이 있고 그 주변에 큰 한옥들이 있던 곳이다. 일제가 이 땅을 사들여 1918년 10월에 설립된 조선식산은행의 사택지로 썼고,[15] 해방 뒤 미국이 이 땅을 사실상 일방적으로 양도받아 대사관 직원 숙소들을 지었다. 이제 이 귀한 땅은 경복궁과 북촌의 역사를 위한 시민공원으로 거듭나야 한다. 그런데 대한항공(한진 재벌)은 박근혜(새누리당)에게 강력히 요청해서 이 땅에 호텔을 짓겠다고 우겼다. 대법원에서도 학교 연접지역이라 안 된다고 했으나 대한항공은 학교 보건법을 무력화해서 돈을 벌려고 했다. 그런데 이런 명확한 문제에도 불구하고 박근혜는 대한항공을 지지했다.[16] 이에 대해 박근혜(새누리당)와 재벌(대한항공)이 결탁해서 역사와 교육을 망치려는 것이라는 비판이 강력히 제기되었다.[17] 대통령과 여당이 역사와 교육을 위협하는 것은 정말 크게 잘못된 것이며,[18] 재벌에게 큰 특혜를 주기 위해 그렇게 하는 것은 더욱 더 크게 잘못된 것이다.

---

[15] 1906년 서대문역 철도 관사, 1908년 용산역 철도 관사, 1908년 설립된 동양척식회사(동척)의 통의동 사택, 1918년 10월 설립된 조선식산은행의 송현동 사택 등 많은 관사와 사택들이 들어서서 서울의 모습을 바꾸고 일본인의 침탈을 강화했다 ('집단개발의 시작', 〈문화콘텐츠닷컴〉; '관사', 〈일제 시기 건축도면 콘텐츠〉).

[16] '대한항공은 "경복궁 옆 호텔"을 정말 포기했나?', 〈SBS 뉴스〉 2015.8.20.

[17] 2016년 10~12월에 근혜순실-새누리당 비리 정권의 범죄로 박근혜가 재벌 총수들을 만나 그들의 요구를 들어주는 대가로 최순실이 막대한 돈을 받아 챙기고 박근혜의 임기 뒤를 준비했다는 사실이 발각됐다. 의혹은 모두 사실이었다.

[18] 이 점에서 가장 큰 문제는 박근혜와 새누리당이 국정 역사 교과서를 강행한 것이다. 세계적으로 국정 역사 교과서는 북한이나 만들어서 쓰고 있는 것이니 이것이야말로 '북한화'라는 비판이 제기되었다. 국내에서도 박정희의 유신 독재 때에 처음으로 국정 역사 교과서를 만들어서 썼으니 박근혜는 분명히 '유신의 복귀'를 강행한 것이다.
2016년 12월 근혜순실-새누리당 비리 정권의 범죄가 밝혀지면서 친일과 독재를 칭송하는 엉터리 국정 역사교과서가 박정희와 박근혜 모녀를 우상화하기 위해 사이비 학자들을 이용해서 엉터리로 만든 것이라는 사실이 드러났다. 독재의 악귀로 '법마'로 불린 김기춘이 청와대 비서실장으로 있으면서 이 역사 죽이기를 주도한 사실도 밝혀졌다.

'트윈 트리 타워' 옥상에서 바라본 경복궁과 송현동
왼쪽이 경복궁이고, 오른쪽의 빈 터가 송현동의 미 대사관 직원 숙소 터이며, 끝의 건물은 송현동의 덕성여중 건물이다. 이 땅은 결코 호텔을 지어서는 안 되는 곳이다.

안국동 네거리나 광화문 앞에서 경복궁의 동십자각 쪽으로 가노라면 화려한 '유리 건물'로 지어진 한일건설의 '트윈 트리 타워'(조병수 설계, 2010년 완공)가 가장 눈길을 끈다. 이 건물이 들어서기 전에 이 자리에는 한국일보 사옥(김수근 설계, 1968년 완공, 2007년 철거)이 있었다. 2013년 8월 23일 편집국을 폐쇄하고 '짝퉁 한국일보'를 발행하던 장재구 한국일보 회장이 무려 456억 원의 배임과 횡령 혐의로 구속됐다. 장재구의 어두운 범죄는 바로 이 화려한 건물과 깊은 관련을 맺고 있다. 한국일보는 옛 사옥의 부지를 한일건설에 팔았고, 한일건설이 이곳에 건축한 새 건물에 입주하기로 했다. 그러나 장재구가 직원들을 속이고 한일건설에 대해 우선매수청구권을 포기해서 한국일보는 196억 원 상당의 손해를 입었고 한일건설이 지은 새 건물에 입주할 수 없게 됐다. 언론사 사주가 이런 엄청난 범죄를 태연히 저질렀다는 사실에, 저렇듯 화려한 건물에 이렇듯 암울한 내력이 담겨 있다는 사실에, 절로 한숨을 내쉬게 된다.

옛 한국일보 사옥이 있던 곳, 즉 지금의 '트윈 트리 타워' 건물이 있는 곳은 중학동이다. 조선 때 한성은 '부-방-계-동'으로 구역되어 있었는데, 부는 동·서·남·북·중의 다섯 개였고, 동·서·남·중의 네 부에 공립학교인 학당을 세웠다. 중학동은 중부에 세운 학교인 중학이 있던 데서 유래했다. 북한산 줄기인 삼청동의 계곡에서 흘러나온 물이 개울이 되어 청계천으로 들어가는 데, 이 개울을 삼청동에서 시작되니 삼청동천이라고 불렸고, 이어서 중학동을 지나가기 때문에 중학천이라 불렸다. 이 개울은 1957년에 복개되어 삼청동 길의 보도와 차도가 되었고, '트윈 타워 트리'-미 대사관 뒤-교보빌딩 뒤를 잇는 길이 되었다. 옛 한국일보 사옥의 꼭대기 층인 13층에는 '송현 클럽'이라는 식당이 있었다. 이 식당에서 바라보는 청와대 쪽 전망은 대단했다. 경복궁, 청와대, 북촌, 북한산 능선이 한 눈에 펼쳐졌기 때문이다. 그런데 식당의 이름이 왜 '송현 클럽'이었을까?

　옛 한국일보 사옥 건너편 동네, 즉 지금의 '트윈 트리 타워' 건너편 동네의 이름이 바로 송현동이다. 그러니까 일제가 한성을 의도적으로 파괴하며 1931년에 만든 길인 율곡로[19]를 사이에 두고 송현동과 '트윈 트리 타워'가 마주하고 있는 것이다. '송현'은 '소나무 언덕'이라는 뜻이다. 조선 시대에 송현동은 지금보다 높은 언덕 지대였고 왕실에서 쓸 소나무를 기르던 솔숲이었다. 그래서 '솔 언덕', 즉 '송현'으로 불렸던 것이다. 그 주변에는 고종의 정비였던 민비(명성황후, 1851~1895)가 살던 감고당, 세종 때 처음 지어진 안동 별궁, 고종의 후궁이었던 광화당과 삼축당이 살던 가옥 등의 한옥들이 있었다. 그런데 일제의 강점 뒤에 이곳에 일제 식산은행의 직원 숙소들이 들어섰고, 해방 뒤에 이 건물들은 미국 대사관의 직원 숙소가 되었다. 일제와 미국은 1만 평이 넘는 이 땅에 수십 채의 집을 지어서 썼을 뿐이고 상당한 면적의 땅을 숲으로 만들었다. 거대한 버즘나무(플라타너스)들을 비롯해서 여러 나무들이 잔뜩 들어선 굉장한 숲이었다.

　2000년 2월에 삼성생명과 삼성문화재단이 이 땅을 미 대사관으로부터 매입했다. 삼성생명은 이곳에 복합문화시설을 지으려고 했으나 이곳은 조선을 대표하는 역사 지역이며 주위에는 학교들이 들어서 있어서 그렇게 할 수 없었다. 그런데 이명박 정권이 들어선 직후인 2008년 6월에 대한항공(한진 재벌)이 이 땅을 삼성생명으로부터 매입해서 최고급 호텔을 짓겠다는 계획을 강행하기 시작했다. 대한항공은 이곳의 울창한 숲과 아담한 집

19　일제는 율곡로를 건설하며 원래 붙어 있던 창경궁과 종묘를 떼어 놓고 그 사이로 도로가 지나가게 했다. 이렇게 해서 일제는 한양에서 가장 신성했던 곳을 대대적으로 훼손했다. 서울시는 율곡로의 창경궁과 종묘 구간을 지하화해서 창경궁과 종묘를 다시 연결하는 '창경궁·종묘 연결 복원사업'을 하겠다고 2008년 1월에 발표했고 2011년 5월 2일에 시작했다.

들을 모두 파괴해 없애 버리고 호텔을 짓기 위한 터 닦기를 시작하려 했다. 그러나 이곳은 학교와 붙어 있는 곳이어서 법적으로 결코 호텔을 지을 수 없는 곳이다. 대한항공은 소송을 벌였으나 1심, 2심, 대법원이 모두 이곳에 호텔을 지을 수 없다고 판결했다.

이렇게 해서 대한항공의 무모한 송현동 호텔 건축 계획은 끝난 것으로 보였다. 그러나 대한항공은 아예 법을 고쳐서 이곳에 호텔을 건축하려는 계획을 계속 강행했다. 여기서 문화체육부가 나섰다. '학교보건법'은 '학교 환경위생 정화구역'에서 호텔을 짓지 못하도록 규정하고 있다. 그러나 문화체육부는 '관광진흥법'에 유흥시설, 도박시설 등이 없는 호텔을 지을 수 있도록 하는 하나의 조항을 신설해서 '학교보건법'을 무력화하고 학교 환경을 크게 훼손하려 했다. 이어서 2014년 3월에 박근혜가 나서서 규제완화를 악으로 규정하고 학교 앞 호텔의 건립을 추진해야 한다고 주장하자 교육부도 학교 앞 호텔의 건립을 위해 적극 나서기 시작했다. 결국 청와대의 지시에 의해 문화체육부와 교육부가 대한항공에게 막대한 이익을 주기 위해 '학교보건법' 자체를 무력화하려 했던 것이다. 그야말로 상상조차 할 수 없는 잘못된 일이 박근혜 정권에 의해 서울 도심의 핵심 지역에서 벌어졌던 것이다. 그 뒤에는 박근혜-최순실 비리 범죄 정권이 있었고, 재벌은 여기에 적극 결탁해서 막대한 이익을 취하려 했다.

3

이제 송현동 일대를 한바퀴 돌면서 이 땅의 가치와 변화 방향에 대해 생각해 보자. 이 터의 서남쪽 끝, 즉 동십자각 쪽에는 '두가헌'이라는 식당이 있다. 이 식당은 2000년대 초까지 원불교의 교당이었던 곳이다. 이 식당의 한옥은 고종의 후궁이었던 광화당과 삼축당을 위해 1923년에 지어진 것이다. 그래서 이 한옥을 '광화당·삼축당 가'라고 부른다. 그 내력은 다음과 같다.

"고종(高宗)의 사후인 1923년 순종(純宗)이 아버지의 후궁을 내보내면서 지어준 집으로, 한말 상류계급의 집 안채와 같으면서도 궁중식이 가미되어 있다. 대지 211평(696.3m^2), 건평 96.5평(318.5m^2). 솟을대문과 공장(空墻)으로 둘러싸인 안에 위채와 아래채의 두 집이

1920년대 초 삼청동 길
왼쪽이 삼청동천, 오른쪽 문은 경복궁의 동문인 건춘문, 그 아래는 동십자각, 건춘문 건너편은 종친부. 일제가 1924년에 동십자각을 도로 복판에 두는 도로 확장공사를 했으니 이 사진은 그 이전에 찍은 것이다.

팔작지붕에 부연(附椽)을 단 5량 집과 같은 구조로 앉아 있다. 광화당(光華堂) 이완덕(李完德)이 거처했던 위채는 경복궁에 있던 엄비(嚴妃)[20] 처소를 헐어 그대로 가져다 옮긴 것이고, 아래채는 당시 어느 집장수가 짓다 만 것을 완성하여 삼축당(三祝堂) 김옥기(金玉基)가 들었다. 이 집을 지을 때는 이미 유리가 나온 때라 마루 분합문(分閤門)을 유리문으로 달았다"('광화당·삼축당가', 『두산백과』).

사실 경복궁과 직결되어 있는 이 집과 주변 지역은 사간동이라는 동네 이름이 잘 말해주듯이 본래 사간원[21]이 있던 곳이기도 하다. 여러 면에서 이 집과 주변 지역은 서울에서 대단히 높은 역사적인 보존가치를 가진 곳이다.

---

20 〈참고자료 29〉 고종의 후궁 엄비 참고.
21 조선은 사간원, 사헌부, 홍문관 등 '언론 삼사'를 설치해서 운영했다. 이 중에서 사간원은 왕의 정책과 언행에 대해 직간하는 임무를 수행했다. 간(諫)하는 것은 윗사람이 잘못을 고치도록 솔직하게 말하는 것을 뜻한다. 보통 직간(直諫)한다고 말한다.

삼청동 길로 들어서기 전에 잠시 길 안에 덩그러니 놓여 있는 동십자각을 보자. 일제가 도로를 넓힌다며 1924년에 이렇게 동십자각을 도로 안에 있게 만들었다. 이 건물은 본래 경복궁 담장의 동남쪽 모서리에 있었다. 그러니까 지금의 경복궁 담장은 원래의 자리에서 경복궁 안쪽으로 한참 들어서 있는 것이다. 서남쪽에는 서십자각이 있었는데 일제는 1923년 9월 전찻길을 놓아야 한다며 그것을 파괴해 없애 버렸다. 물론 이런 파괴와 훼손은 조선의 몰락을 보여주기 위한 문화침략의 일환이었다. 두 십자각은 왕궁의 궐대로서 왕궁을 지키는 병사들이 담장과 길을 굽어보며 감시하기 위한 중요한 시설이었다. '궁궐'이라는 말에서 '궁'은 왕의 거처를 뜻하고, '궐'은 바로 이 '궐대'를 뜻한다.

동십자각에 비추어 보면 쉽게 알 수 있듯이 본래의 삼청동 길은 지금보다 훨씬 좁았다. 그리고 지금의 삼청동 길에서 보도와 그 옆 차도는 개울(삼청동천/중학천)이었다. 원래 이 길은 높은 경복궁 담장과 삼청동천이 어우러진 훨씬 더 운치있는 길이었다. 오세훈 서울시장 때인 2009년 7월 서울시는 이 개울을 모두 복개해서 서울의 역사와 문화를 살리겠다는 '중학천 완전 복원 계획'을 발표했다. 그러나 이 계획은 엉터리였다. 서울시는 조선 때의 중학천 석축을 흙으로 덮고 그 위에 콘크리트를 부어서 역사 유적을 크게 훼손해서 작은 콘크리트 인공 수로를 만들었다.[22] 이명박은 청계천을 복원한다면서 600년이나 제 자리를 지키고 있던 광통교를 이축-개조해서 원형을 크게 훼손했으며 250년이나 제 자리를 지키고 있던 청계천의 석축들을 모두 파괴해 없애 버렸다. 이명박이 청계천에서 저질렀던 잘못을 오세훈은 중학천에서 저질렀던 것이다.

이 길을 조금 걸어 출판회관, 금호 갤러리 등을 지나면 '국립현대미술관 서울관'을 만나게 된다. 여기는 본래 조선 왕조의 왕가 사람들을 관리하는 '종친부'가 있던 곳이고, 일제 때에는 경성의전 부속병원이 들어섰고, 해방 뒤에는 서울의대 부속병원으로 쓰였으며, 이어서 수도 육군병원으로 쓰였고, 1971년에 국군 보안사령부가 들어섰다. 1933년에 완공된 그 본관은 일제 때 조선인 근대 건축가 1호인 박길룡의 작품인데, 이 건물은 박정희, 전두환, 노태우의 30년 군사독재 동안 최고비밀본부로 쓰였던 셈이다. 1971년 4월 1일에 수도 육군병원은 국군수도통합병원으로 확대되어 등촌동으로 떠났으며, 그 건물에는 국

---

22 〈참고자료 30〉 오세훈 시장의 엉터리 중학천 복원 참고.

군 보안사령부가 들어섰고, 그 옆에 새로 국군 서울지구 병원을 지었다. 1979년 10월 26일 이곳으로 살해된 박정희의 시신이 옮겨졌고, 바로 여기에서 전두환 일당이 12·12 군사반란을 모의했다. 이곳은 참으로 엄청난 현대사의 현장인 것이다.

금호 갤러리와 '국립현대미술관 서울 분관' 사이의 골목길로 들어서면 송현동의 대부분을 차지하고 있던 미국 대사관 숙소 터의 담장 골목길을 만날 수 있다. 그 좁은 골목길은 아주 고즈넉하다. 여름에는 이 골목길의 여기저기에 여러 풀들이 무성히 자라고 꽃들이 피어나기도 한다. 그러나 이곳도 이미 주택가의 모습을 상당히 잃어 버렸다. 카페, 식당, 사무실 등이 여기저기 들어섰다. 역사 도시 서울의 핵심을 이루는 도심 주택가의 상실은 대단히 중요한 역사적, 문화적 문제이다. 그래서 이미 1970년대 중반부터 '북촌'을 지킨다는 정책이 시행되고 1990년대 초부터 '북촌'을 지키기 위한 운동이 펼쳐졌으나 그 성과는 여러 면에서 안타깝다. 박정희-전두환-노태우 독재의 겉과 속이 다른 개발 정책으로 1970~80년대를 지나면서 북촌의 한옥과 골목길은 아주 많이 사라져 버렸다. 결국 이렇게 다 사라지고 마는 것인가? 몇 장의 사진과 도면으로 기억할 수밖에 없는 것인가? 개발과 투기에 대한 욕망이 폭주하는 서울에서 이 정도라도 지켜지고 있는 것이 다행인 것인가?

이 골목길은 '국립현대미술관 서울 분관'과 '아트선재센터'의 뒤쪽으로 이어진다. 그런데 본래 전자의 뒷마당에는 '종친부' 건물이 있었고 그 뒤에는 옛 담장이 있었다. 1980년에 전두환 일당이 '종친부' 자리에 테니스장을 만들기 위해 원래 김옥균 집터였으며 경기고등학교였던 정독도서관의 동쪽 마당으로 '종친부' 건물을 옮겼다. 2008년 11월 국군 기무사령부가 과천으로 옮겨가고 '종친부' 건물이 본래의 자리로 돌아왔으나 그 뒤로도 옛 담장의 복원을 둘러싸고 논란이 한동안 이어졌다. '종친부' 건물과 마찬가지로 옛 담장도 역사유적이니 그 옛 담장도 복원되어야 했다. 이명박 정부가 이 장소의 역사성을 제대로 고려하지 않고 '국립현대미술관 서울관'을 돌연히 결정한 것은 분명히 잘못이었다. 옛 담장의 복원은 그 잘못을 줄이기 위해서도 필요한 것이었고, 결국 이 사안은 옛 담장을 복원하되 현재의 상태를 감안하는 절충의 방식으로 마무리되었.

이곳을 지나 '아트선재센터' 앞에서 안국동 네거리로 이어지는 조금 큰 골목길은 '감고당' 길이라고 불린다. 이 길에 있는 덕성여고의 교정에 숙종이 인현왕후의 친정을 위해 지어준 집이며, 뒤에 민비(명성황후)가 8살부터 15살까지 살던 집인 '감고당'이 있었기 때문이다. 안국동 네거리에서 보자면 풍문여고와 덕성여고가 오른쪽으로 이어져 있으며, 덕성여고의 맞은편에 덕성여중이 있는 이 길은 커다란 나무들과 어우러진 아주 편안한 산책길이다. 예전에 이 길은 전봇대-전깃줄 때문에 상당히 흉칙하고 삭막한 길이었으나 2006년에 전깃줄을 지중화하고 전봇대를 없애서 아주 깨끗하고 기분좋은 곳으로 거듭날 수 있었다. 그러나 지금은 너무나 많은 사람들이 찾아서 이 일대가 아주 많이 상업화되어 버렸다. 사실 '북촌' 전체가 거대한 상업화의 물결에 밀려서 본래의 모습을 잃고 완전히 없어질 것 같은 우려가 갈수록 커지고 있다.

4

서울 도심의 골목길로 들어가는 것은 서울의 가장 오랜 역사 속으로 들어가는 것이다. 새로운 개발이 계속 이루어지는 혼란스러운 도시에서 가장 늦게 변하는 것은 길이다. 집은 자주 다시 지어지지만 골목길을 비롯해서 길은 그렇지 않다. 길은 공공지이기 때문이다. 서울의 골목길은 옛 서울의 기본형태를 짐작할 수 있게 해 주는 도시 유적의 의미를 갖는다. 그러므로 골목길을 걸으면서 우리는 그 골목길이 만들어지던 때를 마음 속에서 떠올려 볼 필요가 있다. 골목길은 단순히 아늑한 길이 아니라 개발의 광풍이 횡행하는 시대에 어렵사리 소중한 역사를 지키고 있는 대단히 무거운 길이기도 하다. 도심의 골목길이 없어지는 것은 도심의 수백년 역사가 완전히 없어지는 것을 뜻한다. 그러니 골목길이 사라지는 것에 우리는 정말로 큰 주의를 기울여야 한다.

송현동의 '미국 대사관 직원 숙소 터'는 율곡로 쪽을 빼고는 모두 크고 작은 골목길들로 둘러싸여 있다. 그 골목길들만으로도 이 터가 얼마나 중요한 곳인가를 깊이 이해할 수 있다. 그러나 지난 10여 년 동안 그 주변은 상업화에 의해 계속 훼손되었다. 이런 와중에 대한항공이, 즉 한진 재벌이, '북촌'에서 남아 있는 가장 큰 빈 터이며, 따라서 '북촌'의 발전을 위해 가장 중요한 땅인 이곳을 삼성생명에서 구입해서 호텔을 지으려고 계속 애를 쓰는 것은 굉장히 큰 문제가 아닐 수 없다. 한진 재벌은 법에 의거해서 결코 할 수 없는 건축을 하기 위해 청와대, 문화부, 교육부를 통해 아예 법을 바꾸거나 무력화하려 하고 있다. 만일 이 황당한 시도가 이루어진다면, 이 나라는 재벌이 자기 이익을 위해 법을 바꾸

송현동의 참담한 파괴

출처: 서울 종로 송현동 49-1번지 일원 문화재 발굴(시굴) 조사 지도위원회 자료집
대한항공이 파괴하기 전에는 송현동의 옛 미국 대사관 직원 숙소 터는 이렇게 울창하고 아름다운 숲이었다. 대한항공은 이렇듯 소중한 숲을 모두 없앴으며, 숲 속에 있던 근대 건축물들과 그 아래 묻혀 있던 전근대 유적들을 모두 없애 버렸다.

고 역사를 우롱하는 '재벌국가'라는 사실이 여실히 입증되는 것이 아닌가?[23]

송현동의 '미국 대사관 직원 숙소 터'는 그 이름대로 '소나무 언덕'으로 거듭나야 한다. 그리고 주변의 옛 가옥들과 골목길도 최대한 보존·복원해야 할 것이다. 이것은 송현동의 본래 모습을 찾는 것을 넘어서 경복궁과 '북촌'을 더욱 아름답고 풍요롭게 가꾸는 것이다. 서울을 대표하는 서울의 역사 도심을 재벌의 호텔이 지배하는 유흥가로 만드는 것은 참

---

23 〈참고자료 31〉 입법부와 사법부를 무시한 송현동 호텔 건립 계획 참고.

으로 몰상식한 파괴를 저지르는 것이다. 이 땅은 시대의 요청인 '생태문화 개발'을 즉각 실현할 수 있는 소중한 곳이다. 정독도서관 앞 '화동 고개'에 대해 많은 사람들이 큰 관심을 보였던 것은 서울의 진정한 발전을 위해 아주 다행스러운 일이었다. 그런데 송현동을 지키고 '소나무 언덕'으로 거듭나게 하는 일은 '화동 고개'를 지키는 것보다 훨씬 더 중요한 일이다. 만일 이 땅에 대한항공(한진 재벌)이 호텔을 짓게 된다면, 주변의 골목길들이 모두 크게 파괴될 것이며, '화동 고개'도 결국 파괴될 것이다.

개발독재는 오래 전에 끝났을지라도 개발의 시대는 여전히 끝나지 않았다. 박정희 군사-개발독재가 만든 사회체계인 박정희 체계는 여전히 살아 있다(〈개발주의를 비판한다〉, 당대, 2007을 참고). 오늘날 개발은 심지어 자연과 역사를 내세우고 이루어진다. 그러나 그 실체는 자연과 역사를 훼손하고 사유화하는 것이다. 서울이 '세계도시'가 되기 위해서는 '역사도시'의 면모를 잘 다듬어야 하며, 이를 위해서는 무엇보다 '북촌'으로 대표되는 역사 도심을 잘 지켜야 한다. 어떤 유명한 문화재 전문가가 대한항공(한진 재벌)에게 송현동에 '한옥형 최고급 호텔'을 지으라고 자문했다고도 한다. 그러나 이 자문은 교육의 면에서도, 문화의 면에서도 완전히 잘못된 것이다. 제 아무리 최고급 한옥형 호텔도 학교 옆에는 절대 지어서는 안 된다. 더욱이 건축가 김원이 밝혔듯이 한진 재벌은 '한옥형 최고급 호텔'을 내세워서 사실 건물이 빽빽히 들어선 거리형 상가를 지으려 하고 있다. 송현동은 법적으로 호텔을 지을 수 없는 곳이거니와 문화재의 면에서도 결코 그렇게 해서는 안 되는 곳이다. 부디 송현동이 아름다운 '솔숲 언덕 공원'으로 거듭날 수 있기를, 북촌과 서울이 행정과 자본의 횡포에서 벗어나서 진정한 발전을 추구할 수 있기를.

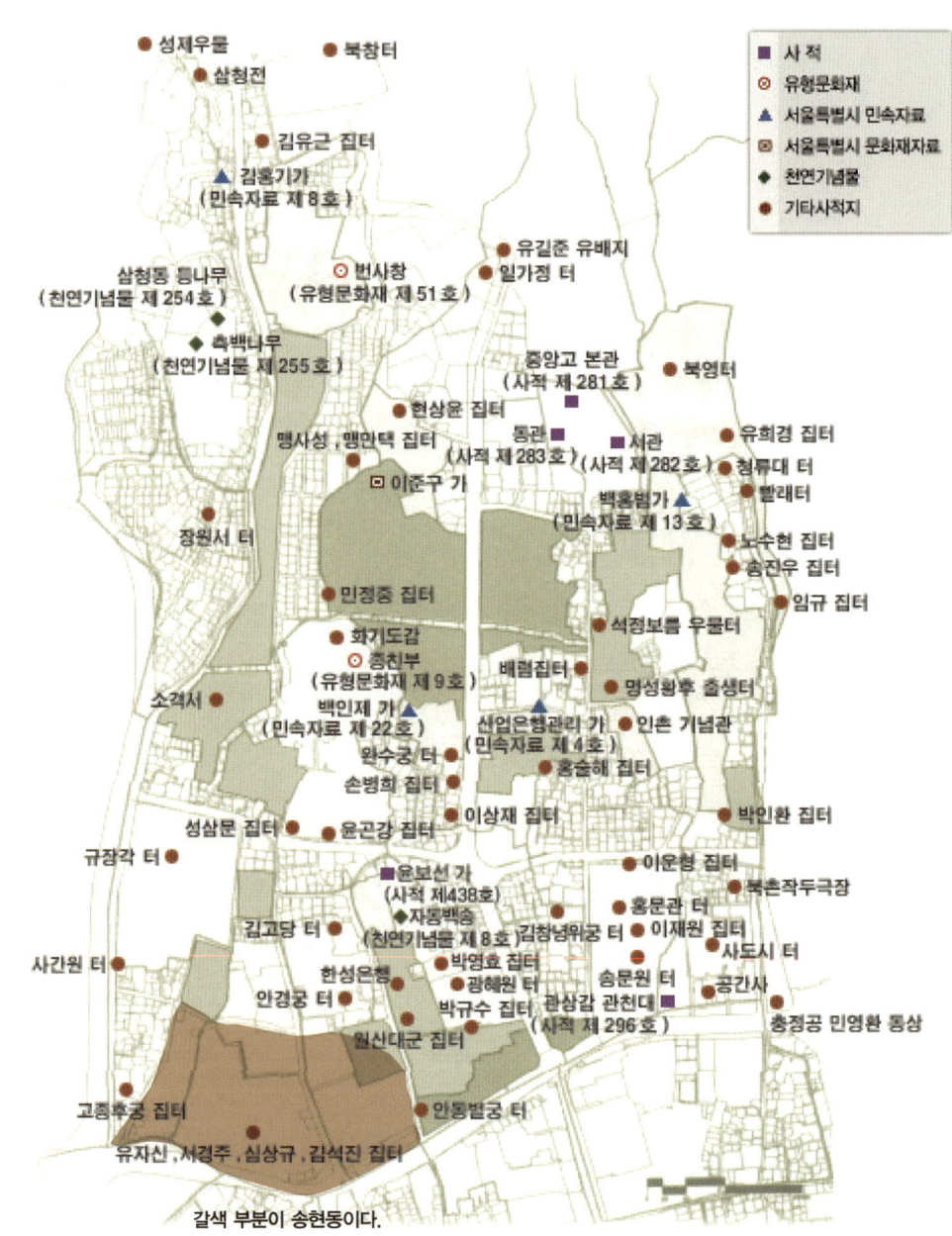

북촌의 중요 역사문화유산

출처: http://hanok.seoul.go.kr

동네는 길과 집으로 이루어진다. 집은 쉽게 바뀔 수 있으나 길은 그렇지 않다. 북촌은 아직 옛집과 옛길이 많이 남아 있어서 조선 때의 서울을 살펴볼 수 있는 가장 중요한 역사적 장소이기도 하다.

北村　松峴洞
북촌과 송현동

경복궁을 보고 북촌 쪽으로 가려면 지하철 3호선 경복궁역에서 내리고, **북촌**을 보고 경복궁으로 가려면 지하철 3호선 안국역에서 내리면 된다. 경복궁도 북촌도 둘러볼 곳이 아주 많다. 역사를 따지면서 살펴보면 더욱 더 그렇다. 기분전환을 위해 가벼운 마음으로 산책하기에도 아주 좋다. 이곳을 걷는 것이 기분 좋은 이유는 무엇보다 고층 건물들이 없어서 상쾌한 자연을 느낄 수 있고 편안한 인간적 크기를 간직한 곳이기 때문이다. 북촌의 역사에 대해 세세히 관심을 갖기는 어려워도 북촌에서 자연과 인간적 크기의 중요성에 대해서는 쉽게 깨달을 수 있다.

조선 시대에 북촌은 권력자들의 큰 한옥들이 있던 곳이다. 그러나 조선의 패망과 함께 큰 한옥들은 대부분 없어졌다. 아직까지 남아 있는 대표적인 큰 한옥은 **윤보선**(1897~1990) 가와 **백인제**(1898~미상) 가를 들 수 있다. 전자는 도성 안에서 가장 큰 한옥이고 후자는 두번째로 큰 한옥이다. 또한 두 집은 조선 후기와 일제 초기의 대표적인 **개량형 한옥**이다. 풍문여고의 동쪽 골목으로 들어가면 윤보선 가(사적 438호)를 만날 수 있다. 이 집은 1,400평의 대지 위에 들어선 99칸의 저택으로 1870년 이전에 지어진 집을 윤보선의 아버지가 1910년에 구입해서 계속 확장한 것이다. 윤보선 가 정문 앞에 있는 낡은 양옥 건물의 옥상은 해괴하게도 옥탑이 이층으로 되어 있다. 박정희 독재 때 중앙정보부가 야당/민주화 운동의 원로였던 윤보선을 감시하기 위해 만든 것이다. 백인제 가(서울시 민속문화재 22호)는 1913년 이완용의 조카로서 극렬한 친일파(부일 매국노) 한상룡이 지은 집으로 747평의 대지 위에 행랑채, 안채, 사랑채, 별당 등으로 이루어져 있는데 1977년에 서울시 민속문화재로 등재될 때 '백병원'과 인제대학의 설립자인 백인제의 소유로 되어 있었기에 백인제 가로 부르게 되었다. 2015년 11월 18일 서울역사박물관은 백인제 가를 복원해서 '역사가옥박물관'으로 개관했다.

북촌의 골목길을 다니면서 한옥만 볼 것은 아니다. 멋있는 **근대 양옥 건물**들도 여러 곳에서 찾아볼 수 있다. '초록지붕'으로 유명한 '**이준구 가옥**'은 아름다운 근대 양옥 주택이다. 그리고 다양하게 '개량'된 한옥들도 볼 수 있고, '최현대식' 건물들도 볼 수 있다. 이런 공존의 면에서 보자면, 북촌에서 중요한 것은 전통뿐만 아니라 크기인 것 같다. 건축가 정기용이 말년의 5년을 보낸 곳도 북촌의 이층 양옥이었다. 삼청파출소 뒤의 골목에 그의 사무실이 있었다. 정기용은 이곳에서 아주 즐겁게 지냈는데 자연과 역사가 살아 있는 인간적 크기를 간직한 공간 속에서 시간의 층이 다른 다양한 형태의 건물들을 늘 볼 수 있던 것도 그 이유였을 것이다.

　　계동 쪽을 걷게 되면 고려대와 비슷한 건물의 중앙고*도 들어가 보고, 답답한 거대 건물인 현대 본사 옆의 유명한 '공간 사옥' 건물도 찾아보고, 또 그 옆의 공원에서 300살 회화나무도 볼 필요가 있다. 정독도서관 앞에도 250살 회화나무가 있는데 이 나무들은 모두 이곳이 한때 왕족과 대감들의 동네였다는 것을 증언하는 역사의 증거들이다. 콩과 식물인 회화나무는 궁과 대갓집 마당에 심었던 나무이기 때문이다. 북촌은 편안한 산책과 역사 교육, 그리고 즐거운 데이트를 위해서도 아주 중요한 서울의 역사적 명소다. 북촌은 여기저기 천천히 걷다 보면 여러 의미와 재미를 몸으로 자연스레 느끼게 되는 그윽한 곳이다. 그 깊이를 올바로 알기 위해서는 그 이면의 무서운 역사와 사회에 유의해야 한다.

　　송현동은 광화문 쪽과 인사동 쪽에서 접근할 수 있다. 지하철 3호선 안국역에서 내려서 가면 가장 편하다. 지하철 1호선 종각 역에서 내려서 조계사 앞을 지나 정독도서관 쪽으로 걸어가도 좋다. 지하철 5호선 광화문역에서 내려서 세종로를 걸어서 동십자각을 보고 삼청동 쪽으로 걸어가도 좋다. '**미국 대사관 직원 숙소 터**'의 담장을 따라 골목을 돌고 **감고당 골목**을 걷는 것도 아주 좋다. 그렇게 쭉 가면

---

*　중앙고는 본래 노백린 장군의 집이 있던 곳이다. 노백린 장군(1875~1926)은 대한민국 임시정부의 군무총장과 국무총리로 활동하다 상해의 단칸방에서 별세했다.

안국동 네거리이고, 거기서 길을 건너면 **인사동**이다. 거리로는 짧은 길이지만 사실 이 길은 조선 시대, 일제의 식민지 시대, 해방 직후의 미국의 지배, 그리고 현대에 이르는 긴 시간이 담겨 있는 길이다. 이 길에서 우리는 공간이 시간을 담는 그릇이라는 사실을 아주 잘 알 수 있다.

북촌에 관한 자세한 정보는 서울시의 '**북촌 한옥마을**' 홈페이지를 참고하면 된다.

인왕산 아래 '서촌'

백악 아래 '서촌'

::6장
'서촌西村'의 골목길을 걷는다

경복궁의 서쪽에 인왕산이 있다. 인왕仁王은 불법의 수호신인 금강역사를 뜻한다. 금강역사를 인왕역사라고도 부른다. 그 동쪽 아래의 동네를 몇 해 전부터 경복궁의 서쪽 동네라는 뜻으로 '서촌'으로 부르고 있지만, 조선 때에는 그곳을 보통 청계천의 상류라는 뜻의 '웃대' 또는 상촌上村이라고 불렀다. 조선 때에 '북촌'이 최고 지배세력의 동네였다면, '웃대'는 '중인'들의 동네이기도 했다. '웃대'도 조선 중기 이후 최고 지배세력이던 서인 노론이 지배하는 곳이었으나, 조선 후기에는 중인인 화가, 시인, 무인 등도 '웃대'의 주인공이었다. '웃대'는 조선 중후기에 몰락한 노론 계열 양반으로 최고의 화가가 되었던 겸재 정선(1676~1759)이 태어나서 죽을 때까지 살았던 동네이다. 정선은 '웃대'를 비롯해서 서울의 곳곳을 그림으로 그려서 남겼다. 이렇게 유서 깊은 인왕산 동쪽 아래 '웃대'는 일제 때 최악의 매국노 이완용과 윤덕영의 대저택이 들어서고 일제의 동양척식회사, 미쓰이 재벌 등의 사택들이 들어서며 크게 훼손되기 시작했다.

1

웃대에는 아직 아늑한 한옥이나 단층 주택들도 많지만 웃대에서 가장 중요한 것은 골목길이 아닐까? 골목길은 자연적 조건에 의해 형성된 '자연 골목길'과 인간의 계획에 의해 형성된 '인공 골목길'로 나뉜다. 웃대의 골목길은 대체로 산줄기 사이의 좁은 땅에 최대한 집을 지은 결과로 만들어진 '자연 골목길'이다. 이곳의 골목길은 이제 서울 도심에 남은 거의 유일한 '자연 골목길'로서 그 문화적 가치가 매우 크다. 웃대에서는 찾아볼 만한 유적들이나 옛집들이 많지만 그것들을 모두 잊고 그냥 골목길을 거니는 것도 아주 좋다. 주어진 자연적 조건에 맞춰서 들어선 작은 집들이 아름다운 '자연 골목길'을 만드는 것이라는 사실을 생각하면서.

지난 몇 년 사이 웃대에 대한 관심이 부쩍 커졌다. 많은 사람들이 웃대를 찾아서 골목길의 정취를 느끼며 다닌다. 이렇게 찾는 사람들이 많아지자 한옥들과 골목들이 아직 많이 남아 있는 웃대의 곳곳에 카페나 식당들이 들어서며 웃대의 모습도 시나브로 바뀌고 있다. 몇 해 전부터 이곳을 흔히 '서촌'이라고 부르고 있는 데, 이에 대해 역사적 자료가 있기는 하지만 상당한 논란이 있다. 만일 이곳을 경복궁의 서쪽에 위치해 있다고 해서 '서촌'이라고 한다면, 경복궁 동쪽에 위치한 '북촌'은 '동촌'으로 해야 옳을 것이다. 그런데 조선 시대에 서울, 즉 한양의 동서남북 동네를 구분하는 기준은 청계천이었다. 청계천의 북쪽 경복궁과 창덕궁 사이에는 고관들이 살던 '북촌'이 있었고, 청계천의 남쪽 남산자락에는 중인들이나 몰락한 양반들이 살던 '남촌'이 있었다. 또한 동촌은 청계천의 동쪽인 동대문 부근으로서 여기에는 군영, 하도감, 목장 등이 있었고, '서촌'은 청계천의 서쪽인 서대문 부근으로서 지금의 정동 지역이었다.

이런 역사를 떠올리면 지금의 '서촌'은 조심스럽게 써야 할 동네 이름이다. 세종대왕(1397~1450)이 이곳에서 태어났다고 해서 이곳의 이름을 '세종마을'로 하자는 의견도 있다. 그러나 이 이름은 이 동네의 역사를 크게 왜곡하는 것일 수 있다. 세종은 이곳에서 태어나서 아기일 때 잠시 머물렀을 뿐이기 때문이다.[1] '웃대'를 경복궁의 서쪽에 위치

---

1 종로구는 2010년에 '세종마을'로 부르자는 제안을 받아들이고 2013년 8월에 확정했다. 이에 대해 이곳에 세종대왕이 태어난 곳이 있다고 해서 이곳을 '세종마을'이라고 부르는 것은 큰 억지이고 위대한 세종대왕을 활용한 상술이라는 비판이 제기되었다.

백운동천, 청풍계천, 옥류동천, 사직동천, 삼청동천 - 중학천 등의 위치

한 동네여서 '서촌'이라고 부르게 된 것은 비교적 최근의 일이다. 조선 때는 한양의 중심인 청계천 쪽에서 보기에 인왕의 동쪽 끝에서 발원한 청계천의 최상류인 백운동천이 흘러오는 동네여서 '윗동네'라는 뜻의 '웃대'로 불렸고 한자로는 '상촌上村'으로 불렸던 것이다. 조심해서 쓴다면 역사적 자료도 있으니 경복궁의 서쪽 동네를 '서촌'으로 불러도 좋을 것 같다. 그리고 더 널리 쓰이던 '웃대'라는 이름을 함께 쓰면 더 좋을 것 같다. 그렇게 해서 매립된 백운동천, 청풍계천, 옥류동천, 사직동천 등도 떠올리게 되고, 정말로 되살릴 수 있게 되기를 바란다.

서울산책 121

2

서촌/웃대는 사직로에서 인왕과 백악에 이르는 지역으로 백운동천을 복개해서 만든 자하문로[2]를 기준으로 동과 서로 나뉘는데 서쪽이 동쪽에 비해 2배 정도 더 넓다. 서쪽에는 체부, 사직, 필운, 누하, 누상, 통인, 신교, 옥인 등이 있고, 동쪽에는 적선, 통의, 창성, 효자, 궁정, 청운 등이 있다. 이 동네들은 작은 골목길들로 이어져 있는 데, 이 골목길들에는 서울의 역사가 새겨져 있으며, 이 골목길들을 통해 아직도 이어지고 있는 역사도 많다. 동네의 이름도 그 역사를 고스란히 담고 있다. 이명박이 강행한 '도로명 주소'는 이 역사를 대대적으로 파괴하는 것이었다.

서촌의 남쪽은 광화문 앞에서 사직단 사이의 사직로에서 시작된다. 서촌에서 가장 중요한 곳으로는 단연 사직단을 꼽아야 될 것 같다. 서촌의 남서쪽 끝에 있는 사직단은 왕이 땅의 신(社, 동쪽 단)과 곡식의 식(稷, 서쪽 단)에게 제를 올리던 두 개의 정사각형 제단이 있는 곳이다. 낮은 담이 둘러싸고 있는 제단은 위에 아무 것도 없이 텅 비어 있다. 자연은 이렇게 텅 비어 모든 것을 품고 주는 것이다. 그래서 사직단은 참으로 신성하고 아름다운 곳이다. 그러나 사직단은 일제의 대한제국 병합 뒤 공원화로 크게 훼손됐고, 해방 뒤에는 박정희 독재에 의해 또 다시 훼손됐다.[3] 사직단 뒤쪽 필운동의 배화여대에는 '필운대弼雲臺'[4]라는 글씨가 새겨진 바위가 있다. 그런데 조선 때는 경복궁과 육조거리를

---

[2] 백운동천은 1925~27년에 복개되어 1936년의 '경성 시가지계획 가로망'에 따라 15m 도로가 만들어졌고, 이 도로는 1978년 12월에 건물 141동을 철거하고 40m 도로로 확장되었고, 자하문터널은 1986년 8월 30일에 준공되었다. 한편 사직단 앞에서 신교동으로 이어지는 15m 도로는 1994년에 계획되어 1999년에 완공되었다.

[3] 오래 전부터 사직단의 복원 계획이 제기되었다. 그리고 2015년 1월 문화재청은 2027년까지 사직단을 복원하겠다는 계획을 발표했다. 그런데 사직단의 완전복원을 위해서는 주변의 종로도서관과 어린이 도서관 등을 철거해야 하기 때문에 지역 주민들의 반대가 커졌다. 일제와 독재의 문제를 최대한 없애되 이 중요한 시설들은 최대한 다듬는 쪽으로 복원이 이루어지는 것이 세상을 보살피는 사직의 신들을 위해서도 옳은 것이 아닐까?

[4] 필운대는 서울시 문화재자료 9호이며, 필운대 각자는 이항복의 글씨라고 한다. 여기에는 필운대에 관한 다른 각자들도 있다. 필운은 '우필운룡(右弼雲龍)'에서 온 말로 '오른쪽에서 왕을 보필한다'는 뜻이다. 중종 때 조선에 온 명나라 사신 오희맹이 중종(1488~1544, 재위 1506~1544)의 요청을 받고 인왕산의 다른 이름으로 필운산을 제안했다. 필운대에는 이항복(1556~1618)의 집이 있었다. 이항복은 필운을 호로 썼다. 겸재의 '필운대'(1751)을 보면 '필운대'라는 글자가 새겨진 바위의 바로 아래에 이항복의 집이 있었다.

겸재 정선의 필운상화(弼雲賞花, 필운대의 꽃놀이)

1750년(영조 26) 봄에 사람들이 필운대의 바위 위에 둘러앉아 꽃놀이하는 모습을 그린 그림. 가운데 바위 위의 왼쪽 아래 끝에 '필운대' 각자가 있고, 그 앞의 기와집이 백사 이항복의 집이었다. 왼쪽 위의 큰 산은 남산이고, 그 오른쪽으로 멀리 보이는 산은 관악산이다. 이 그림은 '장동춘색'(장동의 봄빛)이라는 제목으로도 알려져 있으나 이 제목은 분명히 잘못된 것이다. 사실 '장동춘색'이라는 그림은 없다. 장동에서는 남산과 관악산이 저렇게 보이지 않고, 남산 옆의 숭례문이 보이지 않는다. 겸재 연구에 평생을 바친 최완수는 『겸재의 한양진경』에서 '필운상화'라는 제목으로 이 그림을 소개하며 그 경위를 상세히 추정했다. 미술학자 최열은 이 그림은 당시의 최고 권력집단이었던 서인 노론의 양반들이 필운대에서 꽃놀이하는 모습을 그린 것으로 이 그림에는 그려지지 않은 고생하는 백성들의 존재에 대해 주의를 환기했다(『옛 그림 따라 걷는 서울 길』, 서해문집, 2012). 겸재의 '진경'은 완전한 '진경'이 아니었지만, 나아가 그것은 노론의 관점에서 본 '진경'이었다.

필운대를 완전히 막은 배화여고 건물
'필운대' 바위는 이 건물로 완전히 가리워져 옹색하게 보존되고 있다.

굽어보는 전망이 아주 멋진 곳이었다고 하는 이곳이 지금은 볼품없는 커다란 시멘트 건물에 시야를 완전히 가로막힌 채 삭아가고 있다. 이 중요한 곳에 어떻게 이런 건물을 지을 수 있도록 허가되었을까? 지금 필운대는 일제와 독재의 파괴적 문제를 잘 보여주는 곳이다.[5]

한편 남동쪽 끝인 경복궁 옆 통의동의 골목에는 우리나라에서 가장 크고 아름다운 백송이 있었다. 이 백송은 1700년쯤 심어진 것이었는데 1990년 7월에 돌풍으로 쓰러졌다. 당시 정부는 천연기념물 4호인 이 나무를 지키려고 애썼으나 목재를 얻으려는 자들이 제초제를 뿌리는 못된 짓을 하기도 해서 결국 1993년 5월에 베어지고 말았다. 이곳은 청계천 석축을 완성한 영조(1694~1776)가 어린 시절에 살았던 창의궁 터이고, 이 근처는 충남 예천에서 태어난 추사 김정희(1786~1856)가 8살(1793)에 서울의 큰 집으로 입양되어 살았던 곳이다.[6] 그런데 이 근처에는 1930년대의 개량 한옥들, 일제의 동양척식주식회사 직원들이 살던 사택들, 1960년대의 훌륭한 2층 양옥들 등이 다 있어서 아늑한 골목을 다니며 근현대 서울의 건축을 잘 살펴볼 수 있다. 한옥을 잘 지키고 있는 출판사 '푸른역사', 미술관으로 개장한 '보안여관' 등도 이곳의 가치를 더하는 중요한 곳이다.

서촌에서 가장 북쪽에 있는 동네는 청운동과 옥인동인데, 인왕에 가까운 동네는 옥인동이고 백악에 가까운 동네는 청운동이다. 조선 때 '장동壯洞'으로 불렸던 이곳은 아름답

---

5 〈참고자료 32〉 필운대 참고.
6 〈참고자료 33〉 추사 김정희(1786~1856)의 집터에 관해 참고.

일제 때 통의동 백송
키가 아주 큰 장대한 나무였다.

현재의 통의동 백송
죽은 통의동 백송 둘레에 새로 묘목들을 심어서 기르고 있다.

고 전망이 좋아서 권세가의 주거지가 되었는데, 특히 인조반정(1624년 4월 11일)[7]의 공신에서 반역자가 되었던 김자점(1588~1652)으로 대표되는 구 안동 김씨의 본거지였다가 정묘호란(1627)과 병자호란(1936) 때 주전파였던 김상용(1561~1637)과 김상헌(1570~1652)의 신 안동 김씨(장동 김씨)의 본거지가 되었다. 조선 말의 세도정치를 주도한 안동 김씨는 김상헌의 후손들이다. 장동은 율곡학파[8]가 성장한 곳이니 조선의 중기 이후 지배세력인 서인이 성장한 곳이며, 조선의 중기 이후 최고의 화가인 겸재 정선이 태어나 살다가 죽은 곳이다. 최완수는 이곳을 다음과 같이 설명했다.

---

7 서인이 반란을 일으켜서 광해군을 축출하고 인조를 옹립한 사건이다. 이 사건 이후 조선은 결국 서인의 나라가 되었고, 서인 노론 벌족의 세도정치로 망하게 되었다.
8 율곡 이이(1537~1584)의 집은 서울 인사동에 있었다. SK건설 건물의 400살 느티나무가 있는 곳이다.

서울의 인왕산과 북악산 사이의 장동 일대는 율곡학파의 발상지이다. 북악산 남쪽 기슭에서는 송익필과 신응시가 탄생해 살았고, 서쪽 기슭에서는 성혼이 나서 살았으며 정철은 인왕산 밑 옥인동에서 출생해 살았으니 이들이 율곡학파의 일세들이다. 이를 잇는 이세, 삼세들이 계속 배출되었는데, 김상용과 김상헌 형제 및 조희일, 조봉원 등이 그 대표적 인물들이다. 겸재 정선(1676~1759)이 살던 시기에는 이들의 학통을 잇는 후예들이 이곳에서 율곡학파[9]가 이루어낸 조선 성리학을 사상적 바탕으로 진경시(眞景詩)와 진경산수화(眞景山水畵), 동국진체서(東國眞體) 등 우리 고유색을 드러내는 독자적인 예술 형식을 창안해 내면서 진경문화 창달에 몰두하고 있었다. 그 선구자가 김창흡 형제들이고, 주역을 맡은 이들이 그 다음 세대인 사천 이병연과 정선, 조영석 등이었다(최완수, '〈인왕제색도〉 우정으로 더욱 빛나는 진경산수화', Koreana 2006년 가을호).

서촌의 가장 큰 매력은 아름다운 인왕과 백악, 그리고 두 산과 잘 어우러진 아늑한 동네의 모습이다. 그런데 그 안을 들어가 보면 실상은 그렇게 좋지 않다. 지금 서촌은 어느 때보다 많은 사람들이 찾고 있지만, 어느 때보다 빠르게 변하고 있고, 어느 때보다 큰 위기를 맞고 있는 것 같다. 사람들이 많이 찾으면서 투기꾼과 난개발의 집중적인 공격대상이 된 것이다. 서촌에서도 이미 오래 전부터 고층 아파트 재개발의 요구가 강하게 제기되었고, 2010년대에 들어와서는 '젠트리피케이션gentrification'의 문제가 갈수록 커지고 있다.

내가 서촌의 골목을 처음 '답사'했던 것은 1993년 2월 말에 문민정부가 들어서고 인왕산 등산로가 다시 개방됐을 때였다. 1968년 1월 21일 31명의 북한 특수부대원들이 박정희를 암살하겠다며 북한산의 산길을 통해 청와대 뒤까지 왔다가 한 명이 생포되고 한 명이 도망치고 나머지는 모두 사살된 사건이 발생했다.[10] 박정희는 이 사건을 계기로 독재를 크게 강화했다.[11] 그 일환으로 청와대 주변의 산들이 마치 휴전선처럼 모두 철책으로 막히고 사람들이 다닐 수 없게 되었다. 그로부터 25년의 세월이 흐르고 1993년 2월 말 출

---

9 〈참고자료 34〉 율곡학파 참고.

10 이른바 '1·21 사태'이다. 이 사건을 계기로 박정희는 '국가안보 우선주의'를 선언해서 노동조합과 민주화 운동을 더욱 강력히 탄압하고 나섰다(〈위키백과〉, '1·21 사태').

11 〈참고자료 35〉 주민등록제도 참고.

범한 김영삼 대통령의 문민정부가 민주화의 상징적 사업으로 인왕산의 주요 등산로를 개방했다. 나는 그때 처음으로 인왕산에 올라 시내를 내려다 봤고, 옥인동의 골목길로 내려와서 지금의 '박노수미술관' 건물을 처음으로 봤다. 그 동안 서촌도 상당히 많이 변했다.

3

서촌은 여러 길을 통해, 여러 관점에서 둘러볼 수 있다. 가장 편한 것은 위에서 아래로 내려오는 것이다. 그러니까 인왕과 백악이 만나는 곳인 청운동에서 시작하는 것이다. 이런 점에서 1986년에 완공된 자하문터널 위에 있는 '백운동천'白雲洞天 각자를 찾아보는 것으로 시작하는 게 좋을 것 같다. 자하문로의 양쪽을 오가며 살펴보다가 경복궁역에서 만보를 마치고, 그 근처의 '금청교禁淸橋 시장'[12]에서 뒷풀이를 하면 괜찮은 마무리가 될 수 있다.

'백운동천' 각자가 새겨진 바위가 있는 곳은 동농 김가진 선생(1846~1922)의 집이었던 '백운장'의 터이다. 조선의 대신이었으며 뛰어난 서예가였던 동농 선생은 1919년에 74살의 나이로 가족들을 모두 데리고 상하이로 망명해서 독립운동에 헌신하다 1922년에 77살의 나이로 세상을 떠나셨다.[13] 2013년 여름에 서울역사박물관에서 '조국으로 가는 길'이라는 제목의 전시를 했는데 바로 동농 선생과 가족의 독립운동을 다룬 것이다. 동농 선생의 아들과 며느리도, 손자도 모두 독립운동에 헌신하셨다. 아들 김의한(1900~1964)은 납북되어 북한에서 별세했다. 며느리 정정화(1900~1991)도 중요한 독립운동가였다. 손자 김자동(1928년 상하이 출생)은 임시정부에서 태어나서 자랐으며, '대한민국 임시정부 기념사업회' 회장으로 활동하고 있다. 그는 1954년 조선일보에 공채 1기로 입사해서 이영희, 송건호 등과 함께 일했고, 한국전쟁 연구서로 손꼽히는 브루스 커밍스의 『한국전쟁의 기원』을 번역했다. 친일 독재 세력이 친일과 독재를 미화하는 국정 역사교과서를 만들

---

12 백운동천은 사직로를 건너 서울경찰청 옆을 지나 청계천으로 흘러간다. 백운동천이 사직로를 건너는 곳에 '금청교'가 있었고, 그 옆에 시장이 생겨서 '금청교 시장'이라고 불렀다. 고려 말에 놓인 금청교는 '금천교'로 불리기도 했으며, 멋진 홍예 교각의 다리였는데 일제에 의해 1927년에 철거되어 버렸다.

13 〈참고자료 36〉 동농 김가진 선생 참고.

동농 김가진 집터와 '백운동천(白雲洞天)' 각자

복개하기 전 백운동천 모습(1930년대 말 항공사진?)

경복궁의 왼쪽으로 조금 비스듬히 흐르는 백운동천이 보인다. 가운데 왼쪽 끝은 사직단이다. 경복궁과 사직단을 잇는 '사직로'가 1939년에 만들어졌는데 이 사진에서는 안 보이니 그 이전의 사진이다. 경복궁 왼쪽으로 같은 크기의 집들이 들어서 있는 게 보이는데 바로 일제가 1910년에 지은 '동양척식회사'(동척)의 사택들로 지금도 여러 채가 그대로 남아 있다('집단개발의 시작', www.culturecontent.com). '동척'은 1909년 1월부터 활동을 시작했으며, 그 본점은 지금의 을지로 2가 외환은행 본점 자리에 있었다. 그 옆에 나석주 의사(1892~1926)의 동상이 서 있는데, 나 의사는 1926년 12월 28일 동척에 폭탄을 던졌다. 왼쪽 아래에도 질서있게 집들이 들어서 있는 게 보이는데 일제가 1922년에 경희궁을 대거 부수고 그 자리에 총독부 전매국 관사를 지은 것이다. 여기에는 황학정 활터도 있었는데 이때 가운데 왼쪽 끝 숲의 사직단 뒤 산자락으로 옮기게 되었다. 이곳은 1960년대에 서울의 최고급 양옥 주택들이 들어선 동네가 되었다.

어 국민들을 세뇌하려 할 정도로 친일과 독재의 문제가 갈수록 커지고 있는 이 어두운 시대에 꼭 가서 봐야 할 좋은 전시회였다. '백운동천'이라는 각자는 1903년 가을에 동농 선생이 백운동의 자택 뒤쪽에 있는 바위에 '멋진 백운동'이라는 뜻으로 새긴 것이다. 이곳에 있던 건물들은 오래 전에 모두 철거됐고 이제는 폐허 속에 나무와 덤불이 우거져 있다. 그리고 진입로 쪽에 '말일성도 그리스도교'라는 몰몬교의 건물들이 두어 채 들어서 있다. 다행히 이곳은 2014년 10월 30일 '인왕산 백운동 계곡'이라는 이름으로 서울시 기념물 40호로 지정되었다.[14]

겸재 정선(1676~1759, 숙종 2~영조 35)은 청운동에서 태어나 자라고 살다가 52살(1727)에 옥인동으로 이사해서 살다가 84살에 세상을 떠났다. 청운동 집은 '경복고' 안에 있었고, 옥인동 집은 1981년에 완공된 '군인 아파트' 자리에 있었다. 겸재는 두 집의 모습들도 여러 점의 그림으로 남겼으며, 두 곳에 세워진 안내판에 이 그림들을 새겼다. 옥인동 집의 바로 옆에는 또 다른 뛰어난 문인 화가 관아재觀我齋 조영석趙榮祏(1686~1761)의 집이 있었다. 옥인동에는 그의 외가도 있었다. 그는 많은 한양 그림을 남겼는데, 당연히 청운동, 옥인동, 필운동 등을 그린 그림들도 있다.[15] 청운동의 변화를 살펴보기 위해서는 겸재 정선의 '백운동', '자하동', '창의문'이라는 세 그림을 볼 필요가 있다. 백운동은 인왕의 동쪽 끝에 있었고, 자하동은 백악의 서쪽 끝에 있었고,. 백운동과 자하동의 위에 한양도성의 북소문인 창의문이 있었다.[16] 이 그림들을 보면 백운동 일대는 상당히 가파르고

---

14 나는 이곳에 '동농 선생 기념관'을 만들면 좋겠다고 생각했는데 아래쪽 신교동의 '우당 기념관' 근처에 세우는 것도 좋겠다. 우당 이회영 선생(1867~1932)은 모든 형제와 가족을 이끌고 600억 원이 넘을 것으로 추정되는 가산을 처분해서 만주로 이주해서 평생 독립운동에 헌신했다. 우당 선생의 집은 지금의 명동 YWCA 자리에 있었다.

15 이 그림들은 '장동팔경'이라는 연속된 그림들로 이루어져 있다. '장동팔경'은 간송미술관, 국립중앙박물관, 개인 소장품 등 여러 화첩이 있다. 겸재와 한양에 대해서는 최완수, 『겸재의 한양 진경』, 동아일보사, 2004를 참고. 겸재의 작품 전체에 대해서는 최완수, 『겸재 정선』(전3권), 현암사, 2009를 참고.

16 창의문의 문루는 1740년(영조 16)에 재건한 것으로 한양도성의 소문 중에서 유일하게 남아 있는 옛문이다. 영조는 문루 다락 안에 인조반정(1623) 공신들의 이름을 새긴 판을 걸어 놓았다. 창의문은 자하동의 위에 있는 문이어서 '자하문'이라고도 불렸다. '자하(紫霞)'라는 한자는 '붉은 노을'을 뜻한다.

겸재의 백운동(왼쪽: 국립중앙박물관), 자하동(가운데: ⓒ간송미술문화재단), 창의문(오른쪽: 국립중앙박물관)

험한 산자락이었다. 조선 때에 창의문과 효자동을 잇는 길이었던 백운동 길의 자취는 지금 자하문터널 위 벽산빌라의 진입로에서 찾아 볼 수 있다. 그리고 흰구름이 머무는 동네라는 뜻인 백운동의 계곡은 청계천의 발원지였다. 참으로 많은 변화가 일어났지만 지금도 옛 집과 길의 흔적을 찾아 볼 수 있다.

최완수는 겸재의 한양 진경을 설명하면서, 백운동 집은 세조 때 권력자 이념의(1409~1492)의 집으로, 자하동 집은 겸재와 동문수학한 김시보(1658~1734)의 집으로 추정했고, 7대손인 김가진 때 자하동 집이 남의 손에 넘어가 '백운장'이라는 요릿집이 되었다고 추정했다.[17] 그러나 문일평은 김가진의 집은 백운동에 있었다는 글을 남겼고,[18] 김가진은 1903년 가을에 자기 집 뒤의 바위에 '백운동천'이라는 각자를 새겼으니 그의 집은 자하동이 아니라 백운동에 있었던 것이 아닌가? 1903~04년에 김가진은 백운동의 1만 평이 넘는 땅에 저택을 지었는데, 1904년 비원장으로서 비원의 복원을 잘 마친 공으로 고종이 비원의 복원에 쓰고 남은 자재들을 갖다 쓰도록 했다. 위로는 지금의 자하문터널 위 벽산빌라에서 지금의 자하문터널 앞 말일성도 교회가 모두 '백운장'으로 불린 김가진의 자택 터였다. 그러나 1917~18년에 김가진의 집사가 몰래 김가진의 집을 동양척식회사에 저당잡혀서 이 집은 동척으로 넘어갔고, 그 뒤 일본인이 이 집을 사서 '청향원'이라는 일식집을 열었다가 뒤에 '백운장'으로 이름을 바꿨다.

---

17 최완수, '겸재 정선이 본 한양진경-백운동', 〈동아일보〉 2002.12.13과 '겸재 정선이 본 한양진경-자하동', 〈동아일보〉 2002.12.27.

18 서울역사박물관, 『서촌 1』, 2010, 81쪽.

동농의 집에서 길을 따라 내려가면 경기상업고등학교를 만난다. 이 학교의 본관은 1926년에 지어진 근대 건축 문화재이다. 이 학교의 안쪽 담장에 경복고등학교가 붙어 있는데, 지금 경복고등학교 본관 앞마당에는 겸재 정선의 집이 있던 곳을 알리는 비석이 서 있다. 겸재의 '진경산수'는 직접 눈으로 본 '실경'에 마음으로 본 '심경'을 더한 것이다. 사실은 눈으로만 볼 수 있어도 진실은 눈으로만 볼 수 없다. 겸재의 '인왕제색도'(국보 216호)는 겸재가 76살 때에 지금의 경복고 자리에 있던 겸재의 집에서 바라본 인왕산을 그린 것이다. 그런데 당시 겸재는 이 집이 아니라 다른 집에 살고 있었다. 겸재는 청운동 집에서 태어나 살다가 52살에 지금의 자하문로 건너의 옥인동 집으로 이사가서 살다가 죽었다. '인왕제색도' 속의 집은 겸재의 평생 지기로서 시인이었던 사천 이병연(1671~1751)의 집으로 청운동 쪽에 있었다. 최완수는 겸재의 집으로 추정되었던 '인왕제색도' 속의 집이 육상궁(毓祥宮, 영조의 생모인 숙빈의 신위를 모신 묘) 뒷담 쪽에 있었던 이병연의 집이라고 밝혔다.[19]

인왕제색도(1751년, 삼성미술관 Leeum)

19　최완수, 『겸재의 한양진경』, 동아일보사, 2004, 32~33쪽. 문화부는 1992년 7월 정독도서관 마당에 '인왕제색도비'를 세웠다. 문화부는 "인왕제색도비 건립장소를 물색하던중 정독도서관 정원에서 보이는 인왕산의 실경이 '인왕제색도'의 모습과 아주 흡사하다는 점에 착안"했다고 밝혔다. 문화부는 아무런 근거도 없이 혼란을 초래한 것이다.

'인왕제색도'는 인왕을 바라보는 백악 아래의 아랫집과 윗집, 앞집과 뒷집에서 태어나 자라고 살아온 두 친구의 우정을 그린 것이다. 당시 이병연은 노환으로 임종을 앞두고 있었으나 많은 비가 계속 내려 옥인동 집에서 살고 있던 겸재는 친구를 보러 갈 수 없었다. 지금의 자하문로는 당시에는 백운동의 계곡 물이 흘러내리는 개울, 즉 백운동천이었다. 비가 그치자 겸재는 서둘러 개울을 건너고 산을 올라가 친구를 보고 와서 친구의 쾌유를 빌며 이 그림을 그렸던 모양이다.[20] 이 그림은 노년의 겸재가 비가 개인 뒤의 인왕산을 멋지게 그린 것일 뿐만 아니라 바위와 소나무를 통해 오랜 세월 변치 않은 깊은 우정, 비가 그치고 인왕의 바위가 다시 드러나듯이 친구가 병을 이기고 다시 기운을 되찾기를 바라는 마음 등을 함께 그린 것이다. 이 그림은 단순히 좋은 그림이 아니라 평생의 친구에 대한 깊은 마음을 담고 있는 좋은 그림인 것이다.

4

경복고에서 나와 자하문로[21]를 건너면 청풍계로 들어서게 된다. 지금은 조금 넓은 일차선 차도로 바뀌었지만 사실 이 도로는 청풍계의 계곡 물이 흘러내리는 개울이었다. 이 길을 걸어 올라가면 오른쪽으로 '백세청풍'이라는 각자가 새겨진 바위를 볼 수 있다. 이 바위가 있는 지역은 선원 김상용(1561~1637)이 살던 집과 정자 터로[22] 그 모습은 겸재의 '청풍계'라는 그림에서 잘 볼 수 있는데,[23] 17세기 노론의 영수로 많은 문제들을 일으키고 82살의 나이에 사사된 송시열(1607~1689)이 스승인 김상용을 기려서 주자의 서체로

---

20 이 점은 오주석이 최완수의 해석을 기초로 『승정원 일기』를 면밀히 검토해서 밝혔다(오주석, 『옛 그림 읽기의 즐거움』, 솔, 1999).
21 〈참고자료 37〉 자하문로 참고.
22 김상용의 집은 청풍계에 있었고, 김상헌의 집은 궁정동에 있었다. 박정희가 살해된 궁정동 안가가 김상헌의 집터로서 김영삼이 무궁화공원으로 만든 이곳에 그 표지석이 있다. 권율 장군은 김상용의 처삼촌이니 백사 이항복과 선원 김상용은 권율 장군으로 연결된 인척관계였다.
23 겸재는 '청풍계'라는 제목의 그림을 두 점 그렸다. 청운동이라는 지명은 일제가 1914년 청풍계와 백운동을 합쳐서 만든 것이다.

청풍계의 큰 양옥집들

옥인동의 좁은 골목길

'대명일월 백세청풍'이라고 새겼다고 한다. 말 그대로는 '크게 밝은 해와 달, 백 세대 맑은 기풍'인데 병자호란 때 강화도에서 청군에 맞서 자결한 김상용을 기리며 실은 오랑캐 청에 망한 종주국 명을 사대하는 글이다. 그런데 일제 때 미쓰이三井 재벌이 이 땅을 사들여 사택을 지으면서 '대명일월'을 새긴 바위는 파괴되어 없어지고 '백세청풍'만 남았다. '웃대'의 가장 깊은 곳인 청풍계도 일제의 침략으로 크게 훼손되고 말았던 것이다. '대명일월'을 새긴 바위를 지나 조금 더 올라가면 청풍계의 가장 위쪽에 있는 현대 재벌의 본산지에 이르게 된다. 정주영(1915~2001)이 1958년에 지어서 2000년에 가회동으로 이사할 때까지 42년 동안 살았던 2층 양옥집이다.

  정주영의 집 앞에서 왼쪽으로 꺾어져서 골목길을 따라 계속 걸어 올라가서 고개를 넘고 다시 작은 골목길을 따라 조금 복잡하게 걸어 내려가면 1960년대에 지어진 큰 양옥집 두 채를 지나 오른쪽으로 뭔가 사연이 있는 듯한 계단과 그 위에 있는 많이 낡았으나 범상치 않아 보이는 한옥을 볼 수 있다. 조선을 일본에게 팔아넘긴 8명의 '경술국적'[24]의 한 명으로 이완용과 쌍벽을 이루는 매국노인 윤덕영(1873~1940)이 1919년에 첩을 위해 '벽수산장'의 부속건물로 지은 한옥이다.[25] 본래 이 지역도 안동 김씨의 땅이었으나 매국으

---

24 〈참고자료 38〉 경술국적 참고.
25 이 한옥은 오랫동안 순정효황후의 친가로 알려졌으나 서울시는 2010년에 정밀한 사료 조사를 통해 윤덕영의 첩이 살던 집으로 밝혔다. 서울시 문화재과, '서울시, 정밀 사료조사

벽수산장(좌)

'벽수산장'의 아래에 보이는 이층 양옥이 '박노수미술관'이고, '벽수산장'의 오른쪽으로 보이는 기와 지붕은 윤덕영이 첩에게 지어준 한옥이었을 것이다.

벽수산장 각자 앞의 윤덕영(우)

큰 바위에 추사의 글씨로 가로로 '송석원'이라는 글씨를 새겼는데, 윤덕영은 그 옆에 세로로 '벽수산장'이라는 글씨를 새겼다. 지금 이 바위는 전혀 남아 있지 않다. 그런데 추사의 '송석원'이라는 글씨는 이 동네에 사는 어떤 사람의 집에 숨겨져 있다고 한다. '벽수'는 윤덕영의 호다. 각자 아래 앉아 있는 모습이 그럴 듯해 보이지만 최악의 매국노였다. 좋아 보인다고 정말 좋은 것은 아니다.

로 큰 돈을 번 윤덕영이 모두 사들여서 거창한 한옥을 짓고 살았던 것이다. 윤덕영은 조선의 마지막 왕(대한제국의 두번째 황제)인 순종의 계후의 큰아버지였다. 윤덕영의 동생인 윤택영(순종의 계후의 아버지)도 대표적인 매국노였는데, 둘은 경복궁 동쪽 송현동 땅을 대부분 소유했었다. 윤택영은 재산을 탕진하고 빚을 많이 져서 중국으로 도망쳐서 죽었으나 윤덕영은 옥인동 일대에 거창한 초호화 집과 별장을 짓고 살았다. 지금 윤덕영이 살던 한옥은 형편없이 퇴락한 상태이나 건축이나 역사의 면에서 잘 복원할 필요가 있을 것이다.

윤덕영의 한옥을 지나서 다시 골목을 조금 내려가서 오른쪽으로 돌아가면 갑자기 넓은 도로가 나타나고 양 옆으로 고급 단독주택들이 들어서 있는 것을 보게 된다. 이곳은 윤덕

통해 30년에 걸친 학계 오류 규명, '부마도위 박영효 가옥'→ '관훈동 민씨 가옥'으로 변경, -'순정효황후 윤씨 친가'→ '옥인동 윤씨 가옥'으로 변경', 2010.9.29.

영의 초호화 별장으로 '조선 아방궁'으로 불렸던 '벽수산장'(1913~1917년 건축)이 있던 곳이다. 이 일대는 정조 때의 평민 시인 천수경(1758~1818)의 집이었던 '송석원'이 있던 곳인데,[26] 민비의 민씨 척족이 갖고 있던 이 땅을 1910년에 윤덕영이 매국의 댓가로 일본에서 받은 막대한 사례금으로 사들여서 여기에 프랑스 풍의 초호화 별장을 짓고 '벽수산장'이라고 이름을 붙였다. '벽수산장'은 윤덕영이 죽은 뒤에 근처를 잠식하고 있던 미쓰이 재벌에게 넘어갔다가 해방 뒤에도 남아서 '유엔 한국통일부흥위원회^{UNCURK}'에서 사용했는데 1966년에 그 직원의 실수로 소실되고 말았다. 이 길을 따라 계속 걸어 작은 고개를 넘으면 겸재 정선이 그림으로 남기기도 한 멋진 수성동 계곡을 만나게 된다. 그곳에서 흘러내리는 개울을 옥류동천이라고 불렀다. 옥류동천을 복개해서 만든 옥류동 길을 걸어 내려가다 보면 오른쪽으로 2013년 9월에 개관한 '박노수미술관'이 있다. 이 멋진 2층 건물은 1930년대에 윤덕영이 자기의 딸과 사위가 살 집으로 당대 최고의 조선인 건축가 박길룡에게 설계를 맡겨 지은 것이다. 이 집과 '벽수산장'은 산길로 이어져 있었다.

송석원을 지은 천수경은 친구들과 함께 옥계 시사를 만들어서 교유하고 문화를 즐겼다. 이 시사는 주로 송석원에서 열렸기에 송석원 시사로 불렸다. 겸재 정선의 뒤를 이어 조선 후기의 화단을 대표한 단원 김홍도(1746~1806)는 이 시사의 즐거운 자리를 '송석원 시사 야연도'라는 그림으로 남겼다. 무더운 1791년 6월 15일 유두 날 밤에 아홉 명의 문인과 화가들이 송석원의 마당에 모여서 조촐한 술상을 차려 놓고 즐겁게 놀았던 모양이다. 무더운 여름 날의 달빛이 흐릿한 가운데 술을 한 잔씩 걸친 사람들이 저마다 자유롭게 앉거나 누워서 얘기를 나누고 시를 읊는 데 사립문 아래로 옥류동천의 맑은 개울 물이 시원하게 흘러간다. 같은 날 낮의 송석원 경치를 또 다른 화가 이인문(古松流水館道人 李寅文, 1745~1821)은 '송석원 시사 아회도'라는 그림으로 남겼다. 이 그림에는 바위에 새겨진 '송석원松石園'의 글자가 정확히 그려져 있다. '송석원' 각자는 추사 김정희가 천수경의 시회를 기려서 써 준 것이다.

이런 멋진 곳이 있던 땅을 윤덕영이라는 최악의 매국노가 사들여서 자기를 과시하는 건물들을 지어서 살았다. 사실 윤덕영보다 조금 앞서서 이완용이 인사동의 태화관에서

---

26 김유경, '서촌4-옥인동 송석원의 윤덕영 한옥', 〈프레시안〉 2012.5.15을 참조.

단원의 송석원 시사 야연도(한독의약박물관)

이인문의 송석원 시사 아회도
왼쪽 바위에 송석원(松石園) 각자가 보인다.

도망쳐서 옥인동으로 와서 '벽수산장'의 바로 아래인 지금의 옥인 파출소 일대에 3천평이 넘는 땅을 사서 2층 양옥의 대저택을 짓고 살았다. 옥인 파출소, 종로 보건소, 종로 보건소, 한전 출장소, 옥인동 대공분실, 옥인교회 등이 모두 이완용의 집터였다. 옥인교회 옆 골목 안에 큰 저택이 보이는데 바로 이완용의 저택의 본채였다고 한다. 이 집을 서울시에서 매입해서 '친일박물관'으로 쓰자는 제안도 있다(유영호, '이완용 가옥을 친일박물관으로', 〈한겨레〉 2016.8.29).

5

청풍계로 들어가지 않고 자하문 길을 따라 조금 더 내려가면 청운초등학교가 있는 데 이곳에 시인으로 잘 알려진 송강 정철(1536~1593)의 집이 있었다. 그런데 그는 권력욕의 화신과 같은 인물로서 권력을 위해 왕에게 끝없이 아부했다는 강력한 비판도 받는다. 더욱이 서인의 영수로서 권력을 잡고는 동인을 아예 학살하는 방식으로 숙청했으니,[27] 조선을 망국으로 이끈 당쟁의 문제는 그가 1천 명이 넘는 동인 쪽 사람들을 처형·추방해서 본격화됐다고 할 수 있다. 1589년 10월 정여립(1546~1589)이 모반을 꾀한다는 무고에 의해 일어난 '기축옥사'(1589, 선조 22)가 그것이다. 조선의 최대 무고 사옥인 이 사건은 1591년 5월에 끝났다. 1592년 4월에 일본이 임진왜란을 일으키기 위해 한창 준비를 하고 있을 때, 조선은 왕(선조)과 양반들이 권력 싸움을 하며 무려 1천 명이 넘는 지식인-전문가들을 학살하고 투옥하고 추방하고 있었다.[28]

청운초등학교를 지나 신교동 네거리에서 오른쪽으로 들어가면 국립 서울 농학교와 국립 서울 맹학교가 있다. 서울 농학교는 영조의 후궁으로 사도세자의 생모이자 정조의 친할머니였던 영빈 이씨의 신위를 모신 묘지인 선희궁이 있던 곳이고, 지금도 학교 뒤에 선희궁의 사당 건물이 남아 있다. 그 앞에는 조선 말의 10대 부자로서 모든 가산을 정리해서 모든 형제와 가족들을 데리고 만주로 망명해서 독립운동을 벌였던 우당 이회영 선생

---

27 〈참고자료 39〉 조선의 당쟁 참고.
28 〈참고자료 40〉 조선의 4대 사화와 기축옥사(己丑獄事) 참고.

(1867~1932)의 기념관이 있다. 우당 이회영은 백사 이항복의 후손이며, 그와 해공 신익희는 사돈 사이였는데, 효자동 골목에 있는 해공의 작은 한옥은 지금 해공 기념관으로 쓰이고 있다. 우당 기념관과 농학교-맹학교 사이의 길인 필운대로[29]를 따라가면 왼쪽으로 군인아파트를 만나게 된다. 이곳은 겸재 정선이 52살 때 쯤(1728)부터 죽을 때까지 살았던 집이 있던 곳이다. 겸재는 이 집을 '인곡유거'(1730년대 중반, 60대 초?), '인곡정사'(1746, 71살)라고 부르고 그림을 그려 남겼다. 이 부근은 자수궁 터로서 최악의 매국노 이완용(1858~1926)도 이 옆에 집을 지었으며, 그 앞으로 윤덕영의 '한양 아방궁'인 벽수산장으로 가는 길이 있었다.

　이렇듯 서촌은 자연과 사회, 정치와 문화, 매국과 독립의 역사가 뒤엉켜 있는 곳이다. 이 때문에 서촌을 잘 살펴보기 위해서는 시간이 많이 필요하다. 그리고 이곳은 인왕산과 잘 어우러진 저층 주거지역이어서 편안하게 산책을 즐길 수도 있다. 여기저기 작고 예쁜 찻집들이 들어서서 동네의 분위기를 활기있게 해 주고 있고 잠시 편안히 쉬어 갈 수도 있다. 그러나 청운동과 옥인동 사이의 골목길을 다니다 보면 지금 '웃대'가 큰 위기에 처했다는 것을 알 수 있다. 골목의 집들이 갑자기 가게들로 바뀌고, 조용한 주택가가 갑자기 상가로 바뀌고 있다. 수십 년 간 맛있는 빵을 만들던 빵 가게가 휴대전화 판매장으로 바뀌었다. '젠트리피케이션'이 강화되며 가난한 주민들이 쫓겨나고 동네의 상태가 요동치고 있다.[30] 이렇게 되자 옥인동을 아파트 단지로 만들자는 거대한 개발의 움직임이 다시 일어나게 되었다. 서촌의 여기저기에서 위태로운 기운이 갈수록 커지고 있는 것 같다. 서

29　사직단과 신교동을 잇는 필운대로는 1994년에 닦이기 시작되어 1999년에 준공됐다. 이 길은 서촌의 가운데를 세로로 지나가며 서촌을 크게 훼손했고 개발 압력을 크게 높였다. 봄에는 벚꽃 가로수 길로 조성된 이 길을 많은 사람들이 찾기도 한다. '필운대로 역사문화거리 조성사업'은 서촌의 상업화를 더욱 강력히 부추길 것이다. 특히 필운대로 지하주차장 계획은 확실한 서촌의 상실을 초래할 위험을 안고 있다.

30　2015년 여름부터 성수동과 '서촌'에서 세입자의 권리를 강화해서 건물주와 세입자의 공존을 추구하는 방식으로 '젠트리피케이션'의 문제에 적극 대응하는 개혁이 추진되기 시작했다. 이 중요한 개혁이 법률로 강력히 지원되어 큰 성과를 거두어야 '젠트리피케이션'의 파괴를 막을 수 있을 것이다. 총유제 운동과 그것을 지원하는 행정이 중요하다(〈현대 총유론〉, 진인진, 2016) 참고).

촌은 과연 지켜질 것인가, 사라질 것인가?

　서촌이 아름다운 자연과 잘 어우러지고 오랜 역사를 담은 곳으로 계속 남아 있기를 바란다. 이를 위해 무엇보다 먼저 오래 전에 만들어진 골목길과 저층 건물들을 잘 유지해야 한다. 이것은 개발 압력이 강한 곳에서 참으로 어려운 과제이다. 그러나 서촌은 서울의 정체성을 지키기 위해 너무나 귀중한 곳이다. 이런 점에서 보자면 문화시설이며 찻집들도 아주 조심스레 들어설 필요가 있다.[31] 서촌의 망가진 자연과 역사를 보듬어 서촌이 참으로 서울의 정체성을 대표하는 곳이 되도록 해야 한다. 사실 서촌의 많은 곳에서 다세대 재개발이 이루어져서 그 모습이 이미 많이 훼손된 상태이다.[32] 인왕산 자락마저 다세대와 아파트로 점령되어 버린다면, 서울은 그 정체성을 크게 잃고 더욱 심한 난민 도시가 되고 말 것이다. 다행히 서촌을 지키자는 주민들도 적지 않고 여론도 아주 높은 편이다. 권력의 변화와 무관하게 서촌은 서울의 정체성을 지키기 위한 귀중한 공적 자산으로 잘 지켜지기를 바란다.

　서촌에서 우리는 백사 이항복, 신 안동 김씨(장동 김문), 독립에 헌신한 위대한 독립운동가, 말 그대로 최악의 친일파, 현대 정주영 회장 등을 만날 수 있고, 겸재 정선, 단원 김홍도, 천수경, 옥계시사, 청전 이상범, 박노수, 이상 등의 예술가들을 만날 수 있고, 환경운동연합과 참여연대 등의 시민단체들도 만날 수 있고, 자연과 역사를 잘 간직하고 있는 복잡한 골목과 저층 주택들과 서민들의 삶을 만날 수 있다. 자료를 잘 살펴보고 이 동네를 걸으면 부귀와 권력은 무상하며 자연과 역사는 소중하다는 것을 쉽게 알 수 있다. 부귀와 권력의 무리는 계속 바뀐다. 그렇더라도 삶은 계속 이어져야 하고, 자연과 역사는 계속 지켜져야 한다. 서촌을 지키고 다듬기 위한 노력들이 더욱 더 커져야 한다. 우선 서촌의 모든 곳을 어지럽히는 전봇대-전깃줄을 없애고, '옥계 시사'를 '수성동 시사'로 되살리면 좋겠다. 부디 인왕이 계속 이곳을 잘 지켜주기를.

31　2010년대에 들어와서 서촌의 모든 곳에서 '카페'(커피집)가 크게 늘어났는데 이 와중에 이곳에서 가장 먼저 문을 열었던 카페이자 훌륭한 커피 맛으로 평판이 높았던 통의동의 plan b가 2015년 8월에 문을 닫았다.

32　노태우 독재는 1991년부터 '주건환경개선사업'을 본격 시행했는데('주거환경개선사업 본격화', 〈매일경제〉 1991.7.22), 이에 의해 북촌(특히 원서동)과 서촌(특히 신교동)에 5층 다세대 건물들이 대거 들어서며 크게 훼손됐다.

'서촌'의 골목 지도

서촌과 그 주변
西村 周邊

서촌은 지하철 3호선 경복궁역에서 바로 이어진다. 지하철 5호선 광화문역에서 내려서 북쪽으로 조금 걸어도 된다. 사직로로 다니는 버스들을 이용하면 금청교 시장이나 사직단 앞에서 내릴 수 있고, 자하문 길로 다니는 버스들을 이용하면 자하문터널까지 쉽게 갈 수 있다.

서촌에는 크고 작은 식당들도 많이 있다. 중간 부분이라고 할 수 있는 통인동의 **통인시장**은 문화적 재생에 성공한 모범적인 재래시장으로 잘 알려져 있다. 이 시장의 뒷문은 수성동 계곡으로 이어지며, 중간의 문들은 통의동의 골목길들로 이어진다. 경복궁역 앞 체부동의 금청교 시장과 적선동의 식당가에는 소박한 술집, 식당들이 많아서 매일 저녁마다 많은 사람들이 찾는다. 이곳은 정말 정겹고 편안한 곳이지만 이곳의 골목길과 가게들은 조금 더 깨끗하게 다듬어질 필요가 있다. 그리고 지하철 3호선 경복궁역 근처의 보도는 지하철 환기구들로 점령당하다시피 하고, 체부동 버스 정거장 쪽 보도에는 너무나 큰 화단들을 만들어 놓아서 좁은 보도가 더 좁아졌다.

서촌을 지키기 위해 많은 사람들이 애쓰고 있는데 그 일환으로 그 과거와 현재를 충실히 기록하고 알리기 위한 '**동네 재발견 강좌**'가 열렸다. 그 성과가 『2015 동네 재발견-서촌(세종마을) 마을가꾸기 희망사업 기록화작업』(서울특별시, 2016)으로 출간되어 사람들이 서촌에 대해 잘 알 수 있게 되었다.

구기동에서 바라본 부암동

왼쪽이 백악이고, 오른쪽이 인왕이다. 이 산줄기의 가운데에 창의문이 있고, 창의문의 옆으로 도로가 있으며, 그 밑으로 1986년 8월 개통된 '자하문터널'이 있다.

북악 팔각정에서 바라본 평창동

부암동에서 '북악 스카이웨이'로 가면 '북악 팔각정'에 이른다. 여기서는 북쪽으로 평창동 쪽과 남쪽으로 도성 안 시내의 모습을 잘 볼 수 있다. 앞의 북한산에서 오른쪽의 가장 높은 봉우리는 보현봉이고, 그 뒤로 문수봉이 살짝 보인다. 문수봉의 능선은 승가봉, 비봉, 관봉, 향로봉으로 이어진다.

::7장

付岩洞
아늑하고 위태로운 부암동

법정동法定洞은 법으로 정한 동네의 이름이고, 행정동은 행정의 편의를 위해 정한 동네의 구역을 뜻한다. 법정동은 대체로 오래 전부터 전해오는 동네의 이름이며, 행정동은 몇 개의 법정동을 합친 것이거나 하나의 법정동을 몇 개의 구역으로 나눈 것이다. 행정동으로서 부암동은 부암동, 홍지동, 신영동 등 세 법정동으로 이루어져 있다.

서울에는 2015년 기준으로 25개 자치구와 424개 행정동 467개 법정동이 있고, 2016년 4월 총선 기준으로 49개 지역구가 있으며, 2014년 7월에 개원한 서울시의회는 제9대 의회로서 106명의 의원들로 이루어져 있다.

---

* 한국은 지역구 획정의 인구 기준이 대단히 큰 문제를 안고 있다. 기존에는 최소 지역구는 인구 10만 명, 최대 지역구는 인구 30만 명으로 무려 1:3의 편차를 갖고 있었다. 이에 대해 헌법재판소는 2014년 10월 1:2로 줄여야 한다고 판결했다. 그러나 1:2대 역시 대단히 큰 편차로서 유권자의 권리를 심하게 훼손하는 것이다. 한국의 국회의원 선출 방식은 크게 개혁되어야 하는데 이와 관련해서 독일은 아주 중요한 선진국이다. '조성복의 '독일에서 살아보니'-독일의 선거제도⑥ 선거구 획정문제(1)', 〈프레시안〉 2015.2.19.

1

마음이 답답할 때 한참 걷다 보면 몸은 피곤해도 마음이 가벼워지는 것을 느낄 수 있다. 사실 도시에서의 '산책'에 대한 보들레르와 벤야민의 정의는 현학적이고 정치적이다. 두 사람의 '산책'론은 현실에 대해 비판적이지만 무력하기만 한 도시의 지식인이 자신의 가벼운 일상적 취미 활동을 너무 과장해서 제시한 것이라는 생각이 든다. '산책'의 의미를 너무 크게 제시하는 것은 자못 '산책'의 의미를 왜곡하고 '산책'을 억압하는 것이 될 수 있다. 소중한 것이라고 해서 그 의미를 과장하고 왜곡하는 것은 잘못이다. 위하는 것이 망치는 것이 되기도 한다.

'산책'은 그냥 이것저것 구경하며 느긋하게 걷는 것이다. 그렇게 걷다 보면, 생각을 잊기도 하고 생각에 빠지기도 한다. 또 마냥 걷다 보면, 많은 것들을 마음에 담게 되기도 하고 그냥 스쳐지나가기도 한다. 그러나 어떤 경우이건 '산책'을 하다 보면, 지나가는 곳을 몸으로 겪고 알게 된다. 거기서 모든 것이 시작된다. 어떤 곳은 아늑하고, 어떤 곳은 편안하고, 어떤 곳은 너절하고, 어떤 곳은 불편하다. 누가 어떤 말을 하건 내 몸이 그곳을 겪고 느낀 것이 내게 가장 중요하다. 이런 점에서 '산책'은 어떤 장소를 내 몸으로 겪고 그곳에 대해 어린 왕자의 시선을 갖게 되는 것 또는 어린 왕자의 관계를 맺게 되는 것이다.

비행기를 타고 하늘에서의 '산책'을 즐기던 프랑스의 비행사이자 작가였던 생텍쥐베리(Antoine Marie Jean-Baptiste Roger de Saint-Exupéry, 1900~1944)는 하늘로 영원히 사라졌다. 그러나 그는 『어린 왕자』(1943)라는 아름다운 책을 이 세상에 남겨두었다. 아프리카의 사막 지대를 헤매고 다니던 어린 왕자는 여우를 만났다. 외로운 어린 왕자는 예쁜 여우에게 같이 놀자고 말하지만, 여우는 자기는 길이 들지 않아서 그럴 수 없다고 말한다. 어린 왕자는 여우에게 '길들인다'는 게 무슨 뜻이냐고 묻는다. 여우는 그것은 관계를 맺는 것이며, 관계를 맺는 것은 세상에 하나밖에 없는 사이가 되는 것이라고 말한다. '산책'은 똑같아 보이는 곳을 남다른 곳으로 느끼게 해 준다. '산책'을 통해 우리는 장소의 차이를 몸으로 깨닫게 된다. 그렇게 해서 '산책'은 어떤 곳에 대해 몸으로 겪은 구체적인 의견을 갖게 해 준다.

2

2000년대 초부터 인왕산 북쪽 자락의 부암동이 갑자기 널리 알려지기 시작했다. 부암동은 서울의 도심에 인접해 있는 동네이지만 자연과 역사가 잘 살아 있는 저층 주거지역이다. 부암동이 도심에 인접해 있는 동네인 데도 이런 동네로 남아 있을 수 있는 것은 이 나라에서 가장 특별한 곳으로 대접받고 있는 청와대에 인접해 있기 때문이다. 청와대의 위치와 형태는 여러 면에서 문제를 안고 있지만 청와대 덕에 주변의 자연과 역사와 지역이 수십 년째 이 나라를 괴롭히고 있는 개발의 광풍으로부터 지켜지고 있는 것은 큰 다행이 아닐 수 없다. 그리고 이렇게 정치적으로, 군사적으로 특수한 지역만이 개발의 광풍으로부터 겨우 지켜질 수 있는 것은 참으로 안타깝고 위태로운 일이 아닐 수 없다.

부암동은 서울만이 아니라 부산에도 있다. 그런데 한자가 다르다. 서울의 부암동은 '付岩洞(붙임 바위=부침바위)'이고 부산의 부암동은 '釜岩洞(솥 바위)'이다. 자하문터널을 지나 세검정 쪽으로 조금 가면 오른쪽 보도 위에 부암동의 유래를 알려주는 안내석이 서 있는 데 거기에는 이렇게 써 있다.

> 부침바위 터(付岩址, Site of Buchim Rock): 부침바위는 잃어버린 아들을 찾거나, 아들을 낳고자 하는 사람들이 소원을 빌었던 바위이다. 약 2m 높이의 이 바위 표면에는 벌집처럼 구멍이 뚫린 자국이 있었는데, 여기에 돌을 대고 비벼서 돌이 붙으면 아들을 낳는다는 설화가 전해온다.

그러니까 부암동은 아들을 낳게 해 달라고 산신께 비는 바위, 즉 '기자석祈子石'에서 유래된 것이다. 그런데 사실 여러 곳에서 이런 부침바위들을 볼 수 있다. 북한산과 도봉산의 등산로에서도 이런 부침바위들을 쉽

부암동의 부암(붙임 바위, 1910년대?)

게 만날 수 있다. 그리고 인왕산의 서쪽에 있는 '국사당'의 '선바위'는 크고 작은 구멍이 많은 서울의 대표적인 '기자석'이다. 그런데 이런 흔한 '부암'이 아예 동네의 이름으로 굳어진 것을 보면 이곳에 있던 '부암'의 효험이 꽤 컸던 모양이다.

오늘날 부암동에서 그 '부암'은 볼 수 없다. 오래 전 도로를 확장하면서 없애 버렸기 때문이다.[1] 그러나 부암동에는 또 다른 유명한 부침바위가 여전히 남아 있다. 오늘날 부암동에서 가장 눈에 띄는 것은 인왕산 정상에서 홍지문 쪽으로 갈라지는 산줄기 위의 넓은 바위 봉우리일 것이다. 이 봉우리 위에는 사람들이 안전하게 다닐 수 있도록 하기 위해 양쪽에 가느다란 쇠막대기들을 박고 줄을 설치해 놓았다. 그 모습이 기찻길과 비슷해 보이기 때문에 사람들은 이 봉우리를 '기차바위'라고 부른다. 그러나 이 봉우리의 실제 이름은 인왕산 벽련봉 碧蓮峰이다. 겸재 정선의 '창의문'이라는 그림을 보면 창의문 뒤로 큰 바위 봉우리가 그려져 있는데 바로 이 바위 봉우리가 벽련봉이다. 그리고 그 위에 공처럼 생긴 작은 바위가 그려져 있는데 이 바위도 역시 부침바위이고 아직도 벽련봉 옆에 남아 있다.[2]

부암동은 백악과 인왕의 북쪽 아래에 들어서 있는 동네다. 두 산은 한양도성으로 이어져 있고, 그 사이의 고개에 한양도성의 북소문인 창의문이 세워졌다. 창의문에는 버스를 타고 쉽게 갈 수 있고, 옥인동이나 청운동에서 고갯길을 걸어가는 것도 좋다. 창의문 근처의 한양도성은 청와대 경비라는 군사적 이유 때문에 한양도성에서 가장 잘 보존된 곳이기도 하다.[3] 청와대의 뒤인 백악 쪽으로 오르기 위해서는 신분증을 제시하고 출입증을 받아야 하지만 벽련봉 쪽으로는 자유롭게 갈 수 있으니 이곳으로 가서 인왕산 정상에 올라 시내를 굽어보는 것도 좋다. 사실 인왕산 정상은 경복궁과 그 일대에 대한 최고의 조

---

1 일제는 1937년 경복궁 동쪽에서 백악의 동쪽 산자락을 지나 창의문 옆으로 고개를 넘는 도로(현재 창의문길)를 만들었고, 1986년 자하문터널을 만들면서 현재처럼 부암동 쪽 자하문로를 확장했다.
2 이 바위를 앞에서 보면 마치 해골의 눈처럼 크게 뚫린 두 구멍이 있어서 '해골 바위'라고도 부른다.
3 군 시설이 이곳의 한양도성에 들어서서 이곳의 한양도성을 크게 망치고 있기도 하다. 이 군 시설들은 하루빨리 모두 철거되어야 한다.

망을 갖고 있는 곳이다. 지금 경복궁과 그 일대는 고층 건물들로 포위되어 있다시피 하다.

'창의문'은 '자하문'이라고도 불린다. '자하문'은 남쪽 아래의 청운동 계곡을 '자핫골'이라고 불렀던 데서 유래된 이름이다. 그런데 '창의'는 '의를 떨친다'는 뜻이고, '자하'는 '붉은 노을'이라는 뜻이다. '자하'가 훨씬 멋지지 않은가? 1970년대 초까지 이 근처는 능금이 많이 자라던 능금 산골이었다고 한다. 그 시절 '창의문'에 올라 서쪽 하늘을 바라보면 겹겹이 이어지는 북한산 능선들 위로 붉은 노을이 펼쳐지곤 했을 것이다. 창의문 지역은 박정희 독재가 크게 강화되는 역사적 계기였던 1968년 1월 21일의 '김신조 사태' 때 총격전이 벌어졌던 곳이기도 하다. 그래서 사실 이 주변은 지금도 군의 삼엄한 감시와 통제를 받고 있다. 그리고 바로 이 때문에 부암동은 거센 고층화 난개발의 광풍에서 벗어날 수 있었다.

부암동은 자하문로를 따라 걸으며 살펴보는 것도 좋지만 역시 안쪽의 골목들을 천천히 걸으며 살펴봐야 최고의 산책을 즐길 수 있다. 부암동은 크게 두 구역으로 이루어져 있다고 할 수 있는데, 백악의 북쪽 줄기에 들어선 동쪽 동네와 벽련의 북쪽 줄기에 들어선 서쪽 동네이다. 백악과 벽련의 북쪽 줄기는 모두 북한산 보현봉에서 흘러내려 평창동을 지나고 세검정을 지나는 홍제천으로 들어간다. 홍제천 건너는 또 다른 북한산의 줄기들이니 부암동은 사방이 산으로 둘러싸인 산동네이다. 부암동의 가장 기본적인 특징은 바로 이것이다. 부암동에서 우리가 호젓함과 쾌적함을 느끼게 되는 것은 이렇듯 산동네이기 때문이다. 사실 조선 시대에 부암동은 양반들이 별장을 짓거나 계곡의 정취를 즐겼던 아름다운 산골이었다.

3

부암동의 백악 쪽 동네는 창의문의 바로 밖에서 시작된다. 그 길가에는 유명한 커피집과 치킨집이 있고, 길을 따라 내려가면 훌륭한 피자집과 만두전골집도 만나게 되며, 그 아래 삼거리에서 오른쪽으로 꺾어지면 세검정에 이르게 되고, 거기서 다시 오른쪽으로 홍제천을 따라 들어서면 산세를 잘 이용해서 건축된 '세검정성당'(1994년 김원 설계, 1998년 준공)에 이르게 된다. 결혼식으로 유명한 큰 중식당인 '하림각'의 건너쪽에는 작은 고개

부암동 주민센터 윗길에서 홍지동 쪽을 바라본 모습

가운데로 자하문터널에서 나오는 도로가 보이고 그 옆으로 창의문 옆으로 이어지는 도로가 보인다. 부암동에는 아직 높은 건물은 없지만, 5층 정도의 건물은 이미 꽤 들어서 있고, 특히 다세대 건물 난개발은 이미 상당히 진척된 상태이다. 왼쪽이 벽련의 아랫동네이고, 오른쪽이 백사실 쪽 동네이며, 저 앞에 보이는 곳은 탕춘대 능선 아래의 상명대 쪽 동네(홍지동)이다.

상명대에서 바라본 부암동 전경

북악 팔각정에서 바라본 평창동 뒤 보현봉 능선과 구기동의 문수-비봉-향로봉 능선.

가 있는데, 이 고갯마루에 오르면 저 앞으로 향로봉, 비봉, 보현봉 등 북한산의 서남능선이 눈에 확 들어오고, 이 고개 아래에는 홍제천 옆으로 저층 주택 동네가 아늑하게 들어서 있는 것을 보게 된다. 이런 동네가 있다는 것 자체가 놀라울 정도인데, 홍제천은 상당히 훼손되고 오염되어 있는 상태이다.

이 동네에서 가장 귀한 곳은 산 너머에 숨어 있다. 숲이 울창한 '백사실 계곡'이 바로 그곳이다. 백사실 계곡은 도롱뇽과 버들치가 서식하는 작은 계곡으로서 '생태보전지역'으로 지정되어 있는 귀한 곳이다. 백사실 계곡은 사람들이 들어가서는 안 되는 곳이지만 제대로 보호조치를 취하지 않아서 사람들이 무시로 들어가서 훼손하고 있다. 이곳에는 '白石洞天'이라는 글자가 새겨진 바위도 있다. 이 때문에 조선 때에는 이 근처를 백석동으로 불렀다. 예전에 '백사실白沙室'은 백사 이항복의 별서(집에서 가까운 곳에 있는 별장)가 있던 곳으로 알려지기도 했지만 실은 '백석실'이 와전된 것이라는 설명이 맞는 것으로 밝혀졌다. 2012년 11월 문화재청은 추사 김정희(1786~1856)의 『완당 전집』에서 "백석정을 사들였다"고 쓴 것을 찾았다. 이로써 이곳이 한때 추사의 별서였다는 사실이 밝혀졌다. 상당한 규모의 이 별서 터는 조선 시대의 생태문화를 대표하는 별서문화도 엿볼 수 있는 곳이다.

부암동의 인왕 쪽 동네는 조선 때에 무계동과 삼계동이었다. 무계동은 안평대군(1418~1453)[4]의 집이었던 '무계정사'가 있던 곳인데, 안평대군이 바위에 쓴 '무계동武溪洞' 각자만이 그 자취로서 남아 있다. 안평대군이 이곳에 살면서 꾼 꿈을 화가 안견(생몰 미상, 세종과 문종 때 활동)이 그린 그림이 바로 저 유명한 '몽유도원도'[5](1447)이다. 2014년 4월 종로구가 익선동에 있던 '오진암梧珍庵'이라는 음식점을 이곳으로 옮겨서 '무계원'이라는 이름의 전통문화시설을 열었다. '오진암'은 조선 말에 지어진 한옥으로 1960~70년대 박정희 군부-개발독재 시대에는 '서울의 3대 요정'으로 이른바 '요정 정치'의 중심이었다. 무계정사 터의 바로 앞에는 소설가 현진건(1900~1943)이 살던 집이 있

---

4 안평대군은 세종의 셋째 아들이자 세조의 동생이며, 반란을 일으켜 조카인 단종을 죽이고 권력을 찬탈한 세조(1417~1468)에 의해 사사되었다.

5 〈참고자료 41〉 몽유도원도 참고.

백사실의 별서 유적

었다. 이 귀한 곳들이 주차장이 되어 영원히 사라질 뻔했다. 이곳을 지키기 위해 오랫동안 많은 사람들이 큰 노력을 기울였다.

　무계동의 바로 아래에는 흥선대원군 이하응(1820~1898)의 별서가 있었다. 이 별서는 철종 때 영의정이었던 김흥근의 집으로 '삼계동 정사'였으나 흥선대원군이 헌납받아 자기의 별장으로 만들어서 '석파정(石坡亭, 서울시 유형문화재 26호)'으로 이름을 붙였다. 인왕산 벽련봉 아래에 있는 이곳은 백악의 서북쪽을 바라보는 경치가 일품이며, 여기에 있던 중국풍이 가미된 작은 사랑채(서울시 유형문화재 23호)는 1958년 지금의 '석파랑'이라는 식당으로 옮겨졌다. 부암동 삼거리에 있는 이 식당은 본래 20세기 중반 최고의 서예가였던 소전 손재형(1903~1981)이 석파정 별채를 비롯 세 채의 한옥을 모아 지은 중요한 한옥 유산이다. 지금 석파정의 앞에는 사설 미술관인 '서울미술관'이 들어서 있으며 함께 연계되어 운영되고 있다. '서울미술관'의 자리에는 커다란 너럭바위가 있었다. 1990년대 말 어떤 사업가가 이곳을 사서 그 커다란 바위를 부수고 호텔을 지으려고 했으나 다행히 그렇게 하지 못해서 오랫동안 흉물스럽게 방치되어 있었다.

백악 쪽 동네와 벽련 쪽 동네가 모두 아래로 내려가서 홍제천을 만나게 된다. 백악 쪽 동네에 세검정이 서 있다. 세검정의 유래에 대해서는 여러 설이 있는데, '인조 반정'(1623년에 광해군을 폐위하고 인조를 옹립한 반란)과 관련된 설이 그럴 듯하게 퍼졌지만 사실 근거는 없다고 한다. 겸재의 '세검정도'를 보면 본래 세검정에는 담장이 있었다. 현재의 세검정은 1941년에 불타서 없어진 것을 1977년에 재건한 것이다. 그 아래의 넓은 바위는 조선 때 실록을 편찬하고 그 자료인 사초들을 씻어 없애는 세초를 하던 곳이었다. 세검정의 북쪽 옆에는 연산군(1476~1506)이 질펀하게 놀았던 '탕춘대'가 있었고, 또 그 북쪽 옆 세검정 초등학교 자리에는 '조지서'(정부 문서용 종이 제작소)가 있었다. 그리고 이곳에는 신라 때 충신을 기려 세운 '장의사'라는 절이 있었다. 벽련 쪽 동네에는 한양도성과 북한산성을 잇는 성벽[6]이 있으며, 그 성벽의 중요 시설인 홍지문과 오간수문이 있다. 1977년에 두 문을 재건하면서 근처에 있던 세검정도 재건했다.

　이렇듯 부암동은 백악과 벽련의 산자락에 들어선 유서깊고 아름다운 동네이다. 이곳이 이렇게 비교적 잘 지켜진 데에는 청와대를 방어한다는 군사적인 이유가 가장 크다. 그러나 최근에는 군사 시설의 문제가 크게 불거지기도 했다. 한양도성마저 크게 훼손하고 있는 초소, 막사, 철책, 철조망 등 군 시설들의 문제가 큰 것이다. 부암동의 군사 시설들을 돌아보면 군이 청와대 경비를 내세워서 군대의 필요성을 과장해서 선전하고 있는 것이 아닌가 하는 생각이 들기도 한다. 이 나라는 세계 유일의 '휴전국'이고, 휴전선은 '비무장지대'라고 하지만 사실은 세계 최고의 '중무장지대'이다. 그런데 부암동의 군사 시설들을 보노라면 이런 '비무장지대'가 휴전선만이 아니라 서울의 도심에도 있다는 생각을 하게 된다. 군은 서울시가 세계문화유산 등재를 추진하고 있는 한양도성에도 여러 군사 시설들을 설치해 놓았을 뿐만 아니라 그곳에서 백악을 배경으로 사진을 찍는 것도 강력히 통제한다. 군은 실효성이 없는 과잉 규제와 문화재에 대한 훼손 문제를 깊이 반성하고 개선

6　인왕산과 북한산 향로봉을 잇는 이 성벽을 전체적으로 '탕춘대성'이라고 부른다. 이 성벽은 1718년에 북한산 향로봉과 인왕산의 한양도성을 이어 지금의 부암동, 평창동, 구기동 등을 보호하기 위해 쌓았다. 탕춘대는 1505년 연산군이 홍제천을 바라보며 놀기 위해 세검정의 동북쪽에 만든 정자였고, 그 터는 1972년 부암동과 평창동을 잇는 세검정 길을 확장하면서 없어졌다.

석파랑의 마당과 석파정 별채

겸재의 세검정도(국립중앙박물관, 1748년?)

세검정의 위로 보이는 봉우리는 평창동의 보현봉이다. 보현봉은 삼각산의 주능선으로 바로 이어지는 북한산 서남능선에서 가장 높은 봉우리이다.

해야 한다.[7]

　일상의 면에서 부암동이 안고 있는 가장 큰 문제는 군 시설보다는 카페의 급증에서 비롯되는 것 같다. 고층 시멘트 아파트들이 지배하고 있는 삭막한 서울에서 부암동은 자연과 역사가 살아 있는 아주 멋지고 희귀한 곳이다. 그러나 부암동은 비탈이 심한 산자락 동네로서 살기에는 사실 아주 불편한 곳이다. 평지가 없어서 아이들이 자유롭게 뛰어 놀기도 어렵고 노인들이 편안히 산책하기도 어렵다. 그러나 부암동은 천천히 걸으며 자연과 역사가 살아 있는 동네의 멋과 맛을 느끼기에는, 그리고 개발독재를 거치며 대대적으로 파괴되어 사라진 예전 서울의 형태와 정취를 떠올리기에는, 아주 좋은 곳이다. 많은 젊은이들이 이곳을 찾아서 답사나 산책을 즐기는 것은 이 때문이다. 부암동의 거리나 골목에서 손을 잡고 데이트를 즐기는 청춘 남녀들과 사진기를 들고 동네의 모습을 열심히 찍는 사람들을 늘 볼 수 있다. 그런데 이렇게 많은 사람들이 늘 찾는 동네가 되면서 카페들이 여기저기 많이 늘어났다.

　부암동의 가장 큰 특징은 산자락에 들어선 아늑한 주택지라는 것이다. 그런데 구경꾼들이 늘어나자, 이들을 상대로 하는 카페들이 늘어나게 되었고, 이에 따라 부암동은 어느덧 상업지의 성격을 많이 보이게 되었다. 여기저기 들어선 큰 문화시설들도 이런 문제를 일으키는데, 사실 문화시설들은 대체로 카페와 식당을 겸하고 있다. 부암동이 자신의 가장 중요한 특징을 잃고 그렇고 그런 상업지로 전락할 위기에 처해 있다. 관광에 대한 사회학 연구들이 오래 전부터 관광의 역설로 지적하고 있는 문제가 바로 여기 부암동에서도 나타나고 있다. 멋진 곳이어서 많은 사람들이 구경하러 오게 되면 그 멋진 곳이 훼손되고 파괴되기 십상이다. 어렵게 저지된 대규모 공영 주차장 건설 계획은 그 중요한 예였다. 부암동에 대규모 공영 주차장이 들어서면 부암동은 결국 부박한 상업지로 전락하고 말 것이다. 부암동을 계속 즐기기 위해서도 아끼고 지키는 노력이 크게 강화되어야 한다.

---

[7]　군은 과다한 국방비를 쓰는 것을 넘어서 막대한 무기 구입 비리, 부유층과 권력자의 병역 비리, 극악한 군대 폭력과 성폭력 등의 심각한 문제를 안고 있다. 이명박-박근혜 정권에서 국방 비리는 토건 비리, 사학 비리와 함께 비리사회 한국의 3대 기반이 되었다. 이명박-박근혜 정권에서 한국의 비리도는 계속 악화되었는데 그 핵심에 국방 비리가 놓여 있는 것이다. 망국적 위험을 안고 있는 사드(고고도 미사일 방어망) 배치는 심지어 박근혜-최순실의 비리에 의한 것으로 드러났다.

4

어린 왕자가 자기 별의 꽃을 생각하는 것과 같은 마음으로 세상을 바라보고 세상과 관계를 맺는다면, 이 세상이 얼마나 편안하고 아름다운 곳이 될 수 있을까? 생텍쥐베리는 그런 희망을 품고 『어린 왕자』를 쓰고 삽화들을 그렸던 것 같다. 편안함을 느끼기 위한 활동이 편안함을 주는 곳을 훼손할 수 있고, 아름다움을 즐기기 위한 활동이 아름다움을 주는 곳을 파괴할 수 있다. 안타까운 '관광의 역설'이다. 좋은 것을 아끼고 지키기 위해 이용과 파괴의 변증법에 주의해야 한다. 나의 만족을 위한 활동은 만족의 대상을 괴롭히기 십상이며, 그렇게 되면 결국 나의 만족도 어렵게 된다. 우리는 누구나 나로만 존재할 수 없으며, 나-너-우리로만 존재할 수 있다. 그러니 나를 위해서도 너와 우리를 존중하고 배려해야 한다. 갈수록 위태로워지는 부암동의 여기저기를 거닐며 갈수록 안타까운 마음이 커진다.

부암동은 백악과 벽련의 북쪽 산자락에 기대어 들어선 동네이다. 그러므로 부암동을 지키는 것은 백악과 인왕을 지키는 것과 동전의 양면을 이룬다. 부암동의 가장 기본적인 특징은 바로 이 두 산으로 대표되는 자연과 어우러진 편안한 모습이다. 그리고 부암동에서는 이 두 산의 아름다운 모습을 잘 바라볼 수 있다. 용도가 어떤 것이건 큰 건물은 부암동의 이 기본적인 특징을 훼손하는 것이다. 이런 점에서 다세대 건물이 곳곳에 들어서고 있는 것은 카페가 늘어나는 것보다 부암동에 대한 더욱 큰 위협이라고 할 수 있다. 사실 다세대 건물은 부암동의 길가뿐만 아니라 이미 산줄기 꼭대기에도 여러 곳에 들어서 있다. 이렇게 다세대 건물이 늘어나면 도로와 주차장을 늘려야 하고, 이와 함께 카페의 증가를 위시한 동네의 상업화가 더욱 거세게 전개되기 십상이다. 개발이 눈덩이처럼 계속 커지는 것이다.

부암동의 또 다른 기본적인 특징은 곳곳에 다양한 역사 유적들이 잘 남아 있다는 것이다. 한양도성과 창의문, 홍지문과 오간수문, 인조 반정과 세검정, 흥선대원군과 석파정, 손재형과 석파랑, 안평대군과 안견의 무계정사, 현진건의 집 터, 추사 김정희와 백사실 등은 그 중요한 예들이다. 가파른 산자락에 들어서 있는 작은 동네의 곳곳에 600년 역사가 잘 담겨 있는 것이다.[8] 이런 역사들이 훼손되고 파괴되면 부암동은 더 이상 부암동이

---

8 무계정사와 현진건 집 터의 앞 길을 따라 들어가면 "반계 윤웅렬 별서'라는 잘 보존된 한옥을

'윤동주 언덕'에서 바라본 서울 도심 모습
왼쪽 끝에 '롯데 123층'과 오른쪽 끝에 관악산이 보인다.

겸재 정선의 장안연우(좌)와 장안연월(우) ⓒ간송미술문화재단

최완수에 따르면 영조 17년(1741년) 봄 무렵에 '육상궁'(毓祥宮, 영조의 모친인 후궁 숙빈 최씨를 모신 사당. 뒤에 다른 후궁들의 신위를 모시면서 '칠궁'으로 확대) 뒤쪽 백악의 서쪽 기슭에서 그린 것으로 추정된다. 청와대 보호를 이유로 폐쇄된 곳이라 확인할 수 없는데, 청와대 바로 뒤를 제외한 백악의 대부분이 제한적 개방이라도 되어야 할 것이다. '장안연우(長安烟雨)'는 비가 그친 뒤 안개에 잠긴 한양의 낮 풍경을 그린 것이고 '장안연월(長安烟月)'은 보름달이 떠오른 밤 풍경을 그린 것이다. '장안연우'에서 아래가 장동(청운동, 궁정동, 옥인동 등)이고 앞의 산은 남산이며 그 옆으로 청계산과 관악산도 보인다. 장동 쪽에 세로로 연무가 깔린 곳이 백운동천일 것이다. 개울에서 습기가 더 많이 피어오르기 때문이다. 저곳이 복개되어 지금의 자하문로가 되었다. 두 그림은 자연 속에 앉아 있던 '자연 도시' 한양의 신비스러운 아름다움을 보여준다.

아니다. 부암동의 자연과 역사를 존중하고 지킨 결과로 아름답고 평화로운 부암동이 나타나게 되었다. 이런 점에서 부암동은 자연과 역사를 존중하는 생태문화 개발의 훌륭한

만나게 된다. 그런데 이 자는 대표 친일파 윤치호의 아버지이자 그 자신 조선의 무신으로서 대표 친일파의 한 명이다. 그런데 이 앞에 세워진 '반계 윤웅렬 별서' 문화재청 안내판은 윤웅렬의 친일 사실을 전혀 밝히고 있지 않은 역사 왜곡 안내판이다.

예이다. 자연을 지키고 역사를 살리는 생태문화 개발은 사실 이 시대의 절박한 요청이다.

부암동의 산책은 자하문과 세검정이나 홍지문의 사이를 다니는 것이라고 할 수 있다. 어디를 어떤 방식으로 다니건 산책에서 중요한 것은 지금만을 보는 것이 아니라 과거와 미래를 함께 살펴보는 것이다. 현재의 모습만을 보고 끝나는 것이 아니라 과거와 미래의 모습을 생각해 보자. 그렇게 해서 답사 장소의 내력을 이해하는 것을 넘어서 그것을 지키고 가꾸는 것의 가치를 적극 추구해 보자. 부암동은 그냥 거기에 있는 것이 아니라 복잡한 사회관계 속에서 형성되어 어렵게 유지되고 있다. 답사를 통해 우리의 온몸으로 익히게 되는 장소의 인문학은 장소의 사회성에 대한 인식을 통해 더욱 심화될 수 있다.

부암동 꼭대기에는 '윤동주 문학관'이 있다. 윤동주(1917~1945)가 백운동 아래 서촌의 통인동에서 하숙하며 여기 언덕 마루에 종종 올라와서 쉬었던 것을 기려서 만든 시설이라고 한다. 이곳은 창고를 문화 시설로 개조한 좋은 사례다. 겸재 정선이 장안연우(長安烟雨, 1741)와 장안연월(長安烟月, 1741)로 그려 남기기도 했지만 이곳에서 바라보는 서울의 경치는 장관이다. 윤동주는 '서시', '자화상', '참회록' 등의 시들이 잘 보여주듯이 진지한 자기 성찰의 시인이었다. 이런 점에서 윤동주를 기리는 가장 좋은 방식은 바로 우리 자신을 성찰하는 것이 아닐까? 여기 언덕 마루에서 숨을 고르며 주위를 둘러보면 극심한 고층 난개발에 시달리는 도심과 편안한 모습을 보이는 북한산 자락의 동네들을 한번에 볼 수 있다. 우리는 잘 살고 있는가? 우리는 어디로 가야 하나? 우리의 가치와 권리를 지키는 길은 어디에 있는가? 우리는 무엇을 원하고 찾아야 하나? 나는 누구인가?

종로 골목길 지도 - 부암동(종로구, 2017)

付岩洞
부암동과 그 주변

부암동은 산으로 둘러싸인 산골이라 전철은 없으며 효자동이나 불광동에서 버스를 타고 가는 게 가장 좋다. **자하문터널** 앞에서 내려서 자하문에 올라서 고개의 이쪽과 저쪽을 굽어보고 골목길을 천천히 걸어서 **세검정**, **홍지문** 쪽으로 걸어가면 고개 위에서 아래로 내려가는 것이어서 아주 편하게 산책을 즐기며 동네를 살펴볼 수 있다. 반대로 세검정, 홍지문 쪽에서 시작해도 좋다. 고개를 올라가는 것이어서 조금 더 힘들 수는 있어도 자하문 고개에 올랐을 때 탁 트인 전망을 보며 더욱 시원한 기분을 느낄 수 있다.

부암동에는 몇 해 전 개관한 '**서울미술관**'이 길가에 있지만 그 건너 주택가 안에는 오래 전에 개관한 '**환기미술관**'이 있다. 그리고 부암동과 그 주변에는 아주 크고 유명한 식당들이 있지만 멸치국수, 국수전골, 칼국수 등을 하는 작고 좋은 식당들도 있다. 이곳에서도 신문이나 잡지에 거창하고 우아하게 소개된 곳이라고 해서 꼭 좋은 곳은 아니라는 사실을 잊지 말아야 한다. 또한 전망이 좋은 산자락이나 아늑한 골목길에는 카페들도 많이 있다. 사실 부암동은 이미 식당과 카페가 너무 늘어나서 문제인 상황에 있다.

2017년 1월 부암동에 7층 아파트를 건설하는 계획이 확정됐다. 상당히 우려되는 변화인데 이곳의 생태적 수용력이 극히 작고 역사문화 가치는 대단히 크기 때문이다.

경기감영도 12곡병(京畿監營圖 十二曲屏)

오른쪽에서 시작해서 8~10번째 폭에 영은문, 모화관, 서지(천연지), 경기중군영 등이 제시되어 있는데, 영은문 앞에 독립문이 세워졌고, 모화관은 독립관으로 바뀌었으며, 서대문형무소가 들어섰다.
출처: 보물 1394호, 작가 미상, 19세기 초중엽, 지본 담채, 135.8×442.2㎝, 삼성미술관 Leeum.

::8장

서대문형무소에서 서대문 네거리로
西大門   西大門

서대문형무소의 뒷산인 안산은 서대문 밖 동네를 대표하는 산이다. 사실 서대문 밖 동네는 인왕의 서쪽 자락과 안산-금화산의 동쪽 자락에 들어서 있는 동네라고 할 수 있다. 이 지역의 옛 모습은 '동궐도'와 비슷한 방식으로 그려진 '그림 지도'인 '경기감영도 京畿監營圖 12곡병 十二曲屛'에 잘 남아 있다(서울역사박물관, '서울이 아름답다-(8)경기감영도 병풍', 2008).

1

한양도성의 서쪽 밖에서 서울역과 구파발을 잇는 큰 길의 이름은 '의주로義州路'이다. 본래 이 길은 조선의 9대 간선도로의 하나로서 한양과 평안도 의주를 잇는 길이었으나 지금은 분단으로 끊어진 길이 되었다. 조선 때 이 길은 서울과 중국을 잇는 길이었다. 중국의 사신들은 국경을 넘어 조선으로 들어온 뒤 1천리가 조금 넘는 의주로로 서울로 와서 무악재 너머 홍제원에서 쉬고, 무악재를 넘어 영은문(迎恩門, 중국의 은혜를 맞이하는 문)으로 들어와서 모화관(慕華館, 중국을 사모하는 관)에서 조선 왕을 만나 인사하고, 남대문을 통해 서울로 들어와서 남대문 옆 태평관(太平館, 지금의 상공회의소 자리)에서 머물렀다.

옛 의주로는 남북 분단에 의해 끊어진 길로서 사라진 길이 되었다. 그러나 서울에는 여전히 의주로가 남아 있다. 서울역에서 독립문을 지나 홍은동 사거리에 이르는 길이 '의주로'이며, 홍은동 사거리에서 진관내동을 지나 임진각에 이르는 길은 '통일로'이다. 현재의 의주로는 서울역에서 북쪽으로 가다가 무악재를 넘어서 끝나는 셈이다. 무악재는 안산과 인왕의 사이에 있는 고개이다. 인왕은 서울의 '우백호'에 해당되는 중요한 산이고, 안산은 인왕의 서쪽 바깥에 붙어 있는 산이다. 무악재의 무악은 안산의 바위 봉우리를 뜻한다. 지금 무악의 위에는 전망대가 조성되어 있다. 조선 때 무악재는 서울의 서북쪽으로 나아가는, 멀리 중국으로 이어지는 중요한 고개였다. 그러나 19세기 말 일제의 서울 침략은 이곳으로 시작됐다. 지금의 금화초등학교 자리는 서대문 밖에 조성한 연못으로 이름난 경승지였던 '서지'(천연지, 천연동이 여기서 유래됐다)가 있었고, 일본의 공사관은 처음에 서지 옆에 있던 '청수관'을 이용했으나 1882년 임오군란 때 군인들의 습격을 받아서 불탔다.

서대문형무소 근처에서 가장 유명한 문화재는 독립문일 것이다. 본래 이 문은 금화 고가도로 아래 의주로의 복판에 있었으나 1979년 7월 금화 터널과 금화 고가도로를 건설하며 현재의 자리로 옮기게 되었다. 독립문은 민족 자주의 의지를 밝힌 중요한 문화재로 보호되고 있으나 박정희의 군사-개발독재에 의해 제 자리를 떠나게 되는 중대한 훼손을 당했던 것이다. 그런데 1896년 11월 착공되어 1897년 11월 준공된 독립문의 건립은 당시의 위태로운 시대 상황을 반영한 것으로 그 목적과 경과는 다소 복잡하다. 먼저 독립문은 일본으로부터의 독립이 아니라 중국으로부터의 독립을 천명한 것이었다. 그래서 중국에 대한 사대의 시설이었던 영은문의 문루를 헐고 그 앞에 지어졌다. 그러나 독립문은 청이 쇠락하고 일본과 러시아가 조선의 장악을 위해 각축을 벌이던 시대 상황을 배경으로 건립되었기 때문에 모든 열강의 침략에 대한 조선의 독립을 염원하는 시설이 되었다. 여기서 잠시 당시의 시대 상황을 돌이켜 보자.

1894년 2월 15일(음력 1월 10일) 전봉준 장군의 지휘로 동학군이 봉기했다. 나라와 백성을 지키기 위한 민중혁명으로서 동학혁명의 시작이었다. 그러나 민씨 외척 정권이 청나라의 파병을 요청해서 독립과 개혁을 위한 동학군의 봉기는 실패했고, 1894년 5월 청나라가 파병하자 일본도 바로 파병해서 얼마 뒤인 7월 조선에서 청일전쟁이 벌어졌다. 1895년 4월 청일전쟁은 일본의 승리로 끝났으며, 이로써 일본은 중국을 제치고 조선을 식민지화하기 위한 책동을 더욱 강화하게 되었다. 그런데 당시 조선을 장악하고 있던 민비(명성황후)를 중심으로 한 민씨 외척 세력은 청나라에 이어 러시아에 의지해서 민중을 억압하고 일본을 견제해서 계속 권력을 장악하려 했다. 이런 상황에서 1895년 10월 8일 일본은 경복궁으로 난입해서 민씨 외척 세력의 중심으로서 침략의 최대 걸림돌이었던 민비를 악랄하게 시해했다('을미사변'). 고종은 이 무서운 사건 뒤에 경복궁에서 경운궁으로 도망쳐서 있다가 1896년 2월 11일 일본을 피해 경운궁의 뒷길로 해서 러시아 공사관으로 도망쳤다('아관파천'). 1년 뒤인 1897년 2월에 고종은 경운궁으로 환궁하고 10월에 대한제국의 수립을 선포했으나 그 실상은 극히 취약하고 위태로운 것이었다.

'아관파천'의 직전인 1896년 1월에 서재필(1864~1951)은 갑신정변의 동지였던 박영효(1861~1939)의 요청으로 미국에서 귀국했다. 서재필은 1884년 12월에 감행된 갑신정변[1]에 참여했다가 미국으로 도망쳐서 미국 시민이 되었는데, 미국인 신분으로 귀국해서 중추원[2] 고문이 되어 독립문의 건립을 주창했다. 서재필의 독립문 건립 주장이 퍼지면서 1896년 4월 7일 순한글 신문인 〈독립신문〉이 창간되었으며, 이 무렵 이완용(1858~1926)

---

1 갑신정변은 민비를 중심으로 형성된 썩은 민씨 외척 정권을 타도하고 일본에 의지해서 개혁 정권을 수립하기 위해 고위 양반 자제들이 일으킨 반란이었다.
2 1894년에 왕의 자문기구로 설립됐다. 뒤에 조선총독부는 이것을 그대로 모방해서 '조선총독부 중추원'을 만들었다.

영은문, 독립문

두 문의 뒤로 보이는 산은 서울의 우백호인 인왕산이다.

모화관과 독립관

모화관은 1894년 7월 시작된 청일전쟁이 1895년 4월 일본의 승리로 끝난 뒤 폐지되었다. 1895년 10월 일본은 민비를 참살하는 을미사변을 일으켰다. 이어서 1895년 12월 1884년의 갑신정변에 실패하고 미국으로 망명했던 서재필이 귀국했다. 그리고 서재필의 주도로 1896년 4월 이곳의 이름을 독립관으로 고치고 여기서 독립신문을 발간하기 시작했고, 7월에 이곳을 사무실로 해서 서재필, 이상재, 이완용 등이 참여한 독립협회가 발족했다. 본래 독립문은 지금의 서대문 네거리 복판에 있었고, 독립관은 지금의 영천시장 북쪽 입구 앞에 있었다.

을 위원장으로 해서 '독립문 건립추진위원회'가 발족했다. 그리고 석달 뒤인 1896년 7월 '독립협회'가 창립되어 독립문의 건립을 추진하게 되었다. 1896년 11월에서 1897년 11월에 걸쳐 영은문의 문루를 헐고 그 앞에 독립문을 건립했다. 그 형태는 파리의 개선문을 모방한 것으로 서재필이 그린 그림을 기초로 설계됐으며, '독립문'이라는 글씨는 당시 대한제국의 고위관료이자 독립협회의 대표격이었던 이완용이 쓴 것이다. 당시 이완용은 러시아에 붙어 있었으나 그 뒤 일본이 더욱 강해지자 일본에 붙어서 결국 최악의 친일 매국노가 되었다.

2

일제는 시텐노가즈마四天王數馬의 설계로 1907년 무악재 아래에 감옥을 짓기 시작해서 1908년 12월에 서대문형무소를 개소했다. 당시의 이름은 '경성감옥'이었다. 수많은 독립운동가들이 이곳에 갇혀서 온갖 고초를 다 겪고 처형당했다. 3·1 혁명운동의 상징적인 존재인 유관순 열사(1902~1920)도 바로 이곳에서 혹독한 고문을 받고 옥사했다. 해방 뒤에도 수많은 민주화 운동가들이 이곳에 갇혀서 역시 큰 고초를 겪고 심지어 처형당했다. 이곳은 식민과 독재의 역사를 증언하는 대단히 귀중한 역사적 성소이다. 민족과 민주를 지키기 위해 누구나 이곳을 찾아서 식민과 독재의 역사에 대해 살펴봐야 한다. 식민과 독재의 역사를 올바로 알고 바로잡지 않는다면, 민족과 민주는 언제나 위기 속에 있을 수밖에 없다.

서대문형무소는 1987년 80년 만에 사용이 중단됐다. 지금 이곳은 '서대문형무소 역사관'으로 바뀌어 역사 교육의 장소로 이용되고 있다. 아마도 여기의 건물들은 지금 서울시에 남아 있는 일제강점기의 붉은 벽돌 건물로는 가장 큰 것일 것이다. 본래 여기에는 3만여 평의 땅에 무려 100동의 건물들이 있었으나 '서대문독립공원'을 만들면서 92동을 철거하고 단지 8동의 건물만을 남기고 몇 건물을 복원해서 역사관을 만들었다. 그러니까 지금의 서대문형무소 역사관은 원래의 서대문형무소보다 그 터와 건물이 크게 줄어든 것이다. 사실 서대문형무소는 최대 3,000명이 넘는 사람들을 가둬둘 수 있을 정도로 대단히 컸다. 서대문형무소는 그 자체로 일제가 조선을 강력한 억압의 대상으로 여겼으며, 실제로 극히 강력한 억압으로 지배했다는 것을 잘 보여주는 역사적 증거이다.

일제는 1904년 2월~1905년 5월의 '러일전쟁'에서 승전해서 조선의 강점을 굳히게 되었다. 그 결과 일제는 1905년 11월, 을사늑약을 강제해서 조선의 외교권을 찬탈하고 통감부를 설치했고, 1907년 7월 정미늑약을 강제해서 조선의 사법권을 찬탈하고 군대를 해산하고 차관정치를 실시했다. 이런 조선의 식민지화를 추진한 일본 쪽 대표가 바로 이토 히로부미(伊藤博文)였고, 조선 쪽 대표는 이완용을 비롯한 고위 관료였던 을사 5적[3]과 정미 7적이었다. 러시아의 니콜라이 2세 황제(1868~1918, 재위 1894년 11월 1일~1917년 3월 15일)[4]는 1907년 7월에 네덜란드의 헤이그에서 제2차 만국평화회의를 개최했다. 고종은 1907년 4월에 이상설, 이위종, 이준 등 세 명의 밀사를 러시아로 보내 이 회의에서 조선의 고통을 세계에 알리도록 했다.[5] 세 명의 밀사가 6월 말에 러시아에서 활동하기 시작하면서 이토 히로부미는 7월 3일에 이 사실을 알고 고종의 퇴위를 강요했다. 결국 7월 20

1930년대 서대문형무소와 그 주변

---

3 〈참고자료 42〉을사오적 참고.

4 〈참고자료 43〉러시아의 마지막 황제 니콜라이 2세 참고.

5 고종이 독립협회와 만민공동회의 요구를 받아들여 1898년 가을에 입헌군주제 개혁을 추진했다면 을사늑약은 체결되지 않았을 것이고 헤이그 밀사도 없었을 것이고 고종도 퇴위하지 않았을 것이다.

일 고종이 퇴위하고 순종이 등위했다.[6] 이어서 일제는 7월 24일 정미늑약을 강제하고 서대문형무소의 건축을 추진했다. 서대문형무소는 조선 전체가 일본의 죄수와 같은 신세로 전락했다는 것을 생생히 보여주는 강력한 상징이었다.

서대문형무소는 단순한 감옥이 아니라 일제의 조선 지배를 상징하는 시설이자 건물이었다. 조선 500년 동안 서울에는 '전옥서'(지금 종로 1가의 영풍건물 근처)라는 작은 감옥이 있었을 뿐이었다. 일제는 서대문형무소라는 거대한 감옥을 지어서 조선인들을 강력히 위협했으며, 그 건물은 일제가 조선을 거대한 감옥으로 만들었다는 것을 생생히 상징하는 것이었다. 해방 뒤에는 독재 권력에 의해 많은 민주 인사들이 서대문형무소에서 큰 고초를 겪었다. 80년 동안 참으로 많은 독립 운동가와 민주 운동가들이 서대문형무소에서 큰 고생을 했고 심지어 목숨을 잃었다.[7] 이곳은 김구, 유관순, 강우규, 조봉암(1958년 이승만 독재에 의해 사법 살인), 민청학련, 인혁당 재건위 고문 조작 8명 시민들(1975년 박정희 독재에 의해 사법 살인) 등 참으로 많은 사람들의 고통이 서린 곳이다. 식민과 독재의 처참한 역사를 가장 구체적으로 확인해 볼 수 있는 곳이 바로 이곳이다. 그런데 이곳을 둘러볼 때 우리는 이곳의 위치와 세 가지 기능을 염두에 둘 필요가 있다.

우선 이곳의 위치에 대해 생각해 보자. 일제는 사람들의 왕래가 많았고 조선과 중국의 관계를 대변했던 무악재 아래에 거대한 서대문형무소를 지었다. 이로써 일제는 조선의 패망과 일제의 지배를 대내외적으로 과시하고자 했던 것이다. 일제의 지배는 단순히 무력으로 이루어지지 않았다. 일제는 그야말로 총력전을 펼쳤는데, 여기에는 역사전, 사상전 등의 문화전도 당연히 포함된다. 일제는 경복궁을 파괴하고 모욕했고, 500년 동안 한성을 지킨 시설인 한양도성을 파괴했고, 500년 동안 유지되어 온 한성의 거리를 멋대로 개조하는 식으로 자기의 우월성을 주장하고 식민 지배를 정당화하고자 했다. 무악재 아래에 서대문형무소를 지은 것도 이런 문화전의 일부였다. 독립문 옆에 서대문형무소를 건립한 것은 일제가 강력한 힘을 갖고 있다는 것을 과시하는 것일 뿐만 아니라 일제에 저

---

[6] 순종은 3년 1개월여 뒤인 1910년 8월 29일에 '한일병합조약'으로 나라를 빼앗긴 한심한 왕이 되고 말았다. 그러나 그것은 이미 고종에 의해 이루어진 것이었다. 단 한번 전쟁도 치르지 않고, 왕이 나서서 단 한번 항의도 하지 않고, 조선은 조용히 일본의 식민지가 되어 버렸다.

[7] 전체적으로 80년 동안 약 35만 명의 사람들이 서대문형무소에 갇혔다.

1945년 8월 16일 서대문형무소 앞 출옥한 독립운동가들

항하면 강력히 응징된다는 것을 포고하는 것이었다.

첫째, 구속의 기능. 구속은 감옥의 가장 본래적인 기능으로서 사람을 강제로 가두어 두는 것이다. 일제는 많은 독립운동가들을 서대문형무소에 가뒀으며, 가장 효율적인 감옥 건축 기법을 실현했다. 바로 '판옵티콘'(pan-opticon, 전방위 감시)의 건축이다. 중앙의 건물에서 여러 개의 건물들이 사선으로 뻗어나가는 형태로 건물들을 지어서 간수들이 중앙에서 사선으로 뻗어나간 건물들의 방들을 쉽게 감시할 수 있도록 했던 것이다. 서대문형무소는 미셸 푸코(1926~1984)의 『감시와 처벌』을 통해 많은 인문사회 학도들에게 잘 알려진 제레미 벤담(1748~1832)의 '판옵티콘'을 확인할 수 있는 국내의 좋은 사례였다. 그러나 구속은 여기서 그치지 않았다. 사실상 혹독한 고문인 0.7평 독방에 가두는 것이 흔히 행해졌다. 독립 운동가들과 민주화 운동가들은 이렇게 험악한 구속 상태에서도 최선을 다해 소통하고 저항했다. 억압이 있는 곳에 저항이 있다는 역사의 교훈을 우리는 서대문형무소 역사관에서 생생히 확인할 수 있다.

둘째, 고문의 기능. 일제는 지하에 고문실과 고문장치들을 갖춰 두고 독립 운동가들을 혹독히 고문했다. 손톱 밑을 대꼬챙이로 쑤시고, 묶어놓고 코에 고추가루 물을 들이붓고,

거꾸로 매달아 놓고 무차별 매질을 하고, 빛이 하나도 들지 않는 아주 작은 방에 가둬놓고, 관처럼 생긴 긴 나무 상자 속에 가둬놓고, 드라마 '각시탈'에서도 소개되었듯이 안에 쇠꼬챙이들을 박아 놓은 상자 속에 사람을 가뒀다. 유관순 열사는 이런 무참한 고문에 시달리며 지하감옥에 갇혀서 결국 18살의 꽃다운 나이에 목숨을 잃었다. 더욱 무서운 사실은 이런 고문이 해방 뒤에 이승만-박정희-전두환 독재에 의해서도 계속 자행됐으며, 민주화운동가 김근태(1947~2011)에 의해 그 악랄한 만행이 세상에 드러난 이근안을 제외한 고문자들은 처벌받지 않았다는 것이다. '보수' 세력이 집권하자 이근안은 목사가 되어 자기가 저지른 고문이 예술이었다며 강연을 하고 다니기도 했다.

셋째, 살인의 기능. 서대문형무소의 왼쪽 뒷담장 아래에 작은 단층 목조 건물인 사형장이 있다. 사형수들은 여기서 교수형을 당했고, 시체는 사형장 왼쪽 담장의 시구문을 통해 밖으로 나갔다. 이곳의 시구문은 본래 무려 200m나 되는 긴 지하 통로였다. 일제는 독립운동가들을 살해하고 조선인들의 눈을 피해 그 시체를 몰래 옮겼던 것이다. 사형장 앞쪽에 큰 '통곡의 미루나무'가 있다. 일제에 의해 살해될 처지가 된 독립운동가들이 이 나무를 붙잡고 울었다고 해서 붙여진 이름이다. 해방 뒤 독재 정권도 이곳에서 살인을 자행했다. 이승만 독재 정권의 조봉암 살인(1958), 박정희 독재 정권의 도예종 등 8명 시민 살인(1975)이 그것이다. 2011년 1월 대법원은 '진보당' 당수였던 조봉암의 국가변란과 간첩 혐의에 대해 무죄를 선고했고, 2007년 1월 서울중앙지법은 이른바 '인혁당 재건위 활동'으로 사형된 도예종 등 8명에게 대해 무죄를 선고했으며 검찰이 항소하지 않아 무죄가 확정됐다.[8]

3

1998년 11월 5일 개관한 '서대문형무소 역사관'을 둘러보는 것은 사실 감정적으로 많이 힘들다. 40년에 걸친 일제 지배와 역시 40년이 넘게 지속된 독재에 맞서 싸운 수많은 사

---

[8] 1964년의 1차 인혁당 사건은 박정희 독재의 매국적 한일협상을 위해 조작됐고, 1974년의 2차 인혁당 사건은 무참한 박정희 유신 독재를 위해 조작됐다. 인혁당 사건의 피해자들은 모두 남산에 있던 중앙정보부의 고문실에서 끔찍한 고문을 당했다.

람들의 이야기가 깊이 새겨져 있기 때문이다. 수감되었던 독립운동가와 민주화 운동가들의 수감 기록으로 방 전체를 도배해 놓은 전시실에서는 멍한 기분마저 든다. 수십만 명에 이르는 수많은 사람들이 정의를 위해 헌신했다는 것을 잘 알 수 있다. 독립과 민주화는 저절로 이루어진 것이 아니고 오랜 시간에 걸친 수많은 사람들의 저항과 희생을 통해 이루어진 것이다. '대한민국은 민주공화국이다'는 헌법 제1조는 그냥 머릿속에서 만들어진 것이 아니고 수많은 사람들이 말 그대로 목숨을 바쳐서 이루어진 것이다. 천천히 건물들을 옮겨 다니며 전시를 보노라면 마음이 무거워지고 자꾸만 북받치게 된다. 잠깐씩 걸음을 멈추고 한숨을 내쉬거나 하늘을 올려다봐야 한다.

서대문형무소 부근은 지난 20여 년 사이에 엄청난 변화를 겪었다. 금화터널 쪽에는 현저동 재개발로 고층 아파트 단지가 들어섰고, 이어서 의주로 건너편 인왕산 입구에도 고층 아파트 단지가 들어섰다. 그 뒤에는 선바위(민속문화재 4호) 곁에 일제에 의해 남산 꼭대기에서 쫓겨온 국사당(중요민속문화재 28호)이 있다. 지금 서대문형무소 부근은 고층 아파트 단지들로 둘러싸인 형국이다. 한양도성 아래의 아늑한 동네였던 교남동도 뉴타운 재개발로 아파트 단지로 바뀌었다. 서대문형무소 건너편 무악동에는 길가의 건물들 뒤로 좁은 골목이 길게 이어져 있었는데 이 골목은 서대문형무소에 갇혀 있는 사람들의 가족들이 머물던 곳이었다. 김구 선생의 어머니도 이곳의 작은 여관에서 지내며 김구 선생의 옥바라지를 하셨다고 한다. 깊은 역사를 간직한 이 '여관 골목'도 2016년 말에 완전히 사라졌다.[9] 소중한 자연과 역사가 개발과 투기의 광풍으로 뭉텅뭉텅 사라지는 문제는 언제나 사라질 것인가?

서대문형무소 자리에 들어선 서대문독립공원(1992년 8월 15일 개원)은 삭막한 고층 아파트들 사이에서 좋은 공원으로 구실하고 있다. 사람들을 괴롭히고 억압하기 위해 만들어진 곳이 이제 사람들이 역사를 배우며 편안히 쉴 수 있는 곳으로 바뀌었다. 그러나 이것은 참혹한 역사의 현장을 크게 왜곡-변형시킨 것이다. 서대문형무소는 일제와 독재

---

[9] 이곳을 지키자는 운동이 노동당과 일부 주민들을 중심으로 펼쳐졌다. '서대문형무소 옥바라지 여관골목 개발대신 보존해야', 〈연합뉴스〉 2015.7.1, '김구 선생 어머니 눈물 서린 '옥바라지 여관 골목' 없어질까-옛 서대문형무소 자리 맞은편… 재개발로 철거 위기', 〈오마이뉴스〉 2015.7.5 등을 참고. 역사를 기억할 수 있는 방안을 시행하는 것으로 갈등이 봉합됐다. ''옥바라지 골목' 갈등 풀렸다…역사 기념공간 만들면서 재개발 진행', 〈경향신문〉 2016.8.26.

의 위력을 위협적으로 과시하는 공포의 상징이었다. 우리가 그 역사를 잊는다면 비슷한 공포의 상징이 어디서나 다시 나타날 것이다. 과거를 살피는 이유는 현재와 미래를 위해서이다. 서대문형무소 역사관은 단순히 과거의 장소가 아니다. 1987년에 서대문형무소였던 서울구치소가 경기도 의왕시로 옮겨가고 1989년 3월 1일부터 서대문독립공원의 조성이 시작되었다. 전두환 정권의 연장의 성격을 갖고 있던 노태우 정권에 의해 서대문형무소의 공원화가 추진되었던 것이다. 노태우 정권은 대부분의 건물과 담장을 철거해서 서대문독립공원을 만들고자 했다. '비리 보수' 세력은 식민과 독재의 역사를 대부분 철거해서 없애려고 했던 것이다. 다행히 뒤에 어느 정도 교정되기는 했지만 당시에 자행된 파괴는 대단히 큰 것이었다.

  2011년 3월 암으로 세상을 떠난 건축가 정기용(1945~2011)은 '서대문형무소-사형당해 버린 역사적 유산'이라는 글을 써서 이 문제를 통렬히 비판했다. 또한 그는 이 글에서 도시의 역사유적과 재개발에 관한 대단히 올바른 관점과 원칙을 제시했다.

> 도시 속에는 실제로 사용되지 않으면서도 보존되는 공간이나 건물들이 있다. 그것은 역사적 유산으로서, 과거의 가치와 정신을 현재의 시간에 중첩시킴으로써 도시를 살아 있게 하는 중요한 역할을 담당하고 있다. 만일 우리가 도시 속에서 일체의 역사적 유산들을 제거해 버린다면, 도시는 마치 기억상실증에 걸린 사람처럼 낯선 얼굴을 하고 허망하게 자살을 기도할지도 모른다.
>
> 옛 서대문형무소를 독립공원으로 조성한 사례는 우리들에게 위와 같은 교훈을 일깨워줄 뿐 아니라 큰 충격을 안겨주고 있다. 조국의 독립을 위해 몸바친 수많은 선열들의 한이 서리고, 사상범과 정치범이라는 이름 아래 투옥된 사람들의 민족적 울분이 가득한 이 역사적 장소를 잔인할 정도로 해체해 버려 재개발을 기다리는 '빈터'같이 아니면 잘못 들어선 골목에서 마주친 '중국집'같이 보이는 것은 필자만의 잘못된 느낌 때문만은 아닌 듯하다. 단추는 처음부터 잘못 채워졌다. 독립문이 고가도로 밑에 버림받듯 내동댕이쳐지면서 일은 그르쳐지기 시작했던 것 같다. …
>
> 도시 속에서 옛 형무소를 공원과 연계시켜 개발한다는 것이 쉬운 일은 아니다. 더욱이 준엄한 역사적 공간으로 남아야 할 장소를 유유히 산보하며 흘깃거리는 구경거리로 만들어

서는 안 될 일이었다. 그곳은 역사적 체험의 장이며 우리들에게 도시 속에서 '해방'의 의미를 되새겨주는 유일한 공간이기도 하다. 형무소의 본질인 담을 부숴버리고 어떻게 형무소를 보존할 수 있겠는가? 새롭게 짓는 행위보다 중요한 것은 보존할 가치가 있는 것을 없애지 않는 것이다. 다시 이런 과오를 범하여 '가치있는 도시 공간'을 사형시키지 않기 위해서는 보다 많은 사람들이 서대문독립공원을 둘러보고 증언해야 한다(정기용, '서대문형무소-사형당해 버린 역사적 유산', 〈한겨레〉 1992.12.6).

4

서대문형무소는 안산의 동쪽 아래에 자리잡고 있다. 서대문형무소를 둘러보고 안산에 올라가 그 꼭대기에서 서울을 둘러보자. 조선 시대에 안산의 꼭대기에는 장거리 통신시설인 봉수대가 있었다. 최근에 그것을 재현해 놓았는데 그곳이 안산의 전망대이기도 하다. 여기서는 동쪽으로 인왕산과 서울 시내가 보이고, 남쪽으로 남산과 한강이 보인다. 서울 시내 전망은 인왕산보다 못하지만 한강 쪽 전망은 탁 트여서 인왕산보다 낫다. 북쪽으로 홍은동과 불광동 쪽도 잘 보인다. 그 뒤로 북한산의 서남능선도 아주 멋지게 보인다. 그러나 어느 쪽이나 할 것 없이 아래에는 고층 아파트 단지들이 들어서서 아래의 모습은 답답할 뿐이다.

안산 정상에서 바라본 서대문형무소와 그 부근, 그리고 서울 시내 모습(2013년 9월)
멀리 흐릿하게 보이는 산은 한성의 동쪽 외사산인 아차산(용마산)이다.

안산은 의주로 쪽 바위 봉우리인 무악의 산행로가 조금 험하지만 대체로 작고 아늑한 산이다. 산 속에는 주민들이 모여 운동하는 곳도 있다. 2013년 안산에는 '무장애 산자락 길'이라는 것이 조성되었다. 장애인, 노약자, 임산부 등이 아무런 장애도 느끼지 않고 산을 산책할 수 있도록 하기 위해 조성한 길이다. 그런데 장애인, 노약자, 임산부 등은 산에 다가오는 것 자체가 쉽지 않다. 이런 길은 결국 산에 쉽게 올 수 있는 사람들이 편하게 산책을 즐길 수 있는 길이 되기 십상이며, 심지어 자전거를 타는 사람들이 산을 한바퀴 도는 자전거 길로 '악용'하기 십상이다. '무장애'의 취지에 비추어 보더라도 산 중턱 부분을 완전히 한바퀴 빙 둘러 시멘트 길과 철-나무판 길을 만드는 것은 산의 훼손이라는 점에서 상당히 큰 문제라고 하지 않을 수 없다. 안산의 '무장애 산자락 길'도 사람들이 갈 수 없었던 산 중턱의 숲과 바위를 많이 훼손했다.

안산이 사람들에게 사랑받는 이유는 숲이 잘 보전되어 있기 때문이다. 안산에는 길이 너무 많아서 숲이 상당한 위기에 처한 것으로 보인다. 숲은 산의 옷이다. 숲이 망가지면 산은 그냥 흙무더기가 되어 천천히 또는 빠르게 무너지고 만다. 숲이 살아 있어야 산은 생명의 장소가 되고, 사람들도 산에서 큰 매력과 위안을 느낄 수 있다. 산 속에서도 흙을 밟지 못하고 주로 시멘트 길과 철-나무판 길을 다녀야 하는 것은 분명히 문제이다. 산 중간을 완전히 빙 둘러서 인공의 산책길을 만드는 것은 산 중간을 인공시설로 절단하는 정도는 아니어도 차단하는 것과 비슷하다. 숲은 존중하고 보호하는 것이 우선이다. 박근혜-새누리 정권의 '설악산 케이블카' 강행에서 잘 드러났듯이 '강 죽이기'가 '산 죽이기'로 이어지고 있어서 소중한 국토와 자연의 보존이 미증유의 위기를 맞게 되었다.[10] '녹조곤죽'이 웅변하는 '강 죽이기'의 교훈을 잊지 말아야 한다. 우리는 자연의 일부이니 우리가 잘 살기 위해서 우선 자연을 잘 지켜야 한다.

그러고 보니 서대문형무소 역사관도 그렇다. 그 부지의 바닥을 모두 시멘트로 포장해 놓아서 걷기도 별로 안 좋고 여름에는 바닥에서 올라오는 열기가 굉장하다. 흙이 살아 있고 풀이 자라는 바닥으로 만들 수 없을까? 반포장으로 흙을 살리고 관리의 편리도 취할

---

10 모든 강은 산에서 시작되어 바다로 흘러 들어간다. 댐이나 호안을 없애면 강은 상당한 정도로 살아날 수 있다. 그러나 산이 망가지면 강은 다시 살아나기 어렵다. 따라서 산을 파괴하는 것은 강을 파괴하는 것보다 훨씬 더 근원적인 파괴이다.

수 있지 않나? 관리의 편리를 위해 넓은 부지를 모조리 시멘트로 덮어 버리는 것은 편의주의를 넘어서 반생태성의 문제를 심각하게 드러내는 것이 아닌가? 서대문형무소에서 민족과 민중의 해방을 넘어서 자연의 해방에 대해서도 생각해 보면 어떨까? 사실 민주주의는 결국 정치적 차원을 넘어서 경제적 차원을 지나서 생태적 차원으로 나아가야 하는 것이다.

금화 고가 위에서 바라본 교남동 뉴타운의 판상형 고층 아파트
수백년 동네가 싹 없어졌고, 한양도성, 홍난파 가옥, 월암 등도 모두 가려졌다.

교남동의 아파트 건설로 내쫓긴 세입자의 외침
"당신들의 아파트를 위하여 우리는 희생되었다. 돈의문 1구역 상가 세입자 생존권 보장하라"

아파트 건설을 위해 부서지고 파헤쳐진 북아현동(2017년 2월)

서대문구 걷기 지도
가운데가 안산이고, 그 오른쪽에 서대문형무소 공원과 독립문이 보인다.

鞍山 義州路 西大門
안산, 의주로, 서대문

안산 앞은 무악재가 있어서 많은 버스들이 다니지만 가장 편한 교통편은 지하철 3호선이다. 안산과 **서대문형무소 역사관(서대문독립공원)**에 가려면 지하철 3호선 **독립문역**에서 내리면 된다. 서대문형무소 역사관을 다 둘러보고 안산에도 꼭 올라보기를 권한다. 별로 높지 않아서 힘들지 않게 오를 수 있는데, 안산 꼭대기의 전망대에서 인왕산과 남산 사이의 서울 시내를 아주 잘 바라볼 수 있다.

금화 고가도로 아래에는 **영천시장**이 있다. 조선 때에 서대문 밖 무악재 아래에서 열리던 영천장이 상설시장으로 된 재래시장이다. 이 시장의 건너편에 해장국과 도가니탕으로 유명한 대성집이 있었다. 이 유서깊은 식당은 이명박-오세훈이 강행한 교남 뉴타운으로 말미암아 2014년 5월 60년 동안 장사를 하던 골목 한옥을 떠나서 대신고 옆 길가 건물로 옮겼다. 한양도성을 따라서 들어선 오붓한 동네였던 교남동과 교북동을 고층 아파트 단지로 재개발하는 것은 서울의 소중한 역사를 없애는 것이면서 한양도성의 세계문화유산 등재를 어렵게 하는 극히 잘못된 일이었다. 지금 안산 주변은 서울의 강북 지역에서 고층 아파트 재개발의 문제를 가장 명확히 입증하는 지역이 되었다. 안산이 남쪽으로 이어지는 금화산도 마찬가지 상태에 있다. 금화산 남쪽 자락에 아파트 재개발을 둘러싸고 큰 반대운동이 펼쳐진 북아현동이 있다. 이곳은 1970년대에 조성된 훌륭한 단독주택 동네로서 길이 보존해야 할 곳인데 이명박-오세훈에 의해 모조리 고층 아파트로 바뀌게 되었다. 이에 반대하는 주민들은 철거가 진행되는 중에도 반대의 깃발을 문 앞에 내걸고 저항했다.

교남 뉴타운의 북쪽 사직터널의 위는 **행촌동**이다. 이 동네의 이름은 권율 장군이 집 앞에 심었다는 거대한 은행나무가 있는 데서 유래됐다. 이 나무 앞에 1923년에 지어진 '**딜쿠샤('이상향'을 뜻하는 힌두어)**'라는 이름의 2층 붉은 벽돌 집이 있다. 사실 이 근처에는 아직 일제강점기의 붉은 벽돌 집들이 여럿 남아 있다. 교남동의 한양도성 밖에 있는 친일파 음악가 **홍난파의 집**(등록문화재 90호), 충정로의 충정역 옆에 있는 이태리 음식 식당인 '**충정각**', 충정로 2가에 있는 **한국기독교 장로회총회 선교기념관**(등록문화재 133호) 등이 그것이다. 한편 딜쿠샤의 동남쪽 사직터널 위에 초록색 기와 지붕의 2층 벽돌 양옥이 있다. 110년 전에 서울로 파견된 미국의 감리교 여자 선교사 조지핀 캠벨의 집이었다('사직2구역 재개발 추진 7년…110년 된 캠벨 사택 어쩌나', 〈중앙일보〉 2016.4.19.). 문화재로 지정되어야 할 것 같은 이 집도 '사직 2구역' 재개발로 영원히 사라질 판이다.

또한 의주로는 서대문 네거리에서 종로와 충정로를 잇는 '**새문안길**'을 만난다. 여기서 왼쪽으로 언덕을 조금 올라가면 백범 김구 선생이 귀국 후 살았던 곳이자 이승만의 부하였던 안두희의 흉탄에 서거한 곳인 '**경교장**'(사적 465호)이 있다. 지금 경교장은 강북 삼성병원 건물로 가려져 있으나 기념관으로 복원되어 그나마 큰 다행이다. 여기 2층에서 김구 선생은 이승만 쪽의 사주를 받은 매국 군인 안두희의 흉탄에 서거하셨다. 그리고 그 근처 서울시 교육청 위쪽이자 홍난파 집 위쪽에는 **서울 기상관측소**(등록문화재 585호)가 있다. '경교'와 '경교장' 사이에 이승만 독재의 2인자로서 온갖 악행을 일삼다가 4·19혁명이 일어나자 일가족이 자살한 **이기붕의 집**이 있었다. 이 자리에는 '**4·19혁명기념도서관**'이 들어서 있다.

경교장의 건너편 쪽에 **농업박물관**이 있다. 이곳은 본래 김종서 장군의 집이 있던 곳이다. 김종서 장군(1383~1453)은 세종 때 북방의 육진을 개척해서 조선의 영토를 넓히고 튼튼히 지켰던 명장이었다. 세종의 둘째 아들인 수양대군(1417~1868)이 1453년 10월 10일 반란을 일으켰을 때(계유정난) 부하들을 데리고 김종서 장군의 집으로 가서 장군과 두 아들을 철퇴로 때려죽이게 하고 김종서 장군을 반란자로 몰아서 그 머리를 잘라 효시하게 했다. 세조는 '사육신' 등 다른 신하들도 많이 죽였고 동생 안평대군도 사사했다. 세조는 극히 잔혹한 살상을 저지르고 권력을 잡았는데 그로 인해 병을 얻어 고생하다가 일찍 죽었다.

은행나무와 딜쿠샤: 1920년대 중반(▲)과 2015년 2월(▶)

딜쿠샤와 은행나무 - 1925년(?)
'DILKUSHA 1923'이라고 쓰인 초석이 남아 있어서 이 건물을 '딜쿠샤'라고 부르며 그 건축연도를 확정할 수 있었다. 사실 저 은행나무는 이곳의 성황목이어서 여기는 집을 지어서는 안 되는 곳이었다.

친일파 작곡가 홍난파 가옥
1930년 독일 선교사의 주택

충정각
1910년 경 독일인 건축가가 지은 것으로 추정되는 주택

서울 기상관측소.
1907년 일본 육군기상대의 측후소로 한양도성 옆에 지어진 근대 문화재. 교남동 뉴타운 아파트와 서울 교육청의 뒷쪽 가장 높은 곳이다.

　경교장은 서대문 네거리에서 만초천을 건너기 위해 만든 **경교**에서 따온 이름이다. 경교 옆에 1898년 12월 25일 준공되고 1899년 5월 17일 개통식을 한 서대문 네거리-청량리 네거리 구간의 전차 종점이 있었다. 그리고 그 남쪽 옆(지금의 이화여고 정문 앞쪽)에는 경인선과 경부선의 시발역이었던 경성역의 역사가 있었다.* 서대문-청량리 전차는 일본의 교토에 이어 아시아에서 두번째 전차였고, 수도의 전차로서는 아시아에서 첫번째 전차였다. 이 전차는 경희궁과 경운궁(덕수궁)을 잇는 장중하고 아름다운 보도 육교였던 '**홍교**'의 밑으로 다녔다. 1971년 4월 15일에 준공되어 44년 동안 서대문 네거리를 짓누르고 있던 서대문 고가도로가 2015년 9월 4일에 완전히 철거됐다. 이로써 서대문 네거리는 암울한 개발독재의 그늘에서 벗어나 다시금 환한 모습으로 의주로와 새문안길을 이어주게 되었다.

* 처음에 추진된 전차 노선은 남대문-청량리 구간이었으나 기차와의 연계 때문에 서대문-청량리 구간으로 바뀌었다. 한국 최초의 기차 노선은 '경인선'이다. '경인선'은 1899년 9월 18일 제물포-노량진 구간으로 개통됐다. 그리고 노량진-서대문 구간은 1900년 7월 5일 한강 철교가 준공되고 사흘 뒤인 7월 8일 개통됐다.

| 1 | 2 |
| 3 | 4 |

경교장
사적 465호. 금광왕, 황금귀로 불렸던 대표 친일파 기업인 최창학이 1938년에 지었다. 김구 선생은 이 집을 거처이자 임시정부 청사로 썼으나 김구 선생이 암살당하자 최창학은 이 집을 반환받아 팔았다.

1. 강북 삼성병원의 건물들에 둘러싸인 경교장 전경. 건물은 이렇게 짓눌리고 가려졌지만 기념관이 된 이곳에서 김구 선생의 삶과 자취를 생생히 엿볼 수 있다.
2. 2층에 복원된 김구 선생의 집무실이었던 거실.
3. 1949년 6월 26일 12시 36분 안두희의 흉탄을 맞고 숨진 김구 선생의 피에 젖은 옷.
4. 안두희의 흉탄에 깨진 유리창도 복원해 놓았다.

경희궁(왼쪽)과 경운궁(오른쪽)을 연결했던 홍교

이탈리아 영사였던 카를로 로쎄티(Carlo Rosetti)가 1902~1903년에 찍은 홍교(虹橋)로 〈Corea e coreani〉(1904)에 실려 있다(『서울 視공간의 탄생』, 2014). 1902년 10월에 완공된 우리나라 최초의 보도 육교로 러시아 공사관 옆을 지나 경운궁과 경희궁을 이었다. 서대문 전차가 지나가도록 건축되었는데 이 아름다운 육교는 1908년에 일제에 의해 헐렸다.

임진왜란으로 조선의 궁궐은 모두 불타 버렸다. 선조는 월산대군의 집을 행궁으로 썼는데 광해군이 이곳을 경운궁이라 불렀다. 광해군은 창덕궁과 창경궁을 다시 지었고, 경희궁을 새로 지었다. 창덕궁과 창경궁은 경복궁의 동쪽에 있는 '동궐'이고, 경희궁은 경복궁의 서쪽에 있는 '서궐'이다. 광해군 이후 조선의 궁궐은 고종이 경복궁을 복원하고 경운궁에 머물기까지 270년 동안 창덕궁과 경희궁(경덕궁)의 양궐 체제였다. 일제는 1908년부터 경희궁을 훼손하기 시작했는데 그때 이 홍교도 철거되고 말았다. 일제는 경희궁을 훼손하고 그 자리에 일본인을 위한 '통감부 중학교(강점 뒤 '경성 공립 중학교', 해방 뒤 서울 고등학교)*를 지었으며, 뒤에는 총독부 관사를 지어서 경희궁을 완전히 없애버리다시피 했다.**
서울 역사박물관은 2015년 12월 11일~2016년 3월 13일에 '경희궁 특별전'을 열었다.

* "조선인 소학교는 보통학교, 중학교는 고등보통학교라 불러 일본인 학교와 차별을 했다. … 조선인들에게는 고등교육이나 고급 지식교육을 받을 수 있는 기회를 철저히 차단했다. 보통학교의 의식을 가지되, 그 이상의 지적 수준을 갖지 않는 조선인을 만들려는 속셈이었다"(《사진으로 보는 서울 Ⅱ》의 제8장 학교와 학생, 제2절 초등·중등보통교육). 또한 문화콘텐츠닷컴의 〈서울 근대공간 디지털 콘텐츠〉에서 '근대 교육제도와 학교건축'을 참고.

** 국가기록원, 〈고적·관사·행형 등 일제시기 건축도면 컬렉션〉의 '관사' 참고.

대학로의 모습
2010년쯤부터 자유롭게 자라던 플라타너스를 대단히 억지스러운 네모꼴로 잘라내는 해괴한 행정을 하고 있다.

::9장

駱駝山　　　　　大學路
낙타산 아래 대학로

공식적으로 대학로는 종로 5가 네거리에서 혜화 네거리에 이르는 거리의 이름이다. 그러나 대학로는 보통 이화동 네거리에서 혜화 네거리에 이르는 거리를 뜻한다. 이 거리는 1985년 5월 '문화예술의 거리'로 지정되었다. 그리고 대학로는 단순히 거리가 아니라 동네를 뜻하는데, 이 경우에는 대체로 많은 공연장들이 모여 있는 동숭동을 뜻한다. 전체적으로 대학로 동네는 동숭동을 비롯해서 혜화동, 명륜 2가와 4가, 연건동, 이화동으로 이루어져 있다. 대학로는 서울에서 가장 자유롭게 밝은 곳으로 여겨졌으나 사실 고문과 학살로 권력을 찬탈하고 지탱한 전두환 군사독재의 산물이다. 박정희 독재는 문화를 억압하는 것으로 일관했으나 전두환 독재는 나름대로 시대의 변화를 인정하고 문화를 적극 활용했다. 박근혜 정부의 대표적 위헌 범죄로 제시된 '블랙리스트'는 전두환 독재가 가장 적극 사용했던 수법이었다.

1

한양도성의 동소문인 혜화문[1]에서 한양도성을 따라 성북동 쪽으로 가면 주택가에서 망실되거나 변형된 한양도성과 그 양쪽의 동네를 모두 잘 살펴볼 수 있다.

창경궁 뒤 북악산 줄기로 이어지는 길목인 구룡공원으로 오르는 길에 한양도성 너머 북악산 쪽을 보면 산자락에 넓게 펴져 있는 성북동이 보이고 아래의 길가에 있는 소중한 '간송미술관'도 내려다 볼 수 있다. '간송미술관'은 간송 전형필 선생(1906~1962)이 일제 강점기에 온힘을 다해 모은 조선 시대의 유수한 미술 작품들로 유명하지만 그 건물도 일제 때 최초의 한국인 건축가였던 박길룡의 작품(1938년 완공)으로 중요하다. 구룡공원으로 오르는 곳에서 길을 따라 혜화 네거리 쪽으로 걸어가면 송시열(1607~1689)의 집터를 만나게 된다. 송시열의 집 때문에 이 동네는 '송동宋洞'으로 불리기도 했다. 이 집터의 근처에는 송시열이 바위에 새긴 '증주벽립曾朱壁立'[2] 각자가 남아 있다. 송시열은 여진족 청의 침략(1627년의 정묘호란, 1636년의 병자호란)으로 큰 고통을 치르게 된 상황에서 여진족 금(1115~1234)의 침략으로 강남에서 겨우 송의 명맥을 이은 남송(1127~1279)의 주희(주자, 1130~1200)를 강력히 내세워서 조선 후기의 최강 지배 집단이었던 노론의 지배를 굳혔다.

송시열 집터의 '증주벽립' 각자(왼쪽), 송시열 집터(오른쪽)

---

1 한양도성의 사소문 중 하나로 '동소문'에 해당된다. 일제가 1928년 문루를 헐었고, 1939년 홍예와 석축을 헐어서 완전히 없앴다. 1994년에 원래보다 북쪽에 원래와 비슷한 형태로 재건했다.
2 〈참고자료 44〉 증주벽립 참고.

다세대 개발로 크게 훼손된 송시열[3]의 집터를 지나 성균관대로 가는 길 쪽으로 조금 걸어가면 길가에 건축가 정기용(1945~2011)이 살던 집이 있다. 부인과 아들은 프랑스 파리에서 살고 있었기에 그는 5층 원룸형 아파트의 5층에 방을 얻어 혼자 살았다. 창으로 낙산을 바라볼 수 있는 오붓한 곳이었다. 그 방에서 2001년 가을과 겨울에 걸쳐 나와 서정일 박사 등이 거의 매주 한번씩 정기용 선생과 만나서 '문화도시 서울, 어떻게 만들 것인가'라는 주제의 연구를 했다. 당시 '서울시정개발연구원'의 의뢰로 수행한 이 연구의 결과는 2002년에 『문화도시 서울, 어떻게 만들 것인가』라는 제목의 책으로 출간되었다. 당시 정기용 선생의 사무실도 근처에 있었는데, 그는 주변의 한옥들과 골목들이 다세대와 아파트의 난개발로 계속 망가지는 것을 보며 많이 분개하고 안타까워했다. 2000년대 중반에 정기용 선생은 사무실을 대학로의 방송대 뒷쪽으로 옮겼다.

2006년 1월 초에 나는 정기용 선생이 암 치료를 받고 있다는 소식을 듣고 정기용 선생을 찾아갔다. 2005년 10월에 '한양주택 보존 토론회'에서 만났을 때 건강이 조금 안 좋다는 얘기를 들었는데 사실은 대장암이 많이 진척되어 있었던 것이다. 나는 정기용 선생과 오랜만에 한참 얘기를 나누고 그의 저작집과 작품집의 출판을 맡아서 추진하기로 했다. 다행히 '현실문화'의 김수기 사장이 내 제안을 선뜻 받아들였다. 내가 전체 기획과 진

밖에서 본 혜화문의 모습(1910년대?)

혜화문과 성 베네딕토 수도원(1925년)
뒤의 3층 수도원 건물은 1911년 준공.

---

3 〈참고자료 45〉 송시열 참고.

장면 가옥

이화장(2015년 11월)

이곳은 조선 때부터 낙산 자락의 경승지로 이름이 높았던 곳이었다. 1920년대에 어떤 부자가 지은 일제 시기 근대 한옥으로 1947년 이승만을 따르는 부자들이 돈을 모아 사서 이승만에게 바친 것이다. 이승만은 이곳에서 미 군정의 지원 아래 친일파들과 결탁해서 권력을 장악할 책략을 추진했다.

행을 맡고 서정일 박사가 실무 진행을 맡아서 추진했다. 그 결과 2008년 10월에 대학로 마로니에공원의 아르코 미술관에서 1차로 출간된 세 권의 책에 대한 출판 기념회를 했다. 그리고 2011년 7월 쇳대 박물관에서 5년 반만에 완성된 작품집의 출간 기념회를 했는데, 안타깝게도 정기용 선생은 그 넉달 전인 3월 11일 세상을 떠났다. 내게 대학로와 삼청동은 정기용 선생의 말년 5년을 떠올리게 하는 곳이기도 하다.

정기용 선생의 집이 있던 명륜 1가를 거닐다 보면 효성그룹 창업자 조홍제(1906~1984)가 살던 큰 한옥 저택도 볼 수 있다.[4] 이곳은 원래 그윽한 한옥 동네였으나 이제 한옥은 몇 채 남아 있지 않다. 그리고 혜화 사거리로 가다 보면 아담한 단층 주택을 만나게 된다. 1937년 지어진 장면(1899~1966) 총리의 집인데 2007년에 근대 문화재(등록문화재 357호)로 지정되어 보존되고 있다. 그는 희대의 독재자 이승만(1875~1965)을 쫓아낸 4·19 시민혁명으로 들어선 민주정부의 총리였으나 일제군 출신 독재자 박정희(1917~1979)의 군사반란에 무력하게 굴복하고 정권을 내줬다. 대학로의 남쪽 끝인 이화동의 초입에는 이승만이 해방 이후 귀국해서 살던 '이화장'이 있다(사적 497호). 이승만은 낙산 자락의 유서깊은 경승지에 자리잡은 대저택인 이곳에서 친일파[5]의 복귀와 독재[6]를 획책했다. 대학로의 북쪽 끝에는 독재에 맞서 싸웠던 정치인의 집이 있고, 그 남쪽 끝에는 희대의 독재자의 집이 있는 것이다. 흥미롭게도 대학로의 양쪽에 이런 중요한 역사가 담겨 있다.

2

혜화문에서 혜화 사거리로 가다 보면 재능교육 본사를 만나게 된다. 재능교육은 세계 최강 학력학벌사회 한국의 최대 학습지 회사이고, 그 회장인 박성훈은 한국의 100대 부자

---

4 〈참고자료 46〉 효성그룹 가계도 참고.
5 정확히는 '일제 부역 민족 반역 세력'이라고 해야 한다. '친일파'는 19세기 말에 여러 열강들이 각축을 벌이고 있을 때 일본에 줄을 대고 있던 자들을 이르는 말이었다. 대한제국이 일제의 식민지가 된 뒤 친일파는 '부일 매국노' 또는 '부일 반역자'가 되었다. '부역자'는 '국가에 반역이 되는 일에 동조하거나 가담한 사람'을 뜻한다(네이버 국어사전).
6 〈참고자료 47〉 이승만의 행적 참고.

들 중 한 명으로 2천억 원을 훨씬 넘는 재산을 갖고 있다. '알바 착취', '노동 착취'로 커다란 논란을 일으킨 이랜드의 회장은 박성수다. 그런데 2007년에 재능교육 노동자들의 임금이 더욱 줄어들게 되었고, 노조는 그 해 12월 21일부터 본사 앞에서 천막농성을 시작했다. 싸움은 아주 길게 이어졌다. 2013년 2월 6일 두 명의 노동자가 재능교육 본사 앞 혜화동 성당의 종탑으로 올라가서 농성을 벌이기 시작했다. 8월 26일 전체 2,076일에 걸친 고통스런 싸움 끝에 겨우 노사합의가 이루어져서 혜화동 성당의 종탑 농성은 끝났다. 그러나 문제가 완전히 해결된 것은 아니었다. 박성훈 회장은 문화에 관심이 많고, 특히 시에 관심이 깊은 것으로 알려졌다. 그는 2011년 6월 재능교육 본사 뒤에 일본의 저명한 원로 건축가 안도 타다오(安藤忠雄, 1941~)의 설계로 '재능교육 혜화 문화센터'를 짓기 시작했다. 2013년 12월에 완공된 이 콘크리트 건물은 너무 타성적이고 폐쇄적으로 운영되고 있는 것을 적극 개선하면 이 지역의 명소가 될 만하다. 박성훈 회장이 노동자를 존중하는 경영을 펼쳤다면 그의 문화에 대한 관심이 크게 빛을 발했을 것이다.

혜화동 성당은 한국 가톨릭 서울 교구의 세번째 본당으로 그 건물은 1960년 5월에 준공되었으며 2006년 3월에 등록문화재 230호로 지정되었다. 장면의 동생으로 서울대 미대 학장이었던 장발(1901~2001)이 건축의 전체 진행을 맡았고 이희태가 설계하고 김세

낙산의 북쪽 자락에서 바라본 성 베네딕도 수도원과 북한산
혜화동(Hyehwa-dong), Seoul, Korea, 1911 (Norbert Weber)
수도원의 왼쪽으로 혜화문이 살짝 보이고, 더 멀리 평창동의 북한산 보현봉이 보인다.

중과 장기은이 조각했다. 장면과 장발은 한국 가톨릭의 주요 인물이었다. 혜화동 성당과 그 주변은 1909년 성 베네딕도 수도회가 약 3만 평의 땅을 사서 수도원을 만들면서 한국 가톨릭의 핵심 지역이 되었다. 지금 혜화동 성당 옆에는 한국 가톨릭에서 운영하는 가톨릭 청소년회관, 동성중·고등학교, 가톨릭대학교 신학대학(성신 교정) 등이 있다.

혜화 사거리는 대학로의 북쪽 입구이다. 그런데 이곳은 1947년 7월 19일 좌우합작을 추구한 민족의 지도자 여운형 선생(1886~1947)이 극우(친일-독재) 폭력배 한지근에 의해 암살당한 곳이다. 여운형 선생이 친일-독재 폭력배의 흉탄에 급서하자 좌우 대립은 더욱 격렬해졌고, 미국과 소련의 분단 정책에 맞설 민족의 역량은 더욱 줄어들었다. 혜화 사거리는 차들이 돌면서 들고나는 로타리로 만들어졌다. 그래서 지금도 보도가 둥근 형태를 취하고 있다. 청량리와 신촌의 보도가 둥근 것도 같은 이유이다. 혜화 사거리의 보도와 건물들은 1960~70년대의 모습을 여전히 잘 간직하고 있다. 이곳의 서점과 식당도 그만큼 오랜 내력을 갖고 있는 귀한 곳들이다. 그런데 이 편안한 장소의 뒤에는 대단히 안타까운 현대사가 놓여 있기도 하다. 이런 안타까운 역사를 잘 기억하고 보존하는 것도 서울의 희망을 키우기 위해 아주 중요한 과제이다.

대학로는 흔히 '젊음과 문화의 거리'로 소개된다. 여기저기 골목들에 자리잡고 있는 150개가 넘는 소극장들에서 매일 연극과 연주가 끊이지 않고 행해진다. 그리고 소극장들보다 훨씬 더 많은 식당과 술집들에서 많은 젊은이들이 매일 즐거운 시간을 보낸다. 조심스레 살펴봐야 할 건물들도 대학로 곳곳에 있다. 대학로는 일제 때부터 최근에 이르기까지 도시와 건축의 역사를 담고 있는 곳이다. 동네로서 대학로의 핵심은 예전 서울대 인문대 자리에 만들어진 '마로니에공원'[7]이다. 그윽한 고전적 분위기를 자아내는 붉은 색 벽돌의 아르코 미술관(1979, 김수근 설계)과 아르코 대극장(1981, 김수근 설계)이 마로니

---

7 마로니에는 '칠엽수'와 비슷하지만 다른 나무로 프랑스에서 가로수로 많이 심는다. 서울대 인문대 교정에 큰 마로니에 나무들이 있었기에 그 터에 조성한 공원의 이름을 '마로니에공원'으로 정했다. 서울대 인문대의 마로니에 나무들은 1960년대에 청춘의 낭만을 상징하는 것이기도 했다. 1971년에 널리 불린 박건의 노래 '그 사람 이름은 잊었지만'(신명순 작사, 김희갑 작곡)이 '지금도 마로니에는 피고 있겠지'로 시작하는 것도 이런 연유이다. 2005년 1~5월에 방영된 'EBS 문화사 시리즈 제3편'은 1960년대의 문화를 다룬 것인데 그 제목은 바로 '지금도 마로니에는'이었다.

에 나무들이 있는 광장을 둘러싸고 있다. 이 건물들의 기법은 저 악명높은 '남영동 대공분실'(1976, 김수근 설계)과 비슷하다. 이곳은 본래 서울대의 문리대, 법대, 대학본부 등이 있던 곳인데, 1970년대 후반부터 박정희 독재의 대표 건축가 김수근이 주도해서 '마로니에공원'을 만들었다.

마로니에공원에는 1998년에 세워진 김상옥 의사(1890~1923)의 동상이 있다. 의열단원 김상옥 의사는 대학로의 남쪽 효제동에서 태어나고 자랐으며, 1920년 8월에 사이토 총독을 암살하려다가 동지들이 체포되어 실패하고 10월에 상하이로 망명했다. 그 뒤 1922년 12월 1일에 김상옥 열사는 서울로 돌아와서 사이토 총독 암살과 종로경찰서 폭파를 추진했다. 마침내 1923년 1월 12일 밤 8시쯤 그는 종로경찰서(현재의 서울 YMCA 왼쪽 장안빌딩)에 폭탄을 던져서 폭파시켰다('종로경찰서 투탄 의거'). 이어서 그는 도피하며 사이토 총독 암살을 추진했으나 일경의 추적에 걸리고 말았다. 1922년 1월 22일 새벽 5시 반쯤 효제동의 은신처를 400여 명의 일경들이 덮쳤다. 김상옥 의사는 권총 두 자루를 손에 쥐고 집들을 뛰어넘으며 세 시간을 넘게 계속 격렬히 싸웠다('김상옥 의사 일제하 서울 시가전'). 그리고 총탄이 떨어지자 남은 한 발의 총탄으로 자결했는데 숨이 끊어지는 중에도 손가락이 방아쇠를 당기는 시늉을 했다고 한다.[8] 2015년 1천만 명이 넘는 사람들이 감동하며 본 영화 〈암살〉은 김상옥 의사의 전투에 크게 의거한 것이다.[9]

사실 '대학로'는 서울만이 아니라 다른 도시에도 있다. 그러나 서울 종로구의 대학로가 역시 가장 유명하다. 여기는 서울의 '좌청룡'에 해당되는 낙산의 아래에 있는 동네라서 자리도 좋거니와 각별한 의미를 지니게 되었다.

> 낙산은 종로구 이화동, 동숭동, 창신동, 동대문구 신설동, 성북구 보문동, 삼선동에 걸쳐 있는 산으로 산의 모양이 낙타와 같으므로 낙타산(駱駝山), 낙산(.山), 타락산(駝駱山)이

---

[8] 김상옥 의사의 전투에 대한 보도는 금지되었으며, 1923년 3월 15일에야 금지가 해제되었다. 〈동아일보〉는 바로 '호외'를 발행해서 자세한 소식을 전했다. '총살의 인으로 총살의 과를 결한 계해벽두의 대사건 진상', 〈동아일보〉 1923.3.15의 호외.

[9] 김상옥 의사의 자취도 제대로 알려지지 않고 있다. '폭탄 투척 현장엔 초라한 기념표석만…김상옥 의사 항일투쟁 현장을 아들 김태운 옹과 답사해 보니', 〈세계일보〉 2006.8.17.

라 하기도 했다. 낙타는 속칭 약대라 하는데, 이 산 중심부 125m 고지가 약대의 등과 같이 솟아 있기 때문에 붙여진 이름이다. … 낙산은 조선 초 도성을 수축할 당시 경복궁의 동쪽에 위치하여 주산인 북악의 좌청룡이 되었다. 따라서 성곽이 그 능선을 따라 수축되었는데, 주봉의 북쪽 끝은 홍화문(혜화문)이, 남쪽 끝은 흥인문이 각각 설치되었다(『서울의 산』, 3절 서울의 4산, 4.낙산(駱山), 1.명칭과 연혁).

대학로 동네는 대부분 동숭동이다. 조선 시대에 동숭동은 '백동栢洞'이라고 불렸는데 태종의 공신 박은(朴訔, 1370~1422)이 이곳에 잣나무를 많이 심고 그 안에 '백림정'을 짓고 지냈던 것에서 유래했다('경성동명 점고 3', 〈동아일보〉 1936.3.21). 그런데 1914년에 일제의 경성부가 동명을 만들면서 여기를 숭교방 동쪽에 있는 동네라고 해서 멋대로 '동숭동'이라고 고쳤던 것이다. 그 뒤 일제는 1920년부터 펼쳐진 조선민립대학 설립운동을 봉쇄하기 위해 1924년 경성제국대학을 설립했는데 법문학부와 의학부를 동숭동에 두었고, 가장 먼저 만든 예과는 청량리에,[10] 개교 15년인 1941년 설치한 이공학부는 공릉동에 두었다.[11] 동숭동의 서울대 터와 건물들은 바로 경성제국대학 법문학부와 의학부의 터와 건물들을 물려받은 것이다. 해방된 뒤에 이곳은 서울대의 문리대, 법대, 의대로 바뀌었는데,[12] 1975년 문리대와 법대는 새로 건설된 관악 캠퍼스로 옮겨갔고, 의대와 병원은 계속 원래의 자리에 남게 되었다.[13] 문리대 자리에는 옛 건물들 중 1931년에 준공된 본부[14] 건물(사적 278호)만 남아 있고, 의대에는 1927~28년에 준공되고 1936년에 증축된 의대 본관 건물, 1908년에 준공된 대한의원 본관(사적 248호, 현 서울대병원 의학박물관) 등

---

10 일제는 문과와 이과로 나뉜 2년의 예과를 거친 뒤에 본과를 시작하도록 만들었다. 예과의 교사는 1924년 1월에 청량리에 신축되었고 1924년 5월 10일 첫 예과 입학식이 청량리의 예과 신축교사에서 열렸다. 『사진으로 보는 서울 Ⅱ』의 '제8장 학교와 학생, 제3절 식민지 유일의 관립대학, 경성제국대학' 참고.

11 이로써 경성제국대학은 법문학부, 의학부, 이공학부의 3개 학부로 이루어졌다.

12 문리대와 법대가 동숭동이고, 의대는 동숭동이 아니라 연건동이다.

13 〈참고자료 48〉 국립서울대학교 설립안 참고.

14 1923년에 동숭동에 경기도립 상업고등학교(경기상고)가 들어섰는데 1924년에 현재의 청운동으로 이사했고 1931년까지 그 건물을 경성제국대학 본부 건물로 썼다.

옛 서울대 문리대, 법대, 본관
오른쪽의 본부 건물만이 남아 있으며, 현재 '예술가의 집'으로 쓰이고 있다. 앞쪽의 건물은 법문학부였으며, 그 자리에 김수근이 설계한 '문예진흥원 미술관'(2005년 아르코 미술관으로 개칭)이 1979년에 들어섰다. 정문 건너편에는 1956년에 문을 연 '학림 다방'이 차와 음악으로 학생들을 맞았다. 다행히 '학림 다방'은 지금도 그곳에 남아 있다.

이 있다. 사실 경성제국대학은 연건동에 조선총독부 병원이 있어서 그 건너편인 동숭동에 법문학부 건물을 짓기로 하고 이곳에 들어서게 되었다.

경성제대가 들어선 이래 낙산의 서쪽 자락 동숭동은 교수들과 학생들이 모여 사는 대학촌이 되었다. 그리고 경성제대 앞으로 흐르는 개울은 대학천으로 불렸고, 그 앞으로 놓인 차도는 대학로로 불렸다. 해방 뒤에 서울대 학생들은 종로 5가로 나가서 광장시장에서 막걸리를 마셨고 청계천의 헌책방에서 책을 사고팔았다. 그리고 이승만과 박정희의 독재가 계속되자 서울대 학생들은 열심히 독재에 맞서서 싸웠다. 서울대 학생들이 거리로 몰려나오면 종로의 교통이 막혀서 시민들은 무슨 일이 벌어졌는지 쉽게 알 수 있었다. 박정희 정권은 서울대 학생들의 저항을 감추는 것을 한 목적으로 하는 서울대 종합 캠퍼스 계획을 추진해서 서울대를 관악산 서북쪽 자락의 '산골'로 옮겼다. 그 뒤 박정희 정권과 전두환 정권이 서울대 터의 공원화를 추진했는데, 그것을 김수근이 주도해서 마로니에공원

1987년 11월 백기완 선생(1932~)의 대학로 유세 장면

당시 서울대 사회학과 3학년이었던 나도 저 수만 명의 인파 속에서 민주주의를 뜨겁게 외쳤다. 당시 대학로는 민주주의를 향한 열망이 가장 뜨겁게 타오른 장소였다.

을 중심으로 하는 대학로를 만든 것이다.

그 역사에서 볼 수 있듯이 사실 대학로는 일제 때부터 정치의 산물로 만들어진 곳이다. 나는 1985년 3월에 서울대 사회학과에 입학했는데 바로 그 해 5월에 지금의 대학로가 단장을 마치고 모습을 드러냈다. 1985년 봄 전두환 일당이 저지른 참혹한 '1980년 5월의 광주 학살'의 진상을 알린 『죽음을 넘어 시대의 어둠을 넘어』라는 책이 비합법적으로 출간되었고, 그 사진집과 비디오도 각 대학의 학생회를 통해 처음으로 이 나라의 곳곳에 널리 퍼지게 되었다. 그러나 전두환 일당은 추호의 반성도 없이 그저 억압과 회유로 일관했다. 1985년 5월 세상에 모습을 드러낸 '젊음과 낭만의 거리 대학로'는 전두환식 문화통치의 산물이라는 성격을 본질로 하는 것이었다.15 좋은 것이라고 해서 다 좋은 것은 아니다.

---

15 여기에는 시대적 변화가 작용했다. 한국은 이미 1970년대 말 1인당 GNP가 1,000달러를 크게 넘게 되어 당시의 1인당 GNP 기준으로 이른바 '중진국'으로 변모하기 시작했다. 이에 따라 여가에 대한 다양한 수요가 커지게 되었고, 그 결과 다양한 문화작품과 문화공간이 늘어

물론 대학로가 박정희와 전두환의 산물이라고 해서 대학로를 미워하거나 싫어할 필요는 없다. 대학로는 젊은이들이 다양한 연극과 연주를 자유롭게 즐기고 배울 수 있는 최고의 장소이다. 젊은이들이 많이 모이는 강남역 근처, 신촌, 홍대 앞, 건대 앞 등과는 아주 다른 재미와 의미를 갖고 있는 곳이 대학로이다. 김수근이 옛 서울대 캠퍼스의 고전적 낭만을 살려서 그윽한 멋을 풍기도록 설계한 마로니에공원도 다른 곳에서는 볼 수 없는 좋은 장소이다. 마로니에공원의 길 건너편에서, 그러니까 옛 서울대의 정문 앞에서, 1956년부터 차와 음악으로 편안히 쉴 수 있는 학림다방도 아주 귀한 곳이다. 그리고 이곳에서 젊은이들은 더 나은 세상을 위한 정치를 적극 추구할 수도 있다. 1987년 11월에 대학로에서 대통령 선거의 민중후보로 나선 백기완 선생과 함께 수만 명의 청년들이 '가자, 민중의 시대로'라고 외쳤던 것처럼.[16]

3

대학로는 건축가 정기용의 자취가 많이 남아 있는 곳이다. 지하에 학전극장이 있던 '무애빌딩'은 정기용의 설계로 지어진 건물이다. 정기용은 말년의 몇 년 동안 쇳대 박물관 앞쪽에 있던 건물의 4층에 사무실을 꾸미고 일했다. 그는 이곳에서 암에 걸린 사실을 알게 되었고 암을 달래며 열심히 살고자 했다. 나는 2006년 1월 초부터 정기용의 저작/작품집 출판의 책임을 맡아 서정일 박사, 김수기 사장 등과 함께 진행했는데, 2008년 10월에 그의 저작들을 세 권의 책으로 정리해서 출판하며 아르코 미술관의 1층 식당에서 출판기념회를 열었다. 밤 늦게 전철역으로 가다가 골목길에서 '동루골' 누님[17]을 우연히 만났다. 서로 반갑게 인사하고 정기용 선생의 건강을 걱정하는 얘기를 나누다가 헤어졌는데 그 뒤로 누님의 소식을 못 듣고 있어서 답답하다.

나게 되었다. 박정희와 전두환의 극단적 독재에서도 사람들의 노력으로 경제 성장과 문화 변화가 지속될 수 있었다. 이런 변화에 대해서는 홍성태,『현대 한국 사회의 문화적 형성』, 현실문화, 2006을 참고.

16 백기완 선생의 집은 마로니에공원 건너편 성대로 가는 골목 안에 있다.
17 1900년대 말 안국동 골목의 식당집 주인.

대학로의 한 골목 - 2004년과 2013년
전깃줄을 지중화하고 전봇대를 없애자 깨끗하고 보기 좋은 모습으로 바뀌었다.

　사람은 가도 장소는 남는다. 겉으로 보기에 대학로는 1985년 5월에 문을 연 이래 별로 변하지 않은 것 같다. 그러나 그 안에서는 크고 작은 변화들이 계속되고 있다. 어떤 것은 좋아졌고, 어떤 것은 나빠졌다. 2002년에 월간 『참여사회』에 내가 연재하던 '서울 만보기'에 쓴 대학로에 관한 글에서 크게 강조해서 지적했던 문제는 전봇대와 전깃줄 문제였다. 그 동안 이 문제는 상당한 정도로 개선됐다. 예컨대 당시 '민들레 영토' 골목은 전봇대와 전깃줄로 온통 뒤얽혀 있던 곳이었으나 지금은 전봇대와 전깃줄이 깨끗하게 사라진 곳이 되었다. 이곳은 전봇대와 전깃줄을 지중화해야 하는 이유를 잘 보여주는 곳이 되었다. 경관의 면에서 뿐만 아니라 안전의 면에서 전봇대를 없애고 전깃줄을 지중화해야 한다. 전국에 1200만개가 넘는 전봇대가, 지구 50바퀴를 돌고도 남을 정도의 전깃줄이 설치되어 있다. 전봇대를 없애고 전깃줄을 지중화하는 것이야말로 우리가 서둘러 해야 하는 필수적인 토건사업이다.

　이상하게 변했거나 망가진 것도 있다. 먼저 보도의 안쪽에 작은 수로를 만들어 놓은 것이다. 대학로의 보도와 차도의 절반은 원래 '대학천'이라는 개천을 복개해서 만든 것이다. 옛날에 서울대 학생들은 하수도로 쓰이던 이 개울을 '세느강'이라고 불렀다. 이 '대학천'을 떠올린다며 보도 위에 만든 작은 수로는 좁은 보도를 더욱 좁게 해서 통행을 방해할 뿐더러 물이 썩어서 악취가 나고 모기의 배양지가 되기도 한다. 또 흥사단 건물 앞에 있는 도산 안창호 선생(1978~1938)의 귀한 말씀을 새긴 돌은 그 형태가 너무 못나서 안 세우는 것만 못하다는 생각이 든다. 우리는 일본이나 중국처럼 멋진 비석을 대체 왜 못 세우는 것일까? 2010년쯤부터 플라타너스 가로수도 우스운 '하드' 형태로 모두 바뀌었다. 원래 대학로의 플라타너스들은 자연스럽게 울창하게 자라서 대학로의 거리에 큰 활력과 멋을 불어넣었다. 그런데 이렇게 우스운 형태가 되면서 대학로의 활력과 멋이 크게 훼손되었을 뿐만 아니라 공기를 정화하는 기능도 크게 저하되었을 것 같다.

현재 대학로가 처한 가장 큰 문제는 '문화지구' 지정과 큰 연관을 맺고 있다. 2004년 대학로는 인사동에 이어 서울에서 두번째로 '문화지구'로 지정됐다. 〈문화예술진흥법〉에서 규정한 '문화지구'는 문화가 번성한 지역을 지키고 키우기 위해 만들어진 것이다. 그러나 '문화지구'는 그 목적을 제대로 이루지 못하고 있다. 문화로 유명해져서 젊은이들이 모여들기 시작하면 임대료가 올라가고 식당과 술집이 늘어나서 극장과 전시장은 사라지게 된다. '젠트리피케이션'의 문제에 따른 '문화지구' 지정의 역설이다. 2013년 7월에 열린 관련 토론회에서 정대경 한국소극장협회 이사장은 현재의 '문화지구' 지정은 건물주만 이익을 보는 제도로서 크게 개선되어야 한다고 지적했다(〈연합뉴스〉 2013.7.13). 지난 10여 년 간 대학로에서는 극장과 작은 건물들이 사라지고 식당·술집과 큰 건물들이 계속 늘어났다. 인사동에서도 비슷한 변화가 계속되고 있다.

대학로를 조망하기 위해서 대학로가 기대고 있는 한양의 좌청룡인 낙산에 꼭 올라가 볼 필요가 있다. 조선 시대에 낙산은 백악, 목멱, 인왕과 함께 '내사산'의 하나로서 '내사산' 중 높이 125m로 가장 낮은 산이었지만 서울의 5대 경승지로 꼽히던 멋진 곳이었다. 그러나 일제강점기 이후 난민들과 난개발로 계속 훼손되었고, 박정희 정권의 과시성 정책이었던 '동숭 시민아파트'를 철거하고 다시 멋진 모습을 되찾게 되었다. 2000년 11월

보도 위의 수로

도산선생의 말씀 비석

에 낙산공원이 조성되었고, 한양도성이 굽이치고 있으며, 서울 시내와 북한산을 바라보는 멋진 전망을 지니고 있다.

낙산은 산 전체가 화강암으로 이루어져 있다. 예전에는 숲이 우거지고 깨끗한 수석과 약수터가 있어 산책로로 많이 이용되었다. 효종 때 왕의 아우 인평대군의 거소인 석양루(夕陽樓)를 비롯하여 이화정(梨花亭), 영조 때의 문인 이심원이 지은 일옹정(一翁亭) 등은 왕족, 문인, 가인들이 즐겨 찾던 곳이었다. 또한 낙타유방의 약수가 있던 낙산 서쪽 산록의 쌍계동은 암석이 기이하고 수림이 울창하며 맑은 물이 흐르는 절경으로 삼청, 인왕, 백운, 청학과 더불어 도성 내 5대 명승지로 꼽혔다. 따라서 이 근처에는 태종 때 박은(朴訔)이 살면서 잣나무를 심고 백림정(柏林亭)을 지어 풍류를 즐겼으니 백동, 잣나무골이라는 지명이 생겨났다. 또 신숙주의 손자로 중종 때 학자인 신광한(申光漢)이 집을 마련하고 살았다. 집 뒤의 석벽이 매우 기묘하고 우물이 맑고 차며 풍치가 아름다우므로 신대명승(申臺名勝)이라 하였다. 여기서 신대골, 신대동이라는 이름이 붙여졌다. 이곳에 있던 신대우물은 낙산 서쪽 동숭동 129번지에 있었는데 낙타유방의 바위가 기묘하고 아름다우므로 영조 때 강세황(姜世晃)이 '紅泉翠壁'(홍천취벽)이라는 글자를 새겼다. 강세황은 한성판윤을 지내면서, 여가에는 낙산에 올라 마을을 내려다 보며 그림의 소재를 찾았던 것이다. 그러나 아무리 가물어도 수위가 변하지 않았던 이 우물도 낙산 기슭에 집들이 들어서면서 매립되었고 홍천취벽이라 새겼던 글자도 확인하기가 어렵다. 근세에는 만국평화회의에 참여한 헤이그 밀사 이상설의 별장이 낙산에 있어, 이곳에서 고종의 명령을 받고 일제의 강제적 외교권 박탈을 세계 만방에 알리고자 네덜란드로 떠나기도 하였다(『서울의 산』, 3절 서울의 4산, 4.낙산(駱山), 1)명칭과 연혁).

대학로에서 낙산으로 올라가는 골목길은 이화장 옆, 동숭아트센터 옆 등 여러 곳에 있다. 박정희 정권은 1969년 낙산에도 '동숭아파트'라는 날림 '시민아파트'를 지어 놓았는데, 1990년대에 너무 위험해서 빨리 철거해야 한다는 판정을 받았고, 결국 2002년 6월에 '낙산공원'으로 거듭났다. 1997년부터 2010년에 걸쳐 복원사업이 행해져 옛모습을 많이 되찾은 낙산의 꼭대기에서는 북한산과 이어진 창경궁과 종묘의 울창한 숲이 잘 보인다(서울특별시 푸른도시국, 『낙산 이야기』). 산세를 따라 굽이쳐 흐르는 한양도성의 아름다운 모습도 눈여겨봐야 한다. 한양도성의 바깥쪽으로는 편안한 산책길이 만들어져 있고, 그 안쪽으로는 낡은 집들을 잘 살린 '이화동 마을박물관'들이 만들어져서 1960~70년대의 생활사 공간으로 거듭나고 있다. 낙산에서 과거와 현재를 지키며 미래를 내다보고, 자연을 지키고 아끼며 사람을 돌보는 도시에 대해 생각한다.

'낙산 공원'에서 바라본 대학로 전경(2004년 5월)
가운데 산은 인왕산이고, 오른쪽 산은 백악이다.

'낙산 공원'에서 바라본 성북동과 북한산(2004년 5월)
뒤의 북한산에서 왼쪽은 평창동의 보현봉이고, 오른쪽은 우이동의 인수봉과 백운대이다.

서울산책

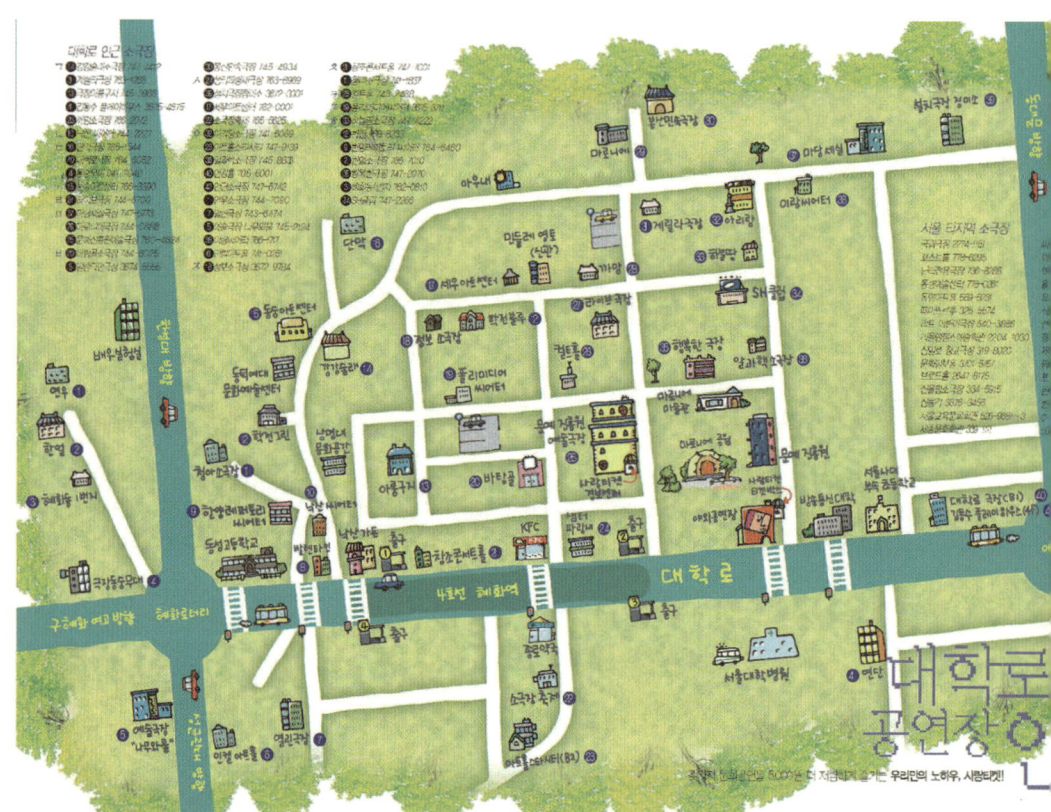

대학로 공연장 안내 지도

大學路
대학로와 그 주변

대학로로 가는 가장 좋은 방법은 다시 말할 것도 없이 지하철을 타는 것이다. 지하철 4호선 혜화역은 대학로역이다. 지금 대학로에는 **서울대 의대** 외에 **방송통신대**가 있다. 방송대에는 1906년에 설립된 공업전습소의 본관이 있다. 1908년에 준공된 르네상스 양식의 목조 2층 건물이며 사적 279호로 지정됐다. 방송대는 몇 해 전에 큰 신관을 지어서 그 면모를 일신했는데, 2015년 10월에 방송대 내의 '정부 초청 외국인 장학생 회관'에 교육부가 '국정 역사교과서 비밀TF'의 사무실을 몰래 만들어 쓰고 있는 것이 발각됐다. '역사 쿠데타'라는 비판이 걸맞게도 박근혜 정부는 '국정 역사교과서'라는 반민주적 정책을 불법으로 강행하다가 발각됐던 것이다.

대학로 근처에는 **성균관대**와 **가톨릭대 신학대**가 있는데 성균관대의 입구에는 조선의 성균관이 남아 있다. 성균관 대성전 마당의 거대한 은행나무는 그 자체로 장관이다. 2억 년 전의 화석식물인 은행나무는 방충성이 강해서 벌레가 꾀지 못한다. 그래서 은행나무에 벌레가 꾀지 못하듯이 맑은 관리가 되라는 뜻으로 성균관과 향교의 마당에는 은행나무를 심었다. 공자가 은행나무 아래에서 제자들을 가르쳤다는 설도 있다. '공자 행단孔子杏壇'을 둘러싼 논란이다. 그런데 행杏은 살구나무이지 은행이 아니다. 공자가 제자들을 가르쳤던 것은 살구나무 아래였던 것이다. 겸재 정선의 '행단 고슬'은 은행나무를 그린 것 같은데, 나능호의 '공자 행단 현가도'는 살구나무를 그렸고, 중국 산동성 곡부의 공묘 행단에는 살구나무가 심어져 있다. 이정웅(2009), '행단杏壇의 나무', 한국산림문학회 참고. 그러나 은행의 구린내가 너무 강하기 때문에 은행나무는 가로수로는 확실히 문제가 있다. 사실 구린내를 생각하면 은행나무는 정원수로도 큰 문제가 있다. 가톨릭대 신학대는 성균관대에서 동쪽으로 뚝 떨어져서 한양도성 자락에 자리잡아 그윽한 분위기를 간직하고 있다.

서울대의 대부분은 오래 전에 대학로를 떠났지만 혜화역은 학교를 오가는 많은 대학생들로 언제나 붐빈다. 그래서 대학로는 늘 활력이 넘치는 곳이다. 마로니에 공원을 중심으로 작은 공연장들이 많고 공연을 보러오는 젊은이들이 많아서 대학로는 늘 더욱 더 활력이 넘치는 곳이다. 나도 이곳의 '**동숭아트센터**'에서 여러 '**예술영화**'들을 봤고, 소극장에서 '자우림'의 공연을 봤고, '천년동안도'에서 연주를 들으며 맥주를 마셨다. 대학로의 상업화에 의해 이제는 좋은 극장과 공연장들이 많이 없어졌다. 안타까운 일이다. 부유해진다고 해서 잘 살게 되는 것은 아니라는 사실을 대학로에서도 확인하게 된다.

대학로에는 많은 식당들이 있다. 혜화 네거리 쪽에는 오래되고 아주 유명한 칼국수 집이 있고, 그 근처에는 정기용 선생이 좋아하던 중국집도 있다. 학림다방 옆의 골목으로 들어가서 성균관대 쪽으로 가면 아주 오래된 맥주집 '호질'을 만나게 되고, 그 옆으로 조금 더 가면 1994년 가을에 김진균 선생이 데리고 가서 알게 된 '닭 한마리' 집도 있다. 생각해 보니 대학 1학년 때인 1985년 5월에 대학로가 만들어졌으니 어느덧 30년이 넘게 대학로에 가서 놀고 쉬고 먹고 있다. 그 동안 사라진 작은 건물들과 그윽한 식당들도 많다. 큰 시멘트 건물들이 늘어나면서 대학로는 예전보다 사뭇 거칠고 삭막한 곳이 되었다.

서울시에서 펴낸 『낙산 이야기』, 『대학로: 관학의 공간에서 문화의 메카로』 등은 대학로를 거닐기 위한 좋은 안내서이다.

마로니에공원 옆에서 27년째 길거리 공연을 하고 있는 김철민과 윤효상은 연극과 공연의 동네 대학로의 대표적 거리 공연 듀엣이다. 거친 듯해 보이는 입담과 노래가 섞여 있는 두 사람의 재미있고 시사적인 공연은 유튜브[Youtube]에서도 쉽게 볼 수 있다. 지난 27년 동안 대학로는 많이 변했으나 두 사람의 공연은 한결같이 진행됐다. 1990년부터 매주 주말 오후에 두 사람은 대학로 거리 공연을 한다. 더욱이 두 사람은 거리 공연으로 번 돈을 소년소녀 가장을 돕는 데 쓰는 '의인'이다.

낙산의 동쪽 줄기에 있던 작은 봉우리인 지봉芝峰의 아래에는 『지봉유설』(1614년)을 쓴 지봉 이수광 선생(1563~1628)이 '비우당庇雨堂'이라는 작은 집을 짓고 살았다. 지금 그 자리에는 쌍용 아파트가 들어서 있고, 서울시는 '낙산공원'을 만들면서 세조에 의해 폐위되고 살해된 단종 비 정순왕후 송 씨의 애절한 이야기가 전해지는 '자지동천紫芝洞泉' 앞에 '비우당'을 복원해 놓았다.

근처에는 '동망봉東望峰'의 유래에 따라 건립해 놓은 '동망정'이 있다. 단종(1441~1457)의 왕비였던 정순왕후(1440~1521)가 이곳에 있던 바위 봉우리에 올라 매일 아침저 멀리 동쪽의 영월로 유배되어 살해된 단종의 명복을 빌었다고 한다. 뒤에 영조가 이 바위 봉우리에 '동망봉'이라는 이름을 하사했는데, 동망봉은 일제가 조선총독부 건축에 쓸 석재를 마련하기 위해 이 근처를 채석장으로 만들면서 없어졌다. '동망정'은 단종의 슬픈 역사와 일제의 아픈 역사를 모두 살펴 볼 수 있는 곳이다. 단종이 숙부 수양대군(세종의 둘째 아들)에 의해 유배되어 결국 살해된 강원도 영월의 서강 청령포에는 단종이 서울을 바라봤다는 곳이 있다.

세조가 권력을 찬탈한 이 사건을 '계유정난癸酉靖難'(1453년 11월 10일)이라고 하는데 물론 그 실체는 '계유반란'이라고 해야 옳을 것이다. 정난靖難은 나라가 처한 재난을 평정해서 나라를 평안케 한다는 것이다. 반란叛亂은 무력으로 권력을 찬탈하는 것이다. 한명회, 홍성윤 등의 계유정난 공신들이 잘 보여주었듯이 조선은 이때부터 겉으로는 '의'를 내세우고 속으로는 '이'를 좇는 비리 세력이 지배하는 나라가 되었다.

겸재의 동문조도(이화여자대학교 박물관)

겸재의 '동문조도'(東門祖道)는 동문에서 길을 떠나보내는 행사(전별연)를 한다는 뜻인데 그림에 전별연의 모습은 그려져 있지 않고 동대문과 오간수문, 동지, 관왕묘(동묘), 그 주변의 집들, 멀리 아차산의 모습 등이 잘 그려져 있다. 얼마 전에 동대문 바로 안쪽에 메리어트 호텔이 들어서서 보물 제1호 동대문을 정원처럼 바라보게 되었다.

::10장
동대문에서 남산으로
東大門　　南山

동대문(흥인지문)은 서울의 좌청룡인 타락산과 명당수인 청계천 사이에 있다. 보물 제1호인 동대문은 바깥으로 반달 모양의 옹성을 쌓아서 서울 도성의 4대문 중에서 가장 독특한 모양을 하고 있다. 옹성의 문은 북쪽(왼쪽 사진의 오른쪽)으로 만들었다.

겸재 정선은 '동문조도東門祖道'(1746)라는 그림에서 동대문과 그 주변의 모습을 기록했다. '조도'는 '멀리 떠나는 사람과 이별하는 의식'을 뜻한다. 종로 6가쯤의 공중에서 보고 그린 형식을 취한 이 그림에는 동대문과 한양도성, 한양도성 안팎의 집들, 동대문 왼쪽의 낙산 자락, 동대문 오른쪽의 오간수문, 동대문 밖의 동묘(관우를 모신 사당), 멀리 용마산 등이 잘 그려져 있다. 동묘 뒤로 가서 청계천을 건너면 황학동인데, 초고층 재개발로 이곳의 서민-빈민 주거-상업 지역이 모두 사라졌으나 동묘 주변은 아직 옛 동네가 많이 남아 있어서 예전의 황학동 벼룩시장과 비슷한 모습을 볼 수 있다.

1

현재의 동대문과 옹성은 모두 흥선대원군 집권 때인 1869년 전면적으로 개축한 것이다. 1898년 12월 25일 서대문 밖 경교와 동대문 밖 청량리를 오가는 전차의 단선 선로가 준공되었다. 이 전차 노선의 개통식은 1899년 5월 17일(음력 4월 초파일)에 열렸는데, 당시 전차는 동대문의 홍예문과 옹성 출입구로 다녔다. 이 전차의 운행을 위해 동대문 바로 안쪽에 전차 차고를 설치했고 그 옆에 작은 화력 발전소를 만들어서 전기를 공급했다. 전차와 발전소의 운영은 1898년 1월에 설립된 '한성전기회사'가 맡았다. 형식상 이 회사는

동대문 전차 차고에서 열린 전차 개통식 (1899년 5월 17일)
전차의 운행을 보려고 동대문 위에까지 사람들이 하얗게 몰려들었다

동대문, 전찻길, 발전소 연기 (1900년대 초)
왼쪽 사진과 오른쪽 사진에서 보이는 검은 연기는 전차에 전기를 공급하던 화력 발전소(동대문 발전소, 지금의 동대문종합시장 자리)에서 배출하던 것이다. 전차는 동대문의 홍예문과 옹성의 출입구를 통해 오갔다. 왼쪽 사진에서 옹성 출입구에 설치된 전찻길을 볼 수 있다.

동대문의 야경

왼쪽 뒤로 2014년 2월에 문을 연 메리어트 호텔의 간판이 보이고, 오른쪽 뒤로 1970년대에 지어진 '금자탑 학원' 건물이 보인다.

동대문 일대의 혼잡한 모습(2016년 10월)

대한제국의 소유였지만 실제 소유와 운영은 미국인 헨리 콜브란$^{Henry\ Collbran}$이 맡았다. 이 화력 발전소 자리는 동대문 종합상가의 주차장이었는데 2014년 2월에 특급 호텔인 메리어트 호텔이 들어섰다. 이 11층의 독특한 호텔이 들어서서 이곳의 경관이 크게 바뀌었다.

동대문을 경계로 길의 이름이 바뀌는 데, 안쪽 길은 종로이고 바깥쪽 길은 왕산로이다. 종로 쪽으로 한 구역을 가면 광장시장이 있고, 왕산로 쪽으로 한 구역을 가면 동묘가 있다. 보물 142호인 동묘의 정식 명칭은 '동관왕묘'(동쪽의 관왕 묘)이며, 고대 중국의 장군인 관우(160~220)를 신으로 모시는 중국식 사당으로서 임진왜란 뒤인 1602년에 명의 칙령에 따라 지어졌다. 왕산로는 동대문에서 청량리 네거리에 이르는 길로서 1966년에 조선 말의 의병장이었던 왕산 허위(旺山 許蔿, 1854~1908)의 호를 따서 붙인 것이다. 1908년 1월 이인영을 총대장으로 하는 13도 창의군의 1만명 병력이 양주에 모였는데, 창의군의 군사장이었던 허위를 대장으로 300여 명의 선발대가 청량리까지 이르렀으나 일제의 군사력이 강해서 결국 서울 공격에 실패하고 말았다. 허위 장군은 1908년 6월에 일제에게 잡혀서 10월에 서대문형무소에서 사형수 1호로 교수형되었고, 이인영 장군은 1년 뒤인 1909년 6월에 일제에게 잡혀서 역시 서대문형무소에서 교수형되었다.

2

동대문 북쪽으로는 낙산을 경계로 이화동과 창신동이 있다. 이화동에는 희대의 독재자 이승만이 귀국해서 살면서 친일파와 손잡고 정권을 장악할 계획을 추진했던 이화장이 있다. 그 위에는 철거의 위기를 넘기고 어렵게 보존된 1950년대 영단주택들을 중심으로 '이화동 마을 박물관'이 만들어져서 예전 이곳의 생활을 전하고 있다. 이화장에서 이곳으로 가는 가파른 골목길은 '벽화' 길로 젊은이들의 인기를 끌었다. 그런데 몰려든 '관광객'들에 지친 주민들이 '벽화'를 다 지워 버렸다. 주민을 존중하지 않은 '관광화'는 완전히 잘못된 것이다. 이곳은 사실 낮이나 밤이나 서울 도심을 굽어보는 전망이 아주 멋진 곳이다. 이곳의 골목길과 작은 집들은 그 자체로 참으로 중요한 서울의 역사이며 문화자산이니 길이 잘 보존되어야 한다.[1]

---

1   2013년 9월 10일 창신동과 숭인동의 뉴타운 계획이 폐기된 것은 대단히 다행스러운 일이었

낙산은 화강암 산인데 창신동은 이것과 깊은 연관이 있다. 일제가 조선총독부 청사를 만들기 위해 필요한 석재를 바로 이곳에서 채석했던 것이다. 그래서 지금도 창신동의 뒤쪽에는 산을 박살내서 만들어진 거대한 채석장들의 터가 있다. 그 채석장 주변에서 숱한 서민들과 빈민들의 삶이 빚어졌다. 그리고 그 속에서 현대 한국 예술이 크게 자라났다. 박수근과 백남준이 그 주역이다. 박수근(1914~1965)은 한국전쟁 때 강원도 금성에서 창신동으로 피난와서 오래 살았고, 백남준(1932~2006)은 창신동의 부잣집 출신으로 18살 때까지 창신동에서 살았다.[2] 지금 창신동 일대에는 젊은 예술가들이 찾아들어 동네를 다듬고 꿈을 키우고 있다.

창신동에서 우리가 꼭 떠올려야 할 인물에 청년 노동자 전태일(1948~1970)이 있다. 전태일은 박정희 독재의 혹독한 노동착취에 맞서 동대문 일대의 봉제 노동자들을 위해, 나아가 이 나라의 모든 노동자들을 위해 자신의 몸을 불살랐다. 전태일은 '근로기준법'으로 대표되는 노동권을 위해 싸웠지만, 특히 어린 여공들의 처우를 개선하기 위해 싸웠다. 청계천 6가의 다리 위에 그를 기리는 동상이 세워져 있다.

창신동 채석장 동네(홍순태, 1969)

박수근의 창신동 집 마루에서(1959)

다. 이명박-오세훈의 뉴타운이 강행되었다면 창신동과 숭인동의 자연과 역사가 대대적으로 파괴되는 것은 물론이고 그곳에 살고 있는 서민들이 대거 추방되어 동대문 (의류) 시장의 운영도 회복될 수 없는 큰 타격을 받았을 것이다.

2 박수근이 살았던 집은 2007년 4월 30일 혜화동의 장면 가옥, 부여의 신동엽 가옥 등과 함께 근대 문화재로 등록됐다. 백남준이 살던 집은 여러 필지로 나뉘어 팔렸으며, 서울시는 부분적인 복원을 추진해서, 2017년 3월 10일 그 집 자리에 '백남준 기념관'이 들어섰다.

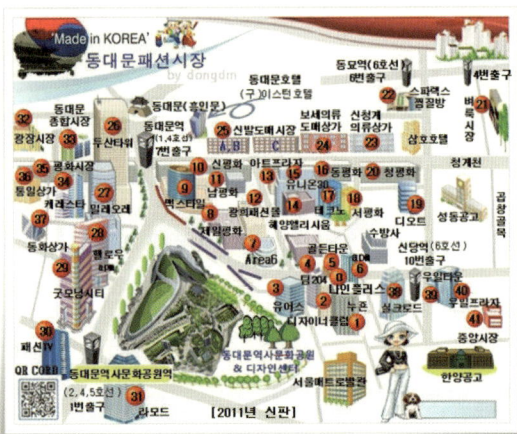

동대문 의류 시장(2006)　　　　　　동대문 의류 시장(2011)

　지금도 창신동에는 세계 최대의 의류시장인 동대문시장을 유지하는 작은 의류 공장들과 배달업체들이 밀집해 있다. 동대문 남쪽으로는 여러 시장들이 곳곳에 자리잡고 있다. 동대문시장에서 물건을 사고자 한다면 미리 지도를 보고 어느 시장으로 갈 것인지 결정하고 가는 것이 좋다. 그런데 동대문시장이라고 하면 워낙 의류가 유명해서 '패션시장' 지도도 상세하게 만들어져 있지만 사실 종로 5가에서 퇴계로 쪽으로 계속 이어지는 광장시장, 방산시장, 중부시장 등도 모두 크게 보아 동대문시장이라고 할 수 있다. 광장시장은 음식이 유명하고, 중부시장은 건어물이 유명하다. 이곳은 정말 엄청나게 넓은 시장 지역이다.

　터키 이스탄불의 '그랑 바자르$^{Grand\ Bazzar}$'는 1455년에 만들어지기 시작한 세계에서 가장 크고 오래된 시설 시장이다. 터키 말로는 '카팔리차르시^{Kapalıçarşı}'라고 하는데 그 뜻은 '지붕이 있는 시장'이다. 이곳에는 4,500개가 넘는 상점들이 모여 있고, 통로들은 사원들과 이어져 있기도 하다. 건강한 생활에서는 성과 속이 모두 필요하다. 성(사원)과 속(시장)이 어우러져서 육체와 영혼이 모두 활력있는 생활을 빚어내는 것이다. 동대문시장은 가히 서울의 '그랑 바자르'라고 할 만하다. 물론 동대문시장은 더욱 깨끗하고 멋있게 안팎을 꾸밀 필요가 있을 것이다. '그랑 바자르'는 건물 자체가 훌륭한 작품이며 중요한 역사 유적이다. 그 지붕에는 특이하게도 길이 있어서 '인터내셔널', '007 스카이폴' 등의 영화에서 주요 배경으로 나오기도 했다.

터키 이스탄불의 그랑 바자르 안과 위

3

한양도성은 낙산을 내려와서 동대문을 지나 시체를 내보내던 광희문[3]을 지나 남산으로 이어진다. 그런데 그 과정에서 두 개의 물길을 지나야 했다. 하나는 청계천이었고, 다른 하나는 그 지류였다. 이 때문에 동대문 남쪽으로 두 개의 수문이 만들어졌다. 문이 다섯 개인 '오간수문'과 문이 두 개인 '이간수문'이 그것이다. 그런데 아쉽게도 오간수문은 1907년에 철거됐고 이간수문은 비슷한 시기에 매립됐다. 그리고 100년 정도의 세월이 흐르고 두 문이 다시 사람들의 관심을 끌게 되었다. 2002년 7월 1일에 서울시장에 취임한 이명박의 청계천 개발사업 때문이었다. 이명박은 '청계천복원사업'이라고 선전했지만 그 실체는 '청계천 개발사업'에 가까운 것이었다.

2003년 7월 1일 이명박이 '청계천복원'을 한다면서 청계 고가도로를 철거하고 아스팔트를 걷어내니 아스팔트와 콘크리트의 아래에 어렵게 남아 있던 '오간수문'의 흔적들이 나타났다. 이명박은 광통교와 수표교의 복원에 이어 임꺽정이 서울을 탈출하는 통로로

---

3   한양도성의 사소문 중 하나로 '남소문'에 해당된다. 조선 때는 장례 행렬이 이곳으로 나갔기에 '시구문(屍口門)'이라고 불렀다. 1975년에 도로를 확장하며 원래의 자리에서 남쪽으로 옮겨 1976년에 복원했다. '시구문' 밖의 신당동은 무덤과 당집들이 있었으나 일제에 의해 1930년대에 '문화주택' 단지가 들어섰다(김용범, 『문화생활과 문화주택』, 살림, 2012). 박정희는 1958년에 신당동의 '문화주택'으로 이사했는데 그 '신당동 집'에서 5·16 군사반란을 모의-실행했다.

오간수문(좌, 부산박물관), 1900년대의 오간수문(우)
'어전 준천 제명첩'(御前濬川題名帖) 중 '수문상 친림 관역도'(水門上親臨觀役圖, 임금께서 오간수문에 친히 오셔서 일하는 것을 보는 모습을 그린 그림). 영조 36년(1760)에 준천을 기념해서 제작한 기록화. 연인원 21만 명이 넘는 사람들이 소들을 부려가며 청계천의 모래를 파내 쌓았더니 작은 모래 산이 생겼다. 여기서 지금의 '방산동'이 유래되었다.

이용했다는 이야기를 담고 있는 '오간수문'의 복원을 국민에게 약속했다. 그러나 이명박은 약속을 하나도 지키지 않았다. 광통교는 600년 동안 자리에서 옮겨져서 이어붙여졌고, 수표교는 여전히 장충단에 있고 원래의 자리에는 나무 다리가 놓여졌다. 그리고 아름다운 오간수문을 복원하는 것이 '청계천복원'의 중요한 과제였으나 이명박은 일제와 박정희의 파괴에도 불구하고 어렵게 남아 있던 오간수문의 흔적마저 청계천에서 모조리 없애 버렸다. 이명박의 '청계천복원'은 사실 복원을 빙자해서 자연과 역사를 파괴한 '청계천 개발'이었다.[4]

'이간수문'은 이명박에 이어 2006년 7월 1일에 서울시장에 취임한 오세훈이 동대문디자인플라자DDP의 건축을 강행하면서 세상에 그 모습을 드러냈다. 오간수문은 100년 전에 없어졌으나 이간수문은 아직 남아 있다. 그러나 그 아래에 더 이상 물은 흐르지 않으며 주변은 너무 답답하게 개발되어 이간수문이 무슨 장식처럼 보인다. 이명박은 자연과 역사를 내세우고 '청계천복원'을 한다면서 실은 '명박천 건설'을 했고, 오세훈은 이명박을 흉내내서 '한강 르네상스'를 한다면서 이른바 '한반도 대운하'의 말단인 '한강 운하'를 강행한 동시에 '디자인 명품 도시'를 내걸고 세빛둥둥섬(1,400억 원), 서울시 신청사(3,900

---

[4] 이 때문에 여러 단체의 대표들이 2004년 봄에 이명박을 문화재 파괴 혐의로 서울중앙지검에 형사고발했다(홍성태, 『생태문화도시 서울을 찾아서』, 2005 참고). 당시 청계천복원 시민위의 역사문화분과 간사위원이었던 나도 여기에 참여했다.

동대문디자인플라자(DDP)의 모습
이 시설은 해괴하게 생겼을 뿐만 아니라 마치 아주 깊고 큰 참호로 보도와 차단되어 있는 것 같다. DDP는 오가는 사람들과 강력하게 차단되어 아예 격리되어 있는 시설인 것이다.

억 원), 동대문디자인플라자(DDP, 5천억 원) 등 희한한 건물들의 건축을 강행했다.[5] 이 세 건물들은 엄청난 세금을 낭비해서 건축된 반생태, 반경제, 반문화, 반시민의 건물들이며, 세금의 낭비를 줄이기 위해서 이 세 건물들을 하루빨리 전면적으로 감사하고 개축해야 할 것이다.[6]

DDP는 조선 때에 훈련도감에서 병사들을 훈련시키던 하도감이 있던 곳이다. 1925년 일제는 이간수문을 포함해서 하도감 지역을 매립하고 부지를 조성해서 그 위에 동대문운동장을 지었다. 그런데 오세훈은 이 땅의 역사를 완전히 무시하고 동대문디자인플라자

---

[5] "'1,400억짜리 '세빛둥둥섬' 볼 때마다 속 터지죠'", 〈머니투데이〉 2014.3.7. '한국의 현대건축 〈2〉-최악 1위 서울시 신청사', 〈동아일보〉 2013.2.20. '800억 사업 8년 만에 5,000억…DDP 탄생비화-계획 수차례 변경, 공사비 6배 폭등…설계 선정 논란도', 〈머니투데이〉 2014.3.21.

[6] '세빛둥둥섬'은 감사의 결과 커다란 비리가 적발되었다. 2013년 2월 14일 대한변호사협회는 '세빛둥둥섬' 건설사업으로 세금을 낭비해 서울시에 손해를 끼친 혐의(업무상 배임)로 오세훈(전 시장)을 비롯한 관련자들에 대한 수사를 서울지검에 의뢰했다.

와 동대문디자인플라자 공원을 짓고자 했다. 2007년 말 오세훈은 시민들의 비판과 반대를 무시하고 근현대의 체육사를 고스란히 담고 있는 소중한 근대 유적인 동대문운동장을 파괴해 없애 버렸다.[7] 그 뒤 오세훈은 1926년 10월 완공된 근대 문화재인 서울시 청사의 태평홀마저 파괴해 버린 '밴달리스트' vandalist, 문화 파괴자'이다. 그런데 동대문디자인플라자 공사를 하기 위해 땅을 파자 땅 속에 묻혀 있던 '이간수문'을 비롯해서 많은 유물들과 유적들이 나타났다. 이때 공사를 중단하고 이곳을 모두 동대문 역사공원으로 만들어서 유

동대문디자인플라자의 조감도
DDP의 모습은 주변의 고층 건물에서나 잘 볼 수 있다. 둥글게 튀어나온 앞면을 보고 '불시착한 우주선' 같다는 평이 제기됐지만, 위에서 보면 살찐 거머리가 한양도성을 가로막고 있는 것 같다.

---

[7] 야구인들은 야구 경기장의 존치를 강력히 요청했으나 무시되었다. 오세훈은 고척에 돔 구장을 짓는 계획을 강행했으나, 이것도 역시 부지 선정부터 큰 문제를 안고 있는 것이었고 설계와 시공도 모두 큰 문제를 안고 있어서 공사가 제대로 진행되지 못했다. '21세기 최악의 돔구장? 오세훈 때는 가만 있더니', 〈아이엠피터〉 2015.12.1.

네스코에 세계문화유산 등재를 신청했어야 했다. 그러나 서울시는 '동대문디자인플라자 공원'을 '동대문 역사문화공원'으로 바꾸어서 동대문디자인플라자의 건축을 계속 강행했다.

남대문 시장은 남대문로를 따라 중산층 이상 노장년이 주고객인 신세계 백화점과 롯데 백화점으로 이어지지만, 동대문시장은 젊은이들이 주고객인 고층 의류 복합상가들로 이어지는데, DDP는 이런 동대문시장 지역에 들어선 아주 희한한 건물일 뿐만 아니라 초고가 건물이다. 자하 하디드는 이 땅의 역사를 완전히 무시하고 내부의 효용도 큰 문제를 안고 있는 희한한 콘크리트 건물을 설계했다. 이 건물의 둥근 외벽은 굉장한 비용을 들여 장식적으로 붙여진 것이며 내부는 초고가 건물의 실내 노점들 같은 모습으로 이용되고 있다. 2013년 봄 〈동아일보〉와 SPASCE가 전문가 100인을 대상으로 '해방 이후 최악의 건물 20개'를 조사했는데, '서울시 신청사'가 최악 건물 1위, DDP가 최악 건물 5위로 뽑혔다. DDP에 대한 심사평은 '기억의 장소에서 기억을 지워버린 건축의 폭력'이었다. DDP는 2014년 3월 21일에 개관됐다. 원래의 계획보다 많이 늦어진 개관이었으며 그 사이에 설계도 크게 변경되어 설계비와 건축비도 크게 늘어났다. 무려 5천억 원에 가까운 혈세가 쓰였는데 매년 최소 300억 원이 넘는 비용이 쓰여야 한다. 그 주요 경과는 다음과 같다.

2006년 8월 동대문운동장 공원화 및 대체 야구장 건립 추진 계획 수립
2007년 8월 국제지명초청 현상설계 당선작 선정
   (자하 하디드의 '환유의 풍경')
2009년 4월 DDP 공사 착공 및 홍보관 개관
   문화재 발굴 및 복원 작업
  10월 동대문 역사문화공원 개장
2013년 11월 30일 완공
2014년 3월 21일 개관

DDP는 그 땅의 역사와 주변과의 관계를 완전히 무시한 건물이며 그 내부에도 흰 벽면과 복잡한 동선 등 많은 문제들을 안고 있는 건물이다. 건축가 승효상은 SBS와의 인터뷰에서 DDP의 설계 심사에 대한 불공정 의혹을 제기하기도 했다(SBS, '디자인 서울의 그

늘', 2012.11.13 방영).[8] 2014년 3월에 개관을 앞두고 자하 하디드가 방한해서 기자들과 간담회를 가졌다. 이 자리에서도 DDP의 여러 문제들에 대해 질문이 잇따랐다. 〈한국일보〉는 자하 하디드와 따로 만나 더욱 심층적인 대화를 나누고자 했다. 그러나 자하 하디드는 기자가 중요한 질문들을 계속 던지자 중간에 일어나서 떠나버렸다. 이에 대해 담당 기자는 칼럼을 써서 인터뷰의 경과를 밝히고 "유명 건축가의 건물이라면 도시의 격을 높일 수 있을 것이라 믿는 천박한 건축주, 그리고 자신의 판타지를 이루는 것 외에는 아무 관심이 없는 건축가. DDP는 이 둘의 조합이 만들어낸 서울의 기묘한 자화상이다"고 비판했다(황수현, '자하 하디드와 오세훈… '판타지형' 닮은 꼴', 〈한국일보〉 2014.3.18).

희한한 DDP를 지나 겨우 남아 있는 옛 골목길을 통해 광희문 쪽으로 가면 골목이 끝나는 신당동의 길가에서 독특한 건물을 만나게 된다. 김중업(1922~1988)의 '서 산부인과'(1965)이다. 임산부처럼 둥글고 부드러운 외관의 이 건물은 노출 콘크리트를 이용한 형태주의 건축의 대표적인 예로 꼽힌다. 김중업은 잉태된 아기를 돌보고 출산을 돕는 것이 가장 중요한 일인 산부인과의 특성을 콘크리트라는 거친 재료를 써서 이렇듯 따뜻하게 표현하고자 했다. 그런데 이 건물의 형태주의적 특징은 평면도를 봐야 더 잘 드러난다. 이 건물의 평면은 엄마의 뱃속에 있는 아기와 귀두를 드러낸 '남근'과 '고환'의 모습

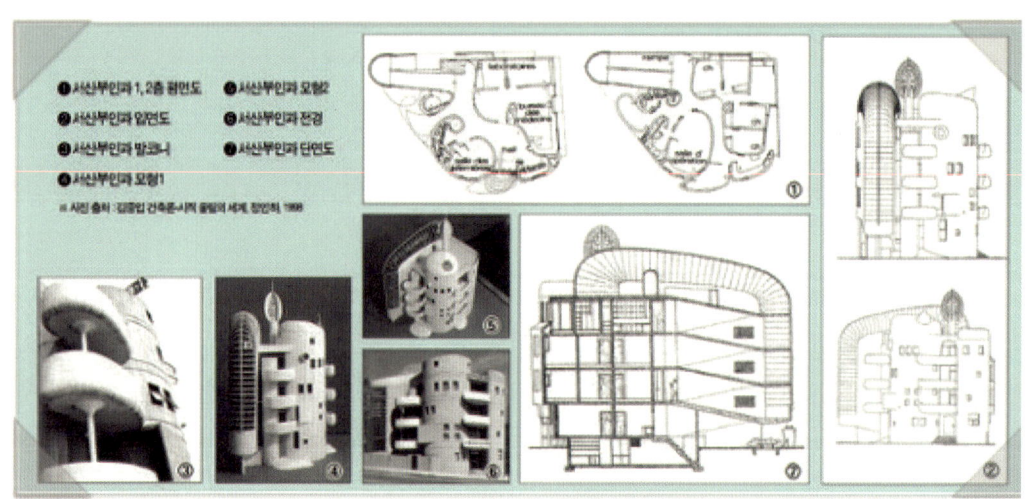

서 산부인과의 평면, 입면, 모형
소유주와 서울시의 노력으로 2017년 2월 이 건물은 '등록문화재'로 신청되었다.

---

8 〈참고자료 49〉 자하 하디드 참고.

이다. 남성과 여성의 성적 결합을 통해 새 생명이 잉태되는 것이고, 산부인과는 무엇보다 그 새 생명을 위한 곳이다. 김중업은 성에 대한 금기를 넘어서 성기가 생명의 기관임을 보여주고자 했던 것이다. 길 건너에는 조선 시대에 장례 행렬이 나가던 광희문이 있다. 그 문 밖에는 사실 곳곳에 공동묘지들이 있었고, 죽음의 고통을 위로하는 당집들이 있었다. 김중업은 이렇듯 전통적인 죽음의 땅에서 아주 흥미로운 생명의 건물을 건축했던 것이다.

4

광희문을 지나 장충동으로 들어서서 도성의 자취를 찾아 골목길을 걷는 것도 아주 흥미롭다. 장충동에는 한양도성을 훼손하고 그 위에 들어서 있는 집들이 많다. 이 동네의 개발은 1908년에 조선을 수탈하기 위해 설립된 일제의 '동양척식주식회사'(동척. 그 본사는 지금 을지로 2가 명동 쪽에 있는 외환은행 본점 자리에 있었다.)가 장차 서울의 동쪽을 개발할 계획을 갖고 땅을 사들이는 것으로 시작됐다. 동척은 일제가 1931년 9월 18일 만주 침략을 감행해서 중국 침략을 노골화했던 1931년 '조선도시경영주식회사'를 설립하여 본래 공동묘지가 있던 장충동과 신당동을 주택가로 개발했다. 그 결과 이곳에 저택들과 문화주택들이 들어서게 되었다. 이것은 만주사변에 따라 서울로 진출한 일본인이 늘어난 것에 대응한 개발이었으면서 1926년의 조선총독부, 경성부 청사, 경성제국대학 등의 완공에 따라 북촌으로 일본인의 진출이 늘어난 것과 궤를 같이 하는 변화였다.

조선도시경영주식회사가 개발한 장충동 1가의 저택들은 해방 뒤에 재벌들의 저택으로 바뀌었다. 현대의 정주영이 이곳에서 살다가 그 집을 동생에게 주고 청운동으로 옮겼으며,[9] 삼성의 이병철이 살던 집은 여전히 셋째 아들인 이건희[10]의 소유로 되어 있다. 2005

---

9 박근혜와 정몽준은 어려서 이웃 동네에서 살았으며, '장충국민학교' 동창생(1958년 3월 입학)이다.

10 이건희(1942~?)는 2014년 5월에 심근경색으로 쓰러져서 식물인간 상태가 된 것으로 알려졌다. 그러나 그는 여전히 막대한 부를 쌓고 있다. 2016년 의 주식 배당금을 보면 이건희가 1,374억 원을 받아 단연 1위였다. 이건희는 8년 연속 배당금 1위의 기록을 세웠다. 한편 2016년 7월에 뉴스타파는 2011~2013년 사이에 이건희의 성매매를 촬영한 동영상을 보도했다.

신당동의 박정희 집

1930년대에 일제가 지은 이른바 '문화주택'으로서 박정희는 1958년에 이 집을 샀고, 이 집에서 1961년 5월 16일의 군사반란을 추진해서 권력을 찬탈했다.

장충동의 정주영 저택

오른쪽의 집이다. 앞에 5층 건물이 들어서서 작아 보이지만 아주 넓은 대지에 들어선 큰 집이다. 정주영은 1958년에 이 집을 동생 정순영에게 주고 청운동 집으로 이사했다.

장충동의 이병철 저택

전봇대 뒤 축대 위의 큰 집이다. 삼성은 지금도 이 집을 열심히 관리하고 있다. 장충체육관에서 동쪽 건널목을 건너서 주택가 길로 들어서면 바로 볼 수 있다.

년 이병철의 저택은 공시지가 65억 8,000만 원으로 전국 2위였는 데 2012년에는 92억 원을 넘어서 7년 만에 무려 37억 원이나 올랐다. 조선도시경영주식회사는 장충동에는 부자들을 위한 저택들을 짓고, 신당동에는 중산층을 위한 '문화주택'을 지었다. 경성전기도 신당동, 청구동 등에 임직원을 위한 사택으로 '문화주택'을 지었다. 지금 신당동에서 가장 유명한 집은 박정희가 1958년 매입해서 살다가 1961년에 5·16 군사반란을 일으켰던 집인데, 이 집도 1930년대에 지어진 조선도시경영주식회사의 '문화주택'이다.

오랫동안 장충동에서 가장 유명한 것은 장충체육관(김정수 설계)이었다. 장충동 1가 이병철의 저택을 지나 금호동으로 넘어가는 찻길을 건너면 바로 장충동 2가 장충체육관이다. 국내 최초의 국제 규모 실내 체육관인 장충체육관은 1963년 2월 1일 개관했고, 2012년 6월 1일 개축공사를 시작해서 2014년 12월에 마감했다. 이곳은 무엇보다 1960~70년대 최고의 대중 스포츠였던 프로레슬링과 프로권투 경기로 널리 알려졌다. 이런 점에서 장충체육관은 1960~70년대의 문화사에서 대단히 중요한 곳이다. 그런데 장충체육관은 정치적인 면에서도 대단히 중요한 곳이다. 박정희의 유신독재, 전두환의 학살독재 등이 모두 이곳에서 대통령의 형식을 취해서 이루어졌다. 1972년 10월 17일 박정희는 '유신반란'을 일으키고 자기의 부하들로 '통일주체국민회의'라는 것을 만들어서 그 대의원들이 장충체육관에 모여 대통령을 선출하는 형식으로 추대하게 했다.[11] 그 결과 1972년 12월 23일 박정희가, 1980년 8월 27일 전두환이 대통령에 추대됐다. 그리고 1987년 6월 10일 '6·10 민주항쟁'이 시작되던 그 시간에 이곳에서 전두환 일당의 민주정의당은 대통령 후보로 전두환의 군사반란 동지 노태우를 추대했다.

장충동이라는 동네 이름은 장충단에서 비롯된 것이다. 1900년에 고종(1852~1919)은 일제가 민비(1851~1895)를 살해하고 권력을 찬탈하려 했던 1895년의 을미사변 때 순국한 신하들을 기리기 위해 장충단(獎忠壇, 충성을 기리는 제단)을 세웠다. 1910년 조선을 강점한 일제는 당연히 이 제단을 폐지했고, 1919년에는 장충단 지역을 사람들이 쉬고 노는 공원으로 만들었다. 그리고 중국 침략의 시작인 만주 침략을 일으킨 다음 해인 1932년 일제는 장충단 공원의 동쪽 언덕에 조선 침략의 최고 책임자로 안중근 장군(1879~1910)에 의해 사살된 이토오 히로부미(伊藤博文, 1841~1907)를 기리는 사당인 '히로부미지博文寺'를 세웠는데, 경희궁의 정문인 흥화문을 떼어다가 그 정문으로 만들었다. 해방 뒤에 박문사는 외국 사절들을 접대하는 영빈관이 되었고, 1973년 신라호텔이 이 영빈관을 인수해서 영업을 시작했으며, 흥화문은 1988년에야 경희궁으로 돌아갔다. 그러나 흥화문 앞은 이미 많이 개발되어 흥화문은 본래의 자리에 복원되지 못했다. 지금 신문로의 구세군 건물 자리가 본래 흥화문의 자리이다.

---

11 비리 세력이 대통령을 뽑는다며 국민을 총칼로 억압하고 자기들의 두목을 추대하는 행사를 벌였던 것이다.

박문사

오른쪽이 박문사(현재의 신라호텔 자리)이고, 왼쪽은 경희궁의 정문인 흥화문이다. 장충단은 1895년 10월 일제가 저지른 을미사변 때 순국한 군인들을 기리기 위해 만들어졌다. 일제는 1919년에 장충단을 장충단 공원으로 바꾸어서 크게 훼손했고, 1932년 그 동쪽 언덕에 조선 침략의 괴수였던 이토 히로부미(伊藤博文, 이등박문)을 기리는 사당인 '박문사'를 지었다.

    한남동으로 넘어가는 찻길의 보도를 걸어 남산으로 올라가면 박정희 시대를 대표하는 건축가 김수근(1931~1986)이 설계한 자유센터(1963)와 타워호텔(1969, 현재는 반얀트리 호텔)을 만나게 된다. 그 건너편 숲 속에는 이희태가 설계한 국립극장(1972)이 있다. 자유센터는 이승만이 1954년에 만든 관변단체인 '반공연맹'의 건물로 1962년 9월에 착공되어 1964년 11월에 준공됐다. 1989년 노태우 정권에서 반공연맹은 '자유총연맹'으로 바뀌었다. 그래서 현재는 자유총연맹이 자유센터를 소유하고 운영한다. 타워호텔은 2010년 반얀트리 호텔로 바뀌었는데, 현대그룹(현정은 회장)이 2012년 6월에 인수했다. 이 호텔은 남산이 응봉으로 부드럽게 이어지는 능선에 거대한 콘크리트 말뚝을 박아놓은 것 같다. 남산의 경관을 심하게 해치고 사유화한 대단한 흉물로서 이런 점에서 박정희 독재를 대표하는 건물임에 틀림없다. 두 건물은 옆의 한양도성을 심하게 훼손하고 지어졌다. 한양도성의 세계문화유산 등재를 위해서도 박정희 독재가 저지른 이 잘못을 꼭 바로잡아야 한다.

    자유센터와 타워호텔은 김수근의 초기 건축을 대표하는 작품이다. 당시 김수근은 31살,

인도 찬디가르 시의 펀잡주 의사당 ⓒ saiko3p / depositphoto

자유센터

32살의 청년이었다. 자유센터는 파도를 연상하게 하는 타원형 콘크리트 지붕이 눈길을 끌고, 타워호텔은 사방에 세운 거대한 콘크리트 기둥이 만드는 단단한 인상이 눈길을 끈다. 그러나 둘 다 주변과 조화를 이루지 못할 뿐만 아니라 그 자체로 상당히 어설퍼 보인다. 특히 자유센터의 지붕은 르 코르뷔지에(1887~1965)의 설계로 1962년에 완공된 인도 찬디가르시의 펀잡주 의사당을 모방한 것이다.[12] 정치적인 면에서 보자면 자유센터와

---

12 찬디가르 시는 펀잡 주의 분리와 인도의 독립에 따라 대대적으로 재건설되었는데, 당시 인도 수상 네루의 요청으로 르 코르뷔지에(Le Corbusier, 1887~1965)가 이 과제를 맡았다. 그는 1951년부터 1965년에 세상을 떠나기까지 찬디가르의 건설을 주도했는데, 그 핵심은

타워호텔의 건축은 박정희 독재의 정권 안정 책략에서 비롯되었다. 자유센터는 박정희 독재가 반공을 내세워 군사반란과 독재를 정당화하기 위해 지은 건물이었고, 타워호텔은 그 숙소로 지은 건물[13]이었는데 도저히 유지할 수 없었기에 사실은 호텔로 쓸 수 없는 것을 1967년에 호텔로 바꾸었다.[14] 김수근은 박정희 독재의 정치적 기반을 건축했던 것이다.

참담하게도 '반민주 독재화'의 시대를 입증하듯이 자유센터의 입구 마당에 2011년 8월 25일 독재자 이승만 동상이 세워졌다.[15] 이승만 무리는 이승만(1875~1965)의 팔순을 축하한다면서 1956년 8월 15일 남산의 조선신궁 본전 자리에 무려 25m 높이의 이승만 동상을 세웠다. 1960년의 4·19혁명 직후 많은 시민들이 당시 세계 최대였던 이 흉칙한 동상을 박살내 버렸다. 시민들은 탑골 공원에 있던 이승만 동상도 마찬가지로 박살내 버렸다. 이승만은 친일파와 손잡고 반공을 내세워서 깡패, 경찰, 군인들의 폭력으로 수많은 사람들을 사찰하고, 체포하고, 고문하고, 투옥하고, 살해했던 희대의 독재자였다. 이승만

주 의회, 주 행정부, 주 고등법원으로 이루어진 '수도 복합체(the capitol complex)'였다. 르 코르뷔지에는 근대 건축의 아버지로 여겨지지만 나치에 부역했던 파시스트이기도 하다.
http://chandigarh.gov.in/knowchd_gen_working.htm
http://en.wikipedia.org/wiki/Palace_of_Assembly_(Chandigarh)

13 김수근이 지은 원래의 타워 호텔 건물은 1964년 11월 준공됐다. 〈대한뉴스〉를 정리해 놓은 'e-영상역사관'의 '자유센터 준공'에서 동영상으로 확인할 수 있다. 참고로 타워 호텔(현재 반얀트리, 현대 그룹)은 1967년 개관, 신라 호텔(삼성 그룹)은 1973년 개관, 플라자 호텔은 1976년 개관(한화 그룹), 하얏트 호텔은 1978년 개관, 힐튼 호텔은 1983년 개관(당시 대우 그룹)의 순서이다. 한편 하얏트 호텔은 미국의 프리츠커 집안이 소유하고 있는데, 프리츠커 집안은 하얏트 재단을 설립해서 매년 뛰어난 건축가에게 '프리츠커 상'을 수여하고 있다. 한국은 아직 아무도 받지 못했다.

14 박정희 정권은 타워 호텔의 경영이 어렵다는 이유로 1968년 11월 5·16 군사반란의 유일한 민간인 참여자였던 부산 출신 사업가 남상옥에게 헐값에 넘겨줬다('치솟는 안하무인', 〈매일경제〉 1968.12.3).

15 2017년 2월 자유총연맹이 청와대의 지시를 받고 박근혜 정권 비호 관제 데모를 저질러 온 사실이 밝혀졌다. 자유총연맹은 망국적인 박근혜-최순실 범죄와 긴밀히 결합되어 있는 것이다. 진정한 시민단체는 독립과 자율이 핵심이다. 자유총연맹, 바르게살기협의회, 새마을협회 등 이른바 '3대 관변단체'에 관한 지원법률을 하루빨리 폐기하고 이승만-박정희-전두환 독재를 확실히 척결해야 한다.

정권은 1960년의 4·19 혁명 당일에만 전국에서 무려 186명을 총으로 쏘거나 몽둥이로 때려 죽였는데, 이렇게 참혹하게 학살된 사람들 중에는 심지어 어린 여중생도 있었다. 또 다시 이승만을 찬양하는 자들이 노골적으로 설치기 시작했다는 것은 대단히 무서운 사회 퇴락의 징후이다. 4·19 혁명을 뜨겁게 노래한 박두진(1916~1998) 시인의 시를 마음으로 다시 읽어야 할 때가 아닌가?

남산 자락의 거대한 이승만 동상

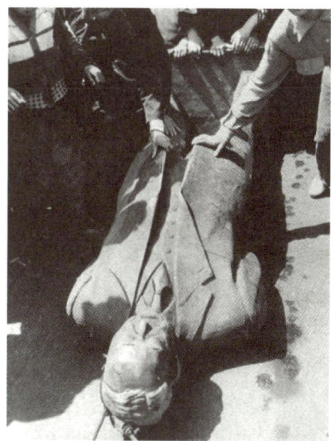
탑골공원에 있던 이승만 동상

우리의 깃발을 내린 것이 아니다

― 박두진

우리는 아직도
우리의 깃발을 내린 것이 아니다.
그 붉은 선혈(鮮血)로 나부끼는
우리들의 깃발을 내릴 수가 없다.
……
아름다운 강산에 아름다운 나라를,
아름다운 나라에 아름다운 겨레를,
아름다운 겨레에 아름다운 삶을 위해,
우리들이 이루려는 민주공화국(民主共和國).
절대공화국(絶對共和國).
철저한 민주 정체(民主政體).
철저한 사상(思想)의 자유(自由),
철저한 경제 균등(經濟均等),
철저한 인권 평등(人權平等)의,

우리들의 목표는 조국(祖國)의 승리(勝利),
우리들의 목표는 지상(地上)에서의 승리(勝利),
우리들의 목표는
정의(正義), 인도(人道), 자유(自由), 평등(平等), 인간애(人間愛)의 승리(勝利)인,
인민(人民)들의 승리(勝利)인,
우리들의 혁명(革命)을 전취(戰取)할 때까지,

우리는 아직
우리들의 피 깃발을 내릴 수가 없다.
우리들의 피 외침을 멈출 수가 없다.
우리들의 피 불길,
우리들의 전진(前進)을 멈출 수가 없다.
혁명(革命)이여!

장충단 일대 지도
2016년 서울 중구청에서 제작한 '장충단 호국의 길' 지도

東大門地域
동대문 지역

동대문은 서울에서 가장 교통이 번잡한 곳에 속한다. 지하철 1호선, 2호선, 4호선, 5호선이 있고, 수많은 버스들이 동대문 지역을 오가고 있다. 이곳에는 이주 노동자들도 대단히 많다. 그래서 세계 각지에서 온 사람들을 많이 볼 수 있으며, 몽골, 만주, 카자흐스탄, 러시아 등의 음식들도 쉽게 먹을 수 있다. 우리가 즐겨 먹는 꼬치구이는 크게 만주식의 작은 꼬치와 중앙아시아 식의 큰 꼬치로 나눌 수 있는데, 동대문 지역에서는 두 가지 꼬치를 다 쉽게 먹을 수 있다. 나는 큰 꼬치를 좋아해서 을지로 6가 쪽 골목에 있는 카자흐스탄 식당에 종종 찾아간다.

지하철 3호선 동대입구역에서 내려서 갈 수 있는 신라호텔, 자유센터, 반얀트리 호텔의 안쪽 경계는 **한양도성**이다. 한양도성 관광이 활성화되면서 여기 '다산동'(2013년 신당2동 변경)의 '젠트리피케이션' 문제가 커지고 있다. 가난한 주민들이 졸지에 내쫓길 처지가 되고 있는 것이다. 신라호텔 쪽 한양도성은 오래 전에 복원되었으나 상당히 부실하게 되었기 때문에 공사를 다시 해야 할 것이다. 자유센터와 반얀트리 호텔의 축대에는 한양도성의 돌들을 가져다가 쓴 것이 있는데 이 돌들은 당연히 모두 한양도성으로 다시 옮겨져야 한다. 이곳은 남산 줄기가 한강 쪽으로 이어지는 아늑하고 아름다운 곳이다. 이런 곳이 정치적으로 이용되고 재벌에 의해 사유화된 것은 우연이 아니다. 우리의 현대사가 그렇게 흘러갔던 것이다. 장충동은 무엇보다 족발이 유명하지만 아주 유명한 냉면집도 있고 아주 유명한 빵집도 있다.

동대문 옆 낙산 자락의 한양도성 위에는 감리교의 **동대문교회**가 있었다. 이 교회는 한양도성의 복원을 위해 철거되었다. 이곳에 감리교 교회가 들어선 것은 1880년대로 거슬러 올라간다. 이 교회에서는 여성 병원도 운영했고, 이 병원이 뒤에 이화여대 부속병원이 되었다. 한국의 사립학교는 기독교 재단이 지배적인

감리교의 동대문교회(1908년)

데, 이화학당(1886년 설립)과 배재학당(1885년 설립)이 모두 감리교의 학교이다. 1908년 여름에 동대문 쪽에서 감리교 동대문교회를 바라보고 찍은 사진이 있는데, 이 사진은 당시 이곳이 대단히 평화롭고 아늑한 곳이었다는 것을 잘 보여준다.

동대문 지역에 거대한 고층 의류 복합상가 건물들이 대거 들어선 것은 1990년대 중후반의 일이다. 평화시장 뒤 덕수상고 자리에 거대한 초고층 '두타 빌딩'이 들어서는 등 엄청난 변화가 이루어졌다. 그러나 거평을 비롯한 이렇듯 거대한 개발을 시행한 회사들의 부도나 사기의 문제가 잇따르면서 상권을 과대 선전하며 강행된 이렇듯 거대한 재개발의 문제가 크게 불거졌다.

청계천과 덕수상고, 1955년 8월 15일의 광복절 경축 행렬

1955년 8월 15일 청계 6가의 모습. 왼쪽은 덕수상고, 오른쪽은 동대문 전차 종점. 덕수상고 자리에는 거평 프레야(케레스타, 22층, 1996년), 밀리오레(20층, 1998년), 두산타워(두타, 34층, 156m, 1999년)가 들어섰고, 동대문 전차 종점 자리에는 동대문 메리어트 호텔(문화재보호구역, 10층, 2014년)이 들어섰다. 1990년대 후반에 이 지역에 고층 대형 상가들이 계속 들어섰다.

동대문 신상권 개점 일정

상가명	건물규모(지상/지하)	점포수	개점시기
우노꼬레	13/4	400	1995년 10월
디자이너클럽Ⅱ	4/1	270	1995년 10월
디자이너클럽Ⅲ	4/1	270	1996년 9월
팀 204	15/4	300	1996년 6월
버클리	7/2	150	1996년 8월
거평프레야	22/6	3,130	1996년 9월
글래머 2000	4/2	150	1996년 9월
MC프라자	6/4	298	1996년 10월
혜양 프라자	16/5	430	1996년 12월
두발리에	10/4	76	1996년 12월
제일평화 보세타운	3/1	700	1997년 1월
삼우텍스 프라자	13/5	1,600	1997년 3월
밀리오레	20/7	1,800	1998년 12월
누존	16/8	1,309	1998년 12월
두산타워	33/7	3,000	1999년 1월

출처: 〈매일경제〉 1996.10.9.

청량리역 앞 광장
위 가운데는 청량리시장의 재개발로 들어선 현대아파트이고, 위 오른쪽은 서울대 예과 터에 들어선 미주아파트이다.

::11장

청량리는 청량한가?
淸凉里

청량리는 청량리역, 청량리시장, 그리고 '청량리 588'로 유명했다. 많은 사람들이 모이는 곳이다 보니 '청량리경찰서'(현 동대문경찰서)도 있었다. 그런데 사실 '청량리역'과 '청량리 588'은 청량리의 남쪽에 붙어 있는 지역으로 실제 행정구역은 청량리가 아니라 전농동이다. 청량리는 1897년 11월에 민비의 능묘(홍릉)가 생기면서 중요한 지역이 되었으며, 일제 때 경성제국대학 예과와 청량리역이 들어섰고, 박정희 때에는 한국국방연구원^{KIDA}, 한국개발연구원^{KDI}, 한국산업연구원^{KIET}, 한국과학기술원^{KAIST}, 한국농촌경제연구원^{KREI} 등이 들어서서 서울은 물론 한국에서 가장 중요한 연구집적지역이 되었다. 청량리는 서울의 최대 사창가와 정부의 주요 연구원들의 사이에 역, 시장, 경찰서, 전화국, 엄비의 능묘 영휘원, 세종대왕기념관, 국립수목원(홍릉 자리) 등이 줄줄이 있는 특이한 곳이다.

1

청량리는 동대문 밖에서 가장 큰 동네이다. 청량리역의 거창한 민자역사는 이 사실을 잘 보여준다. 청량리는 동대문을 나서서 망우리를 지나 춘천과 여주를 향해 나가는 길목이다. 태조 이성계(1335~1408)가 아차산(최고봉 용마산)의 망우리 고개 너머에 자신의 능묘 자리를 정한 뒤에 이 고개에서 그곳이 정말 명당인 것을 확인하고 "이제 근심을 잇겠구나"라고 해서 이 동네의 이름이 망우리가 되었다는 얘기가 전해진다. 태조의 능묘는 건원릉인데 근처에 8기의 능묘가 더 들어서서 '동구릉'이 되었다. 조선 왕조의 능묘는 모두 세계문화유산으로 등재되었는데 동구릉은 그 규모가 가장 큰 곳이다. 조선 때에 임금의 동구릉 능행은 중요한 정치적 의례였고, 보통 5천 명 이상의 사람들이 동원되는 거창한 볼거리였다. 청량리는 이 동구릉 능행의 중간 지점에 해당되는 곳이었다.[1]

청량리는 이곳에 '청량사'가 있어서 붙은 동네 이름이다. 비구니 절인 청량사는 신라 때 처음 지어졌고 고려 때 '남경'의 주요 절이었다. 청량사가 있는 산을 우리는 '홍릉산'이라고 불렀는데 실제 이름은 바리산이나 천수산이다.[2] 홍릉초등학교 위 홍릉산(바리산/천수산) 꼭대기에는 작은 전망대가 만들어져서 주변을 시원하게 둘러볼 수 있다. 우이동 화계사 뒤의 북한산 줄기가 석관동의 천장산으로 이어지고 이것이 바리산/천수산을 지나 사도세자의 묘가 있던 배봉산으로 이어져서 중랑천과 청계천을 만나게 된다. 지금은 도로로 나뉘어 두 산처럼 보이지만 사실 바리산/천수산은 천장산의 남쪽 줄기이다. 지금 청량사는 '홍릉산'의 남쪽 자락에 있는데 본래는 그 서북쪽 자락에 있었다. 민비의 능묘인 홍릉은 천장산의 서쪽 자락에 있던 돌곶이 승방을 없애고 만들어졌고, 엄비의 능묘인 영휘원(사적 361호)은 그 앞에 있던 바리산/천수산의 서북쪽 자락에 있던 청량사를 옮기고 만들어졌다.[3] 1968년 10월에 영휘원의 북쪽 땅을 일부 떼어내서 '세종대왕 기념관'을 짓기

---

1 동구릉에 이르기 전에 있는 태강릉(태릉은 문정왕후 윤씨, 강릉은 명종과 인순왕후 심씨)과 의릉(명종과 계비 선의왕후 어씨)에 가기 위해서도, 동구릉을 지나서 이르게 되는 광릉(세조와 정의왕후 윤씨)과 홍유릉(고종과 민비)에 가기 위해서도 청량리를 지나가야 했다.

2 '이한성의 이야기가 있는 길 21-청량사~홍릉~보타사', 〈CNB저널〉 제217호/2011.4.11. 서울학교, '하늘이 숨긴 명당, 천장산을 거닐다', 〈프레시안〉 2015.5.12 등 참고.

3 영휘원에는 숭인원도 있다. 숭인원은 엄비의 손자, 즉 영친왕의 장남 이진(1921.5~1922.5)이

시작했다. 1973년 10월 개관한 이곳에는 청계천 수표교 옆에 서 있던 수표(보물 838호)가 있다. 장충단의 수표교와 이곳의 수표가 청계천의 그 자리에서 다시 만나게 되기를.

청량리가 중요한 곳으로 떠오르게 된 것은 1897년 11월 이 동네에 민비의 능묘를 쓰게 되면서이다. 1895년(고종 32) 10월 8일 주한 일본 공사 미우라 고로三浦梧樓의 주동으로 친일 주구들을 앞세운 일본의 깡패들[4]이 경복궁에 난입해서 고종의 왕비인 민비(민자영, 1897년 대한제국의 수립과 함께 명성황후로 변경)를 난자해서 죽이고 시체를 석유로 태워버린 참변인 '을미사변'이 일어났다. 일본의 악랄함과 사악함은 나치보다 더한 면이 있다. 1897년 10월 12일 대한제국이 수립되고 고종(광무제)이 황제에 즉위하며 민비도 명성황후로 추존됐고, 고종은 11월 21일 국장을 치러서 청량리의 '홍릉'에 민비를 비로소 안장했다. 민비는 시해되고 입관되어 궁 안에 모셔져 있다가 무려 2년이 지나서 안장됐던 것이다.[5] 1898년 1월 고종이 돈을 내고 미국인 헨리 콜브란이 경영을 맡아서 한성전기회사가 설립됐다. 이 회사는 2월 서대문-청량리 노선의 전차 건설 계약을 체결했고 12월 서대문-청량리 노선의 단선 궤도가 완공됐다.[6]

첫돌도 되기 전에 의문의 죽음을 당했는데 그 죽음을 애석히 여겨 순종이 이곳에 격식을 갖춰 묘를 만들도록 했다.

4 이들을 흔히 '낭인(浪人)'이라고 부르는 데, '주군이 없는 무사'로서 돈을 위해 학살과 약탈을 일삼았으며 일본 조직폭력단('야쿠자')의 모태이자 일본 군국주의의 첨병이었다. 일본식 발음으로는 '로닌'이다. 이 야만적인 낭인이 서구의 대중문화에서는 아주 자유롭고 정의로운 '기사'처럼 여겨지고 있다. 로버트 드 니로 주연의 영화 〈로닌〉(1998)은 그 좋은 예이다.

5 김지영, '근대기 국가의례의 장으로서의 동교', 『서울학연구』 XXXVI(2009.8), 14쪽. 이 논문에서 '동교'는 동구릉 일대로 제시되는 것으로 보인다. 그런데 사실 '동교'는 동대문 밖의 대단히 넓은 지역을 포괄하는 것이었으며, 서울역사박물관의 '청량리전' 설명에 따르면 청량리는 '동교'의 중요 지역이었다. 특히 1898년 12월에 청량리까지 전차가 놓이고 청량리는 홍릉 일대의 수려한 자연 덕에 서울의 주요한 휴식지가 되었다.

6 헨리 콜브란은 고종의 홍릉 능행에 막대한 비용이 드는 것을 보고 고종에게 전차를 놓으면 쉽고 빨리 홍릉에 갈 수 있다고 말해서 고종이 전차를 부설하도록 설득할 수 있었다고 전해진다. 그런데 이 이야기는 일본에 의해 고종을 폄하하기 위한 의도로 널리 퍼트려진 것일 수 있다(전우용, '서울이야기 18-종로, 전차(2)', 한국역사연구회 웹진 2006.8.1). 그러나 서울역사박물관의 청계천 문화관에서 2013년에 열었던 '청량리 특별전'에서도 고종이 민비를 그리워해서 전차를 놓게 되었다고 소개했다.

1919년 1월 고종이 세상을 떠나고 2월 고종을 금곡에 조성한 능에 묻으면서 민비를 그 곳으로 이장했다. 그래서 홍릉은 금곡으로 옮겨졌고, 그 자리는 1922년에 수목원으로 조성되었다(지금의 '홍릉수목원'). 홍릉은 오래 전에 없어졌지만 청량리에는 여전히 그 이름이 강하게 남아 있다. 청량사 앞의 골목 길은 홍릉산을 넘어 홍릉초등학교로 가는 길이다. 홍릉은 오래 전에 멀리 금곡으로 옮겨졌지만 그 이름은 이처럼 여전히 '홍릉수목원', '홍릉산', '홍릉초등학교'로 남아 있다. 그런데 청량리가 '청량사'에서 연원한 것이라면 '청량사'라는 절의 이름은 어디서 연원한 것일까? 경북 봉화의 깊은 산골에 퇴계 이황이 즐겨 찾았던 청량산과 청량사가 있는 것처럼, 청량리의 청량사는 옛날에 천장산의 숲과 골이 시원하고 여기서 차고 맑은 물이 흘러서 청량사로 지었던 것이 아닐까? 전차가 놓인 뒤 대한제국과 일제 강점 시기에 이곳은 서울 시민들의 중요한 휴식지였다. 1940년 일제는 천장산 일대를 '청량공원'으로 지정했다. 전체적으로 청량리가 청량함을 잃은 지는 이미 오래 되었지만 '홍릉'을 포함한 천장산 일대는 여전히 울창한 숲으로 청량하다.[7]

원래의 홍릉이 있던 곳은 '홍릉수목원'이 되었고, 그 주변에는 한국개발연구원(KDI), 한국과학기술원, 산업개발원, 국방연구원 등 박정희 정권 때 세워진 국가 연구시설들이 밀집해 있다. 박정희는 종종 이 연구원들에 시찰을 나왔는데 그때마다 길목에 있는 '홍파국민

청량리 도로: 1900년대(좌), 1910년대(우)

동대문에서 청량리로 가는 길 위에 전차 선로가 놓였다. 오른쪽으로 단선 선로 위로 전차가 가고 있고, 그 옆으로 짐을 실은 소들이 오고 있다. 양 옆의 가로수는 민비의 장례 때 심은 한국 최초의 가로수이다. 시간이 지나며 전차 선로의 옆으로 가게들이 들어섰다. 길이 조금 확대됐으나 양 옆에는 가로수가 울창하다.

---

7 1990년대에 천장산은 '미시설 근린공원 청량공원', 홍릉수목원은 수목 공원, 영휘원 일대는 시설 근린공원 홍릉공원으로 지정되었다. 서울특별시, 〈서울의 역사와 문화유산〉 중 '서울의 산'의 '천장산' 참고.

학교'의 모든 창문을 꼭꼭 닫아야 했다. 영휘원에서 경희대로 넘어가는 길은 커다란 가로수들이 우거져서, 비록 그 거리의 길이가 아주 짧기는 하지만, 서울에서 아름다운 가로수 길로 손꼽히던 곳이었다. 1990년대 후반에 산업개발원은 삭막한 블록 담을 헐어 버리고 보도에서 안쪽의 연못과 정원을 보며 쉴 수 있도록 작고 멋진 보도 공원을 만들어서 이 길을 더 멋진 곳으로 만들었다. 영휘원과 경희대 사이의 길은 주민들에게 참 좋은 산책길이며, 오붓한 장소를 찾는 청춘 남녀에게도 참 괜찮은 산책길이다.

2

조선 시대에 청량리와 주변 지역은 낮은 산들 사이로 작은 개울들이 이리저리 흐르는 넓은 들판이었다. 동대문에서 출발하며 숭인동, 신설동, 용두동, 제기동을 지나 청량리에 이르는 넓은 지역이 모두 벌판이었다. 넓고 기름진 벌판이고 궁에서 가기 편한 곳이어서 조선은 이곳에 신농씨를 모시고 농사를 권하는 '선농단'(사적 436호)을 설치했다.[8] '농업이 천하의 큰 근본'이었던 농업국가 조선에서 '선농단'은 대단히 중요한 곳이었다. 일제는 '선농단' 일대에 '청량대 공원'을 만들고 경성여자사범대학을 세워서 '선농단'을 크게 훼손했다. 이 학교가 해방 뒤에 서울대 사범대와 그 부속 고등학교가 된 것인데, 서울대 관악 캠퍼스 조성에 따라 이 자리는 다시 주택단지로 개발되었다. 이 주택단지는 울창한 숲 속에서 그윽한 멋을 풍기는 곳이었으나, 주변의 고층화와 내부의 상업화에 의해 이제는 많이 퇴락해 버렸다. 서울은 멋진 것이 지켜지기 아주 어려운 곳이다.

여기서 정릉천을 건너 경동시장 쪽으로 가면 지금 그 주변은 전국 최대의 약령시 지역이다. 조선 시대에 근처 신설동 쪽에 병자를 치료하던 '보제원'이 있었던 것이 이 약령시의 형성에 영향을 미쳤을 것으로 추정된다. 약령시의 '한솔동의보감' 건물은 본래 제기동 미도파백화점이었는데, 일제 강점 때인 1939년에 그 자리에 경춘선의 시발역인 성동역

---

[8] 바로 이 '선농단'에서 '설렁탕'이 유래되었다고 한다. 그런데 이에 대해 몽골어로 '슈루'라고 읽는 몽골의 '공탕'(空湯)이 전래되어 곰탕과 설렁탕이 된 것이라는 연구가 있다(황교익, '설렁탕이 선농단에서 유래했다고?', 〈주간동아〉 776호/2011.2.28). 설렁탕이라는 이름은 '선농단'에서 유래된 것이어도 그 음식은 고려 때 몽골에서 전해진 것일 수 있다.

이 들어서서 1971년 10월까지 있었다. '한솔동의보감'의 건너편에도 한방을 내세운 거대한 오피스텔인 '동의보감타워텔', '용두 한방천하 포스빌'이 왕산로를 위압하며 들어서 있다. 빈 사무실들이 많은 이 건물들만 보면 약령시가 아니라 고층 난개발 전시장인 것 같다. 약령시에서 길을 건너면 경동시장인데 여기서부터 청량리역에 이르는 넓은 곳이 모두 청량리시장이라고 할 수 있다. 청량리시장은 왕산로를 건너 '588' 옆으로도 이어져 있으니 정말 굉장히 큰 시장이다.

청량리 하면 기차를 떠올리기 쉽지만 사실 청량리에서 더 중요한 것은 도로일 수 있다. 청량리는 조선 시대에 동구릉으로 가는 중요한 길이어서 일찍부터 도로가 잘 닦여 있었다. 그리고 고종이 청량리에 만들어진 민비의 능을 자신의 능이 만들어질 금곡으로 옮기기로 결정하고, 대한제국 정부는 이를 위해 콜브란에게 맡겨서 청량리에서 금곡까지 우리나라에서 최초의 근대 도로를 만들었다. 이것을 '황실 도로'라고 불렀다. 나아가 고종은 아예 전차를 금곡 남쪽 덕소까지 연장하려고 했다.[9] 조선 왕조가 궁궐 건축, 능묘 조성, 능묘 행차 등에 쓴 돈과 물자와 인력을 도로와 교량으로 대표되는 각종 하부구조의 정비에 썼더라면 왜란도, 호란도 겪지 않았을 것이다. 백성들의 생활에 꼭 필요한 다리였던 자그마한 돌다리인 살곶이 다리(보물 1738호)를 하나 놓는 데 1420년(세종 20)에서 1483년(성종 14)까지 무려 60년이 넘는 시간이 걸렸다. 그나마도 한 승려가 축조법을 고안해서 살곶이 다리를 완성할 수 있었는데 이 승려의 이름은 전해지지 않는다. 박제가(1750~1815) 선생이 『북학의』에서 개탄했듯이 조선은 기생적인 양반들의 지배가 대단히 강고하게 구축되어 '부국강병'에 필수적인 물자와 기술을 너무나 천대하고 아비를 아비라 부를 수 없을 정도로 가혹한 신분제를 시행한 대단히 나쁜 나라였다.

청량리에서 가장 중요한 곳은 청량리역이다. 청량리역은 1911년 10월 용산과 원산을 잇는 경원선의 보통역으로 문을 열었고(경원선은 1914년 9월에 전 구간 개통), 그 뒤 1939년 4월 경춘선이 개통되고 6월 중앙선이 부분 개통되면서 청량리역은 크게 커졌다(중앙선은 1942년 4월에 전 구간 개통). 해방 뒤 청량리역은 일제 말에 건설되기 시작해서 1950년대 중반에 완공된 영동선의 시발역이 되었고, 1971년에 도시화에 따라 폐역된

---

9 국가기록원, 『일제 문서 해제-토목편 제3부 도로 관련 기록물의 개설과 해제』, 239쪽.

1933년 이전(상), 1935년(중), 청량리 네거리(하)

1933년쯤 길모퉁이에 '청량루'라는 2층 식당이 들어섰다. 아직 전차 노선은 단선이다. 청량리 전차는 1934년에 복선으로 된다. 1935년에 간선도로 개수사업으로 도로를 크게 확장-직선화하고 로터리를 만들었다. 이 과정에서 양 옆의 가로수들을 모두 베어 없앴다. 그 뒤 오른쪽에 청량리시장이 들어섰고, 왼쪽에 '588'이라고 불린 사창가가 들어섰다.

지금 청량리에서는 옛 모습을 거의 찾아볼 수 없다. 고층 건물들이 곳곳에 경쟁적으로 들어섰기 때문이다. 그러나 도로의 기본 형태는 그대로 남아서 옛날을 떠올리게 해 준다.

성동역을 대신해서 경춘선의 시발역이 되었다. 이렇게 해서 청량리역은 서울역에 이어 한국에서 두번째로 큰 역이 되었다. 오랜 동안 청량리역은 이층 역사와 넓은 광장으로 이루어져 있었다. 1970년대 여름에는 대성리, 청평, 강촌, 춘천 등 경춘선 쪽(강원 동남 쪽)이나 덕소, 팔당, 양수리, 양평 등 중앙선 쪽(경기 동남 쪽)으로 놀러가는 젊은이들이 넓은 역 광장에 가득 모여서 기타를 치고 노래를 부르며 기차를 기다리곤 했다. 예전에 청량리역 광장은 젊음이 넘치는 곳이었다. 특히 청량리역과 그 앞은 왕숙천과 한강으로 가는 출발지였기에 길가에는 낚시용품 가게들이 늘어서 있었다. 당시는 구더기를 미끼로 많이 써서 가게마다 앞에 구더기가 가득 들어서 꿈틀거리는 큰 통을 내놓아 두었다. 낚시꾼들의 눈에는 그 구더기들이 귀엽게 보였을까?

1980년대에 전두환의 '한강종합개발사업'으로 왕숙천과 한강을 대대적으로 파괴하고 수로형으로 개발해서 예전처럼 낚시를 할 수 없게 되면서 청량리역 앞의 낚시가게들은 대부분 없어졌다. 그 자리에는 비슷한 모양의 2~3층 건물들이 들어서서 계속 유지되고 있는데, 2015년 10월 특이한 외양의 '호텔 더 디자이너스 청량리점'이 들어서 거리의 모습이 상당히 바뀌게 되었다. 그 건너편은 1970년대 말에 미주아파트의 상가로 지은 미주상가가 그대로 있으니 거의 40년째 같은 거리의 모습을 하고 있는 것이다. 30년 전에는 A동 1층에 서점이 두 곳이나 있었는데 이미 오래 전에 다 없어졌고 계속 옷가게로 유지되고 있다.

1935년 도로가 확대될 때 청량리역 주변은, 그 앞으로 1924년에 경성제국대학 예과가 크게 들어서기는 했어도, 논밭과 숲이 어우러진 전원지역이었다. 그러나 도로의 확대로 청량리의 개발이 빠르게 진행되어 갔고, 1939년 4월에 경춘선이 개통된 것에 이어서 6월에 중앙선이 일단 양평까지 개통되어 청량리가 내륙 교통의 중심이 되는 동시에 가을부터 청량리 시가지 구획사업이 시행되어 청량리는 더욱 빠르게 변하게 되었다.[10] 청량리역 앞은 자연히 상업의 중심이 되었다. 1940년 9월 1일부터 10월 23일까지 현재 청량리 수산시장 자리인 청량리역의 동쪽 들판에서 '황국신민화'를 위한 '조선대박람회'가 열리기도 했다. 1949년 3월 청량리역은 상설시장이 되었다. 이 시장은 1960년대 초 불이 나

---

10 〈동아일보〉 1939.1.7.

1980년대 청량리역(좌), 2013년의 청량리역(우)

1980년대 청량리역 광장에는 시계탑과 인구탑이 서 있었다. 인구탑은 인구 증가를 알리는 전광판을 설치한 탑으로 출산 억제를 위한 시설이었다. 현재 한국의 세계 최저의 출산율로 급격한 인구 감소가 예측되는 대표적인 나라이다. 비리 세력의 전횡으로 아이를 낳아 기르기가 아주 어려운 사회가 됐기 때문이다. 2010년에 새로 완공된 청량리역의 역사는 철로 위에 건축한 거대한 롯데 복합상가(롯데백화점, 롯데 마트, 롯데시네마)의 한 귀퉁이에 붙어 있는 모습을 하고 있다. 이 민자역사는 한화의 소유이며 롯데가 임대해서 쓰고 있다. 두 재벌이 청량리역을 완전히 장악한 것이다. 이 건물의 내부는 거대한 캐스케이드 형태의 계단실로 나뉘어 있으며 옥상에는 정원이 만들어져 쉴 수 있다. 멋진 곳이 된 것 같지만 실은 화려한 삭막함으로 가득찬 곳이 되었다. 2013년 4월에는 롯데백화점에서 일하던 40대 여성 파견 노동자가 투신자살하기도 했다.

서 다시 지었는데, 30년 정도 뒤인 1990년대 초에 또 큰 불이 나고 말았다. 1994년에 현대가 그 자리에 고층 주상복합 건물을 지은 뒤로 청량리시장은 크게 변해 버렸다. 사실 시대가 빠르게 변하고 있었다. 1980년대 중반을 지나면서 청량리시장도, 청량리역도 빠르게 과거로 떠밀려 가고 있었다. 경제성장과 소득증대에 따라 승용차가 늘어나면서 청량리역의 효용은 줄어들었고, 백화점, 슈퍼, 편의점, 마트 등이 늘어나면서 청량리시장의 효용도 줄어들었다.

청량리역과 그 앞에서 이런 변화를 주도한 것은 롯데였다. 2010년 8월에 청량리 민자역사가 준공됐다. 거대한 이 역사 건물을 롯데가 임대해서 롯데백화점과 롯데 마트를 운영하고 있다. 그리고 청량리역 앞에는 롯데플라자도 있다. 청량리역과 그 앞은 그야말로 롯데의 영지가 되어 버렸다. 33년 만의 대변화였다. 1977년에 지금의 롯데플라자 건물에 있던 대왕코너가 문을 닫고 맘모스 백화점이 새로 문을 열었는데, 롯데는 2층의 청량리역 쪽 출구 옆 자리를 임대해서 '롯데리아'를 열었다. 롯데의 청량리 진출은 이렇게 시작됐다. 1991년 6월에 롯데는 맘모스를 인수하기로 했고, 1994년 3월에 결국 롯데백화점이

문을 열었으며, 나아가 롯데는 1994년 5월부터 청량리 민자역사 계획에 적극 참여할 뜻을 밝혔다. 철도청은 1995년 6월부터 청량리 민자역사 계획을 본격 추진하기 시작했는데 당시의 계획에서 핵심은 롯데백화점을 철거하고 그 뒤의 철도청 부지에 새로 건축하는 대신에 청량리역 광장을 넓히는 것이었다(〈매일경제〉 1995.6.26). 그러나 실제로는 롯데백화점은 롯데플라자로 바뀌었고, 청량리역 광장만 대거 줄어들어 버렸다.[11]

1968년 8월에 박정희 독재의 여러 특혜를 받고 종합상가인 '대왕코너'가 지금의 롯데플라자 자리에 들어섰다. 대왕코너에는 식당가, 백화점, 아파트, 호텔, 나이트 클럽, 극장 등이 다 있었다. 대왕코너의 1층 유리창에는 요란한 분장으로 유명했던 미국의 락 그룹 키스(1973년 결성)의 대형 사진들이 걸려 있어서 오가는 사람들의 눈길을 끌었다. 아이들은 움직이는 계단인 에스컬레이터를 타며 놀기 위해 대왕코너로 몰려가곤 했다.

대왕코너에서는 1970년대에 세 차례나 큰 화재가 일어났는데, 두번째 화재 사고인 1974년 11월 3일 새벽 2시 반의 화재에서는 무려 88명이 죽었다. 6층 나이트 클럽이 영업시간 제한을 어기고 불법영업을 하다가 이렇게 큰 사고를 일으켰다. 애초에 대왕코너는 5층으로 건축허가를 받고 7층으로 증축됐던 태생부터 불법인 건물이었다. 그러나 당시 서울시는 대왕코너 사장이 청량리역 앞의 '창녀촌'을 재개발해서 현대식 상가를 건립했다며 감사장을 수여했다(〈매일경제〉 1968.11.21). 화재가 난 뒤에 탐욕을 조장하고 안

대왕코너 화재 (1972년 8월 5일)

롯데플라자(2013년 10월)

11 서울역, 용산역, 영등포역 등도 똑같은 식으로 개발되었다. 민자역사의 명목으로 역사와 철로 앞뒤와 위아래에 거대한 상가 건물이 들어서고 광장은 크게 줄어들어 역을 찾기 어려울 정도로 역과 그 주변이 아주 답답한 곳이 되어 버렸다.

전을 무시했던 동대문구청장을 비롯한 공무원들은 처벌받지 않았다. 1970년 와우아파트 붕괴, 1974년 대왕코너 화재 등에서 확인됐던 '부패와 부실의 먹이사슬'이 전혀 시정되지 않은 결과로 1995년 삼풍백화점 붕괴, 2014년 세월호 대참사 등이 다시 발생했던 것이다.

대왕코너에는 '대왕극장'이 있었다. 매표 창구 앞에는 늘 껌팔이 아줌마가 서성이며 껌을 사달라고 호소하고 있었다. 나는 10살 때쯤부터 '초대권'[12]을 사서 혼자 동네 극장들에 가서 영화를 봤는데 '대왕극장'에서 본 영화로는 무엇보다 '007 죽느냐 사느냐'과 '빠삐용'이 기억에 남아 있다. 아직도 007의 전자시계와 악당이 배가 부풀어 터져 죽는 장면이 눈에 선하고, 어린 나이에도 '빠삐용'이 절벽에서 뛰어내리는 마지막 장면에서 아주 후련한 느낌이 들었다. 청량리 네거리 주변에는 대왕극장보다 더 오래된 동일극장, 오스카극장, 시대극장 등이 있었다. 동일극장은 청량리시장 쪽 청량리 네거리에 있던 극장이었는데 1971년 초여름엔가 여기서 김추자 리사이틀을 보았다. 동일극장은 성인 오락실과 연결된 뒷문 계단이나 창밖의 사다리 비상구를 통해서 친구들과 몰래 들어가기도 했다. 1980년대 초부터 컬러 TV 방송이 이루어지고 VTR이 보급되면서 이런 동네 극장들은 빠르게 없어져 버렸다. 지금 이 극장들은 모두 없어졌고 그 건물들도 거의 모두 없어져서 그 자리에는 거대한 고층 건물들이 들어섰다. 동일극장은 오래 전에 문을 닫았으나 그 건물은 아직 그 자리를 지키고 있다. 그 옆 5층 건물 꼭대기 층의 쿵푸 도장은 40여 년 전부터 그 자리를 지키고 있으니 아마도 서울에서 가장 오래된 쿵푸 도장의 내력을 가진 곳이 아닐까?

3

청량리에는 현대 주택사와 관련해서도 중요한 곳들이 있다. 부흥주택과 미주아파트가 그

---

12 극장에서 영화나 쇼의 포스터를 동네의 구멍가게 앞에 붙이는 대신 가게에 '초대권'을 줬다. 가게는 이 '초대권'을 팔았고, 이걸 사서 갖고 가면 영화를 반값에 볼 수 있었다. 만일 '007 죽느냐 사느냐'가 500원이었다면 초대권은 50원이고 이걸 사서 갖고 가면 250원을 내고 영화를 볼 수 있었던 것이다. 나는 중학교 때까지, 그러니까 1980년까지, 이런 식으로 동네 극장들에서 영화를 봤던 것 같다.

것이다. 부흥주택은 영휘원 앞쪽에 있는데 한국전쟁 뒤의 주택난에 대응해서 지어진 것이었다.

본격적인 주택 건설사업이 착수된 것은 1955년부터였다. 외국 원조자금과 차관으로 서울특별시 '대한주택영단(大韓住宅營團)' 금융기관·외국 원조기관 등이 주택을 지어 공급했다. '공영주택'이라고 통칭되는 이들 주택은 형태나 자금의 출처·건축 목적에 따라 부흥주택·재건주택·도시A형·도시B형·도시C형·난민주택·자조주택·시범주택·국민주택·수재민주택·간이주택·ICA주택·희망주택·인수주택·아파트·개량주택·외인주택·시험주택·상가주택·자재공급주택 등 다양한 이름을 갖고 있었다.

공영주택이 들어선 곳은 성북구 정릉동·안암동, 서대문구 창천동·홍제동·행촌동, 동대문구 휘경동·회기동·청량리동·답십리동, 성동구 행당동 등과 같은 서울 변두리 지역이었다. 일단 주택이 들어서면 버스가 따라 들어가고 상수도가 들어감으로써 그 주변 지역 일대가 새로운 주택지로 발전하였다. 이들 공영주택의 건설로 부엌과 화장실의 편리성, 침실과 거실의 분리 등이 일반화되었다. 그래서 이러한 주택들이 집단으로 들어선 곳을 '문화촌'이라는 이름으로 부르게 되었다.

청량리 부흥주택은 2층 건물로 동마다 4세대가 입주하게 되어 있으며 1세대당 15평 연립주택을 갖춘 이 부흥주택은 우리나라 주택사상 새로운 주택형이었다.(《사진으로 보는 서울 Ⅲ》, 제6장 다시 건설되는 서울, 공영주택 건설).

이곳도 본래 '홍릉'의 부지였다. 그러니까 '홍릉'의 일부로 녹지였던 곳을 부흥주택의 택지로 바꾼 것이다. 이것을 계기로 '홍릉'의 부지에 여러 도로들이 놓이며 '홍릉'의 대대적인 변화가 이루어지게 되었다. 이 부흥주택 지구의 진입로 쪽에 1970년대에 가족 외식으로 유명했던 커다란 '홍릉 갈비' 식당들이 있다. 이 후미진 곳에 이런 커다란 식당들이 들어섰던 것은 이곳이 주요한 휴식지였던 '홍릉' 일대의 입구에 해당되는 곳이었기 때문일 것이다. 이 갈비집들은 지금은 상당히 썰렁해 보이지만 1970~80년대에는 인기가 대단했다. 1970년대 말에 만화가 고우영(1938~2005)이 그 광고만화를 그리기도 했다.

1960년대 부흥주택과 청량리시장 사이 지역에 단층 주택들이 많이 들어섰는데, '홍릉'

쪽에서 흘러오는 작은 개천을 사이에 두고, 동쪽에는 시멘트로 거칠게 외벽을 마감한 서민층 주택들이 아주 좁은 골목길을 만들어서 난립했고, 서쪽에는 집장사들이 외벽을 타일로 깔끔하게 마감한 중산층 한옥들이 들어섰다. 나는 청량리경찰서 아래의 집을 나서서 찻길을 건너고 '방석집'들이 들어서 있는 서민층 주택 지역의 좁은 골목길을 통해 '홍파국민학교'(1960년 개교)를 다녔다. 2012년에 그 골목길들의 사진을 찍으려고 갔더니 거의 모두 철거되어 재개발을 기다리고 있었다. 쓸쓸한 마음으로 심란한 풍경 속을 한참 거닐었다. 오붓하고 활발하던 동네가 모두 깊이 병들거나 망가져서 죽어가고 있었다. 서쪽의 중산층 한옥 동네는 1980년대 말부터 각종 음료나 생활용품의 도매상들이 들어서더니 1990년대 말에는 완전히 그런 도매상들의 동네가 되어 거칠게 퇴락해 버렸다.

청량리역에서 마주 보이는 미주아파트 단지는 1924년에 경성제대 예과가 들어섰던 곳이다. 본래 이곳은 소나무 숲이 울창해서 피서지로 유명했던 곳이라고 한다.[13] 1946년에 경성제국대학이 서울대학교로 바뀌었고, 1948년에 예과가 폐지되면서 청량리캠퍼스는 의예과와 문리대 이학부에서 쓰게 되었다. 이 때문에 우리는 청량리캠퍼스를 '서울대 문리대'라고 불렀다. 1960년대 초에 그 뒤쪽 담을 따라 작은 무허가 집들이 많이 들어섰다. 주민들은 땅을 불하해 줄 것으로 알고 있었으나, 서울대와 서울시는 사실 그렇게 할 생각이 없었다. 1970년대 초에 라이프 그룹[14]이 이곳을 사서 그 집들을 모두 부수고 강북의 최초 중산층 아파트인 미주아파트를 지었고, 1924년 5월에 준공된 본관 건물은 동산병원에서 인수해서 병원으로 쓰다가 2015년 4월에 모두 철거되었다. 1974년 겨울에 갑작스런 철거로 집을 잃은 주민들은 성남으로, 신림동으로 떠나거나 그 자리에 천막을 짓고 버텨야 했다.

당시 이곳은 담으로 둘러쳐진 2만 평이 넘는 땅에 나무와 풀이 자유롭게 자랐고, 쥐는 물론이고 꿩, 박쥐, 족제비 등도 살았고, 빗물이 고여 만들어진 연못에는 소금쟁이, 방개, 물장군 등에 미꾸라지, 붕어도 있었고, 아무도 사용하지 않는 넓은 운동장이 있었고, 일

---

13 국가기록원, '일제 시기 학교 건축도면 콘텐츠-경성제국대학 예과(청량리) 캠퍼스' 참고.
14 조내벽의 라이프그룹은 1970년대에 청량리, 여의도, 잠실 등에 대규모 아파트들을 지으며 신흥 건설재벌로 급부상했으나, 1980년대 말에 불법자금으로 검찰의 수사를 받았고 1993년에 부도가 났다.

청량 2동의 부흥주택
위의 녹지가 '홍릉'(영휘원)이다.

청량 1동의 미주아파트

제 때 지어진 붉은 벽돌 건물들이 몇 채 남아 있는 특이한 곳이었다. 아이들은 높은 블록 담과 날카로운 철조망을 넘어 이곳으로 들어가서 놀았다. 아이들은 공터에서 늘 공을 찼고, 씨름이나 연탄재 싸움도 했고, 여름에는 연못에서 방개나 미꾸라지를 잡았고, 겨울에는 그곳에서 각자 만든 썰매를 탔고, 아카시 나무에 하얀 꽃이 주렁주렁 열리면 열심히 따먹었고, 언덕 위 풀밭에 누워 뭉게구름을 보다가 졸기도 했다. 1976년에 그곳이 모두 철거되고 없어졌고 높고 커다란 시멘트 덩어리들이 마구 들어섰다. 지금도 청량리의 미주아파트를 보면 내 마음의 한 켠에 잠시 삭막한 시멘트 그늘이 진다. 그곳에 있던 집들과 나무들이 아직도 생생히 떠오르고, 어느 여름 밤에 환하게 빛나는 달을 향해 날리던 땅강아지들도 떠오른다.

미주아파트의 동쪽에 '청량리 정신병원'이 있다. 옛날에는 '청량리 뇌병원'이라는 이름이었다. 높은 담 안에 육중한 시멘트 건물이 솟아 있는데 모든 창에 쇠창살이 설치되어 있어서 대단히 살풍경한 모습이다. 미주아파트가 들어서기 전에 그 7~8동이 들어서 있는 언덕을 바라보면 언덕 위로 하얀 칠을 한 거대한 뇌병원이 솟아 있고 그 위로 또 하얀 뭉게구름이 피어오르기도 했다. 가끔 이 병원에서 환자가 탈출하기도 했다. 이렇게 탈출한 환자를 길에서 보게 되면 아이들은 마치 소독차 뒤를 따라다니듯이 약간의 두려움을 품고 환자의 뒤를 따라다녔다. 그런데 '청량리 뇌병원'은 이중섭과도 깊은 인연이 있다. 1956년 요절한 화가 이중섭(1916~1956)이 거식증 증세를 보여서 주변 사람들에 의해 '청량리 뇌병원'에 입원됐다. 그러나 수필가이기도 했던 최신해(1919~1991) 원장이 정신병이 아니라 심한 간염으로 다시 진단해서 이중섭을 서대문 네거리의 적십자병원으로 옮겼으나 이미 때가 늦어서 얼마 뒤에 그곳에서 간염으로 죽고 말았다.

청량리역 옆에 '청량리 588'로 불리는 집창촌이 있다. 이곳은 1939년 경춘선과 중앙선이 개통되고 사람들이 많이 모이면서 만들어진 것으로 추정된다. 서울역, 용산역, 영등포역 등의 앞에 있던 집창촌들이 거의 모두 없어지면서 한국에서 역 앞의 최대 집창촌이 되었다. 1994년부터 청량리역 민자 개발계획과 함께 '청량리 588'의 재개발 계획이 계속 발표되었다. 2012년 기존의 계획을 일부 수정한 큰 재개발 계획이 또 발표되었다. 이 계획대로라면 '청량리 588'은 지상 64층, 무려 200m에 이르는 초고층 건물을 비롯한 여러 초고층 건물들이 들어선 업무주거지구로 바뀌게 된다. 청량리는 지난 100년 동안 진행된 개발 중 가장 큰 개발을 눈앞에 두고 있는 셈이다. 이곳의 모습만 극적으로 변하는 것이 아니다. 물리적 변화의 뒤에서 사회적 변화가 진행된다. 이미 '미아리 텍사스'의 재개발에서 나타났지만 악덕 포주에서 거대 지주로 변신하는 자들도 있고, 잘 드러나지 않지만 이 사회를 저변에서 작동하는 연줄과 관계가 변하는 것이다.

2012년의 청량리역 주변 재개발 계획

청량리 지도
제기동 주민센터와 청량리역의 사각형 지역과 성바오로병원 옆의 동부청과시장이 사실상 모두 '청량리시장'이다. 청량리역과 성바오로병원 옆의 지역이 '588'이다. '숭인원'보다는 '영휘원'으로 표기해야 옳다.

청량리로 가는 가장 좋은 교통편은 지하철 1호선을 타는 것이다. 청량리는 1989년 5월에 개통된 첫번째 전차의 종점이었을 뿐만 아니라 1974년 8월 15일에 개통된 첫번째 지하철인 서울 지하철 1호선의 종점이었다. 지금 지하철 1호선은 남으로 인천, 수원, 천안, 북으로 의정부, 동두천까지 이어진다. 청량리역에서는 경춘선 ITX, 중앙선을 탈 수 있고, 용산과 용문을 오가는 전철도 탈 수 있다. 청량리는 여전히 서울의 동쪽 관문이다.

청량리와 그 근처
清凉里 近處

　청량리라는 동네 이름이 유래된 청량사는 일제 때 만해 한용운 선사와도 인연이 있는 곳이다. 그런데 청량리에는 청량사보다 더 큰 청량리성당도 있다. 이 성당은 원래 '588'의 성바오로병원 옆에 있었는데 1980년대에 지금의 자리로 옮겼다. 지금의 청량리성당은 국어학자 이숭녕 박사가 살던 마당 넓은 일식 집과 그 옆에 있던 6채의 단층 양옥 주택을 사서 허물고 지은 것이다. 그 바로 앞에는 1900년대 초에 미국에서 들어온 '제칠일 안식일 예수재림교'의 본당 교회도 있다. 왕산로가 휘경동으로 꺾어지는 지점의 길가에 양쪽으로 '시조사'라는 곳의 건물들이 있는데 이곳은 '제칠일 안식일 예수재림교'의 출판사이다.

　미주아파트에서 청량리 뇌병원 쪽으로 가는 길가에 유명한 칼국수 집이 있다. 개업한 지 50년이 다 되어가는 이 식당은 멸치 칼국수와 닭 칼국수만 판다. 그 건너편 쪽에 있는 한 건물의 지하에 '삼원다방'이라는 음악다방이 있었다. 1980년대 중반에 그 다방은 3천 장이 넘는 음반을 갖고 있었고, DJ들이 늘 좋은 음악을 좋은 이야기와 함께 즐겁게 들려줬다. 시대는 변하고 도시도 변한다. 그러나 돈과 힘이 주도하는 변화는 지켜야 할 멋도 삽시간에 없애 버린다. 청량리도 고층화와 상업화의 강력한 변화에서 계속 자기 모습을 잃었다. 청량리역에서 제기역에 이르는 도로의 양쪽 보도는 노점상들로 너무나 번잡하다. 1970~80년대보다도 더 많은 노점상들이 있다. 청량리 지하철 역 앞에는 아예 보도를 막고 들어선 포장마차도 있다. 노점상도 존중돼야 하지만 지금의 상태는 확실히 큰 문제다. 그리고 청량리역 앞에서 확성기를 크게 틀어놓고 '예수 천국, 불신 지옥'을 외치는 무리도 참으로 큰 문제다. 이명박-박근혜 비리 정권에서 사람들의 삶이 어렵고 거칠게 되면서 이렇게 노점상들과 광신교들의 행태가 크게 악화된 것이 아닐까?

종묘 앞에서 종로 2가 쪽을 바라본 사진(2014년 5월)

저녁 노을 아래 종로의 모습이 아름답다. 종로에서는 전봇대-전깃줄을 지중화해서 가로수가 가지치기를 당하지 않고 비교적 울창하게 잘 자랄 수 있다. 녹지가 부족한 서울의 전역에서 전봇대-전깃줄을 없애고 이렇게 가로수 숲을 조성해야 한다.

::12장

종로, 서울을 대표하는 길
鍾 路

조선 시대에 도로는 대로, 중로, 소로로 나뉘었는데, 종로는 대로로서 영조척으로 56척(약 17m, 4차선)의 너비로 만들어졌다. 종로라는 이름은 '종루'(종각)에서 비롯된 것이다. 종로의 양쪽에는 가게들이 길게 늘어서 있었다. 조선 때부터 지금까지 종로는 서울을 대표하는 거리이고, 이 나라에서 전차가 가장 먼저 놓인 곳이자 지하철도 가장 먼저 놓인 곳이다. 종로에는 600년 서울의 역사가 깊고 넓게 쌓여 있다.

1

종로는 서울의 도심을 대표하는 큰 길이다. 서울의 원형인 한양은 네 개의 산을 잇는 산성을 중심으로 도성을 쌓고 그 안에 궁을 비롯한 집들을 지어서 만들어진 도시이다. 우리는 도시라고 하면 보통 많은 건물들이 모여 있는 곳을 떠올린다. 그러나 도시에서 건물들보다 더 근본적인 가치와 기능을 갖는 것은 길이다. 길이 없이 건물들이 모여 있으면 도시는 혼란에 빠지고 만다. 아니, 애초에 길이 없이는 건물들을 짓는 것도 불가능하다. 그러므로 우리는 도시를 볼 때에 우선 길에 주의할 필요가 있다. 길이 어떻게 만들어져 있는가 하는 것이 도시의 성격을 크게 규정하는 것이다. 종로는 서울을 지탱하는 물자들의 수송로이자 사람들의 교통로로써 만들어진 길이다. 서울의 실제 작동이라는 면에서 보자면, 세종로가 아니라 종로가 서울의 중심 가로였던 것이다. 사실 지금도 그렇다.

조선은 상업을 천시한 나라였다. '사농공상'이라는 말에서 잘 드러나듯이 조선은 사회의 기본 활동에서 상업을 가장 천시했다. 조선은 나라가 공인한 상인들이 상업을 주도하는 방식으로 상업을 엄격히 규제하고자 했다. 그 대표적인 장소가 바로 서울의 종로였다. 종로는 상업의 거리였다. 종로는 상업으로 서울을 떠받치는 곳이었다. 삼천리 한반도의 곳곳에서 거두고 만든 온갖 물건들이 이곳으로 모였다. 조선은 한양으로 도읍을 옮기고 종로와 남대문로의 양쪽에 상설 점포인 시전(市廛)을 만들었는데, 시전의 실제 형태는 길가를 향해 만들어진 행랑(行廊, 대문의 양쪽이나 문간에 붙어 있는 방)들이 길게 늘어서 있는 것이었다. 종로는 시전의 거리였고, 시전 행랑의 거리였다. 시전 행랑은 종로의 모습을 규정했다. 도로의 너비도 시전이 행랑 앞에 만들어 놓은 가가(假家, 작은 가건물로서 '가게'의 어원)에 의해 좁아졌다.[1]

종로는 단지 세종로 사거리와 동대문을 잇는 큰 길이지만 그것은 좁은 뒷길인 '피맛골'과 함께 짝을 이루어 운용되었다. 종로에는 고관들의 행차가 잦았다. 조선은 엄격한 신분제 국가였고, 고관들이 행차할 때 하관들은 말에서 내려 인사해야 했다. 이에 따른 불편을 피하고자 종로의 시전 행랑 뒤쪽으로 좁은 골목길을 만들어서 하관들과 평민들이 다니도록 했다. 이 길을 고관의 말을 피하는 '피마'를 위한 길이라는 뜻에서 '피맛골'이라고

---

[1] 〈참고자료 50〉 치도규칙 참고.

종로의 모습

출처: 『사진으로 보는 조선시대 모습』

왼쪽 사진은 1895년 찍은 것이고, 오른쪽 사진은 1900년에 찍은 것이다. 1895년에는 '가가'들이 많았으나 1896년 9월부터 시작된 정비사업과 1899년의 전차 건설로 1900년에는 '가가'들이 싹 없어졌다. 오른쪽 사진의 전차 차고로 미루어 보건대 동대문 안쪽 종로 6가에서 인왕산 쪽을 바라보고 찍은 것이다. 인왕산 아래쪽의 울창한 숲은 '종묘'이다.

불렀다.[2] 1899년 5월쯤에 종로를 찍은 사진에서 시전 행랑 뒤의 피맛골을 잘 볼 수 있다. 도시는 사회의 공간적 구현체이다. 종로는 엄격한 조선의 신분제 질서에 의해 이중구조로 만들어졌다. 아직도 종로에는 이 역사가 상당한 정도로 남아 있다. 신분제 질서는 철저히 없애야 하고 절대 되살아나게 해서는 안 되지만 그 유적은 소중한 문화재이니 완전히 사라지지 않도록 잘 지켜야 한다.

2

종로의 길이는 2.8km이다. 현재 종로는 1가에서 6가까지 6개로 나뉘어 있는데, 이런 구획은 1914년 일제의 행정구역 통폐합에 의한 것이다. 이 길을 걸으면서 우리는 서울의 과거와 현재, 엄숙함과 활달함, 성스러운 것과 비속한 것 등 서로 대비되는 다양한 것들을 경험할 수 있다. 종로에서 우리는 서울이 참으로 대단한 복잡성과 다양성을 갖춘 귀한 도시라는 사실을 잘 알 수 있다. 서울의 여느 곳과 마찬가지로 종로도 계속 많은 변화들을 겪고 있지만 여전히 많은 것들이 수십 년 전의 모습을 지니고 있기도 하다.

---

[2] 전종한, '도시 뒷골목의 장소 기억-종로 피맛골의 사례', 〈대한지리학회지〉 44권 6호 2009, 781~783쪽.

종로거리와 피맛골

서대문-청량리의 전차가 개통된 1899년 5월 무렵의 사진이다. 종로 3가쯤에서 서대문 쪽을 바라보고 찍었다. 뒤의 산줄기는 금화산이고 오른쪽의 봉우리는 안산의 최고봉인 '무악'이다. 종로는 저 앞에서 왼쪽으로 살짝 휘어 작은 고개를 넘어 서대문으로 이어졌다. 왼쪽의 정동 언덕에 외국 공사관들의 건물이 보인다. 당시는 태평로 입구에 '황토현'이 있어서 세종로는 네거리가 아니라 세종로 삼거리였다.

초고층 건물들이 가득찬 종로 1가

종로 1가는 지난 30여 년 동안 종로에서 가장 많이 변한 곳이다. 1980~90년대 남쪽 면이 대대적으로 재개발되었고, 2003~15년에 걸쳐 북쪽 면이 대대적으로 재개발되었다. 그 결과 종로 1가는 남쪽 면의 무교동 낙지골목과 북쪽 면의 청진동 해장국 골목이 모두 없어지고 양쪽에 초고층 건물들이 가득 들어선 극히 답답한 곳이 되어 버렸다. 이명박에 의해 '강북의 강남화'가 강력히 추진되어 청진동의 아늑한 저층 지역도 영원히 사라져 버렸다. 어렵게 남아 있던 조선 때의 골목길들도 모두 없어졌다. 청진옥, 목포집, 경원집, 또순네, 한일관 등의 식당들이 모두 여기저기로 옮겨갔다. '르미에르', '그랑 서울'을 비롯해서 휘황한 거대 건물들이 들어서면서 종로 1가의 외양은 아주 화려해진 것 같지만 예전에 비해 운치와 재미가 모두 크게 떨어진 대단히 위압적인 곳이 되고 말았다. 이곳의 재개발을 선도한 'SC은행 본점'(지상 22층, 1988년 완공)의 자리에는 조선 시대에 의금부가 있었고, 일제강점기에는 평리원(경성법원)이 들어섰는데 평리원이 정동으로 옮기고 1929년부터 저 악명높은 '종로경찰서'가 여기로 옮겼다. 길 건너편에는 조선 시대 한양의 유일한 감옥이었던 '전옥서'가 있었다. 임꺽정이 이곳을 부숴서 가족을 구했고, 한말의 의병들이 이곳에 갇혀서 고초를 겪었다.

종로 2가는 종로라는 이름이 만들어진 근원인 종루가 있는 곳이다. 정도전은 한양도성의 4대문과 4소문을 열고 닫는 시간을 알리기 위해 종루를 세우고 거기에 종을 설치해서 시간에 맞춰 종을 쳤다. 밤 10시 28번을 쳐서 문을 닫고, 새벽 4시 33번을 쳐서 문을 열었다. 28번은 하늘의 별자리 28개를 뜻하고, 33번은 불교에서 천상계를 뜻한다. 정도전은 유교의 근본 덕목인 인의예지신(오상)을 널리 가르치려 인의예지로 4대문의 이름을 지었고, 남은 신으로 종루의 이름을 지어서 '보신각'이라고 했다. 지금 보신각은 1978년 한옥 형태의 콘크리트 건물로 조선 초기처럼 2층 누각의 형태로 지어진 것이다.[3] 종로와 남대문로가 만나는 이 종루 지역을 '운종가雲從街'라고 불렀는데, 사람들이 구름처럼 모이는 곳이라는 뜻이다. 1898년 3월 10일 이곳에서 독립협회가 추진한 '만민공동회'가 처음으로 열렸다. 무능한 고종은 '만민공동회'를 올바로 인식하지 못했고, 비리 세력은 '만민공동회'를 없애고 매국을 저질렀다. 종루의 뒤쪽 관철동은 1980년대에 젊은이들의 동네였는데 이곳에 근거해서 종로 2가 거리에서는 군사독재에 맞선 기습시위도 자주 벌어졌다.

---

3 보신각은 서울시 기념물 10호이고, 보신각 종은 1468년에 주조된 원각사 종으로 보물 2호이다.

보신각 건너에는 일제강점기를 대표하는 한국 상점이었던 '화신백화점'(박길룡 설계, 1937년, 지상 6층)이 있었다. 건축사로나 사회사로나 문화재로 지정되어 보존되었어야 했던 이 건물은 삼성 재벌에 의해 멸실되었고 그 자리에는 기이한 형태의 '삼성 종로 타워'(1999년, 지상 33층)라는 건물이 들어섰다. 국제주의 양식으로 종로 2가의 거리를 일신했던 서울 YMCA건물(1965)의 왼쪽에 있는 장안 빌딩(1939)의 자리에는 전차와 가로등을 설치한 한성전기회사가 있었다. 그 건물은 일제가 한성전기회사를 인수한 뒤에 1915~29년 동안 저 악명높은 '종로경찰서'로 쓰였다. 1923년 1월 12일 의열단원 김상옥 의사가 바로 이곳에 폭탄을 던졌다. 종로 2가는 한국 최초의 공원이자 3·1운동의 성지인 '탑골공원'(1896년, 사적 354호)까지 이어진다. 그 사이에 세운상가에 이은 서울의 두번째 주상복합 건물로서 큰 태생적 문제를 안고 있는 낙원상가(1969년, 지상 15층)를 볼 수 있다. 이 건물은 종로와 북촌을 잇는 도로 위에 지어진 것이 가장 큰 문제이지만 원래 8층으로 허가된 것을 15층으로 불법 증축한 문제도 있다.[4] 이 건물은 무려 409가구의 판잣집들과 낙원시장을 없애고 종로와 북촌을 잇는 도로를 넓히고 불법점용해서 그 위에 지어졌으며, 이 건물의 지하에 '낙원 수퍼마키트'를 만들었으나 이것도 실은 무허가 시장이었다.[5] 그 뒤 '낙원 수퍼마키트'는 '낙원시장'으로 바뀌었다.

종로 3가는 한국 최초의 영화관이었던 단성사(1907년 개관)를 지나 종묘 앞까지 이어진다. 2000년대에 들어와서 단성사는 지상 10층의 큰 건물로 개축되었으나 결국 망하고 말았다. 영화사를 넘어서 문화사의 면에서 단성사의 몰락은 대단히 안타까운 일이었다.[6]

4　1969년 5월 1일 서울시는 낙원상가 아파트 대표 박규태를 8층까지 건축허가를 받고 15층으로 건축하고 있어서 경찰에 고발했다(〈매일경제〉 1969.5.1). 낙원동이라는 동명은 일제가 1914년 4월 1일에 동명을 제정할 때 만든 것으로 일제의 유산이다.

5　쫓겨난 가구들 중에서 185가구의 970명은 상계동으로 이주되었다. '낙원시장 상가 아파트 이달 말경 착공 예정', 〈매일경제〉 1967.10.10. '세운 등 5개 상가 어파트 모두 무허가 시장', 〈경향신문〉 1968.7.29.

6　'경매 넘어가는 한국 최초 극장 단성사, 기구한 운명', 〈데일리안〉 2014.6.18. 단성사는 세 차례의 유찰 끝에 2015년 3월에 감정가 962억 원의 60% 정도인 575억 원에 '자일오토마트'라는 기업에게 매각됐다. 이 회사는 영안모자(백성학 회장)의 계열사로 밝혀졌다. '국내 첫 영화관 '단성사' 낙찰자…백성학 영안모자 회장은 누구?', 〈이투데이〉 2015.7.25.

세운상가

1 종묘 앞에서 바라본 세운상가의 종로 쪽 모습. 13층 현대아파트와 현대 상가를 철거했고, 보존적 재개발을 추진하고 있다.
2 세운상가 5-8층은 넓은 중정으로 조성되었고 반투명 채광 지붕이 설치되어 있다.
3 3층 보도에서 종각 쪽을 바라본 모습. 주변이 많이 퇴락한 상태이다.

종묘(사적 125호)는 조선에서 가장 엄숙한 곳이었다. 종묘는 세계문화유산이며, 종묘 대제도 세계문화유산이다. 종묘의 정전은 세계에서 가장 큰 단일 목조건물이다. 그런데 그 크기보다 더 중요한 것은 이 건물이 참으로 엄숙한 정제미를 완벽히 구현했다는 것이다. 그리고 종묘에서 우리가 꼭 주목해야 할 것은 그 울창한 숲이다. 종로의 한복판에 큰 숲이 있는 것이다. 1966년에 박정희 정권은 이 귀한 곳을 파괴해 없애고 그 자리에 국회의사당을 지으려 했다. 종묘의 건너편 세운상가(1967년 7월)가 있다. 박정희 정권의 지시로 김수근이 설계해서 1km에 이르는 거대한 고층 건물군이 지어졌는데, 그 자체로 거대한 서울의 흉물이 되고 말았다. 그런데 당시 세운상가가 들어선 일제의 '소개공지'[7]뿐만 아니라 주변의 넓은 지역이 '종삼'으로 불리던 거대한 사창가였다. 당시 서울시장 김현옥은 '나비 작전'이라는 작전명의 대대적인 단속을 펼쳐 '종삼'을 없앴다.[8] 오세훈은 세운상가를 없애고 그 옆에 36층 초고층 주상복합단지 재개발을 하겠다는 계획을 추진했다. 이 계획은 세계문화유산 종묘를 위협하는 것이었고 세운상가 둘레의 역사를 모두 없앨 커다란 문제를 안고 있었다. 세운상가 둘레의 시계골목 예지동과 기계공구 장사동은 그냥 낡은 곳이 아니라 서울 도심의 오랜 역사를 간직한 역사문화 골목 동네이다.[9] 박원순 시장은 보존적 재개발을 추진하고 있는데 워낙 규모가 커서 쉽지 않은 일이다. 주변은 많이 퇴락해서 상당한 정도의 개축이 필요하다. 그러나 보존적 재개발은 해야 하는 일이고 할

---

7 '소개공지'는 도시에서 공습의 피해를 줄이기 위해 건물들을 없애고 만들어 놓은 넓은 빈 터를 뜻한다. 일제는 1945년 3월 10일의 '도쿄 대공습'을 겪고 4~6월에 걸쳐 서울의 여러 곳에 소개공지를 만들었는데, 세운상가가 들어선 소개공지는 1945년 6월에 너비 50m, 길이 1,180m로 만들어졌다(손정목, 『서울도시계획이야기 1』, 한울, 2003).

8 1968년 9월 26일 서울시는 '종삼 적선지역 철폐'를 발표했다. 그 작전명이 '나비 작전'이었다. '꽃'(윤락녀)만 단속하던 것에서 '나비'를 괴롭혀서 '꽃'을 찾지 않게 한다는 것이었다. 그러나 실제는 대대적인 윤락녀 단속이었다. 지금 '종삼'의 흔적은 피카디리 극장 옆의 골목 동네(돈의동)에 '쪽방촌'으로 남아 있다(조정구, '돈의동 쪽방에 눕다', 〈네이버캐스트〉 2009.11.14).

9 1958~1961년에 청계천의 도심 구간 복개가 끝나면서 청계천 옆에 있던 노점들이 이 동네로 들어와서 큰 상가를 이루게 되었다. 예지동 시계골목은 영화 '감시자들'(2013)의 주요 무대이기도 했다. '이색거리 탐방(17) 종로4가 예지동 시계골목', 〈서울신문〉 2007.5.29. '예지동 시계골목, 시간이 멈춰 있는 곳', 〈서울 공식 블로그-서울 마니아〉 2015.6.30.

수 있는 일이다.

종로 4가에는 광장시장이 있다. 이 자리에는 조선 때 근처에 배오개라 불리는 고개가 있어서 '배오개 시장', '이현 시장'이라 불리던 시장이 있었다. 이 시장은 종루시장, 남대문의 칠패 시장과 함께 조선 후기 서울의 3대 시장을 이루었다. 이 자리에 1905년 7월 '동대문시장'이 한성부 등록 상설시장 1호로 들어섰다. 고위 관리였던 김종한과 종로의 거상 박승직, 장두현 등 3인이 발기인이었다. 이어서 11월 이 '동대문시장'을 운영하는 회사로 '광장주식회사'를 설립했다. 1970년 '동대문종합시장'이 문을 열고 '동대문시장'은 이 지역 전체를 가리키는 말이 되었고, '광장시장'은 원래의 '동대문시장'을 가리키는 말로 정착되었다.[10] 이곳에 기대어 피난민들이 청계천에 판잣집을 짓고 재봉 일을 하게 됐고, 그것이 커져서 1962년에 평화시장이 만들어졌고, 나아가 1970년에 동대문종합시장이 만들

종로 4가 부근의 항공사진(1950년대(좌), 1960년대 말(우))

왼쪽 사진에서 앞의 숲은 종묘이고, 아래의 개천은 청계천이다. 종묘의 앞으로 종로가 지나가고 있고, 그 건너 좁은 길이 세운상가가 들어서게 되는 소개공지(공습을 당했을 때 화재 피해를 줄이기 위해 건물을 없애고 비워놓은 땅)이다. 1945년 4~6월에 걸쳐 조성된 이곳의 소개공지는 1950년대 초에 대로로 개조될 계획되었으나, 박정희 정권이 도로 용지 위에 무단으로 거대한 아파트 상가인 세운상가를 지어서 서울을 크게 망쳤다. 오른쪽 아래쪽이 광장시장이다. 오른쪽 사진에서 소개공지에 거대한 세우상가가 들어섰고 청계천은 복개되었으나 청계 고가도로는 보이지 않는다. 청계 고가도로(당시는 3·1 고가도로)는 1967년 10월 14일 착공되어 1969년 3월 22일 개통됐다.

---

10 원래 광교(廣橋)와 장교(長橋)의 사이에 이 시장을 만들려고 해서 이름을 '광장(廣長)시장'으로 했다. 그러나 1904년의 대홍수로 '배오개 시장' 자리로 옮기게 되었고, 회사의 이름은 한자를 바꿔서 '광장'(廣藏)으로 했다('광장시장', 〈두산백과〉, 〈시사상식사전〉).

어졌다.[11] 이승만 독재를 떠받친 깡패 조직인 '동대문사단'도 광장시장에 기생해서 만들어졌다.[12] 광장시장은 여러 음식들로도 유명한데 육회, 순대, 족발, 빈대떡, 김밥 등이 늘 인기를 끌고 있다. 광장시장의 정문 옆에 옛 상업은행(현 우리은행) 건물이 있는 데 이 건물 외벽의 황토색 조각을 잠시 들여다 볼 필요가 있다. '세상'이라는 제목의 이 작품은 민중미술을 대표하는 판화가 오윤(1946~1986)이 멕시코 벽화의 영향을 받아 1974년에 만든 테라코타 작품이다. 건축가 조건영이 외벽을 배 모양으로 설계했고, 오윤은 오경환, 윤광주와 함께 1천 장이 넘는 벽돌을 구워 이 작품을 만들었다.[13] 길 건너편에는 1996년 세워진 '두산 100주년 기념탑'이 있다. 두산 재벌은 1896년 이곳에서 '박승직 상점'으로 시작했다. 박승직(1864~1950)은 포목상으로 젊어서 성공했고, 그래서 1905년 광장시장의 설립에 나서게 되었고, 1916년에 '박가분'이라는 상표의 화장품을 만들어서 큰 돈을 벌었다. 두산의 '파카 크리스탈'의 '파카^{Parka}'는 '박가'를 영어로 표기한 것이지 파커^{parker}가 아니다. 1999년에 준공된 34층의 '두타'(두산타워)가 잘 보여주듯이 동대문시장 지역은 두산 재벌의 '영지'인 것이다.[14]

종로 5가의 북쪽 면에는 약국들이 많고, 남쪽 면에는 종묘상들이 많다. 종로 5가의 남쪽 보도를 걸으면 많은 풀, 꽃, 나무들을 만나게 된다. 그것들을 구경하며 걷는 것도 큰 즐거움이다. 그러나 당연히 겨울에는 볼 수 없다. 이 부근에서 청계천 쪽 피맛골로 들어

---

11 이렇게 해서 이 일대에 전국 최대의 의류 도매시장이 만들어졌다.

12 〈참고자료 51〉 깡패조직 '동대문사단' 참고.

13 "오윤' 민중의 가슴에 희망을 새기다', 〈국민일보〉 2010.7.22. 오윤은 소설가 오영수의 아들로 서울대 미대 65학번이었으며 1986년에 만 40살의 나이에 간경화로 세상을 떠났다. 2010년 오윤 전집이 현실문화에서 출판되었다.

14 두산 재벌은 노동 탄압, 형제들의 재산 분쟁, 이명박 정권 때 중앙대 인수의 대형 비리 등으로 큰 논란을 빚었지만 창업자인 박승직의 친일 문제도 대단히 중요하다. "신동빈-신동주 형제간 경영권 분쟁으로 롯데그룹의 역사가 속속들이 드러나며 친일기업 논란에 휩싸였지만, 한국의 원조 친일기업은 두산그룹이다"('두산 창업주 박승직, 위안부 모집 단체 참여-한국 재벌의 탄생과 세습⑦ 이토 히로부미 "박승직 도와주라"…제정축하회 발기인, "지원병 제도는 내선일체의 구현", 〈미디어오늘〉 2015.10.10). 2016년 11~12월에 삼성뿐만 아니라 현대, 롯데, SK, 두산, 한화, 한진, CJ 등이 모두 박근혜-최순실 게이트와 연관된 것으로 드러났다.

가면 닭 한마리 식당들을 만날 수 있다. 닭 한마리를 통채로 끓여서 고기를 건져 먹고 그 국물로 닭 칼국수를 만들어 먹는 것이다. 닭 한마리를 하는 식당이 곳곳에 많이 있지만 이곳의 식당들이 특히 잘 하는 것으로 널리 알려져 있다. 요즘은 외국인 관광객들도 이곳에 아주 많이 온다. 그런데 이 골목의 상태가 많이 좋지 않다. 무엇보다 바닥이 너무 지저분하다. 건물들의 외관도 그렇다. 골목의 바닥과 건물들의 외관을 깨끗하게 하는 게 어려운 일이 아닐텐데, 대체 왜 이게 안 되는 것일까? 근처에는 생선구이 집들도 많은데 환기가 잘 안 되는 좁은 골목길에서 생선을 굽기 때문에 호흡기 건강에 좋지 않은 냄새가 골목에 가득하다. '보신탕'이라고 쓰인 큰 간판을 내건 이력이 아주 오랜 보신탕 집들도 여기에 있다.

3

종로는 대단히 흥미로운 곳이지만 상당히 퇴락한 곳이기도 하다. 종로의 모든 곳에서 종로 1가와 같이 휘황한 초고층 재개발을 꿈꾸고 있는지도 모른다. 그러나 그것은 사실 불가능하고 바람직하지도 않을 것이다. 종로 1가는 재개발을 통해 지주와 개발업자의 이익을 최대화하는 데 성공했을 것으로 보이지만 그곳이 갖고 있던 600년의 역사와 특색을 사실상 거의 모두 잃어버리고 말았다. 종로처럼 유수한 역사를 간직하고 있으며 서울을 대표하는 곳은 단순한 경제적 재개발이 아니라 역사를 존중하는 문화적 재개발을 추진해야 할 것이다. 그것은 기존의 것을 파괴해서 없애는 것이 아니라 존중하고 지키는 것을 기본으로 한다. 세종보는 서울을 대표하는 상징가로이며, 종로는 서울을 대표하는 역사가로이다.

종로 1가의 남쪽 무교동은 낙지볶음 골목이었고, 북쪽 청진동 쪽에서 교보빌딩 뒤쪽은 빈대떡 골목이었고, 그 동쪽의 청진동 중앙도로는 해장국 골목이었다.[15] 무교동과 청진동의 재개발은 1980년대 초부터 추진되었는데 1990년대까지 무교동 쪽은 거의 모두 재

---

15 문화관광부 문화스토리텔링, '낙지볶음', 2012. '피맛골, 추억 속으로', 〈서울신문〉 2008.3.15. '청진동 해장국집 골목 빌딩가로 변신', 〈중앙일보〉 2008.9.26.

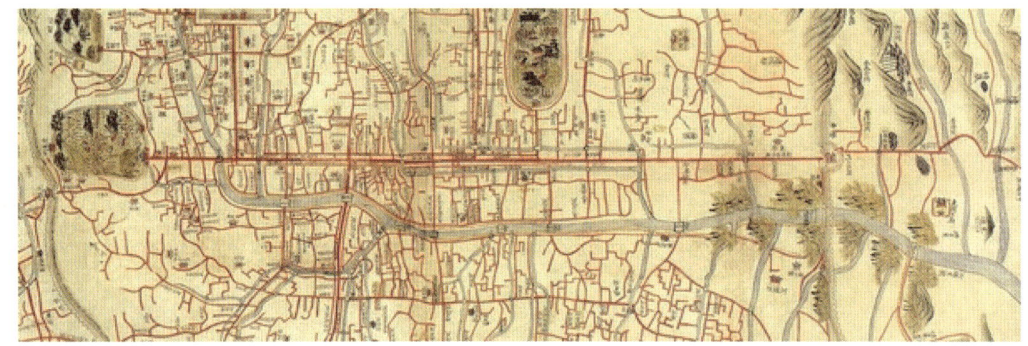

종로, 피맛골, 작은 골목들
출처: '한양도성도', 영조 46년, 1770년 무렵.

개발되었고 청진동 쪽은 이명박 시장 때인 2000년대 초부터 본격화되어 2014년에 거의 모두 재개발되었다. 그런데 청진동 쪽의 재개발에는 바뀐 문화재보호법에 따라 발굴조사를 하게 됐고, 이에 따라 이 지역에 600년의 역사가 잘 간직되어 있다는 사실이 드러났다. 이로써 한국에서도 '도시고고학'이 본격적으로 시작됐다. 문화재에 대한 관심이 커져서 일부 유적은 그 자리에 남겨졌으나 600년의 역사를 담고 있는 생활공간은 모두 사라졌다.[16]

경제적 재개발의 문제는 1990년대부터 종로를 지배하게 된 금은방들에서도 엿볼 수 있다. 종로에는 다양한 물건을 파는 상점들이 늘어서 있어서 거리를 지나가며 보는 재미를 크게 즐길 수 있는 곳이었다. 금은방은 주로 예지동에 모여 있었다. 그런데 금은방들이 대거 늘어나서 종로 전체에서 가장 흔한 상점들이 되면서 종로의 특색이 크게 줄어들고 말았다. 지금 종로는 한국에서 가장 큰 금은방 거리가 되었다.[17] 여기에는 귀금속 거래와

---

16 서울역사박물관에서 이곳에 있던 여러 유적과 유물을 전시하고 있다. 2015년 9월에 서울시는 공평동의 재개발에서는 발굴된 유적을 그 자리에 모두 보존해서 전시하는 '공평동 유구 전시관'을 만들기로 했다. 여기에는 26층의 고층 호텔이 들어서게 되는데 2014년에 시행된 발굴조사에서 땅 속에 묻혀 있던 조선 전기의 도로, 골목, 집터, 백자, 청자 등이 대거 발굴됐다.

17 2008년 단성사를 인수한 사람도 귀금속 상가로 바꾸려고 관련 공무원에게 수천만 원의 뇌물을 건넸으나 결국 실패했고 뇌물을 받은 공무원은 2014년 2월 구속됐다.

연관된 커다란 비리 의혹도 연루되어 있다. 이른바 '뒷금'이라 불리는 탈세 거래다.[18] 종로를 지키기 위해서는 경제적 재개발이 아닌 문화적 재개발을 추구해야 할 뿐만 아니라 귀금속 거래와 연관된 비리 문제도 꼭 해결해야 할 것이다. 이런 점에서 종로가 잘 발전하게 하는 것은 결코 쉬운 일이 아니지만 꼭 필요한 일이다.

종로가 문화가로로 발전하기 위해서 보도를 넓혀야 한다. 고층 건물을 지으면서 보도를 넓히는 방식보다는 현재의 고도 상태를 유지하면서 차도를 줄이는 방식이 더 좋을 것

종로 2가 피맛골의 모습
피맛골의 많은 곳이 종로 건물들에 가려 항상 어둡고, 전깃줄, 환기구, 환풍기, 냉방기, 간판, 각종 쓰레기 등으로 대단히 난잡하고 위험하다. 이 골목길이 깨끗하게 정리되면 이곳의 식당가는 정말 명소가 될 것이다. 그건 전혀 어려운 일이 아니다.

---

18 '뒷금'은 100% 현금으로 거래해서 탈세하는 금을 뜻한다. 한때 '뒷금'이 종로 금 시장 매매의 80%에 이르렀다고 한다. "아는 사람만 안다" 은밀한 '뒷금'의 세계, 〈조선일보〉 2015.1.4. 2017년 2월 인천공항을 통해 무려 476kg의 금(243억 원어치)을 밀수한 일당이 체포되었다.

이다. 고층 건물이 늘어날수록 종로는 오랜 시간에 걸쳐 수많은 사람들에 의해 이루어진 종로의 역사와 문화를 잃게 되기 때문이다. 사실 오래 전에 서울시는 종로의 차도를 줄이는 방식으로 종로의 보도를 넓히려고 하기도 했다. 종로구는 종로 1가에서 거대한 고층화를 무섭게 추진하고 건물들을 잇는 보도와 지하통로를 만들었다. 그러나 이렇게 해서는 종로의 역사성과 자연성을 크게 훼손할 수밖에 없다. 종로를 자동차와 경제성의 주술에서 해방시킬 수 없을까? 오늘날 좋은 도시의 기본은 자연을 살리고 약자를 돌보는 것이다. 종로에서는 차도를 줄이고 보도를 넓히는 것이 그 길이 될 수 있다. 우선 보도 위의 배전함을 없애는 것으로 시작하면 여러 모로 좋지 않을까?

   종로는 종로와 피맛골이 어우러진 이중구조로 되어 있다고 했지만, 사실 더 일반적으로 말하자면 종로는 큰 길과 골목길이 어우러진 이중구조로 되어 있다. 그리고 골목길은 피맛골이라는 큰 골목길과 거기에 이어진 작은 골목길들로 되어 있다. 이런 점에서 종로는 사실 삼중구조로 되어 있다. 영조 때에 그려진 '한양도성도'는 이런 점을 잘 보여준다. 종로에 대한 관심은 큰 길만이 아니라 피맛골과 작은 골목길들에 대한 관심으로 이어져야 한다. 전체를 올바로 보면서 부분에 대해 생각해야 하는 것이다. 피맛골을 비롯한 작은 골목길들이 처한 가장 큰 문제는 경제적 재개발로 멸실되는 것이고, 일상적인 차원의 문제는 지저분하고 음침하다는 것이다.[19] 피맛골을 비롯한 작은 골목길들이 깨끗하고 밝아져서 걷고 싶은 길이 되면 종로는 더욱 아름답고 건강하게 지켜질 것이다.

---

19 골목길은 가게나 집들이 서로 마주보고 있는 곳과 가게나 집들이 건물의 뒤에 있는 곳으로 나뉘는데 피맛골은 거의 후자의 상태여서 지저분하고 음침한 문제가 더욱 심하다. 쓰레기들이 널려 있는데 그 중에는 음식 쓰레기도 있으며 그 국물이 여기저기 고여서 역한 냄새를 풍긴다.

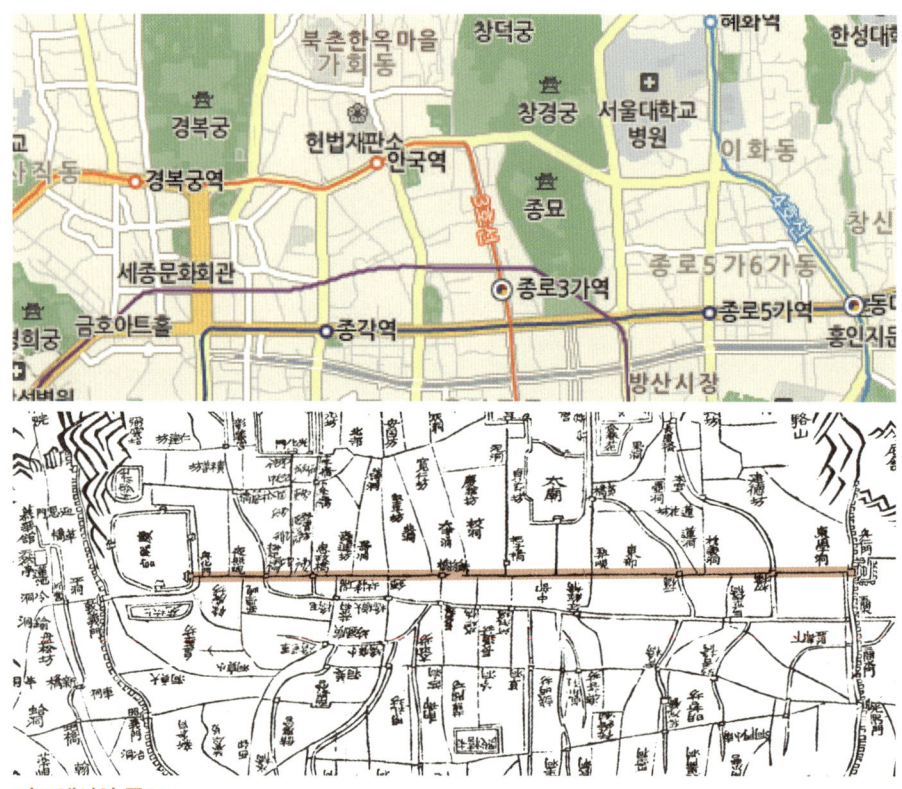

지도에서의 종로

출처: 네이버 지도와 '대동여지도', 철종 12년(1861).

네이버 지도와 '대동여지도'는 서울 도심의 중심 가로인 종로와 그 주변 도로의 변화를 잘 보여준다. 지금 종로는 세종로 사거리와 동대문을 잇는 큰 길이다. '대동여지도'에서 볼 수 있듯이, 원래 세종로는 '황토현' 동산으로 남쪽이 막힌 삼거리였는데 일제가 황토현을 없애고 태평로를 만들었다. 또한 일제는 1931년에 조선의 훼손을 위해 창경궁과 종묘를 잘라내어 동대문과 경복궁의 동십자각을 잇는 율곡로를 만들었다.

종로와 주변
鍾路 周邊

    종로 1가는 '강남화'가 거의 모두 이루어져서 도무지 종로를 느낄 수 없는 곳이 되고 말았다. 안타깝기 그지없다. '피맛골'이라는 간판을 내걸고 있는 길도 그저 건물들 사이의 통로일 뿐이고, '피맛골'을 완전히 없앤 흔적일 뿐이다. 동대문이나 세종로에서 피맛골의 흔적을 따라 종로를 한바퀴 도는 것은 종로의 역사와 현재를, 그리고 종로의 구조와 세부를 찬찬히 살펴볼 수 있는 좋은 방법이다. 그냥 종로의 보도만을 걸어서는 종로 지역의 실상을 제대로 알 수 없다.
    탑골공원과 종묘의 사이에서는 골목길을 걸어 북쪽으로 가면 묘동, 봉익동, 낙원동, 익선동, 경운동, 운니동 등을 지나 인사동, 계동, 가회동에 이르게 된다. 익선동은 1920~30년대에 만들어진 도시 한옥지구로서 그윽한 멋을 담고 있는 중요한 곳이다. 크라운호텔, 종로오피스텔, 이비스호텔(이비스 앰배서더 서울 인사동) 등은 이곳에 고층 건물을 짓는 것의 문제를 잘 보여준다. 이비스호텔의 자리는 원래 유명한 요정이었던 '오진암'이 있던 곳이다. 이 근처는 요정들이 많았던 곳으로 박정희 독재 때 이른바 '요정 정치'(요정에서 술과 여자를 매개로 이권을 주고받고 공작을 획책한 비리 정치)의 1번지였다. 그래서 이 근처에는 한복집이 많았고, 지금도 전통 악기 상점이 많다. 그러나 사실 더 올라가면 일제가 만든 '이왕직 아악부'가 1925년 운니동으로 옮긴 것에서 연원한다. 2016년 9월 1일 돈화문 건너편에 마당이 있는 멋진 한옥의 '돈화문국악당'이 개관했는데 아주 잘된 일이다.
    낙원상가에는 세계 최대 악기상가가 조성되어 있는데 이것도 근처에 요정들이 많았던 것의 산물이다. 요정은 악사들을 필요로 했고, 그래서 낙원상가 앞에 매일 악사 시장이 열려서 많은 악사들이 몰려들었고, 낙원상가에 많은 악기상들이 들어서게 되었던 것이다. 낙원동 악사 시장은 1990년대에 들어와서 '가라오케'가 빠르게 보급되고 노래방이 유행하게 되면서 시나브로 없어져 버렸다.* 1970~90년대에 탑골공원 건너편의 길모퉁이에는 '중앙악기사'라는 큰 악기상이 있었다. 어려서 그곳을 지날 때면 커다란 첼로를 비롯해서 여러 악기들을 신기하게 바라보곤 했는데 오래 전에 없어지고 햄버거 집이 되어 버렸다. 그래도 그 첼로의 모습은 내 마음 속에 사라지지 않았다.

『서울 건축 문화지도 04-종로』, 서울특별시, 2013.
『종로 엘레지』, 서울역사박물관, 2010

* '遊興街(유흥가)의 불경기 바람탄「樂士市場(악사시장)」5백여 명 바글바글', 〈경향신문〉 1975.6.7. '낙원상가2층에 떠돌이 樂士(악사)시장', 〈경향신문〉 1983.7.26. '서울, 음지양지(9) 악사 인력시장', 〈경향신문〉 1988.10.6. '人力(인력)시장 사라진다', 〈동아일보〉 1994.8.21.

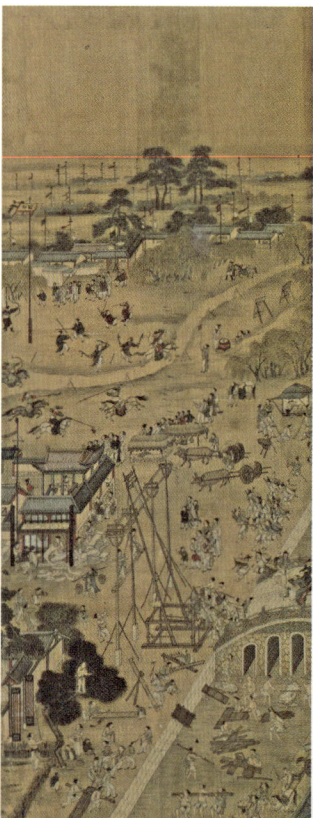
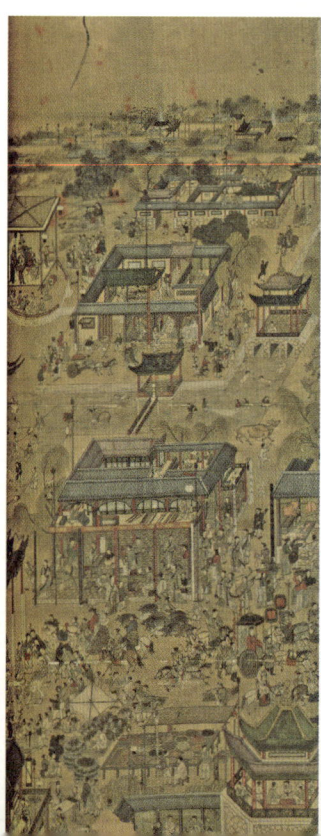

태평성시도, 작가 미상, 18세기 후반, 국립중앙박물관 소장

이 그림은 무려 2,120명이 상업, 수공업, 놀이 등을 하는 모습을 세밀히 그린 놀라운 그림이다. 당대의 사회상을 바탕으로 이상향을 표현한 그림인데, 대체로 중국의 도시를 묘사한 것이나 조선에서는 그나마 종로가 여기에 가장 가까웠을 것이다. 이런 그림은 중국의 북송 때 장체두안(張擇端, 1085~1145)이 그린 '청명상하도'(清明上河圖, 청명절 배경으로 북송의 수도였던 카이펑의 생활상을 세밀히 그린 긴 두루마리 그림)의 영향을 받은 것이다. 이런 놀라운 그림을 그린 화가가 알려지지 않은 것은 대단히 애석한 일이고 기술과 예술을 무시한 조선의 문제를 다시금 깨닫게 한다. 이 그림은 2016년 10월에 국립중앙박물관에서 열린 '미술 속의 그림, 그림 속의 미술'에서 전시되었다.

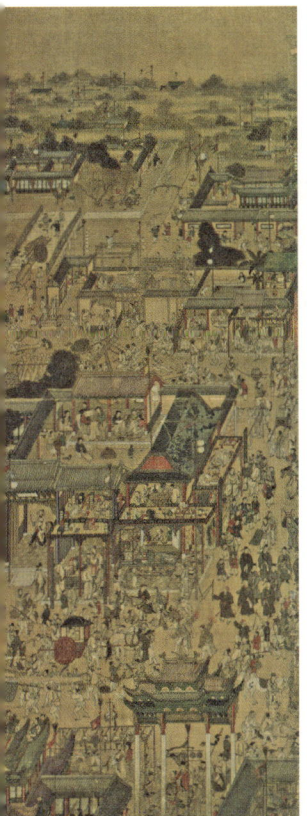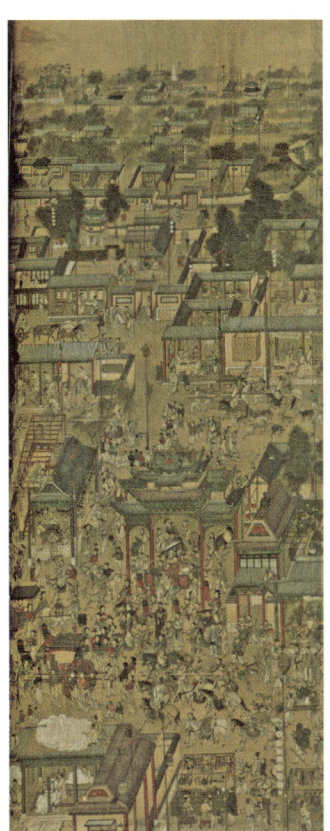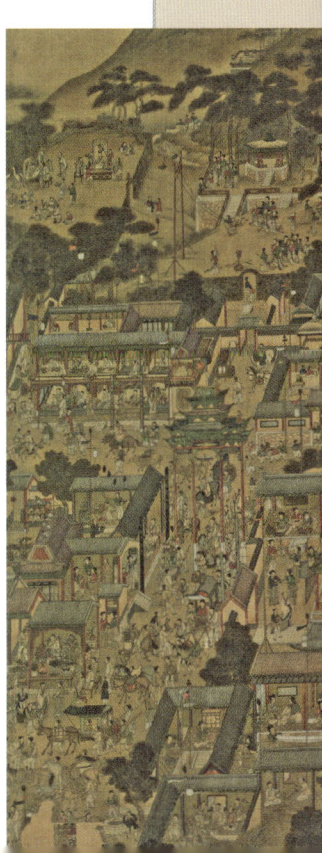

청계천3가에서 2가 쪽을 바라본 모습

청계로와 청계 고가도로, 2003년 5월

::13장

청계천은 복원되었는가?
清 溪 川　　復 原

청계천의 발원지는 서울 종로구 청운동의 백운동천이다. 청운동의 창의문 아래 길가에 청계천 발원지 표지석이 설치되어 있다. 여기서 흘러 내려가는 계곡을 백운동천이라고 하는 데, 청운동은 일제가 청풍계와 백운동을 합쳐서 만든 지명이다. 청풍계는 인왕산 남동쪽 계곡 지역이며, 청계천의 본래 명칭은 청풍계천이었다. 세종 때 대대적인 청계천 준설 작업을 하고 청계천은 그냥 '개천'(開川)이라고 불리게 되었다. 청계천의 길이는 발원지에서 중랑천까지는 10.8km, 태평로에서 중랑천까지는 5.8km, 도심 구간은 2.9km이다.

청계로와 청계 고가도로를 철거하자 청계천이 드러났다. 이명박은 이 역사유적을 올바로 복원하지 않고 그저 친수공간으로 만들었을 뿐이지만 난개발로 고통받는 서울 도심의 개선효과는 상당하다. 이제 올바른 복원을 추구해야 한다. 그리고 거대한 고가도로와 고가철도에 짓눌려 있는 정릉동과 성수동은 어떻게 '개선'될 수 있을까?

1

서울 도심에서 가장 즐거운 산책로를 꼽는다면 아마도 '청계천 길'이 최고로 꼽히지 않을까? 정동의 '덕수궁 돌담길', 삼청동과 효자동의 '돌담길'도 좋지만, 자동차를 보지 않고 물과 풀을 보며 한참 걸을 수 있다는 점에서 '청계천 길'은 특히 훌륭하다. 그러나 사실 지금의 청계천은 청계천이 아니다. 사실 지금의 청계천은 '명박천'이라고 불러야 옳을 것이다. 아니, 더 정확히 말하자면, 사실 지금의 청계천은 '천'도 아니다. 도시학자 강병기 선생(1932~2007)이 오래 전에 지적했듯이 사실 지금의 청계천은 '세계에서 가장 긴 옆으로 누운 분수'이다. 감사원에 의해 '총체적 부실'로 판정받은 '4대강 살리기' 사업[1]에서 폭발적으로 드러난 이명박의 문제[2]는 이미 '청계천복원'에서 예시됐던 것이다.

청계천은 본래 백운동천으로 시작해서 청풍계천, 옥류동천, 사직동천 등을 받아들여 본류를 이루고, 동대문 옆 오간수문을 빠져나가 왕십리를 지나 중랑천을 만나서 한강으로 들어갔다. 겸재 정선(1676~1759)은 18세기 중반(70대, 1750년 경)에 인왕산 자락과 창의문 지역을 그림으로 그려서 〈장동팔경첩〉으로 남겼다.[3] '창의문'을 보면 백운동천이 험한 바위들이 많은 골짜기를 흘렀다는 것을 알 수 있고, '장안연우'를 보면 인왕과 백악 일대의 산세와 동네들을 잘 볼 수 있다. 이제는 길들이 닦이고, 집들이 들어서고, 청계천의 상류는 거의 모두 복개되어 자취조차 볼 수 없으나, 겸재 정선이 이렇게 아름다운 그림을 남겨서 아름다운 '자연 도시'였던 서울을 떠올려 볼 수 있다. 천만다행이다. 아름다운 '자연 도시' 서울을 사랑했던 겸재 선생에게 늘 고맙다.

청계천은 본래 백악의 계곡에서 시작된 자연하천이었다. 그러나 조선이 서울을 왕도로 정하고 청계천은 큰 변화를 맞게 되었다. 조선의 3대 왕인 태종은 1406년 청계천의 개

---

1 감사원, 〈4대강 살리기 사업 주요시설물 품질 및 수질 관리실태〉, 2013.1과 〈공기업 주요 정책사업 추진실태 및 개선방안〉, 2015.1을 참고.

2 KBS와 MBC를 통해서는 이에 대한 사실도 진실도 알 수 없다. 〈뉴스타파〉의 '특별기획 MB의 유산-1부 4대강, 단군 이래 돈잔치', '2부 곡학아세, 4대강과 학자 그리고 훈장', '3부 4대강 돈잔치의 주인공은?'을 참고.

3 〈장동팔경첩〉은 간송미술관과 국립중앙박물관이 소장하고 있는 두 종류로 알려졌는데, 2013년에 개최된 '한양유흔'이라는 전시회에서 개인이 소장하고 있는 제3의 '장동팔경첩'이 처음으로 공개됐다.

수 작업을 처음 실시했고 1411년 '개거도감開渠都監'을 설치해서 처음 일부 구간에 석축을 쌓았다. 이때부터 '개천'은 개울을 넓힌다는 토목공사를 뜻하는 말에서 청계천을 가리키는 말이 되었다.4 청계천 개수 사업의 핵심은 배수 기능을 강화하는 것이었다. 도시가 유지되기 위해서는 쓸 물을 잘 공급해야 할 뿐만 아니라 쓴 물을 잘 처리해야 한다. 즉 상수가 잘 공급되고 하수가 잘 처리돼야 한다. 서울의 상수는 계곡(지표수)과 우물(지하수)로 공급됐고, 하수는 모두 도성 내의 가장 큰 하천인 청계천으로 처리됐다. 박태원(1909~1986)의 『천변풍경』(1938)은 청계천을 주요 무대로 하는 장편소설로 1절의 제목은 '청계천 빨래터'이다. 청계천은 빨래와 같은 일상생활로 중요했다. 그러나 사실 이보다 더 중요한 청계천의 기능은 배수였다.

청계천은 한양의 지형적 특징을 아주 잘 보여준다. 본래 한양은 주산인 백악, 안산인 목멱, 좌청룡인 낙산, 우백호인 인왕 등 내부의 네 산(내사산)에 주로 의지해서 만들어진 '산중 도시'이다. 이 산들에서 흘러나온 수십 개의 개울들이 모두 청계천으로 흘러들어 한강으로 흘러갔다. 한양은 청계천 쪽이 낮은 곳이고, 서쪽보다 동쪽이 낮은 곳이다. 청계천은 한양의 자연 배수로였다. 청계천은 사람들이 버리는 각종 하수와 오물들을 한

1890년대의 청계천
상류 쪽은 청계천의 물이 맑아서 빨래는 물론 아이들이 멱을 감고 물놀이를 할 수 있었다.

4 여기서 나아가 청계천처럼 개수 작업을 한 하천을 모두 '개천'이라고 부르게 되었다.

한성 내외의 주요 하천(한성부지도)

양 밖으로 빼내는 구실을 했다. 청계천이 막혀서 물이 잘 빠지지 않으면, 장마철에는 한양에 물이 넘쳐 물 난리가 났고, 평소에는 하수와 오물들이 쌓여 한양이 시궁창 지경이 됐다. 이 때문에 청계천의 개수는 조선 왕조에서 아주 중요한 과제였고, 이 과제는 영조(1694~1776, 재위 1724~1776) 때에 마무리되었다.

영조는 1760년(영조 36) 3월 대대적인 준설과 부분적인 제방 보수를 한 것에 이어 1773년(영조 49)에 태평로에서 오간수문까지 청계천의 양쪽에 모두 석축을 쌓아서 청계천의 개축을 완성했다. 1차 청계천 정비 때 둑 위에 버드나무를 심었는데, 이렇게 해서 청계천의 버드나무는 도성의 최고 명물이 되었다.

> 양쪽의 녹색 버드나무들은 예로부터 끝이 없고
> 해가 지고 사람들이 돌아가니 그저 어두울 뿐
> (유득공, '수표교', 1776년 무렵으로 추정)

> 쇠갑문 탕탕 울리며 물이 세게 흐르고
> 동풍에 버들개지 풀풀 날리네
> 경성 제일의 봄놀이 장소는
> 무수한 수양버들이 있는 오간수문
> (유본학, '오수문 유제'(五水門 柳堤, 오간수문의 버드나무 둑), 1800년대 초로 추정)[5]

2

이명박(1941년 일본 오사카 출생, 경북 포항에서 성장)은 2002년 6월 지방선거에서 '청계천복원'을 대표 정책으로 제시해서 서울시장에 당선됐다. 당시 이에 대해 시민사회에서도 상당한 논란이 일어났다. 사실 '청계천복원'은 오래 전부터 시민사회에서 요구했던 역사적인 과제였다. 그런데 왜 이 좋은 정책을 둘러싸고 상당한 논란이 일어났던 것일까? 그 이유는 무엇보다 이명박을 믿을 수 없었기 때문이었다. 이명박은 현대건설 시절에도 온갖 비리 의혹을 받았고, 정치인이 되어서도 비리를 저질러서 정계에서 추방되었다. 이명박은 김대중이 특별사면해서 정계로 복귀할 수 있었다.[6]

---

5   청계천 문화관, 『청계천 버드나무』, 2014, 36~38쪽 참고. 필자가 조금 고쳐 번역해 보았다. 임종국 선생은 유득공의 시를 예로 들어 버드나무를 영조 이후 청계천의 상징으로 제시했다. 임종국, 『한국 사회 풍속 야사』, 서문당, 1980, 69쪽 참고.
6   김대중의 가장 큰 잘못은 대통령에 당선된 직후 전두환의 사면을 김영삼에게 요청해서 성사시킨 것과 대통령으로서 직접 이명박의 사면을 실행했던 것이다.

청계천 일대는 박정희 개발독재가 만든 거대한 청계 고가도로로 말미암아 이미 오래전부터 거대한 슬럼지구가 되어 있었고, 이 때문에 1990년대 중반부터 '청계천복원'에 대한 논의가 강하게 제기되었다. 이명박은 건설업자 출신으로서 이 사실을 정치적으로 적극 이용할 궁리를 했고, 연세대 환경공학과 노수홍 교수가 진행하고 있던 '청계천복원 연구'의 성과를 적극 활용했다. 당시 나는 시민사회가 요구했던 '청계천복원'을 하겠다고 하는 것이니 하지 말라고 해서는 설득력이 없고 똑바로 하라고 요구해야 한다고 주장했다. 논란 끝에 여러 시민단체의 활동가들과 전문가들이 서울시 조례의 제정에 따라 구성된 '청계천복원 시민위원회'에 참여했다. 나는 역사문화분과에 참여해서 간사위원으로 활동했다.

'청계천복원 시민위원회'는 역사, 생태, 토건, 교통, 시민 등의 여러 분과들과 운영위원회로 구성되었다. 역사문화분과의 분과장은 '청계천복원'을 주창했던 소설가 박경리 선생의 따님이자 한국미술 연구자인 김영주 선생이었다. '청계천복원'의 핵심은 사실 두 가지였다. 청계천은 자연하천이자 인공하천으로 조선의 핵심 역사유적인데 그 역사유적이 일제, 이승만, 박정희에 의해 크게 망가졌으니 바로 그것을 되살리는 것이 '청계천복원'의 핵심이었다. 그리고 요점을 추려서 말하자면, 자연하천의 복원은 원래의 물길을 되살리는 것이고, 인공하천의 복원은 영조 때의 석축을 되살리는 것이었다. 역사문화분과는 이 점을 명확히 정리해서 제출했고, 다른 분과에서도 이에 찬성하고 동의했다.

그러나 이명박은 '청계천복원 시민위원회'의 의견을 따르지 않았다. 시작하기 전부터 우려했던 문제가 결국 터지고 말았다. 사실 '청계천복원 시민위원회'의 첫 전체회의에서 이 우려는 크게 불거졌다. 첫 전체회의에서 양윤재 청계천복원추진단장은 복원에는 원래의 것을 찾는 것과 더 좋은 것을 만드는 두 가지 뜻이 있다는 황당한 주장을 천연덕스럽게 펼쳤다. 나는 기가 막혀서 대체 서울시가 추진할 복원은 무엇이냐고 묻고, 역사를 되살리는 것이 아니라면 복원이 아니라고 강력히 지적했다. 그러나 이명박은 결국 '청계천복원'을 내걸고 '청계천 개발'을 강행했다. 이 때문에 나와 김영주 분과장, 그리고 다른 시민사회의 대표들이 함께 이명박과 양윤재를 2004년 3월 5일 서울지검에 형사고발했으며,[7] '청계천복원 시민위원회'의 주요 위원들은 2004년 6월 임기 만료를 앞두고 서울시에

---

[7] '이명박 시장 문화재 훼손 혐의 피소', 〈한겨레〉 2004.3.5. 결국 이명박의 '청계천 개발'은 커

항의하며 사퇴했다.[8]

　우리가 이명박과 양윤재를 형사고발한 직접적인 이유는 귀하디 귀한 하천 토건 문화재인 영조 때의 청계천 석축을 파괴해서 없애버렸기 때문이었다. 고가도로와 아스팔트를 뜯어내자 청계천 1가와 2가의 세 곳에서 수백 미터 길이의 석축이 잘 보존되어 있는 채로 드러났다. 참으로 감동적인 모습이었다.[9] 당연히 이 석축을 보존해야 했고, 청계천 전체에서 석축을 복원해야 했다. 그러나 이명박과 양윤재는 자기들이 설정한 일정대로 공사를 마치기 위해 이 귀중한 석축을 모두 없애 버렸다. 나아가 600년 동안 제 자리를 지켜왔던 광통교를 상류로 이설했고, 제 자리로 옮기겠다고 공표했던 수표교는 그렇게 하지 않았다. 바닥에는 3중 콘크리트 차수막을 설치했고, 12km나 떨어진 한강에서 물을 끌어와서 역류시키고 있다. 이명박은 시민을 속이고 소중한 역사와 자연을 크게 파괴해서 '콘크리트 인공 수로'를 만들었다.

　이명박은 2005년 10월 1일 '청계천복원' 행사를 성대히 하고 본격적으로 대통령 선거를 준비하기 시작했다. 서울 시내 한복판을 짓누르고 있던 거대한 콘크리트 고가도로와 아스팔트 복개도로를 없애고 도심 수변공간을 만들자 서울 시내는 확 밝아졌고 숨통이 트이게 됐다. 시민들의 열광적인 반응은 당연한 것이었다. 이명박의 대성공이었다. 이명박은 대통령 선거에서 박정희의 흉내를 많이 냈다. 그런데 '청계천복원'은 박정희식 개발주의와는 사뭇 다른 이명박식 개발주의의 본격화였다. 전자는 자연과 역사를 무시하는 것이지만 후자는 자연과 역사를 존중하는 것처럼 꾸미는 것이다. 이런 점에서 전자를 구개발주의, 후자를 신개발주의로 구분한다. 이명박은 신개발주의의 시대를 활짝 열었고, 그 참담한 결과가 바로 '4대강 살리기'를 내걸고 강행된 '4대강 죽이기'였다.[10]

　다란 두시 재개발 비리 사건으로 이어졌다 '양윤재 부시장 구속 수감…수사 확대', KBS 뉴스 2005.5.9. '청계천 비리' 양윤재 씨 징역 5년 확정', 〈SBS 뉴스〉 2006.6.27.

8　'청계천복원 시민위 집단 사퇴', 〈한겨레〉 2004.9.26. 공식적으로 6월에는 권숙표 위원장만 사퇴했으나 실제로는 주요 위원들이 모두 위원회 활동을 거부하고 '비상대책위원회'를 조직했다.

9　"복원공사를 앞두고 청계천 발굴이 이뤄지면서 조선 영조 때 쌓은 것으로 보이는 '호안석축'의 장대한 모습이 드러났습니다."〈YTN 뉴스〉 2004.2.9.

10　이에 대해서는 김정욱, 『나는 반대한다-4대강 토목공사에 대한 진실 보고서』, 느린걸음, 2010과 홍성태, 『생명의 강을 위하여』, 현실문화, 2010을 참고.

3

2011년 10월에 박원순이 이명박의 뒤를 이은 오세훈을 누르고 서울시장이 된 것은 '의무급식'을 거부한 오세훈의 큰 잘못에서 비롯된 아주 우연한 일이었으나 대단히 다행스러운 일이었다.[11] 그것은 무엇보다 박원순이 서울시의 복지를 크게 증진시킬 수 있는 사람이기 때문이었다. 그런데 복지를 증진시키기 위해서는 우선 비리를 척결해야 하며, 또 이를 위해서는 비리의 최대 원천인 불필요한 토건사업을 척결해야 한다. '청계천복원'은 도시의 재생, 문화복지, 생태복지 등의 여러 시대적인 요청의 면에서 꼭 필요한 사업이었다. 그러나 이명박은 이 사업을 올바른 내용과 방식으로 진행하지 않았으며, 그 결과 허울만 그럴 듯한 상태에서 엄청난 혈세의 낭비와 막대한 비리의 발생이라는 극히 심각한 문제가 생겼다. 그러므로 '청계천 재복원'이 추진되는 것은 아주 당연한 일이다.

'청계천 재복원'은 어떻게 해야 할까? 첫째, '청계천복원'이 과연 무엇인가에 대해 잘 살펴봐야 한다. 그 핵심은 앞에서 말한 대로 청계천의 생태복원과 역사복원이다. 생태복원은 자연하천 청계천을 되살리는 것이고, 역사복원은 영조 때의 석축을 기준으로 귀중한 하천 토건유적 청계천을 되살리는 것이다. 자연하천 청계천에는 곳곳에 모래밭이 있었으며, 건기 때는 자연하천 청계천도 말랐다. 한강 역류 중단, 도심 하수도의 정비, 계곡 소형 보와 유수지 설치, 탈시멘트화 등으로 자연하천 청계천을 되살릴 수 있을 것이다. 청계천의 석축 복원에서 중요한 것은 영조 때 만든 청계천의 석축이 청계천의 너비와 굴곡 등의 형태를 규정했다는 것이다. 이명박이 석축을 완전히 없애고 청계천의 형태도 크게 훼손했다. 따라서 청계천의 형태를 가능한 한 되살리면서 석축의 복원을 추진해야 한다.

둘째, 청계천의 재복원은 2002~2004년 '청계천복원 시민위원회'와 '올바른 청계천복

---

[11] 박원순은 변호사 출신으로 한국에서 가장 유명한 시민운동가가 됐고, 다시 서울시장이 되어 한국의 유력한 정치인이 됐다. 그런데 오세훈도 비슷하다. 오세훈은 변호사 출신으로 환경운동연합의 중앙집행위원으로 오래 활동했고, 그 경력을 기반으로 한나라당 국회의원에 이어 서울시장이 되었다. 2006년 4월에 오세훈이 서울시장에 당선되고 서울시장직 인수위원회가 만들어졌는데 환경운동연합 사무총장 출신으로 환경재단 대표로 활동하고 있는 한국의 대표 환경운동가 최열이 그 인수위원장을 맡았다. 그러나 오세훈은 한양주택 철거, 세빛둥둥섬, 경인운하 등 반환경 정책을 계속 강행했다. 참여연대 출신 박원순이 환경운동연합 출신 오세훈의 잘못을 바로잡기 위해 그와 맞서 서울시장에 당선됐던 셈이다.

원을 위한 시민연대'가 제안했던 내용들을 잘 살펴서 같은 일을 반복하거나 해야 할 일을 하지 않는 잘못을 범하지 말아야 한다. '청계천복원 시민위원회'는 방대하고 전문화된 조직으로 구성되어 활동했다. 여기에는 당시 중요 시민단체의 핵심 활동가들과 관련 분야의 전문가들이 대거 참여해서 올바른 청계천복원의 내용과 방식을 서울시에 제시했다. 따라서 '청계천복원 시민위원회'의 제안을 검토하면 올바른 청계천의 재복원을 위해 무엇을 해야 하는가를 쉽게 잘 알 수 있다. 특히 생태복원(자연하천 청계천복원)은 탈시멘트화와 하수도 정비를 함께 추진해야 하는 것이기 때문에 10년 이상의 긴 시간을 두고 진행해야 한다.

지금 청계천에서는 편안한 산책을 즐길 수 있다. 많은 시민들이 청계천을 찾고 있으며, 곳곳에서 청춘 남녀들이 달콤한 얘기를 나누는 모습을 볼 수 있다. 그런데 청계천은 지금보다 훨씬 나은 곳이 될 수 있다. 광통교, 수표교, 오간수문 등이 모두 제대로 복원되고, 귀중한 하천 토건유적인 영조 때의 석축이 복원되고, 흙과 물이 모두 원래대로 살아 있는 청계천이 되살아날 수 있다. 청계천은 우리 모두가 소중히 지켜야 할 귀중한 열린 공간이자 역사 유적이다. 청계천을 우리가 귀하게 지키고 돌보는 만큼 우리의 삶도 귀해질 것이다. 콘크리트 어항에서도 풀이 자라고 물고기가 살 수 있다. 그러나 우리는 그보다 훨씬 나은 것을, 정말로 좋은 것을 만들 수 있다.

4

태종의 개수 이후 조선 조 내내 '개천'으로 불렸던 곳이 청계천으로 불린 것은 일제에 의해서이다. 일제가 1916년 '조선 하천령'을 제정하면서 청계천으로 이름을 붙였다고 한다.[12] 일제는 '청풍계천'이 발원지라고 여겨서 '개천'의 이름을 청계천으로 고쳤지만 실은 그 동북쪽 위에 있는 '백운동천'이 '개천'의 발원지이다. 태평로에서 시작하는 청계천의 본류는 크게 도성 안 구간과 도성 밖 구간으로 나뉜다. 도성 안 구간은 광교, 장교, 수표교 등의 유명한 다리들을 지나 동대문에 이르러 한양도성의 오간수문에서 끝났고, 도성

---

[12] 사종민, '서에서 동으로 흘러가는 청계천', 〈서울 톡톡〉 2011.4.28.

밖 구간은 황학동, 왕십리, 사근동을 지나 중랑천으로 흘러들어 끝났다.

청계천과 그 주변은 복개에 의해 큰 변화를 겪었다. 청계천의 복개는 일제 때부터 시작되었다. 일제는 1918년부터 1939년까지 네 차례의 하수도 개수 공사를 벌여서 도성의 하천을 모두 하수구로 만들어 버렸다. 1925~31년의 제2차 하수도 개수 공사로 백운동천, 청풍계천, 옥류동천, 누각동천, 사직동천 등이 모두 복개되었고, 1937년에 청계천의 태평로-광교 구간이 복개되었다. 일제는 청계천을 복개해서 주택과 상가와 위락지 조성 방안(1926), 도로와 고가철도 건설 방안(1935), 자동차 전용도로 건설 방안(1939), 지상 전차와 지하철 건설 방안(1940) 등을 계속 제시했으나 실행된 것은 없었다. 해방 이후 1958년에 청계천의 도성 안 구간의 복원을 시작했는데, 이 공사는 박정희가 5·16 군사반란으로 권력을 찬탈한 얼마 뒤인 1961년 12월 끝났다. 이어서 1965~67년 오간수교(동대문)-제2 청계교(청계 8가, 신설동) 구간의 복개가 끝났고, 1970~77년 청계 8가-마장 철교(신답 철교)까지 복개가 끝났다.[13] 또한 '삼일 고가도로'(청계 고가도로, 삼일로~청계 2교)가 1967년 10월 14일에 착공되어 1969년 3월 20일에 개통됐다. 그 뒤 청계 고가도로는 1970년부터 1978년까지 몇 차례 연장공사를 해서 광교에서 마장동까지 이어지게 되었다.[14] 당시 김현옥은 청계 고가도로를 세종로로 돌려서 서대문으로 이어지게 한다는 참으로 황당한 구상도 추진했다.

청계천의 복개와 고가도로의 건설에 따라 청계천변의 판잣집들은 모두 헐렸고, 그곳에 살던 빈민들은 봉천동, 신림동, 상계동, 광주대단지(성남) 등으로 강제로 쫓겨났다.[15] 1962년 2월에 3층 건물의 평화시장이 청계천을 복개하고 만들어진 도로변에 들어섰다. 그리고 1967년에는 오간수교-청계 2교 사이의 청계천변 판잣집들을 철거하고 그 자리

---

13 '돌진의 서울 청사진-하수도', 〈동아일보〉 1967.1.25. '청계천 복개 연장공사 연내 완공', 〈동아일보〉 1977.5.3.

14 '삼일 고가도로 개통', 〈경향신문〉 1969.3.22. '연장 3·1 고가도로 15일 개통', 〈경향신문〉 1971.7.7.

15 박정희 독재는 가난한 사람들을 사실상 사람으로 여기지 않았다. 10만 명이 넘는 가난한 사람들을 성남의 벌판에 몰아넣고는 비싼 값에 그 땅을 팔라고 강요했기에 일어난 저항운동이었던 '광주대단지 사건'은 그 역사적인 예이다. 장세훈, '민중생존권투쟁의 분출-전태일의 분신과 광주대단지 사건-', 『한국 민주화운동사』1권, 돌베개, 2008.

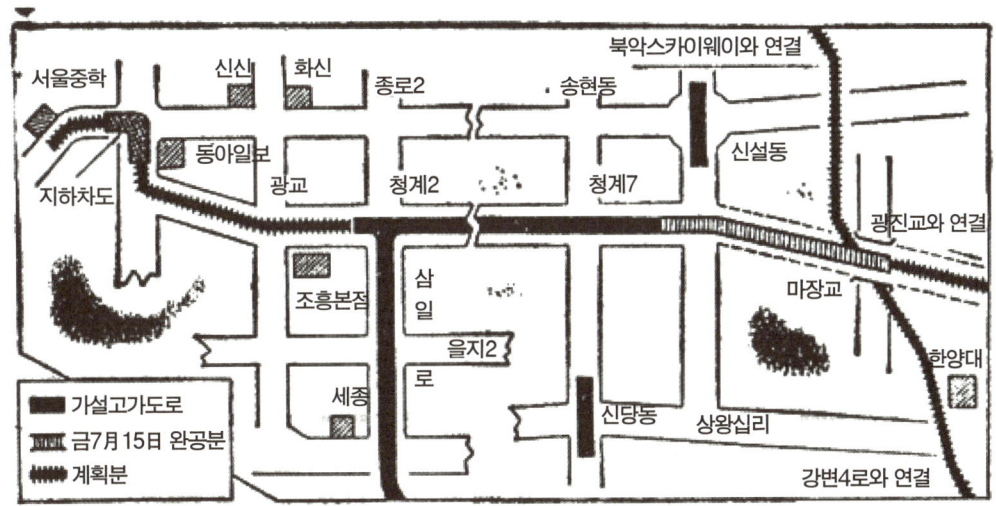

1971년의 청계 고가도로 연장 구상
출처: 〈경향신문〉 1971.7.7.

에 대규모 상가 아파트를 짓는 계획이 발표됐다.[16] 이렇게 해서 1969년에 청계천의 양쪽에 각각 12동씩 모두 24동의 '삼일시민아파트'(7층)가 들어섰다. 그 뒤 황학동 쪽 삼일아파트는 모두 철거되어 2008년에 '롯데캐슬 베네치아'(33층)라는 이름의 초고층 아파트 단지가 들어섰고, 창신동 쪽 삼일아파트는 1~2층 상가만 남기고 주거였던 3~7층은 안전 문제로 철거했다.[17] 이곳과 동묘의 사이에 황학동 벼룩시장이 재형성되었다.

청계천변에 재봉틀 한 대를 놓고 재봉 일을 하던 재봉 노점이 많았는데, 이 사람들이 평화시장에 영세 봉제공장을 차려 동대문 의류산업을 일구게 되었으나, 그 공장들은 박정희 정권의 비호 아래 너무나 착취적이어서 1970년 11월 13일 '청년 노동자 전태일'은 분신으로 이에 항거했다. 청계천 6가에 전태일 다리가 만들어진 것은 이런 연유이다. 오늘날 화려한 초고층 건물들이 이 지역의 곳곳에 들어서 있으나 그 뒤에서 아래서 여전히 많은 사람들이 고통받고 있다. 2003년 7월부터 시작된 이명박의 '청계천 개발'도 비슷한

---

16 5·16 군사반란 출신 서울시장 김현옥은 1967년을 아예 '돌격의 해'로 정해서 '건설 돌진'을 내걸고 각종 건설 사업들을 강행했다. '오간수교-청계 2교 간에 맘모스 상가 아파트', 〈동아일보〉 1967.6.16.

17 이유진·장박원, '삼일아파트', 〈네이버캐스트〉 2009.8.31.

황학동의 청계천
왼쪽에는 '삼일아파트'의 1~2층 상가가 남았고, 오른쪽에는 초고층 아파트가 들어섰다.

문제를 낳았다. 갑작스런 공사로 영세 상인들이 큰 피해를 입게 되어 한 명의 공구상과 한 명의 노점상이 이에 항의하며 자살했다. 노점상들은 계속 쫓겨가게 되었고, 동묘 뒤의 풍물시장과 황학동의 노점들로 겨우 남았다.[18]

---

18 한편 이명박은 공구상들에게 멀리 문정동의 공구상가를 약속했으나 이 상가는 복합상가로 변질되어 큰 문제를 일으켰고, 이 복합상가는 오세훈에 의해 '가든 파이브'로 더욱 크게 확대되어 더욱 큰 문제를 일으켰다. '[SH 가든파이브 ①]개점 6년 아직도 적막…SH공사 책임론', 〈포커스뉴스〉 2016.10.06.

옛 삼일 아파트

〈청계천 안내지도〉, 청계천관리처 발행, 비틀맵 제작, 2015.

청계천을 찾아서
淸溪川

청계천은 '서촌'의 산에서 시작해서 서울의 역사 도심을 지나 중랑천으로 들어간다. 청계천은 서울의 역사 도심을 다 거쳐서 한강으로 가는 것이다. 그러나 지금의 청계천은 한강을 억지로 끌어올려 다시 한강으로 흘려보내는 것이다. 청계천의 보도를 걸으며 보이는 것을 그대로 믿어서는 안 된다는 것을 다시 새긴다. 지금 이곳은 결코 '하천'이 아닌 것이다.

청계천의 보도는 지상에서 3m 이상 아래에 있기 때문에 위의 혼잡을 잊고 물소리에 젖어 마냥 걸을 수 있다. 물은 흐른다. 우리 마음도 흐른다. 흘러서 지나가는 것은 모든 존재의 본질이다. 복잡하고 시끄러운 도심에 이런 휴식처가 있다는 것은 큰 다행이 아닐 수 없다. 이곳은 꼭 제대로 복원되어야 한다. 이곳이 생태적으로 역사적으로 제대로 복원된다면 더욱 좋을 것이다.

태평로의 청계천 시작점에서 중랑천까지 걷는 것도 좋다. 광통교, 수표교의 흔적과 훼손을 찾아보고, 물에서 노니는 잉어, 붕어, 버들치, 메기 등 물고기들을 보고, 오간수문 터를 지나 황학동을 거쳐 중랑천까지 걷는 것이다. 이 산책로에도 서울의 역사가 새겨져 있다.

조선 시대에는 지금 '서촌'이라고 부르는 곳을 청계천의 상류여서 '웃대'라고 불렀고, 동대문 주변(황학동, 왕십리 등)은 청계천의 하류여서 '아랫대'라고 불렀다. 두 지역은 무인들의 동네였는데, '웃대'는 궁궐을 지키는 무인들이, '아랫대'는 훈련도감의 무인들이 많이 살았던 것이다. 그래서 두 곳에서는 택견이 발전했고, 두 곳의 무인들이 택견을 겨루기도 했다. 지금도 '웃대'의 인왕산 자락(사직공원 뒤 국궁장인 황학정 옆 동산)은 한국 택견의 성지이다.

청운동의 창의문 고개 앞에서 바라본 남산
서울 도심을 내려보는 남산의 오른쪽으로 청계산, 관악산이 보인다. 남산의 정상부는 머리를 치켜든 누에 같다고 해서 '잠두봉'(蠶頭峰, 누에 머리 봉우리)으로 불렸다.*

---

* 겸재의 '잠두봉'과 '양화환도'에서 잘 볼 수 있듯이 한강의 양화나루 옆 봉우리도 본래 '잠두봉'으로 불린 명승지였으나, 1866년의 병인양요 때 프랑스군이 배를 타고 이곳까지 오며 많은 사람들을 죽이고 파괴와 약탈을 저질렀고, 이에 격분한 흥선대원군이 이곳에 처형장을 설치해서 천주교인들을 처형한 뒤 '절두산'(切頭山), 즉 '목을 자른 산'이라는 무서운 이름이 붙었다.

::14장

남산, 무서운 식민과 독재의 역사
南山　　　　　　植民　獨裁　　歷史

1973년 패티 김은 '서울의 모정'이라는 노래(길옥윤 작곡, 하중화 작사)를 불렀다. 이 노래의 2절 가사는 "남산의 오솔길을 걸어가면서 / 그리운 그 노래를 불러봅니다"로 시작된다. 남산은 서울의 낭만을 대표하는 장소였으며, 지금은 서울의 대표적인 휴식과 관광의 명소가 되었다. 남산에는 국립극장, 애니메이션 센터, 삼성 리움 미술관, 남산타워 등 많은 문화시설이 들어서 있다. 그러나 남산은 대단히 아프고 무서운 근현대 역사의 상처가 남아 있는 곳이다. 그 상처를 잘 지키는 것은 민주주의를 지키기 위해 대단히 중요한 과제이다.

1

서울의 남산(265m)은 풍수지리의 면에서 서울의 '안산案山'에 해당되는 곳이다. 조선은 백악, 목멱, 타락, 인왕 등 내사산(內四山, 도성 안의 네 방위를 대표하는 네 산)에 둘러서 한양도성을 쌓고 한양을 만들었다. 정궁인 경복궁은 '주산主山' 백악을 등지고 들어서서 앞에 놓인 탁상 겸인 '안산案山' 남산을 바라보며 안정을 취한다. 남산에 오르면 서울 시내가 한 눈에 들어온다. 남산에서는 정궁인 경복궁을 정면으로 바라볼 수 있다. 이 때문에 조선에서 남산은 귀하고 중요한 곳으로 여겨졌다. 조선 왕조는 남산을 신으로 모시고 그 정상에 나라의 제사를 지내는 '목멱신사'를 지었다.[1] 지금의 남산 팔각정 자리가 그곳이다. '목멱신사'는 '국사당'이라고도 불렀는데, 현재 '국사당'은 인왕산 서남쪽에 있다. 현재의 인왕산 국사당 옆에는 '선 바위'라는 이름의 기묘한 형태의 바위가 있어서 많은 사람들이 이곳에 와서 기도하고 복을 빈다. 그곳에서는 저 앞으로 남산이 바라보이고, 오른쪽 아래로 '서대문형무소' 역사공원이 보인다.

일제는 1925년 남산의 서쪽 기슭에 거대한 '조선신궁'을 지으면서 남산 정상에 있던 '국사당'을 강제로 인왕산 서쪽 자락으로 옮겼다. 조선의 사당이 일본의 신사보다 위에 있어서는 안 된다는 이유였다. 일제는 경복궁 근정전 앞에 '조선총독부'를 짓고 그것과 일직선의 위치에 '조선신궁'을 지었다. 그 결과 확장된 '조선총독부' 앞의 큰 길(현재 세종로)은 경복궁과 일직선을 이루지 않고 5도 정도 동쪽으로 틀어져 '조선신궁'과 일직선을 이루게 되었다. 일제는 남산과 남대문의 사이에 있던 한양도성을 파괴해서 '조선신궁'을 짓는 데 썼다. 해방 뒤에 '조선신궁'은 파괴됐고, 1960년대에 박정희 독재는 그 자리에 어린이회관(현재 서울시 교육연구정보원), 안중근 의사 기념관, 식물원(현재는 철거), 분수대 등을 지었는데, 서울시 교육연구정보원의 서쪽 계단은 '조선신궁'에 오르는 계단의 일부가 남은 것이다.

'애국가'[2]의 2절 가사는 '남산 위의 저 소나무 철갑을 두른 듯 바람 서리 불변함은 우리

---

1 조선에서 남산은 '목멱'(木覓)으로 불렸다. 목멱은 '마메, 즉 '남산''의 이두문이다(신채호, '吏讀文名詞解釋(이두문 명사 해석)', 〈동아일보〉 1924.10.20).

2 '애국가'의 가사는 윤치호(1864~1945)가 쓴 것으로 밝혀졌다. 윤치호를 비롯해서 윤치호의 집안에서 주요 친일파가 7명이나 나왔다. "3·1운동도 비난"…문창극이 옹호한 '친일파' 윤치

조선신궁 원견(상), 근견(하)

일제는 남산의 서쪽 중턱에 거대한 조선신궁을 지었다. 박정희 독재는 그 자리에 '어린이회관'과 '안중근 의사 기념관'을 지었다. 본래 서울역에서 남산이 훤히 보였으나 박정희 독재 때 거대한 '대우빌딩'(지금 서울스퀘어)가 들어서며 거의 완전히 막아 버렸다.

호', 〈노컷뉴스〉 2014.6.16. 한편 '애국가'를 작곡한 안익태(1906~1965)도 주요 친일파였으며, 2015년에 이해영 교수의 노력으로 그의 친일 행각이 잘 밝혀졌다. 이해영, '안익태의 일제시기 행적 밝혀지다', 〈시사인〉 2015.10.28.

위 사진의 오른쪽 서양식 건물이 조선통감부 청사(1907년 완공, 이후 증축)이고, 왼쪽 일본 기와 건물은 일본 동본원사의 경성 별원이다.

아래 사진은 조선통감부 관저(1893년 완공, 처음에는 조선통감부 청사로도 사용)로 조선통감부 청사 아래쪽이었다. 저기에서 '을사늑약'이 체결됐다.

기상일세'이다. 그런데 대기오염과 지구 온난화 때문에 남산은 소나무가 살기 어려운 곳이 되었다. 그리고 저 멀리 임진왜란(1592~1597) 때부터 일제의 식민 지배 때까지 남산은 일본에 의해 심하게 훼손됐다. 일제는 서울역 앞쪽 남산의 서북쪽 기슭에 '조선신궁'을 지어서 그것이 서울 시내를 굽어보도록 했을 뿐만 아니라 남산의 서쪽(지금의 해방촌)에는 '경성 호국신사'를 지었고(지금 그 흔적은 '해방촌 108 계단'으로 남아 있다), 동북쪽(지금의 숭의여대)에는 '경성신사'를 지었다. 특히 '경성신사' 주변은 임진왜란 때 일본군이 주둔했던 '왜성대'가 있던 곳으로 일제는 이곳을 신성시해서 초대 통감인 이토 히로부미는 1907년 여기에 '조선통감부'-'조선총독부'(지금의 서울 애니메이션 센터)를 지었고 그 아래에 관저를 지었다.

'조선통감부'는 1905년의 '을사늑약'으로 설치되었다. 그 청사와 관저는 모두 남산 자락에 있었으며, 1910년 8월 29일 일제에 의한 '한일합방조약'이 발표되기 1주일 전인 8월 22일에 '조선통감부 관저'에서 총리대신 이완용과 조선통감 데라우치 마다사케가 여기에 조인했다. 35년에 걸친 '경술국치'가 여기서 공식적으로 시작된 것이다.[3] 그리고 1961년 5월 16일 군사반란을 일으켜 권력을 찬탈한 박정희 일당은 6월 10일 악명높은 공작정치와 공포정치의 대명사 '중앙정보부'(초대 부장 김종필)를 '조선통감 관저' 터에 만들었다. 이로써 한양의 명산 남산은 일제의 지배를 위한 장소에서 박정희의 독재를 위한 장소로 바뀌었다. 위 왼쪽사진의 '조선통감부 관저'의 입구가 '중앙정보부'의 입구가 되었으며, 왼쪽의 은행나무와 오른쪽의 느티나무는 지금도 그 자리에 그대로 서 있다.

2

'중앙정보부'는 1981년에 전두환 일당에 의해 '국가안전기획부'(안기부)로 바뀌었다. '중정'과 '안기부'의 주요 역할은 '국가 안전'을 내걸고 '정권 안전'을 위해 국민을 감시하고 억압하는 일이었다. 박정희-전두환-노태우 군사독재의 가장 무서운 도구가 바로 '중정'과 '안기부'였다. 1996년 '안기부'가 내곡동으로 이전할 때까지 '남산'은 '중정'과 '안기부'

---

[3] 이곳에 대한 연구는 이순우, 『통감 관저, 잊혀진 경술국치의 현장』, 하늘재, 2010을 참고.

중정과 안기부의 건물들

중앙정보부(안기부)의 모든 조사실에서 고문이 자행됐다. 조사실은 본관의 지하에, 입구 쪽 6국(학원 사찰)에, 남산 1호 터널 옆 5국에 있었다. 가장 악랄한 고문이 자행됐던 곳은 '대공수사국'이었던 5국이었다. 5국은 참혹한 고문으로 '간첩'을 조작했던 것이다.

출처: 〈한겨레〉 2012년 4월 26일

를 뜻하는 말로 널리 쓰였다. 박정희-전두환-노태우 독재 시대에 '남산에 끌려갔다'는 말은 중정이나 안기부로 끌려가서 모진 고문을 당하고 있다는 뜻이었다. '남산'에서는 "남자를 여자로, 여자를 남자로 바꾸는 일만 빼고 뭐든지 할 수 있다"는 말이 널리 퍼졌다. 사람들에게 끔찍한 고문을 해서 뭐든지 자백하게 할 수 있었다는 무서운 말이었다.[4]

'중정'과 '안기부'의 건물들은 '조선통감 관저' 부지에만 있지 않았다. '중정'은 일제의 조선통감 관저의 아래에 있었던 일제의 헌병대사령부 부지도 일부 수용해서 사용했다. 퇴계로에서 남산 순환로로 들어가는 입구에서 남산 1호 터널에 이르는 남산 자락의 2만4천 평에 모두 41동에 이르는 '중정'과 '안기부'의 건물들이 흩어져 있었다. 지금은 대부분이 철거됐고 10동 정도의 건물들이 남아 있다.[5] 이 건물들은 독재의 역사를 보여주는 유

---

4 일제 때는 종로경찰서, 서대문형무소 등에서 고문이 자행됐다. 이승만 독재 때는 옥인동에 있던 '육군 특무대'에서 고문이 자행됐는데, 그 근처에 있는 경찰의 옥인동 대공분실에서 박정희, 전두환, 노태우 독재 때 고문이 자행됐다.

5 본관 건물의 서쪽에 제1별관이 있었는데 1996년 8월 4일 철거됐다. 이 건물의 자리에는 미군이 쓰던 콘센트 막사가 있었고 중앙정보부 남산 청사는 여기서 시작됐다. 이런 건물의 철거는 결국 독재의 죄상을 은폐하는 문제를 안고 있는 것이다.

적으로 보존돼야 한다. 남산 순환로 옆의 정문 쪽이나 필동의 '남산 한옥 마을'(일제의 헌병대사령부 터, 박정희 독재 때 수도방위사령부 터)에서 답사를 시작할 수 있고, 숲 속을 호젓하게 걸을 수 있는 남산 산책로로 내려오거나 올라갈 수도 있다.[6]

현재 '서울 유스호스텔'로 사용되고 있는 건물은 1972년 '중정'의 본관으로 지어진 것이다.[7] 1972년은 바로 박정희의 유신 독재가 시작된 해이다. 박정희는 1967년에 '동백림 사건'과 같은 간첩 사건을 고문으로 조작해서 1969년 '3선 개헌'을 강행했다. 그런데 1971년의 대통령 선거에서 사실상 야당의 김대중 후보에게 졌다. 그러자 박정희는 광분했다. 박정희는 영구집권을 위해 무서운 책동을 시작했다. 1972년 7월 4일 박정희는 '남북공동성명'을 발표해서 평화와 통일의 길이 열리는 것 같은 분위기를 만들었다.[8] 그리고 석달여 뒤인 10월 17일 비상계엄을 선포해서 국회를 해산하고 헌법을 중단시켰다. '유신 독재'가 시작된 것이다. 이에 대한 국민들의 저항이 계속 이어졌다. 그러자 박정희는 '긴급조치'를 남발해서 국민의 인권을 더욱 억압하는 동시에 중정을 이용한 공작정치와 공포정치를 더욱 강화했다. 박정희는 김일성의 위협을 내걸고 이 희대의 유신 독재를 추진했지만 실은 김일성과 내통해서 사전에 두 번이나 김일성에게 유신 독재의 실행 계획을 알렸다.[9]

1973년 8월 8일 박정희는 중정을 시켜 김대중을 일본에서 납치했다. 당시 중정 부장은

---

6 중정(안기부) 건물의 변화에 대해서는 이태희, '반독재를 삼킨 거대한 우물', 〈한겨레21〉 774호/2009.8.19. 오승용, '공포정치의 대명사가 되다-5·16 쿠데타 뒤 중앙정보부 입주하며 야당탄압·간첩사건 조작·고문 현장으로…'남산 체제'라는 시대의 상징', 〈한겨레21〉 789호/2009.12.9. 원희복, '광복 70년 역사르포(10)-남산 중앙정보부…무소불위의 공작과 고문의 흔적', 〈주간 경향〉 1156호/2015.5.5. 유영호, '남산, 치욕의 통감관저에서 공포의 중정까지', 〈통일뉴스〉 2014.12.2 등을 참고.

7 이곳은 청와대 쪽을 잘 바라볼 수 있는 자리이다. 그런데 1977년 극동건설이 충무로에 거대한 '극동빌딩'(24층, 현재는 '남산스퀘어빌딩')을 지으면서 이곳의 전망은 크게 가로막히고 말았다. 유아인이 주연한 영화 '베테랑'에서 주요 무대로 쓰인 이 건물은 지금도 이 근처에서 가장 큰 건물이다. 극동건설은 1998년에 망했지만 1977년에는 아주 잘 나갔던 것이다. '옛 극동빌딩 소유기업들 잔혹사', 〈아시아경제〉 2015.10.27 참고.

8 당시 중정 부장 이후락이 석관동의 중정 본청 강당(등록문화재 92호)에서 발표했다.

9 '10월 유신' 안보 내세우더니…박정희 정권, 북에 두차례나 '사전 통보', 〈한겨레〉 2012.10.17.

고문살해된 최종길 교수   **고문으로 '인혁당 재건위' 누명을 쓰고 사법 살해된 8명**

이후락이었다. 박정희는 김대중을 현해탄에 던져 죽이려고 했으나 미국 정부의 방해로 그렇게 하지 못하고 서울로 데려와서 집에 가뒀다. 두 달 뒤인 10월 4일 서울대 법대생들이 유신 독재를 비판하는 시위를 벌였다. 당시 서울대 법대의 최종길 교수(1931~1973)는 교수회의에서 학생들을 두둔하는 발언을 했다. 10월 16일 중정은 당시 중정 요원이었던 최 교수의 동생을 시켜 임의동행 형식으로 최 교수를 연행했다. 그리고 사흘 뒤인 10월 19일 최 교수는 중정 본관 앞 마당에서 머리가 깨져 죽은 시체로 발견됐다. 10월 25일 당시 중정 차장이었던 악성 친일파 출신 검사 김치열(1921~2009)은 '유럽 간첩단 사건'을 발표하며 최종길 교수가 간첩이라고 자백하고 죄책감에 투신자살했다고 발표했다. 그러나 이 발표는 새빨간 거짓이었다. 중정은 '유럽 간첩단 사건'을 조작하기 위해 최 교수를 고문하다 죽이고는 3층 옥외계단에서 밖으로 던져 자살을 가장했던 것이다. 당시 중정 부장은 이후락(1924~2009)이었다. 이 사실은 2002년 '의문사진상규명위원회'의 조사를 통해 비로소 확인됐고, 2006년 대법원 판결을 통해 법적으로 확정됐다. 그러나 이 참혹한 고문과 살인의 범죄자들은 한 명도 처벌되지 않았다.

　중정은 계속 무서운 고문을 통한 간첩 조작, 용공 조작 등의 조작 사건들을 만들어서 박정희 독재를 지키고자 했다. 1974년 4월 전국민주청년학생총연맹(민청학련)이 발표됐다. 주모자로 몰려 도피하다 체포됐던 서울대 사회학과 학생 이철과 유인태에게는 사형이 선고됐다. 다행히 두 사람은 감형받아 몇 년 뒤 감옥 문을 나섰고, 2009년 9월 '민청학련' 사건도 완전히 무죄로 판결받았다. 그러나 8명의 사람들이 사형을 선고받고 살

김치열

이후락

신직수

해됐다. 박정희 독재는 1964년 8월 매국적인 한일협정 반대를 진압하기 위해 혹독한 고문으로 인민혁명당 사건을 조작했다. 그리고 1974년 이른바 '인혁당 재건위'를 '민청학련'의 배후로 조작했다. 8명이 체포되어 중정에서 더욱 혹독한 고문을 당했고, 참담하게도 법정에서 사형을 선고받았다. 그리고 사형을 선고받고 18시간밖에 지나지 않은 1975년 4월 9일 새벽에 서대문형무소 사형장에서 8명의 무고한 국민에 대한 사형이 집행됐다.[10] 당시 검찰총장은 최종길 살인 사건 직후 임명된 김치열이었는데, 이 자는 12월에

---

10 제네바의 국제사법위원회는 4월 9일을 '국제 사법사상 암흑의 날'로 규정했다.
사형 판결을 내린 당시의 대법관들은 다음과 같다.

성명	직책	비고
민복기(閔復基)	대법원장	자랑스러운 서울대인상 수상 2000년
민문기(閔文基)	대법원 판사	
안병수(安秉洙)	대법원 판사	
양병호(梁炳皓)	대법원 판사	자랑스러운 서울대 법대인상 1999년 수상
한환진(韓桓鎭)	대법원 판사	
주재황(朱宰璜)	대법원 판사	
임항준(任恒準)	대법원 판사	
이일규(李一珪)*	대법원 판사	

이 중 이일규만 소수의견을 내서 재판 절차의 문제를 지적했다. 독재는 단순히 총칼로만 유지되지 않고 검사와 판사를 이용해서 합법의 형식을 갖춰 유지된다. 이로써 독재는 '검판 법비'들의 지배체제를 만드는데, 이것들을 없애지 못해서 '법피아의 비리국가'가 되었다.

내무부장관에 임명되어 악명높은 치안본부 대공분실을 만들었다. 당시 중정 부장은 신직수(1927~2001)였다.[11] 박정희의 심복이었던 신직수는 군법무관 출신으로 검찰총장, 법무장관, 중정부장으로 재직한 전무후무한 기록을 남기며 박정희의 독재를 보위한 최악 법비였다. 이른바 '유신헌법'은 신직수가 법무장관일 때 당시 30대 초 검사였던 김기춘을 시켜 만든 것이었다. 김기춘은 이때부터 맹렬히 법비로 활동해서 민주주의를 우롱하고 수많은 사람들을 간첩으로 몰아 괴롭혔으나 결국 2017년 1월에 박근혜-최순실 게이트의 핵심으로 구속되었다. 서울대 법대 조국 교수는 김기춘을 아예 '법마'라고 불렀다.

1981년 전두환 일당은 악명높은 중정의 정체를 감추기 위해 안기부(국가안전기획부)로 이름을 바꿨다. 아마도 전두환 일당이 중정의 이름을 안기부로 바꾼 것은 중앙정보부장 김재규가 박정희를 사살했기 때문일 것이다. 김재규 장군(1926~1980)은 무도하기 짝이 없는 박정희의 독재를 끝내고 전두환 일당에게 살해된 의사이다. 그러나 이름만 바뀌었을 뿐 사람도, 바뀐 것은 전혀 없었다. 오히려 규모가 훨씬 더 커졌다. 중정과 마찬가지로 안기부는 온갖 불법을 저지르며 국민들을 괴롭히고 억압했다. 전두환 일당이 '국가 안전'을 내걸고 실제로 추구한 것은 '정권 안전'이었다. 박정희 독재는 중앙정보부를 핵심으로 해서 국군보안사령부와 치안본부 대공분실이 결합된 '감시와 억압의 3각 체제'를 확립했다. 중앙정보부가 안전기획부로 이름을 바꿨어도 이 '공작-공포정치 3각 체제'는 바뀌지 않았다. '남산'은 계속 너무나 무서운 곳이었다.

3

안기부는 1995년 9월 내곡동에 새 청사를 지어 옮겼다. 남산에 있던 국내 파트와 석관동

---

11 중정 부장들 중에서 김형욱(1925~1979(1984), 재직 1963~1969)이 가장 악명을 떨쳤다. 김형욱은 박정희를 배신해서 파리에서 납치되어 암살된 것으로 추정되는데 그가 저질렀던 참혹한 고문 살인 사건들을 생각하면 조금도 동정할 수 없다. 신직수는 군법무관 출신 검사로서 유신 독재를 위해 법을 적극 활용했다. 신직수는 중정 차장(1963), 검찰총장(1963~1971), 법무장관(1971~1973)을 거치고 중정 부장(1973~1976)에 임명되어 김형욱의 폭력에 법을 결합시켰다.

에 있던 해외 파트가 내곡동의 새 청사로 합쳤다. 그리고 1999년 안기부는 다시 '국가정보원'으로 이름을 바꿨다. 이 개명은 명실상부한 최고의 정보조직으로 만들기 위한 일환이었다. 그러나 그 본성은 민주화에도 거의 변하지 않았다. 2012년의 대통령 선거에서 국가정보원은 이명박의 심복인 원세훈 국정원장의 지휘 아래 광범위한 여론 조작의 방식으로 조직적으로 선거에 개입하는 국기문란 범죄를 저질렀다.[12] 그리고 박근혜가 임명한 남재준 국정원장은 노무현 대통령의 대화록을 공개하는 국기문란 범죄를 저질렀다. 국가정보원은 여전히 안전기획부를, 중앙정보부를 꿈꾸고 있는 것 같다. 그 문제는 2016~17년에 드러난 희대의 박근혜-최순실 게이트에서 명확히 밝혀졌다.

남산에서 안기부가 떠난 뒤에 그곳에서는 무참한 독재의 역사를 지우는 작업이 활발히 진행됐다. 그 선두에 이명박이 있었다. 그는 서울시장이던 2003년에 안기부 본관을 인권역사관으로 써야 한다는 독재의 피해자들과 시민사회의 요청을 거부하고 '유스호스텔'로 만들었다. 사실 안기부가 자리잡고 있던 곳은 남산의 북사면이어서 햇빛이 잘 들지 않는 음습한 곳이다. 그곳에서 조선이 일본의 식민지가 되었고, 또 그곳에서 박정희-전두환-노태우 독재의 무서운 고문과 살인이 저질러졌다. 특히 본관은 최종길 교수의 살인극이 펼쳐졌던 곳이다. 이곳은 청소년을 위한 '유스호스텔'로 이용하기에는 너무 음습하고 무서운 곳이며, 하루빨리 역사를 지키고 알리는 곳으로 바뀌어야 한다.

아무리 지우고 없애려 해도 그렇게 될 수 없는 것이 바로 역사이다. 역사를 잊으면 역사는 반드시 복수한다. 무서운 역사일수록 직시하고 기억해야 한다. 무서운 역사가 반복되어 또 다시 수많은 사람들이 피해를 입어서는 안 되기 때문이다. 남산은 아주 좋은 곳이다. 너무 많이 개발되어 생태적 훼손이 심각한 상태이지만, 남산은 시민의 생태적 휴식 공간으로서, 서울의 남북 녹지축의 회복을 위한 생태적 거점으로서 여전히 아주 중요하다. 봄에는 꽃구경하기 좋고, 가을에는 단풍 구경하기 좋다. 정상의 봉수대에서 바라보는

---

[12] 이 사건은 정보화와 민주화의 관계에 관한 기존의 연구들을 크게 바꿔놓는 것이었다. 정보화가 민주화를 촉진할 수 있지만 민주화가 제대로 되지 않으면 정보화는 결국 무력해지거나 크게 왜곡될 수 있다. 히틀러와 괴벨스의 '정보 조작' 문제가 인터넷 시대에도 계속 나타날 수 있는 것이다. 이에 대해서는 홍성태, '국정원 댓글 공작과 정보사회의 위기', 〈창작과 비평〉 162호/2013년 겨울을 참고.

서울 도심의 전경은 그야말로 일품이다. 그러나 그곳에는 아프고 무서운 역사가 깊이 새겨져 있기도 하다. 그 역사를 떠올리며 남산의 호젓한 산책로를 거닐어 보자.

서울시는 2016년 8월에 '남산 예장 자락 재생사업'을 시작했다(http://mediahub.seoul.go.kr/archives/961380). '중정' 입구 쪽을 중심으로 무서운 억압의 장소를 자연과 시민의 장소로 바꾸는 사업이다. 역사를 지우는 사업이 아니라 역사를 지키는 사업이 되어야 할 것이다. 이 장소는 너무나 참혹해서, 결코 잊어서는 안 되는 역사를 담고 있는 곳이기에.

남산 유스호스텔(중앙정보부 본관)

필동 스트리트 뮤지엄

남산 한옥 마을 동쪽의 골목길들에 한 사업가가 '스트리트 뮤지엄'을 만들어 삭막한 곳을 즐거운 곳으로 바꾸고 있다. 문화의 힘을 잘 보여주는 좋은 시도다.

한눈에 보는 남산공원

남산공원 안내

남산을 거닐자
南 山

남산은 커다란 공원이다. 숲 사이로 긴 산책로가 여러 경로로 만들어져 있다. 그리고 그 안과 둘레에 많은 문화시설들이 들어서 있다.

서울 남산에는 TV 방송 전파 송출을 위한 탑으로 건축가 장종률이 설계해서 만들어진 '남산타워'(현재는 'N서울타워'라는 해괴한 이름)가 있다. 1969년 착공되어 1975년 완공됐고 1980년 전망대가 개방됐다. 나는 중학교 3학년이었던 1980년 11월 친구들과 이곳에 가서 멀리 인천 앞바다를 보고 놀랐었다. 높이는 237m에 해발 480m이다. 참고로 북한산 최고봉인 백운대는 해발 836m이다. '남산타워'의 전망대에서는 서울의 강북과 강남을 모두 아주 잘 볼 수 있다.

서울 남산에는 케이블카도 있다. 남산 3호 터널 입구의 위에 터미널이 있다. 위의 승강장은 바로 위층에 서울에서 전망이 가장 훌륭한 식당이 있다. 그 옥상에는 맥주를 마시며 아름다운 서울을 바라볼 수 있는 노천 카페가 있다. 북쪽으로 바라보이는 북한산 서남능선은 세계 어느 수도에서도 볼 수 없는 아름다운 경관이다. 그런데 1962년 박정희 독재에 의해 개통된 이 케이블카는 한국삭도공업(주)라는 회사에서 50년이 훨씬 넘게 독점운영하고 있다. 그 소유주는 한광수와 그 아들들인데 모두 미국 국적자들이다. 이와 관련해서 서울시는 '남산 곤돌라'(소형 케이블카) 사업을 추진하고 있다. 그러나 1991년부터 시작된 '남산 제모습 찾기'에 비추어 보면 남산 곤돌라를 만드는 게 아니라 남산 케이블카를 없애는 게 옳을 것이다. 남산 케이블카를 그냥 두더라도 독점 문제는 반드시 없애야 할 것이다. 참고로 역시 박정희 독재가 만든 설악산의 권금성 케이블카도 박정희의 맏사위인 한병기가 1971년부터 독점운영해서 해마다 막대한 이익을 챙기고 있다.

남산의 북쪽 기슭에는 '와룡묘'가 있다. 『삼국지』로 유명한 제갈공명을 모신 사당이다. 와룡은 제갈공명의 호이다. 촉한의 유비가 제갈공명을 모셔서 천하의 제

남산 케이블카 승강장 식당의 북한산 전망

패를 도모했다. 제갈공명은 참으로 총명했고 뛰어난 능력을 지녔을 뿐더러 인격도 훌륭한 것으로 전해져서 그를 흠모한 사람들이 철종 때인 1862년에 이 사당을 만들었다고 한다. 유비의 의동생인 관우를 신으로 모신 동대문 밖 '동묘'와 비슷한데 '동묘'는 명나라가 조선에게 요구해서 만들어졌다. '와룡묘'는 『삼국지』가 이 나라에 미친 영향력이 대단히 강했다는 것과 중국을 떠받든 사대의 풍습이 대단히 깊었다는 것을 보여주는 곳이다.

남산의 북쪽에서 가장 아래쪽에는 '남산골 한옥 마을'이 있다. 서울시가 '남산 제모습 찾기'의 일환으로 수도방위사령부의 부지였던 이곳을 인수해서 1998년에 '남산골 한옥 마을'을 개장했다. 이곳은 일제 때는 '조선 헌병대사령부'가 있던 곳이고, 박정희 독재 때는 수도방위사령부가 있던 곳이다. 남산을 식민과 독재의 기지로 만든 군사적 기반이 바로 여기에 있었던 것이다. 이곳에는 5채의 한옥들이 옮겨져서 다시 지어졌는데, 그 중 박영효 가옥과 순종효황후 윤씨 친가로 알려졌던 집은 대표 친일파 민영휘(민비의 조카)의 집과 순종효황후의 큰아버지였던 윤덕영이 첩을 위해 지은 집으로 밝혀졌다.* 민영휘는 처음에는 민비에 기대어, 뒤에는 일제에 부역해서 재산을 쌓아서 조선 최고의 부자가 된 대표 친일파였다. 민영휘의 후손이 갖고 있는 재산 중에 가장 유명한 것은 '남이섬'이다. 또한 윤택영 재실이 있는데, 윤택영은 윤덕영의 동생이자 순종효황후의 아버지로서 역시 대표 친일파였다. 그러니까 '남산골 한옥 마을'에 있는 5채의 대표 한옥들 중에서 세 채가 대표 친일파의 집인 것이다. 친일파들이 나라를 팔아서 치부했다는 사실을 잘 보여주는 좋은 예이기는 하지만 이런 자들의 집을 대표 한옥으로 전시하고 있다는 것이 대단히 씁쓸하지 않을 수 없다. '남산골 친일파 한옥 전시장'이 아닌가?

안내판에는 이런 사실이 전혀 쓰여 있지 않고 조선 때의 좋은 집이라고 쓰여 있으니 문화재청과 중구청이 나서서 이완용 급의 최악 친일 매국노들을 훌륭한 전통문화 보호자들로 칭송하고 있는 격이 아닌가?

'남산골 한옥 마을'의 서쪽으로 '필동 스트리트 뮤지엄' 골목이 있다. 한 사업가가 문화활동에 나서서 인쇄소와 식당들의 골목을 작은 미술품들과 미술관들의 골목으로 만들었다. 멋진 문화적 재생의 현장이다. 한편 '남산골 한옥 마을'의 동쪽에서는 '필동 지구단위계획'이 수립되어 전면적인 재개발이 추진되기 시작했다. 이 때문에 유명한 '필동 면옥' 근처에 커다란 '결사반대' 현수막들이 나붙었다. 공간의 역사와 주민을 존중하는 문화적-보존적 재개발을 해야 하지 않나?

* 서울시, '남산골 한옥마을 '박영효 가옥', '관훈동 민씨 가옥'으로 명칭 변경', 2010.9.29.

정문 앞에서 본 '남영동 대공분실'

경찰청 인권센터가 된 남영동 대공분실. 4층은 박종철 기념관이다. 앞에는 호텔이 있고, 뒤에는 초고층 아파트들이 잔뜩 들어섰다.

::15장

南 營 洞 對 共 分 室
남영동 대공분실을 찾아서

박정희와 전두환의 군사독재 시절에 독재에 맞선 민주인사들은 물론 그야말로 선량한 시민들도 연행해서 감금하고 고문했던 곳으로 악명을 떨친 '치안본부 남영동 대공분실'(현재 경찰청 인권센터)은 행정동으로는 남영동이지만 법정동으로는 남영동이 아니라 갈월동에 있다.* 남영동은 서울의 남쪽 진입로인 이곳에 조선 때부터 군영(군 부대)이 있었기 때문에 붙여진 지명이며, 갈월동은 이 근처에 칡이 많았기 때문에 붙여진 지명이라고 한다. 법정동으로서 남영동은 남영역 주변이 아니라 한강로의 건너편에 있는 거대한 용산 미군 기지의 북서쪽 끝에 해당되는 곳이다. '남영동 대공분실'은 한국의 현대사에서 가장 무섭고 참혹한 장소라고 할 수 있다. 독재는 폭력으로 유지되며, 그 폭력은 그냥 때리는 것이 아니라 고통을 최대로 증폭시켜 인간성을 말살하기 위해 고도로 훈련된 고문을 핵심으로 한다. 그리고 그 궁극적인 귀결은 살인이다. 독재는 고문과 살인으로 유지된다.

---

* 행정동으로서 남영동은 남영동, 갈월동, 동자동, 용산1가동 등의 법정동을 포괄하고 있다.

1

'남영동 대공분실'을 보려면 지하철 1호선 남영역에서 내리는 것이 가장 좋다. 그러나 이왕 오는 것이니 거대한 주한 미군 기지의 옆인 이 주변을 둘러보는 것도 좋을 것이다. 지하철 4호선과 6호선이 만나는 삼각지역에서 내려 11번 출구로 나와서 그 앞의 골목 동네를 살펴보며 '남영동 대공분실' 쪽으로 걸어가면 일제 때부터 1970년대까지 지어진 건물들이 여럿 남아 있어서 이 지역의 역사를 대체로 잘 볼 수 있다. 삼각지는 사실 본래부터 네거리였으며,[1] 1967년에 입체 교차로가 설치되었고, 같은 해에 배호(1942~1971)가 '돌아가는 삼각지'라는 노래를 불러 유명해졌다. 경제의 고성장으로 큰 사회적 변화를 겪던 1970년대의 세태를 잘 묘사한 최인호(1945~2013)의 소설을 원작으로 해서 만든 하길종(1941~1979)의 영화 〈바보들의 행진〉(1975)에 이 입체 교차로가 등장하는데, 이 시설은 지하철 6호선 건설에 따른 지반 침하 우려로 1994년에 철거되었고, 이로써 한강로에서 남산의 전망이 시원하게 되살아났다.

삼각지역 11번 출구 앞 동네를 비롯해서 한강로 길가에는 '화랑'들이 많다.[2] 미군들을 상대로 초상화를 그려주거나 풍경화, 정물화 등을 파는 것이다. 미국으로 돌아가는 미군들에게 인기가 많았다고 하나 지금은 많이 줄어들었다. 길가의 '화랑'들에 그림을 공급하는 '화실'들은 길가의 뒤쪽 골목에 있다. 삼각지역 11번 출구 앞 동네도 그렇다. 이 동네는 용산 미군 기지의 담에 기대어 만들어졌고, 1990년 노태우 독재가 '전쟁기념관'(1993년 완공)[3]을 만들 때도 다행히 그대로 남았다. 일제 침략과 함께 용산구의 한강로 양쪽에

---

1 '삼각지'라는 장소와 지명은 모두 일제의 산물이다. 이순우, '배호는 '삼각지'의 유래를 알았을까?-일제가 이 땅에 남겨놓은 '세모꼴' 지명의 흔적', 〈오마이뉴스〉 2006.8.28.

2 본래 이곳은 '텍사스촌', 즉 미군들을 상대로 하는 사창가였으나 '상업미술 공장' 지역으로 변했다고 한다(김정은, '한강로 따라 만나는 근대화의 현장', 〈서울스토리〉 2013.1.18). 박수근 화백(1914~1965)도 1951~53년에 신세계 백화점에 있던 '미8군 PX'에서 미군의 초상화를 그려주는 것으로 연명했다. 그때 박 화백은 한국전쟁으로 서울대 국문과의 학업을 접고 생계를 위해 미8군 PX에 취직한 21살의 박완서(1931~2011)를 만나게 되었다(윤소영, '박수근 그림이 박완서 구원했다', 〈중앙일보〉 2011.6.23). 1980년에 발표된 박수근 화백의 아내 김복순 여사(1922~1979)의 '회고록'도 참고(김복순, 『박수근 아내의 일기』, 현실문화, 2015).

3 곽홍길, 양재현, 이성관 등 설계. '건축도시정보센터'의 소개 참고. '전쟁기념관'은 1995년 서

는 일본군의 대부대가 들어섰고 그 주위에 일본인의 주거지들이 많이 들어섰다. 그래서 지금도 한강로 양쪽에는 그 흔적이 꽤 많이 남아 있다. 그러나 2000년대에 들어와서 이곳은 빠르게 무너져서 사라졌다. 여러 시간 층을 간직하고 있는 낮고 작은 건물들의 동네가 계속 지켜지는 것이 도시의 다양성과 활력이 지켜지는 것이지만 최대 지대를 노린 (초고층) 재개발의 물결이 이곳에도 강하게 밀려온 것이다.

삼각지역 11번 출구 앞의 작은 동네는 일제강점기를 바탕으로 해방 이후 미군 주둔, 군사 독재와 개발 등 근현대 역사를 잘 간직한 동네였다. 삼각지역 11번 출구 앞의 골목으로 들어가면 검은색 목판으로 외부를 마감한 일식 단층 주택이 있었다. 2000년에 이 집을 처음 봤을 때 그 상태가 좋아서 놀랐었다. 얼마 뒤 건축가 정기용 선생과 학생들을 데리고 이곳으로 답사를 갔더니 다들 이 주택을 보고 신기해했다. 사실 1970년대까지만 해도 이런 집을 서울에서 흔히 볼 수 있었다. 그러나 이제는 거의 볼 수 없다. 그런데 2010년 무렵에 이 집도 빈 집이 되었다. 2013년 9월에 또 가 보니, 문 앞에 걸려 있던 화재 경보 종이 없어졌고, 지붕과 벽이 무너졌고, 문에는 경찰의 빈 집 경고문이 붙었다. 그런데 무너진 벽을 보니 대나무와 진흙으로 벽을 쌓고 그 바깥에 나무판으로 마감했다. 나는 그

일제 때 지어진 일식 단층 목조 주택 – 2004년(좌), 2013년(우)

울시 건축상 금상을 받았으나 사실 태생 자체가 큰 문제를 안고 있는 것이다. '서울시 건축상 수상한 전쟁 기념관', 〈시사저널〉 1995.4.6.

냥 목판으로 마감하는 줄 알았는데 목판 안에 흙벽을 쌓는 것이다. 당시 동행했던 건축사학자 안창모 교수가 일식 목판 건물의 안에는 다 이렇게 흙벽이 있다고 가르쳐주었다.

2

삼각지역 11번 출구 앞의 작은 동네는 '전쟁기념관'의 후문에서 끝난다. 그리고 '전쟁기념관' 후문을 지나면 바로 용산 미군 기지의 본부 지역인 '메인 포스트'의 정문이다. 그 옆으로 남영동 삼거리 쪽으로 붉은 벽돌 담장이 아주 길게 늘어서 있다. 용산 미군 기지는 하루빨리 '생태문화공원'으로 거듭나야 하는 데 박근혜-최순실-새누리당 비리 정권의 엉터리 정책으로 제대로 진행되지 못하고 크게 망가질 위기에 처해 있다. 남영동 삼거리까지 걸어와서 건널목을 건너서 '가야 호텔' 옆 골목으로 들어서면 저 앞에 스산한 검은색 건물이 보인다. 바로 저 악명높은 '치안본부 대공분실', 즉 '남영동 대공분실'이다.

지금 '남영동 대공분실'은 '경찰청 인권센터'로 바뀌었다. 노무현 정부 때인 2005년에

'남영동 대공분실'의 전면

'보안 3과'가 이전하게 되어 경찰청은 이곳을 인권센터로 만들었다. 박정희-전두환-노태우 군사독재 시대를 대표하는 최악의 인권 유린 시설이 민주화에 따라 중요한 인권 보호 시설로 거듭난 셈이다. 그러나 1987년 6월 항쟁으로 시작된 민주화에 비추어 보자면, 이런 당연한 변화가 이루어지기까지 무려 18년이 걸렸다. 독재 세력이 청산되기는커녕 계속 지배력을 행사하는 상태에서 이루어진 취약한 민주화는 독재 세력의 반민주 독재화에 의해 쉽게 무력화될 수 있다. 이곳의 변화 과정을 '경찰청 인권센터'의 안내물은 다음과 같이 설명한다.

"치안본부 대공분실은 1948년 10월 대간첩 수사 업무를 위해 치안국 특수정보과 중앙분실로 발족하였으며, 1970년 10월 정보과 공작분실로, 1976년 5월에는 치안본부 대공과 대공분실로 바뀌었고, 1983년 12월에는 좌경의식 수사 업무를 흡수하고 제4부 대공 수사단으로 통합되었다. 이후 경찰청 대공수사 1단·2단, 대공2부, 보안3과 등으로 직제가 개편되었다. 남영동 대공분실 청사는 업무 특성상 '00해양연구소'라는 간판으로 철저히 위장, 70-80년대 민주화 운동을 하던 많은 인사들을 취조·고문하던 곳으로 특히 1987년 1월 박종철 고문치사 사건으로 세간에 널리 알려지게 되었다."

그런데 우리는 '남영동 대공분실'의 역사뿐만 아니라 그 건물에도 큰 주의를 기울여야 한다. 이 건물은 1960-70년대 박정희 독재를 대표하는 건축가 김수근(1931~1986)의 설계로 1976년에 건축된 것이다. 김수근은 검은색 벽돌로 그윽한 외관을 만들었다. 그러나 그 내부는 철저히 억압적인 '심문'을 위한 곳으로 설계되었다. 김수근은 이 건물의 용도를 잘 알고 그윽한 외양의 무서운 '심문' 전용시설을 만들었던 것이다. 이곳에서 '심문'은 극단적으로 반인간적인 '고문'을 뜻했다. 7층 건물의 5층에 심문실들이 있었는데, 이곳에서 끔찍한 고문들이 끝없이 자행됐다. 이곳은 1985년 9월에 '고문 기술자' 이근안(1938~)[4]이 김근태(1947~2011)를 물고문과 전기고문했던 곳이고, 1987년 1월에 4명의 경찰들이 박종철

---

4   '고문 기술자'는 극악한 반인륜 범죄의 실행자로서 엄벌되어야 한다. 그러나 이근안은 겨우 징역 7년형(1999~2006)을 받았을 뿐이며, 2008년에 목사가 되어 한국의 패악적 기독교 문제와 결합해서 세상을 경악시켰고, 2011년에 자기의 고문이 일종의 예술이었다고 말해서 세상을 더욱 경악시켰다.

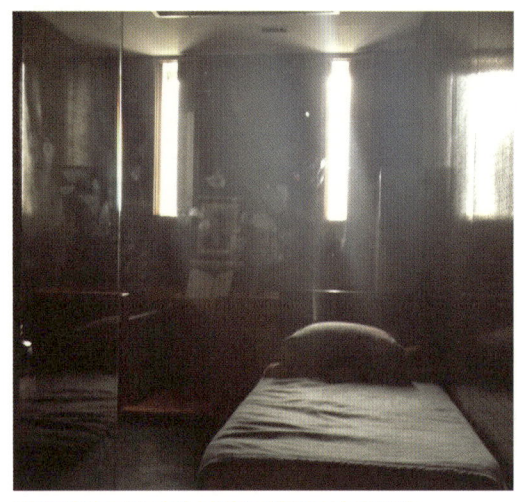 

박종철이 고문사한 남영동 대공분실 509호   심문실들이 있는 5층 복도
뒤의 욕조에서 물고문을 당하다가 죽었다. 저 욕조
는 애초에 목욕을 빙자한 물고문 시설로 만들어졌다.

(1965~1987)을 물고문하다가 죽인 곳이다.[5] 이에 대해 '경찰청 인권센터'의 안내물은 다음과 같이 설명한다.

> 구 남영동 대공분실은 시대를 대표한 고 김수근 건축가의 작품으로 그의 작품 중 가장 유명한 '공간'과 마찬가지로 건물에 검은 벽돌을 사용했다. 푸른 색 철문을 통과하면, 뒷면에 짙은 색 '전용 철문'을 지나 안으로 들어선 후, 피의자들이 조사받을 5층으로 가게 된다. 설치되어 있는 엘리베이터는 1층과 5층만 왕복 운행하며, 그 옆에 설치되어 있는 철제 나선형 계단 역시 5층까지만 바로 연결되어 있다. 어두운 건물 안으로 들어서자마자 마주치게 되는 좁은 사각의 공간, 그리고 다시 철문을 열고 들어가면 마주치게 되는 비좁은 엘리베이터와 짙은 색 철제 나선형 계단, 누군가 '피의자' 신분으로 이곳에 왔을 때, 처음 마주치게 되는 냉기와 공포감, 그리고 극도의 불안감은 여기서부터 만들어진다.

---

5   김근태의 증언에 대해서는 김근태, 『남영동』, 중원문화, 2007과 정지영 감독의 〈남영동 1985〉, 2012를, 박종철의 죽음에 대해서는 『박종철 평전』, 박종철출판사, 1998을 참고. 박종철의 죽음도 하루빨리 영화로 만들어지길. 박종철이 고문당한 것은 선배 박종운 때문이었다. 그러나 박종운은 한나라당에서 국회의원이 되겠다고 애썼다. 박종철의 참혹한 고문사가 어렵게 세상에 알려지며 악독한 전두환 독재를 타도한 6월 항쟁이 펼쳐지게 되었다. 민주주의자 김근태는 이근안에게 당한 고문의 후유증에 시달리다가 2011년 12월 30일 세상을 떠났다.

'남영동 대공분실'의 심문실은 5층에 있었지만 공포는 입구에서부터 시작되었다. 김수근은 이 건물의 정문 부분을 3층에서부터 층층이 안으로 집어넣어 답답한 외관에 변화를 주었고 그 아래에 아늑한 휴게 공간을 만들었다. 그러나 연행된 사람들은 이

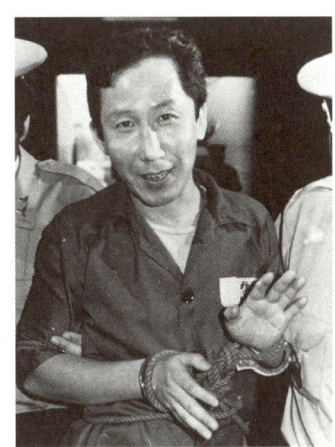
김근태(1947~2011)

박종철(1965~1987)

곳으로 드나들지 않았다. 연행된 사람들은 건물 뒤의 쪽문으로 들어갔다. 그곳으로 들어가면 심문실이 있는 5층으로만 가는 작은 엘리베이터와 나선형 계단이 있다. 두 손이 묶이고 가리개로 눈이 가리워진 채 나선형 계단으로 끌려 올라가면 방향감과 위치감을 모르게 되고 좁은 계단실에 울리는 철제 계단의 발자국 소리에 심장이 오그라들게 되었을 것이다.

좁은 심문실 안쪽에는 작은 욕조가 있었는데 사실 이것은 욕조의 모양을 한 물고문 도구였다. 네 명의 경찰이 두 명은 머리와 어깨를 잡고, 두 명은 허리와 다리를 잡고, 머리를 물이 가득 담긴 욕조에 담가 물고문을 했다. 박종철이 바로 이 욕조에서 물고문을 당하다가 참혹히 살해됐다. 심문실은 두 종류였는데, 방 하나로 된 보통 심문실과 두 개의 방을 터서 만든 큰 심문실이었다. 1985년 9월 4~20일 동안 김근태가 살인적인 요도고문, 물고문, 그리고 전기고문을 당한 15호실은 큰 심문실이었다. 전기고문에는 여러 장비들과 사람들이 많이 필요해서 큰 방에서 해야 한다. 1987년 1월 14일 오전 11시쯤 박종철이 물고문을 당하다가 살해된 9호실은 작은 심문실이었다. 김수근은 연행된 사람들이 두려움과 불안감에 빠지도록 겨우 환기할 수 있는 작은 창, 전등의 밝기를 조절하는 조도 장치 등까지 꼼꼼히 따져 설계했다.[6]

---

6 김상수, '김수근이 과연 '한국을 대표하는 건축가'인가?', 〈프레시안〉 2011.11.6. 박원상, '여기가 지옥…남영동 대공분실을 고발한다', 〈프레시안〉 2012.11.21.

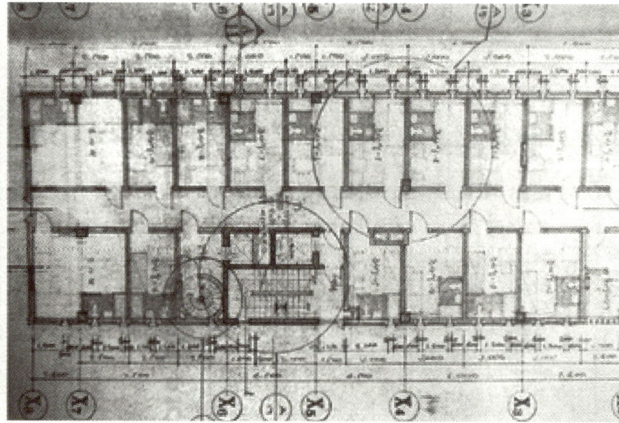

남영동 대공분실의 설계도

2012년 11월 6일 임수경 의원의 요청으로 경찰청은 '남영동 대공분실'의 설계도와 시방서를 처음으로 공개했다. '남영동 대공분실 5층 창문의 비밀', 〈한겨레〉 2012.11.7.

　이 건물을 올바로 이해하기 위해서는 이 건물의 '발주자'였던 김치열(1921~2009)도 꼭 기억해야 한다. 김치열은 일제 말에 검사가 된 대표적인 친일파로서 이승만과 박정희의 독재에서 사람들을 괴롭히고 승승장구했다. 특히 이 자는 박정희의 독재를 주도한 법조인으로서 중요하다. 1973년 10월 19일 서울대 법대 최종길 교수가 남산의 중앙정보부 본관(지금 서울 유스호스텔) 마당에서 시체로 발견됐다. 6일 뒤인 10월 25일 당시 중앙정보부 차장이었던 김치열은 최 교수가 간첩임을 자백하고 죄책감에 투신해서 자살했다고 발표했다. 그러나 사실은 중앙정보부 요원들이 최 교수를 고문하다가 죽이고 3층에서 시체를 내던져서 투신한 것으로 위장했던 것이었다. 이 참담한 사실은 거의 30년이 지난 2002년에야 비로소 제대로 밝혀졌다.

　이렇듯 참혹한 방법으로 극악한 박정희 유신독재를 지킨 공로로 김치열은 얼마 뒤에 검찰총장이 되었다. 1975년 4월 9일 이른바 '인혁당 재건위'라는 명목으로 8명의 무고한 시민들이 사형당했다. 당시 기소권을 가진 검찰의 총책이 바로 김치열이었다. 이렇게 해서 다시 박정희 유신독재를 지킨 김치열은 1975년 12월 내무부장관이 되었다. 그리고 이 악명높은 '남영동 대공분실'을 만들었다. 이 건물의 정문 앞 기둥 아래에 '1976년 10월 2일 內務部長官 金致烈'이라고 쓰인 초석이 있다. 김치열은 계속 승승장구해서 1978년에는 법무장관이 되었다. 악독한 군사독재는 무도한 군인들과 사악한 검판사들에 의해 자

남영동 대공분실의 초석(좌), 김수근(우)

김치열과 김수근은 유신독재라는 악독한 통치의 두 얼굴이었다. 김수근을 그저 뛰어난 건축가로만 제시하고 기억하는 것은 심각한 역사의 왜곡이다.

행되었다는 것을 신직수와 김치열은 생생히 보여준다. 이 자들의 대표 후계자가 바로 김기춘이다.

3

김근태가 이근안 등에게 당한 끔찍한 고통은 정지영 감독의 〈남영동 1985〉라는 영화를 통해 널리 알려졌다. 다행스러운 일이다. 이제 박종철이 당한 더 끔찍한 참상이 영화로 만들어지길 바란다. 박종철의 죽음은 참으로 우연히 신문에 보도될 수 있었으며, 그 결과 민주화의 물꼬를 연 6월 항쟁이 펼쳐질 수 있었다. 6월 항쟁은 박종철의 끔찍한 죽음으로 시작된 것이며, 이런 점에서 '남영동 대공분실'은 민주화의 성소라고 할 수 있다. 사실 '남영동 대공분실'은 박정희와 전두환 독재의 잔악성을 보여주는 곳이자 그 극단의 폭력에 맞서 인권을 지키고 민주주의를 이루고자 했던 많은 사람들의 고통과 희생을 증거하는 곳이다. 악은 결코 저절로 사라지지 않는다. 악을 없애지 않으면 선은 결코 제대로 자라나지 않는다.

'남영동 대공분실'을 둘러보면 여러 생각이 들고 마음이 착잡해진다. 바로 옆에 남영역이 있고, 그 앞으로는 숙명여자대학교라는 큰 대학교가 있으나, 여기에 갇힌 사람들은 세

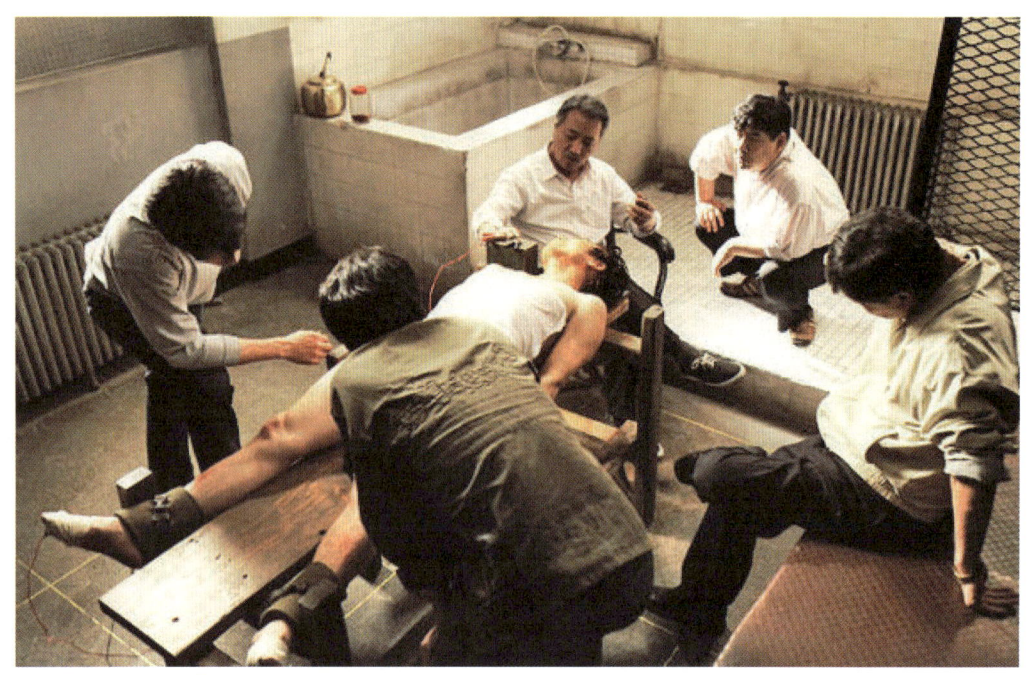

영화 '남영동 1985'의 김근태 전기고문 장면

상과 단절되어 끔찍한 폭력에 시달려야 했다. 분명히 세상 속에 있으나 극도로 무도한 폭력에 의해 사실상 세상 밖에 있는 것의 공포가 얼마나 컸을까? 박정희와 전두환의 독재시대는 '의문사'의 시대였다. 아무도 모르게 경찰, 중앙정보부, 기무사 등에 연행되어 고문받다가 죽으면 시체를 강에, 바다에, 산에, 철길에 내다버렸다. 아무도 모르게 강제로 연행된, 아니 납치된 사람들은 "우리가 너같은 놈들을 얼마나 많이 죽였는지 알아? 너같은 새끼 하나쯤 고문하다 죽여도 그냥 내다버리면 그만이야. 그러니 좋은 말로 할 때 다 불어, 알았어?"라는 무시무시한 협박에 무시로 시달려야 했다. 그리고 그것은 단지 말로 하는 협박이 아니라 명백한 사실이어서 연행된 사람들은 심장이 쪼그라들지 않을 수 없었다.

김수근은 무슨 생각으로 이렇게 꼼꼼하게 '심문실'을 설계했을까? 그는 당연히 '치안본부 대공분실'이라는 것을 잘 알고 설계했다. 이런저런 상세한 요청도 받았을 것이다. 그렇다고 해도 최고의 건축가가 설계한 최고의 '심문실'은 최고의 건축가에 대한 여러 의혹과 의문을 키워준다. 김수근도 박정희의 학정에 대해 잘 알았을 것이다. 그리고 그가 죽기 전인 1985년 12월 19일에 밝혀진 김근태 고문 사건에 대해서도 잘 알았을 것이다. 김근태는 '남영동 대공분실'을 '인간 도살장'이라고 불렀고, '고문 기술자'들을 '인간 백정'이라고 불렀다. 김수근은 '남영동 대공분실'에 대해 어떻게 생각했을까? 그가 이 건물에 대해 쏟은 정성을 보면 그는 무슨 큰 사명감을 갖고 이 건물을 설계한 것이 틀림없다는 생각이 든다. 최고의 건축가가 최악의 독재자들에게 큰 선물을 했던 것이다. 서울시의 김수근 기념사업은 이런 사실을 감추지 않고 정확히 알리는 것이어야 한다.

'남영동 대공분실'에서 독재와 민주주의에 대해, 독재자와 그 부하들에 대해, 그리고 전문가와 지식인의 사회적 책임에 대해 숙연히 생각하지 않을 수 없다. 민주주의가 무너지면, 세상은 곧 독재의 천국이 된다. 독재의 천국은 국민의 지옥이다.

폭악한 권력은 타락한 전문가들에 의해 작동된다. 이런 점에서 폭악한 권력에 영혼을 판 전문가들을 결코 잊어서는 안 되며, 결코 쉽게 용서해서는 안 된다. 삼풍백화점 붕괴, 새만금 개발 대참사, 4대강 죽이기 사업, 가습기 살균제 대참사, 세월호 침몰 대참사 등에서도 이 사실은 생생히 입증되었다.

'고문 기술자'들의 김근태 고문 장면
박건웅, 〈짐승의 시간-김근태, 남영동 22일 간의 기록〉, 보리, 2014.

남영동 대공분실과 남영동

빨간 색으로 표시된 곳이 '남영동'이고, 남영동 대공분실은 남영역 옆의 원으로 표시된 곳이다.

남영동 옆 청파동
南營洞　　青坡洞

남영동의 북쪽에는 '푸른 언덕'이라는 뜻의 청파동이 붙어 있다. 언덕 위에 숙명여자대학교가 있는 청파동에는 조선 시대에 '청파역'이 있었다. '역'은 한양과 지방을 잇는 길에 30리 간격으로 설치한 국가 교통·통신 시설로서 수십 또는 백여 명의 사람들과 수십 또는 백여 필의 말이 있었다. 한양의 남쪽에는 숭례문 밖 3리에 청파역靑坡驛이 있었고, 북쪽에는 흥인문 밖 4리에 노원역蘆原驛이 있었다고 한다(『신증동국여지승람』, 중종 25년, 1530년). 청파역은 지금의 원효로(청파동 1가)에 있었는데, 사실 원효로가 대체로 한양과 남쪽을 잇는 큰 길*이었고, 한강로는 일제가

---

* 숭례문은 삼남대로로 이어졌다. 삼남대로는 한양과 충청, 영남, 호남을 잇는 큰 길로서 천안에서 갈라졌다('도로체계', 〈문화원형백과〉). 삼남대로는 숭례문 밖에서 청파역 길과 남묘 길(남산 길)로 나뉘었고, 다시 청파역을 지나 동작진으로 가는 길과 노량진으로 가는 길로 나뉘었다('교통', 〈한국민족문화대백과〉). 원효로는 1968년에 만초천과 그 옆의 길을 복개해서 만들었다. 지금의 갈월동 굴다리 부근에 만초천을 건너는 '배다리'가 있었기에 이 길을 '주교대로'라고 불렀다('청파 배다리 터', 〈문화원형백과〉). 그런데 '주교'는 정조가 사도세자의 묘를 참배하기 위해 매년 화성으로 행차할 때 한강을 건너기 위해 놓았던 것이 가장 유명하다. 정조는 1790년 7월에 '주교지남'이라는 지침을 직접 만들어서 '주교'를 정당화하고 효율화하고자 했다.

이 지침을 실제 작성한 사람은 다산 정약용 선생(1762~1836)이라고 한다. 당시 다산 선생은 28살로 과거에 급제해서 관료 생활을 막 시작했을 때였나. 김평원, [조선의 엔지니어 정약용], 다산 사이언스, 2016을 참고. 이렇게 위대한 천재가 1800년에 정조가 죽자 바로 모함으로 전남 강진으로 유배되어 18년 귀양살이를 하고 그 뒤 18년 동안 고향인 경기 능내 마재에서 칩거하다가 세상을 떠났다. 조선은 너무 썩어서 이런 위인이 전혀 그 뜻을 펼 수 없었던 것이다. 조선을 지키고 결국 해방을 이룬 것은 각성한 지식인들과 민중이었다.

기존의 논밭, 묘지, 가옥 등을 크게 파괴해서 침략의 '신작로'(새로 만든 길)로 만든 길이었다.*

그런데 북쪽에 있던 노원역이 흥인문 밖 4리에 있었다면, 조선에서 1리는 지금의 400여 미터 또는 500여 미터에 해당되기 때문에, 그 위치는 지금의 안암동 네거리 정도여야 한다. 그런데 노원역은 현재의 지하철 4호선 노원역 자리에 있었다고 한다. 여기는 흥인문 밖 4리가 아니라 40리 정도에 해당되는 곳이다.** 상계동 일대는 불암산, 수락산, 도봉산에 기대고 있는 대단히 아름다운 들판 동네였다. 이곳을 '마들'이라고 부르는데 너른 들판에서 말을 많이 길렀기 때문이라는 설과 삼밭이 많았기 때문이라 설이 있다. 그런데 한자 '蘆原'은 '갈대 들판'이라는 뜻이다. 삼밭도 있었고, 말도 많이 길렀지만, 중랑천의 양 옆으로 펼쳐친 너른 들판에 갈대가 무성히 자랐던 곳인 것이다.

조선 시대에 노원역에는 여행자들을 위한 '노원蘆院'도 있었다. '역'이 국가 교통-통신 시설이었다면 '원'은 반공반사의 숙박-치료 시설이었다. 조선 시대에 한양에는 동쪽에 보제원과 살곶이원箭串院, 서쪽에 홍제원, 남쪽에 이태원 등 4대 원이 있었다. 한양의 북동쪽인 마들의 동쪽에는 노원蘆院이 있었고, 그 서쪽에는 누원樓院이 있었다. 지금의 도봉산역 앞에 '다락원 마을'이 있었는데 '다락원'은 누각이 있던 '누원'을 뜻한 것으로 정식 명칭은 '덕해원德海院'이었다. 누원의 옆에는 시전상인을 피해 사상들이 활발히 활동한 '누원점'이라는 시장이 있었다.***

역원 제도는 그 자체로는 훌륭한 것이었지만 실제로는 제대로 운영되지 않았고, 관리들이 비리를 저질러서 백성들을 괴롭히는 중요한 원천으로 악용되었다. 좋은

---

* 오익환, '길 7-경수로(1)', 〈경향신문〉 1974.10.12.

** 노원구의 '상계동 유래'에서는 '노원역의 경우 흥인문 밖 4리(지금의 40리)에 위치'라고 제시하고 있다. 그러나 그 근거는 제시되지 않았다.

*** '조선의 자유 시장 누원점', 〈한국향토문화전자대전〉

제도를 만들면 세상이 좋아질 거라는 제도주의의 가정은 어디서도 입증되지 않았으나 어디서나 너무 쉽게 수용되고 있다. 비리를 없애는 제도가 제대로 만들어져 작동되지 않으면 어떤 제도라도 비리의 먹이가 되기 십상이다.

용산역에서 바라본 한강로와 이촌동의 모습(2013년 11월)

왼쪽은 용산의 '랜드 마크'였던 '국제 빌딩'*(현재는 LS 용산 타워, 28층, 1984년), 그 뒤에 '센트레빌 아스테리움'(36층, 2012년), 그 옆에 '용산 시티 파크 1단지'(38~42층, 2007년). 2009년 1월 20일 이명박 정권은 용산 시티 파크 앞쪽에서 초고층 재개발을 하겠다며 세입자들을 내쫓다가 참혹한 '용산 참사'를 일으켰으나 그곳은 2017년 3월 현재 여전히 빈터로 남아 있다.

용산역에서 바라본 한강로 주변의 초고층 난개발(2017년 1월)

가운데는 용산의 '랜드 마크'였던 '국제 빌딩', 그 뒤에 '센트레빌 아스테리움', 그 옆에 '용산 시티 파크 1단지'. 사진의 왼쪽과 오른쪽 초고층 건물은 용산역 앞 부지에 들어선 것이다.

::16장

용산(龍山)은 시멘트 아파트 산이 되었네

용산은 본래 한양의 남쪽 입구에 해당되는 곳이었으나 이제는 서울의 한복판에 해당되는 곳이다. 용산은 한강변의 작은 산이지만 그 산을 대표로 내세운 용산구는 서울의 한복판에 해당되는 아주 중요한 곳이다. 더욱이 이곳에는 윤봉길 의사, 이봉창 의사, 김구 선생을 비롯해서 일곱 분의 선열이 영면하고 있고 안중근 의사의 '가묘'도 조성된 '민족의 성지'인 '효창원'이 있다. 그런데 그 한복판에는 거대한 미군 기지가 있다. 한 나라의 수도에, 그것도 그 한복판에 외국군의 대부대가 주둔하고 있는 것은 '용산 미군 기지'밖에 없다. 또한 그 주변에서는 거대한 초고층 재개발이 극도로 격렬히 추진되면서 악독한 이명박 정부에 의해 '용산 참사'라는 극히 심각한 재개발 참사가 일어났다. 이런 점에서 용산은 서울의 문제를, 나아가 한국의 문제를 가장 응축적으로 보여주는 곳이다.

---

* '국제 빌딩'은 '국제 상사'라는 재벌의 본사 건물로 지어졌다. 설계는 미국 휴스턴의 CRS(Caudill Rowlett Scott) 사가 했다. 그런데 국제 상사는 1984년 11월에 이 건물에 입주하고 불과 3개월만인 1985년 2월에 전두환 독재에 의해 부실기업으로 선정되어 망하게 되었다. 그 이유는 전두환에게 '정치 자금'을 많이 상납하지 않았기 때문이라는 설이 유력하다. '이름 바꾼 국제빌딩, 운명 바뀔까', 〈머니위크〉 2010.6.11.

1

서울의 우백호인 인왕이 서남쪽으로 흘러 아현, 봉래산, 만리재, 효창원을 지나 한강가에서 조금 불룩 솟았다가 한강으로 쑥 들어간다. 한강가에서 조금 불룩 솟은 모양이 용을 닮았다고 해서 이 봉우리를 용두봉, 용머리라고 불렀고 전체를 용산이라고 불렀다. 용산역 뒤에 전자상가가 있고, 다시 전자상가 뒤에 삼성 아파트 단지가 들어선 작은 산이 있다. 아파트들로 점령되다시피 한 이 작은 산이 바로 용산이다. 용산의 정상 능선을 경계로 동쪽은 용산구 산천동이고, 서쪽은 마포구 도화동이다. 행정구역으로 보았을 때 용산구는 서울 도심과 한강의 사이에 있는 구로서 아주 중요한 곳이다. 그러나 정작 용산이 어디 있는가에 대해 사람들은 잘 알지 못한다. 용산구에서 용산역과 한강로의 곳곳에 용산의 위치와 가치를 알려주는 안내문을 설치하면 좋을 것 같다.

조선 때에 용산은 한양과 한강을 잇는 곳으로서 중요했다. 한강으로 배를 타고 와서 용산에서 내려 남대문으로 이어지는 길로 가는 것이 한양으로 가는 가장 좋은 길이었다.[1] 이 길을 따라 철도가 놓이면서 용산은 서울로 들어서는 가장 중요한 곳이 되었다. 1900년에 한강 건너 노량진까지 놓였던 경인선이 확장되어 용산역이 만들어졌고 1904년에 이 땅에서 일본이 러일전쟁을 벌이면서 1905년에는 용산역이 아예 경부선의 시발역이 되어 철도의 중심이 되었다. 1904년 초부터 용산역 앞에 일본군 대부대가 주둔하게 됐고, 그 주변에는 일본인 주거지가 만들어졌다. 그러나 새로운 경성역(지금의 서울역)이 1922년 6월 착공되어 1925년 9월 완공되고 10월 개장되며 용산역의 비중은 줄어들게 되었다. 그러나 용산역 앞에는 일본군 대부대가 주둔하고 한강로도 조성되어 '신용산'으로 빠르게 개발되고 성장했다.

---

1 지금의 한강로는 일제가 용산 지역을 일제군의 병참기지로 만들면서 1906년 만든 '신작로'이고, 원효로로 복개된 '만초천' 옆으로 삼남대로의 '남대문-한강 구간'에 해당되는 길이 있었다. 그리고 조선 시대에 용산과 남대문의 사이에는 넓은 모래밭이 있었다. "지금의 서울역에서 한강 철교에 이르는 일대, 즉 철로 좌우 양쪽 넓은 들의 원래 이름은 사촌리(沙村里) 또는 사리(沙里)로서 한강 안의 적막한 모래 벌판이었다. 큰 홍수가 나면 거의 남대문 근처까지 물이 들어왔으니 많은 인가가 들어설 수도 없었다. 조선 시대의 용산은 이른바 구용산으로 지금의 원효로의 서북측이 주된 부분이었다"(서울시사편찬위, 『한강의 어제와 오늘』, 2001의 '제방 축조').

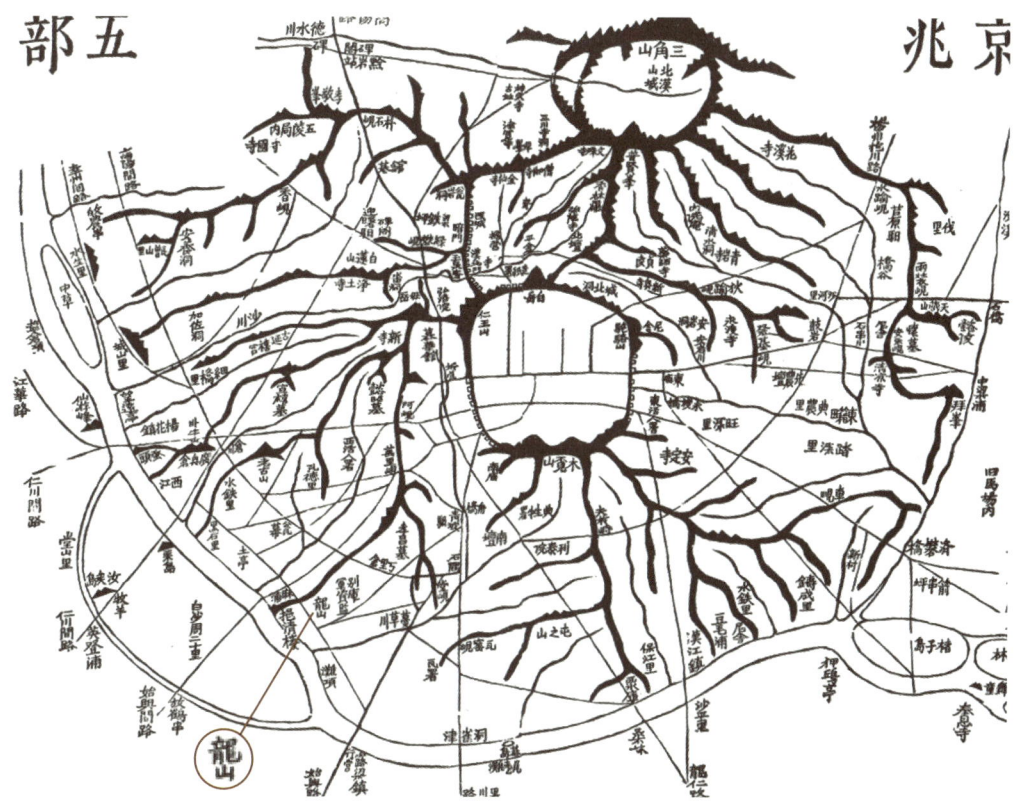

경조오부도

고산자 김정호 선생이 1861년 간행한 〈대동여지도〉에 포함된 '경조오부도'. 경조는 한양을 뜻하고, 오부는 한양의 행정구역이었던 5개 지역을 뜻한다. 왼쪽 아래에서 한강의 위로 '龍山'(용산)이 보인다. 원래 용산은 지금의 원효로 쪽이고, 한강로 쪽은 일제가 만든 신용산이다. 행정동으로 용산동은 용산2가동이 있는데, 용산2가동은 법정동인 용산동 2가와 용산동 4가로 이루어져 있다. 법정동으로 용산동은 용산동 1가에서 6가까지 있다. 용산동 1가는 남영동, 용산동 3가와 5가는 한강로동, 용산동 6가는 서빙고동에 속한다. 흔히 '해방촌'이라고 불리는 곳은 대부분 용산동 2가에 속한다. 용산 미군기지는 용산동 1가에서 6가까지 다 퍼져 있으며, 전쟁기념관은 용산동 1가, 국방부는 용산동 3가, 국립중앙박물관은 용산동 6가이다. 용산동은 모두 '신용산'에 있는데, 이것은 일제 때인 1941년 '신용산'에 '용산정'이 만들어졌기 때문이다. 본래 용산 지역인 용산과 그 주변에는 용산동이 없다.

  용산은 작은 산이고 그 동쪽과 서쪽은 모두 한강 근처의 살기 좋은 곳이었다. 그러나 용산은 서해에서 한강으로 들어와서 한양으로 바로 이어지는 길목이어서 먼 옛날부터 외세가 주둔한 곳이 되어 버렸다. 천년 전 몽골의 침략 때 몽골군은 용산의 동쪽 아래 들판에 주둔했다. 400여 년 전 임진왜란을 일으킨 왜군은 용산을 지나 한양을 침탈했다. 외세

1930년대 용산역   **1920년대 후반 경성역**

침략의 아픈 역사는 몽골군, 왜군, 청군, 일본군으로 이어졌다.[2] 1882년 임오군란 때 청군이 주둔했고, 1894년 청일전쟁 때 청군과 일본군이 대치했고, 1904년 러일전쟁 때 일본은 용산의 300만 평을 빼앗아 115만 평에 '조선군 주차사령부'를 주둔시켰고, 해방 뒤에 이곳은 '용산 미군 기지'로 바뀌었다.[3] 이런 점에서 용산은 약한 나라 고려, 조선, 한국을 상징하는 곳이라고 할 수 있다. 작은 산에 용산이라는 큰 이름을 붙인 것도 그 때문인지 모른다. 작은 나라라고 해서 약한 나라인 것은 아니다. 비리 세력의 전횡을 제어하지 못할 때, 작은 나라는 약한 나라가 되고 만다. 이명박-박근혜 비리 정권에서 우리는 다시 그런 상태가 되고 말았다.[4]

---

2 일본군의 용산 기지를 미군이 그대로 이어받았다. 미군은 일본을 격퇴하고 북한군을 패퇴시킨 큰 공이 있으나, 이 나라 전역에서 크고 작은 많은 군사 기지들을 불평등 조약에 의거해서 운영하고 있으며, 심지어 이 나라의 수도 한복판에 거대한 군사 기지를 운영하고 있다. 이것은 큰 문제가 아닐 수 없다. '반미'는 무조건 미국을 거부하는 것이 아니라 미국의 명백한 잘못을 바로잡기 위한 것이다. 이에 대해서는 홍성태, 『반미가 왜 문제인가』, 당대, 2003을 참고.

3 이 역사가 집약된 곳이 바로 '이태원'이다. '이태원'은 단순히 조선 때 '역원'의 하나가 아니고, 단순히 서울에서 가장 오랜 국제화 지역이 아니고, 외세의 침략에 따른 강간과 약탈의 역사를 담고 있는 아픈 곳이다. 용산공원 조성 추진기획단 홈페이지에서 '공원 예정지 보기'의 '역사' 참고. '전우용의 서울탐史-'그들'의 땅, 용산② 20세기 초 묘지 강제 이전으로 300만 평 수용한 일본 여기에 거대한 병영과 철도 관련 시설 지었으나 해방 이후 미군에 넘어가', 〈한겨레21〉 930호/2012.9.26. '용산 미군기지에 일제 병영시설 132동 있다-문화재청 현장조사서 확인, 보존상태 양호 "근대건축물의 보고…유례없는 역사문화유산"', 〈한겨레〉 2013.5.16.

4 용산 지역은 일제의 침략과 함께 급변하게 되었으며, 그 흔적이 아직도 많이 남아 있는 곳이

2

용산과 그 자락의 동네를 살펴보기 위해서는 용산의 정상과 중턱에 걸쳐서 있어서 한강을 바라보는 전망이 좋은 '용산성당'에서 시작하는 것이 좋다. 사실 용산의 한강 쪽은 한국 천주교의 최대 성지이다. '용산성당' 자리에는 원래 '삼호정三湖亭'이라는 한강을 굽어보는 정자가 있었으나, 1887년에 신자들이 그곳을 사서 천주교 성직자 묘지를 만들었으며, 이어서 1890년에 '삼호정 공소'를 만들었다.[5] 이렇게 오랜 역사를 간직하고 있고 천주교 성직자 묘지가 있어서 '용산성당'은 천주교 신자들에게 성지와 같은 곳이다.[6] 지금 '용산성당'의 주변에는 아파트들이 많이 들어서서 전망이 많이 망가지고 크게 혼란스럽지만 여전히 한강을 굽어보고 관악산을 바라보며 예전의 아름다운 모습을 떠올릴 수 있다.

'용산성당'에서 내려오면 작은 한옥을 볼 수 있는데 바로 '산천동 부군당'이다. '부군'은 '마을 신'을 뜻하는데 '부군府君'을 '부근付根'으로 부르고 나무로 남근 모형을 만들어서 걸어놓았던 데서 알 수 있듯이 남성 지배와 남아 선호에 뿌리를 두고 있다. 도당과 부군당은 마을 신을 모신 곳이라는 점에서 같은데 부군당은 서울의 한강 일대에만 있던 것이다. 보광동, 이태원, 동빙고동, 서빙고동, 산천동, 용문동, 창전동 등 여러 곳에 부군당이 남아 있다. 산천동 옆 용문동에는 남이 장군(1441~1468)을 부군으로 모신 부군당이 있다. 부군당은 조선 시대의 전통 문화를 보여주는 귀한 역사 문화재이고, 부군당에서 지내는 당굿들도 모두 귀한 역사 문화재이다.

다. 2015년 2월에 용산구청은 1890년부터 2014년까지 용산의 변화를 보여주는 사진집 『용산을 그리다』를 출간했다. 이 책은 용산구청 홈페이지에서 ebook으로도 볼 수 있다. 이 책은 용산의 향토사학자이자 용산 기지에서 공무원으로 일했던 김천수 씨의 노력으로 만들어졌는데 그는 이에 앞서 2014년 7월에 『용산의 역사를 찾아서』라는 책을 용산구와 함께 발간했다.

5 '용산성당'의 홈페이지를 참고. 조선 때 한양의 한강에서 '삼호'는 옥수동의 동호, 용산의 남호, 마포의 서호를 뜻했다. '삼호정'은 용산의 동쪽 자락에 있던 정자로 주인은 순조, 헌종 때의 금원 김씨(1817~?)로 남편 김덕희와 1847년에 '삼호정'을 지었다. 금원 김씨는 원주 태생으로 14살 때인 1830년에 남장을 하고 혼자 금강산 여행을 했고, 조선 최초의 여류 문인 교류(삼호정시사)를 꽃피웠고, 『호동서락기』라는 자서전 격의 여행기를 남겼다. 최선경, 『호동서락을 가다』, 옥당, 2013.

6 〈참고자료 52〉 서울의 몽마르트 용산 참고.

용산성당에서 바라본 한강과 관악산(2013년 11월)
아파트들 사이로 한강이 보이고, 저 멀리 관악산이 보인다.

    산천동 부군당의 앞에 성심여고의 후문이 있다.[7] 성심여고는 박근혜의 모교이다. 이 학교의 정문 앞쪽에 '용산 화상경마장'(한국 마사회 용산지점)이 들어섰다. '화상경마장'은 도박 시설로서 그 사회적 위해성이 대단히 크다. 이 때문에 주민들이 오래 전부터 강력히 반대했으나 박근혜 정부는 2015년 5월에 '용산 화상경마장'의 개장을 강행했다. 마사회 장은 삼성 출신 '친박' 현명관이었고, 마사회는 박근혜-최순실 비리의 단초인 최순실 딸

---

7 1960년 1월 개교한 성심여고도 용산의 역사와 관련해서, 그리고 한국 천주교의 역사와 관련해서 아주 중요한 곳이다. 성심여고의 후문 근처에 한강을 바라보는 용산 자락의 '삼정'(삼정, 세 정자) 중 '함벽정'이 있었다. 한국 천주교는 천주교도들이 처형된 새남터와 당고개가 보이는 이곳을 사서 1892년 용산 신학교(현존 최초 천주교 신학교 건물, 현재는 수녀원), 1902년에 용산 신학교 부속 성당(세번째로 완공된 성당 건물, 현재 원효로 예수 성심 성당)을 지었다. 두 건물은 그 역사적 가치와 건축적 가치를 인정받아 사적 255호로 지정됐다.

정유라에게 여러 특혜를 제공하는 비리도 저질렀다. 이에 대해 참여연대는 학교 앞·주택가에서 사업장 영업 강행, 찬성 여론을 조작한 의혹, 경마장 내 키즈 카페 설치 시도 등의 문제를 들어서 11월에 감사원에 공익 감사를 청구했다. 박근혜 비리에 의해 용산은 학교 앞에까지 도박장이 들어서는 참담한 사행의 땅으로 전락했다.

'산천동 부군당'에서 길을 건너 골목으로 들어서서 조금 가면 '용산 문화원'을 만날 수 있다. 그 뒤에는 우람한 느티나무들이 여러 그루 있어서 멋진 숲을 이루고 있다. 여기는 고종 때 영의정을 지낸 조두순(1796~1870)[8]이 '심원정心遠亭'이라는 정자를 짓고 한강을 바라보며 즐겼던 곳이다. 그런데 이곳은 임진왜란 때 조선의 반대를 무시하고 명이 패퇴하는 왜를 상대로 강화회담을 열었던 역사적 장소이기도 하다. 이제는 느티나무 숲만 겨우 남아 있지만 이 숲이라도 남아 있어서 그나마 다행이 아닐 수 없다. 이곳은 단지 큰 나무들이 있는 곳이 아니라 수백 년의 역사가 남아 있는 곳이다.

3

오늘날 용산 지역에서 용산은 보기 어렵고 (초고층) 아파트들은 아주 보기 쉽다. 용산의 서쪽인 마포구 도화동 쪽(마포 가든 호텔 뒤쪽)은 현대 재벌이 아파트를 지었고, 그 뒤에 용산의 동쪽인 용산구 산천동 쪽(용산역 뒤쪽)은 삼성 재벌이 아파트를 지었다. 현대와 삼성이 몇 년의 시차를 두고 용산의 동과 서를 사이좋게 나누어 재개발한 것이다. 이렇게 해서 용산은 거대한 시멘트 덩어리들로 뒤덮인 시멘트 아파트 산이 되었다. 이 과정은 대단히 참혹했다. 1990년대 중반 대대적인 철거로 집을 잃은 마포구 도화동의 세입자들은 폐허 속에 망루를 짓고 저항해야 했다. 서울의 어디서나 쉽게 볼 수 있는 시멘트 아파트 산은 모두 이런 참혹한 내력을 품고 있다.

'아파트 공화국 한국'은 박정희-전두환 개발독재의 산물이면서 심각한 문화적 문제이자 경제적 문제이다. 용산도 그 문제를 실감할 수 있는 대표적인 곳이다. 이에 대해 김진균 선생(1937~2004)도 깊이 우려하는 글을 쓰기도 했다.

---

[8] 〈참고자료 53〉 홍선대원군과 조두순 참고.

1998년 4월 23일 오전, 서울 용산구 도원동 재개발 지역에서는 그곳에서 전세 입주자로 살던 사람들이 임시로 살 곳을 마련해 달라고 주장하면서 철거에 반대하여 '철탑 망루'에서 농성을 했지만, 재개발 조합과 건설용역 회사 측이 거대한 기중기와 물대포를 앞세우고 강제 철거 작전을 수행하여 농성자들을 끌어내고 아파트를 짓기 위한 터전을 닦을 준비를 완료했다. 서울에는 이러한 재개발 사업으로 '달동네'는 사라지고 아파트가 그 자리를 대신 차지하게 되었다. … 재개발이 되면, 다시 말해 아파트 단지로 변하면 그만큼 단아한 듯한 아파트 공간의 안정된 '중산층' 또는 '중간층'이 많아지는 듯이 선전되었다. 1997년 가을부터 불어닥치고 있는 대량해고-대량실직 사태는 이제 재개발된 아파트 단지조차 실업자 소굴로 변모될 날이 닥치고 있음을 예고해 주었다(김진균(1998), '실업자를 주체 범주로', 『진보에서 희망을 꿈꾼다』, 박종철 출판사, 2003, 157~158쪽).

용산의 동쪽과 서쪽에 잔뜩 들어선 아파트들이 '실업자 소굴'은 아니지만 희망과 발전의 징표도 아닌 것 같다. 사람들은 용산에서 용산을 못 보고 아파트들만 보고 만다. 용산이 아파트 산이 되기 전에는, 용산성당의 종탑만 있던 용산의 꼭대기에서는 남쪽으로 관악산이 바라보였고, 서쪽으로 노고산과 와우산이 이어져서 바라보였다. 그러나 이제 관악산은 아파트들 사이로 겨우 보이고 노고산, 와우산 등은 보이지 않는다. 용산 주변의 큰 변화는 1987년 용산과 용산역 사이의 넓은 땅에 있던 청과물 시장을 옮기고 그 자리에 거대한 전자상가를 만들면서 시작됐다. 그러나 그 뒤로도 한참 동안 용산은 아파트들에 짓눌리지 않았다. 용산성당으로 가는 골목길과 그 안에 있던 함석헌 선생(1901~1989)의 작은 집도 2000년대 초까지는 잘 있었다. 그러나 결국 거대한 시멘트 아파트들이 용산을 지배하게 되었다.

1990년대 중반부터 시작된 재개발의 결과로 용산 지역은 거대한 변화를 겪었다. 아직 옛 동네가 일부 남아 있기는 하지만 조만간 모두 사라질 것 같다. 용산과 그 주변의 변화는 일제의 침략과 함께 시작되었다. 일제가 지금의 미군 기지를 중심으로 그 주변에 무려 350만 평에 이르는 일본군 대기지를 만들었다. 그리고 그 주위에는 일본인의 거주를 위한 일본식 주택들을 많이 지었다. 그래서 지금도 용산 지역의 여기저기에서 그 흔적들을 찾아볼 수 있다. 그러나 이제는 아주 작은 흔적들로 남아 있다. 그렇다고 해서 식민 지배의 문제가 해결된 것인가? 전혀 그렇지 않다. 이승만과 박정희의 독재가 강행한 친일파의 부활책으로 친일파는 여전히 이 나라의 지배 세력으로 군림하고 있다. 이명박-박근혜 정권의 친일 독재 미화는 그 생생한 증거이다. 보이는 것이 다가 아니다. 보이는 것을 지배하는 보이지 않는 것의 힘을 잘 봐야 한다.

1987년부터 시작된 용산의 급격한 변화는 서울의 권역이 확장되고 강남 개발이 본격화되면서 예정되었던 것이다. 강남의 개발과 함께 서울에서 용산의 위치는 강북의 남쪽 끝에서 서울의 한복판으로 바뀌었기 때문이다. 이미 1980년대 중반부터 용산 일대의 (재)개발 계획이 제시되기 시작됐고, 1995년 다시 (재)개발 계획이 발표됐고, 2007년에 용산 미군기지의 공원화를 계기로 용산 일대의 (재)개발 계획이 발표됐다. 2000년대에 들어와서 용산 지역은 서울에서 가장 거대하고 혼란스런 (재)개발 지역이 되었다. 용산 미군 기지는 다행히 공원으로 조성하기로 했지만 그 주변에서는 엄청난 (재)개발이 계속 추진되고 있다. 박근혜-새누리 비리 정권에서 역사 왜곡처럼 용산 공원계획도 크게 왜곡되었다.

건축가 정기용(1945~2011)은 용산 미군 기지를 '서울의 배꼽'이라고 불렀다. 수도 한복판에 있으며 서울의 상태에 심각한 영향을 미칠 수 있기 때문이다. 그러나 이곳은 미군 기지였기 때문에 박정희와 전두환의 개발독재에도 난개발과 투기로 파괴되지 않고 지켜질 수 있었다. 이런 점에서 강홍빈은 이곳을 '금단의 땅'이어서 지켜질 수 있었던 소중한 공유지라고 지적했다. 우리는 이 '금단의 땅'을 정말 잘 써야 한다. 2014년 12월에 〈용산공원정비구역 종합기본계획 변경계획〉이 고시됐다. 그런데 이로써 2016년에 미군의 이전과 공원의 조성이 시작되고, 삼각지 옆 캠프 킴에는 50층 이상 초초고층 건물이 8동이 들어설 수 있게 되었다.[9] 결국 용산공원의 서쪽이 엄청난 초고층 난개발 지역이 되는 것이다.[10]

---

9   '핫! 복합개발-①용산 캠프 킴 '빌딩 숲으로'", 〈비즈니스 와치〉 2015.1.28.

10 나는 1999년 말에 〈한겨레〉에 쓴 칼럼에서 용산 미군 기지를 반환받아 생태공원을 만들자고 제안했는데, 이것이 계기가 되어 '문화연대'에서 정기용 선생과 관련 활동을 2년여 동안 활발히 펼쳤다. 그리고 2000년 1월에 당시 주한 미국 부대사였던 리차드 크리스텐슨의 요청으로 서울 인사동의 한 식당에서 그를 만나 용산 미군기지의 반환과 생태공원 조성의 구상에 대해 얘기를 나누기도 했다. 그는 내 주장에 대체로 동의하면서도 용산 가족공원이 대폭 축소된 사실을 들어 상당한 우려의 뜻을 밝혔다. 『반미가 왜 문제인가』, 당대, 2003을 참고.

용산역과 용산 미군 기지 사이의 땅에서도 거대한 재개발 계획이 추진되고 있다. 이미 용산 미군 기지 주변에는 초고층 재개발이 상당히 이루어졌지만 그 앞에서 더 큰 재개발 계획이 추진되고 있는 것이다. 2004년 3월 불과 이틀만에 25만 명이 넘는 사람에 8조 원이 넘는 돈이 모여서 세상을 놀라게 했던 시티 파크[11]의 바로 서쪽(한강로 쪽) 옆이다. 이 초고가 초고층 아파트가 들어서기 위해 오랜 세월 그 자리에 있던 오붓한 동네들이 완전히 파괴되어 사라졌다. 그리고 그 옆의 '용산 4구역'에서 삼성물산을 대표회사로 해서 40층의 초고층 아파트를 짓는 재개발을 강행하던 중에 2009년 1월 20일 새벽 김석기 서울경찰청장의 지휘 아래 경찰이 무리한 진압작전을 펼치다가 5명의 주민과 1명의 경찰이 불에 타 죽는 참사가 일어났다. '용산 참사'는 권력의 비호를 받으며 강행되는 (재)개발이 도시를 크게 망칠 뿐만 아니라 주민들을 내쫓고 아예 죽일 수 있다는 사실을 보여준 무서운 사건이었다.

　용산 지역에서 추진된 최대 재개발사업은 바로 '용산 국제업무지구 개발'이었다. 1995년 2월에 발표된 '용산 지역 개발계획'을 보면 본래 '용산 국제업무지구'는 용산역 건너편인 국제빌딩 옆이었다. 그런데 오세훈이 서울시장에 선출된 직후인 2006년 8월에 코레일이 용산역 정비창 부지 재개발 계획을 서울시에 제출했는데, 서울시는 이를 심의하며 서부 이촌동과 통합해서 '용산 국제업무지구'로 크게 확대해서 개발하는 안을 제시했다. 오세훈이 제시했던 이른바 '한강 르네상스 사업'과 연계해서 '명품 수변도시'를 만든다는 것이었다. 이로써 2007년 7월에 통합개발 계획이 발표됐다. 오세훈은 '용산 국제업무지구'에 100층이 넘는 건물을 비롯해서 초초고층 건물들을 대대적으로 건축하고, 완공된 지 4년밖에 되지 않은 서부 이촌동의 한강가 아파트들을 철거해서 중국을 오가는 국제 여객선 항구를 만들려고 했다.[12] 이렇게 해서 용산 국제업무지구 개발사업은 무려 31조원이

11　'시티 파크 청약 신기록', 〈한겨레〉 2004.3.24. 시티 파크는 2007년 8월에 입주했고, 그 동쪽의 파크 타워는 2008년 10월에 입주했다.

12　서부 이촌동의 한강변 아파트들은 한강을 막고 들어섰다는 큰 문제를 지니고 있다. 그렇다고 해서 2000년대 초에 지어진 이 아파트들을 강제로 철거하는 것은 더 큰 문제를 지니고 있다. 더욱이 오세훈이 추진했던 '한강 르네상스 사업'은 이명박이 추진했던 '한반도 대운하'의 말단에 해당되는 것으로 대단히 큰 문제를 지니고 있었다(홍성태, 『생명의 강을

넘는 개발비가 필요한 단군 이래 최대 개발사업이 되었다. 그러나 이 사업은 경제성이 전혀 없는 사업이었기에 결국 참여업체들과 주민들에게 큰 피해를 입힌 채 시작도 못하고 끝나고 말았다.[13]

4

용산 지역은 1960년대 서울이 확장되며 서울의 한복판이 되었다. 이에 따라 용산 지역의 경제적 가치가 비등했다. 조선 때는 용산 자락의 고즈넉한 농촌이었던 곳이 일제 때는 거대한 일본군 기지와 소란한 철도역의 동네가 되었다. 용산 지역은 일본군 기지에 의해 크게 억압되고 왜곡되게 되었다. 이 문제는 해방 뒤에 일본군 기지가 미군 기지로 바뀌면서 계속되었다. 그리고 1989년 미국 정부가 한국의 '반미 운동'의 결과로 '용산 미군 기지'의 반환을 결정하고 용산 지역은 역사적인 대변화를 맞게 되었다. 거대한 군사 기지가 생태공원으로 전환하는 것만이 아니라 특수지역으로서 꽉 닫혀 있던 거대한 군사 기지와 그 주변이 열린 공간으로 전환하게 되었던 것이다. 서울의 한복판인 용산의 한복판이 닫힌 공간에서 열린 공간으로 바뀌며 초고층 재개발의 열풍이 불게 되었으나, 이 열풍을 제대로 통제하지 못해서 '용산 참사'와 같은 커다란 비극마저 일어나고 말았다.

지금 용산 지역은 사실 이 나라의 문화의 면에서도 가장 중요한 곳이다. 국립중앙박물관이 용산 지역에 있기 때문이다. 용산 미군 기지의 남쪽 담장에 국립중앙박물관이 붙어 있다. 사실 이곳은 용산 미군 기지의 골프장이었으나 1991년에 반환받았고, 1995년에 김영삼 정부가 당시 국립중앙박물관으로 쓰이던 조선총독부 청사를 철거하기로 하면서 여

위하여』, 현실문화, 2010 참고). 그리고 이 사업의 일환으로 건설된 '경인운하'(아라뱃길, 2009~2011년 건설, 2012년 5월 공식 개통)는 무려 2조6천억 원의 세금을 토건족들에게 퍼주고 아무런 실용성도 없는 완전히 잘못된 물류 시설로 토건족의 사악함을 여실히 입증한다.

13 서울시는 2015년 12월 9일 '용산 지구단위계획(서부이촌동) 결정(안)'을 수정·가결해서 용산 지구단위계획에 신규로 포함된 지역들에 대해 30~35층 재개발을 허용하기로 했다. 이것을 포함해서 용산역 근처에서 여러 대규모 (재)개발 사업들이 추진되고 있다. '대형 개발만 10여개… 다시 들썩이는 용산-면세점·호텔·신분당선 줄줄이 대기… 용산 부동산지도 바뀐다', 〈서울신문〉 2015.8.16.

국립중앙박물관을 막고 있는 동부 이촌동의 고층 아파트군

기에 국립중앙박물관을 새로 짓기로 급히 결정해서 2005년에 현재의 국립중앙박물관이 개관되었다. 그런데 국립중앙박물관의 입지는 졸속으로 결정되어 여전히 큰 문제를 안고 있다. 전철과 직접 연결되지 않는 것도 큰 문제이지만 더 큰 문제는 시멘트 아파트들로 앞이 꽉 막혀 있다는 것이다. 1990년대 말과 2000년대 초의 동부 이촌동 재개발에서 국립중앙박물관이 한강으로 이어지도록 했어야 했다.

  도시는 변하게 마련이다. 그러나 자연을 파괴한 도시는 유지될 수 없고, 역사를 파괴한 도시는 불쌍할 뿐이다. 아름다운 자연과 풍부한 역사를 갖고 있으면서도 그 소중한 자원을 버리는 도시는 한심할 뿐이다. 박정희와 전두환의 개발독재가 당연한 것으로 만들어 버린 파괴적 개발관을 바꿔야 한다. 자연과 역사의 파괴를 당연시하는 토건국가와 투기사회라는 개발독재의 유산이야말로 하루빨리 버려야 하는 후진성의 원천이다. 자연을 지키고 역사를 살리며 주민을 위하는 진정으로 풍요로운 개발이 얼마든지 가능하다. 문제는 세상을 엉망으로 만드는 개발꾼과 투기꾼을 막는 것이다. 그런데 지금 이 나라에서 그것은 쉽지 않다. 우리는 좋은 일을 하기가 나쁜 일을 하기보다 더 어려운 이상한 나라에서 살고 있지 않나?

용산역 상공에서 서울 시내 쪽을 찍은 사진(1960년, 존 도미니스)

가운데 철도 옆으로 만초천이 흐르고 있다. 왼쪽 가운데 공터는 '효창 운동장'이고, 그 옆으로 숙명여자대학교가 있고, 오른쪽 가운데는 '용산 미군 기지'이다. '용산 미군 기지'의 공원화와 함께 만초천을 되살리고 효창원을 성역화하면 용산 지역은 정말 서울의 중심으로 발전하게 될 것이다.

용산구 지도
가운데의 넓은 녹지가 바로 '용산 미군기지'이다.

용산역과 새남터
龍山驛

용산은 서울 도심과 남쪽을 잇는 가장 중요한 길목이다. 조선 때는 한강로는 없었고, 원효로 쪽에 큰 길이 있었다.* 용산역 앞은 늘 혼잡하다. 용산역에서 서울역까지 철도는 높은 둑 뒤에 놓여 있는데, 이 철도 둑은 이 지역을 양분시켜 놓았다. 미국, 영국, 독일, 프랑스, 일본 등에서는 철도 둑을 상가로 개발해서 사용한다. 우리도 그렇게 해서 철도 둑으로 인한 지역 분단 문제를 해결해야 하지 않을까?

용산역 앞에서 한강로를 따라 남쪽으로 조금만 가면 한강이다.

용산 지역에서 용산보다 더 중요한 곳은 사실 한강이다. 용산 지역은 실은 한강에 기대어 조성된 곳이다. 조선 중기까지 한강은 만초천을 따라 숭례문 앞으로 들어왔다.** 목은 이색(1328~1396)은 '용산이 한강수를 베개 삼았다'고 읊었고, '용산 팔경'으로 만초천과 한강의 경치를 꼽았다.***

---

* 원효로는 1968년에 만초천과 그 옆의 큰 길을 복개해서 만들어졌다. 만초천은 용산의 북쪽에서 한강으로 들어가는 한강의 제1 지류로서 부분적으로라도 꼭 복원해야 할 중요한 하천이다. 만초천이 한강으로 들어가는 곳이 영화 '괴물'(2006년)에서 괴물이 사는 곳이다. 용산에서 가장 아름다운 곳으로 손꼽혔던 곳이 괴물이 사는 삭막한 곳으로 바뀐 것이다. 한편 원효로와 원효동은 원효 대사와 아무런 관계도 없다. 일제가 일제군 주둔지여서 이곳을 '원동'(元洞)으로 개명했는데, 해방 뒤에 공무원이 이것을 '원효동'(元曉洞)으로 바꾸었던 것이다.

** 정기수, '젖줄, 그러나 무서운 江大홍수 계기로 진단하는 한강의 안전도… 무분별한 개발이 재난 키워', 〈시사저널〉 1990.9.27.

*** '용산', 『땅 이름 점의 미학』, 2008과 '차취를 감춘 만초천과 봉원천', 『서울의 하천』, 2000을 참고.

새남터 성당과 서부 이촌동의 한강변 아파트 단지

본래 새남터는 서부 이촌동의 경부선 철도와 한강변 아파트 자리에 있었다. 새남터 성당(박태연 설계, 1987년 완공) 뒤로 한강을 완전히 막고 들어선 서부 이촌동의 한강변 아파트들이 보인다.

청계산의 아침 구름(淸溪朝雲)

관악산의 저녁 안개(冠岳晚霞)

만초천의 게 잡는 불빛(蔓川蟹火)

동작나루로 돌아오는 돛단배(銅雀歸帆)

밤섬의 저녁 노을(栗島落照)

흑석동으로 돌아오는 스님(黑石歸僧)

사촌의 저녁 경치(沙村暮景)

노들길을 지나는 길손(露梁行人)

용산역의 철로 옆에는 한옥 기와 지붕을 얹은 성당이 있다. 바로 '새남터 성당'이다. '새남터'에서 새는 억새를 뜻하고 남은 나무를 뜻하니 '새남터'는 한강변의 억새와 나무가 무성했던 곳이다. 조선 시대에 이곳은 군사 훈련장이자 주요 처형장이었다. 이곳에서 사육신*도 처형당했다는 글들이 많이 보이는데, 사육신은 반란으로 왕위를 찬탈한 세조를 쫓아내려고 했던 '대역죄인'이었기 때문에 새남터가 아니라 군기시 앞, 즉 태평로의 '프레스센터' 앞에서 능지처참 당했다. 사육신이 이곳에서 처형당한 것으로 알려진 것은 강 건너 노량진의 언덕에 '사육신 묘'(서울시 유형문화재 8호)가 있기 때문인 것 같다.

　새남터 처형장에서 1801년부터 1873년까지 많은 천주교 성직자들과 신도들이 처형됐다.** 김대건 신부와 주문모 신부를 비롯해서 한국 천주교의 순교 성직자 14명 중 11명이 이곳에서 처형됐다. 한국 천주교에서는 한국에서 천주교회 창립 200주년을 기념해서 1984년에 '새남터 성당'의 건립을 시작해서 1987년에 완공했다

---

* 세조는 1453년 반란을 일으켜서 권력을 장악했고, 1455년에 왕위를 찬탈했으며, 1457년에 단종을 죽였다. 사육신은 1456년(세조 2) 세조를 쫓아내고 단종을 복위케 하려고 했다가 발각되어 참혹히 고문당하고 처형당한 박팽년(朴彭年)·성삼문(成三問)·이개(李塏)·하위지(河緯地)·유성원(柳誠源)·유응부(俞應孚) 등 6명을 뜻한다. 박팽년은 옥사했고, 유성원은 집에서 자살했고, 네 명은 군기시 앞에서 능지처참 당했다. 사실 세조 모살/축출 계획에 참여했던 사람들은 17명이었고, 여기에 여러 집안에서 여자들도 다수 참여했다. '사육신-죽음으로써 임금에 대한 충절을 다하다', 〈한국사 콘텐츠〉 참고.

** 한국 천주교의 최초 순교자는 윤시충과 권상연인데, 1791년 12월 전수 남문 밖에서 참수됐다. 한국 천주교의 박해와 순교는 헌종 때 풍양 조씨 세도정치와 고종 즉위 뒤 대원군의 섭정 정치에서 크게 강화됐고, 1873년 대원군의 섭정이 끝나고 고종의 친정이 시작되며 끝났다. 1784~1876년 사이에 (한국 천주교 주교회의, 〈한국 교회의 역사〉 중 '초기 교회사의 전개' 참고) 1,800명 이상의 천주교도들이 처형된 것으로 추정된다. 드는 만초천의 커다란 한강 유입 콘크리트 배수관이다.

(박태연 설계). 그런데 본래 새남터 처형장은 서부 이촌동의 한강변 아파트 쪽에 있었는데 이곳을 구입할 수 없어서 그보다 북쪽으로 조금 떨어진 곳에 땅을 사서 '순교 성지'를 조성하고 '새남터 성당'을 건축했다(한국 천주교 주교회의 홈페이지의 '새남터' 설명).

용산 지역의 변화에서 가장 중요한 것은 미군 기지의 반환이다. 미군은 이곳에서 극히 심각한 문제를 계속 일으켰다. 2000년에 '용산 미군 기지'에서 한강으로 독극물 포름알데히드를 대량 무단방류한 사실이 밝혀졌고,* 2015년에 탄저균 실험을 무려 15차례나 했을 뿐만 아니라 심지어 페스트균도 반입했었다는 무서운 사실이 밝혀졌다. 미군은 '용산 미군 기지'를 제멋대로 이용해서 수많은 한국 국민들의 목숨을 직접적으로 크게 위협하고 거짓말로 세계를 속이려 했던 것이다.** '용산 미군 기지'의 둘레를 한바퀴 돌며 살펴보면 서울과 한국의 실상을 잘 알 수 있다. 이곳이 없어지기 전에 많은 사람들이 '용산 미군 기지' 둘레 답사를 하며 잘 기록하면 좋겠다.

사실 용산에는 '민족의 성지'가 있다. 바로 '효창공원'(사적 330호)이다. 이곳은 본래 정조가 5살에 죽은 첫아들(문효세자)의 능묘로 조성한 '효창원'으로 방대한 면적에 울창한 숲이 있는 신성한 곳이었다. 그런데 1894년에 일제가 '청일전쟁'을 일으키고 이곳에 부대를 주둔시켜 훼손하기 시작해서, 1906년에 주변에 유곽을 만들었고, 1924년에는 '효창원'의 상당한 부지를 전용해서 '효창공원'을 만들

---

* 이 사실을 기초로 봉준호 감독이 만든 영화가 바로 〈괴물〉이다. 〈괴물〉은 2006년 7월 개봉하여 천만 명이 넘는 관객들이 보았다. 이 영화에서 '괴물'은 '용산 미군 기지'에서 한강에 무단으로 버린 독극물 때문에 물고기가 변형되어 만들어진 것이며, 이 '괴물'의 서식지는 안산에서 시작되어 의주로와 원효로의 아래로 흘러 한강으로 흘러드는 만초천의 커다란 한강 유입 콘크리트 배수관이다.

** '주한미군 거짓말 했다…용산서 탄저균 실험·페스트균 반입', 〈아시아경제〉 2015.12.17.

었고, 1944년에는 왕실의 묘들을 모두 '서삼릉'으로 강제이장시켜 '효창원'을 없앴다.* 이렇게 일제에 의해 훼손되는 중에 1938년에는 숙명여자대학교가 이곳에 들어섰다(현재의 제1캠퍼스). 해방 뒤인 1945년 11월 김구 선생이 이곳을 독립 선열의 묘역으로 정하고 1946년 7월 윤봉길 의사, 이봉창 의사, 백정기 의사의 유해를 봉환해서 이곳에 '삼의사 묘역'을 만들었다. 그런데 이때 김구 선생은 비석이 없는 무덤을 하나 더 만들었는데 바로 안중근 의사의 '가묘'이다. 안 의사의 유해를 찾아서 이곳에 모시기 위해 '가묘'를 만들어 놓은 것이다. 이어서 1948년 9월 이동녕, 차이석, 조성환 선생을 이곳에서 모셨다. 그리고 1949년 7월 5일 안두희에게 암살당하신 김구 선생을 이곳에 모셔서 '7인의 독립 선열 묘역'이 조성됐다. 원래 계

현충원의 '삼의사' 묘와 안중근 의사 가묘(假墓)
왼쪽의 비석 없는 묘가 '안중근 의사 가묘'이다.

* 일제는 1940년 3월 12일에 조선총독부고시 제208호 〈경성 시가지 계획 공원 결정 고시〉에서 제1호 공원부터 제140호 공원까지를 고시했는데 효창공원은 제11호였다. 『서울의 산』 참고.

속 독립 선열을 이곳에 모시려고 했으나 김구 선생이 돌아가신 뒤에는 더 진척되지 못했다. 친일파와 결탁한 이승만 독재의 방해 때문이었다. 이승만 독재는 사람들의 독립 선열 묘역 참배를 방해했고 효창원의 연못을 메우고 '효창 운동장'을 만들어서 '민족의 성지'를 놀이터로 만들고자 했다. 그리고 일제군 장교 출신 박정희 독재는 효창원의 꼭대기에 '반공탑'을 설치해서 자신이 독립 선열들을 내려다보는 꼴을 만들어서 독립 선열들을 모욕했다. '효창공원'은 이렇듯 우리의 아픈 근현대사가 응축되어 있는 곳으로서 '효창원'으로 이름을 고치고 '민족의 성지'로 길이 지켜져야 할 곳이다.*

---

* 김용삼, '민족의 성지-효창원의 통곡의 수난사', 〈서울의 소리〉 2011.3.19.

여의도 강변에서 바라본 합정동, 당인리 쪽 모습

국회의사당의 뒤쪽을 지나 한강 남쪽 자전거 도로에서 한강 북쪽 합정동, 당인동, 상수동을 바라보고 찍은 사진. 왼쪽에 지하철 2호선 합정-당산 철교, 합정역 부근의 초고층 건물들, 강변의 절두산성당이 보이고, 가운데에서 멀리 평창동의 북한산 보현봉과 강변의 '당인리 발전소'가 보인다. 1930년에 완공된 '당인리발전소'(서울 화력발전소)는 2017년 말에 지하화되고 지상은 2019년 말에 '당인리 문화창작발전소'로 바뀌게 된다. 서울 한강에 저렇게 물이 많은 것은 순전히 인위적이고 비정상적인 것이다. 김포의 '신곡보'를 없애서 서울 한강의 재자연화를 이루면 강변은 되살아난 자연과 어우러져서 참으로 문화적 활력이 넘치는 곳이 될 것이다. '신곡보'는 전두환이 서울 한강에 유람선을 띄워 선전하기 위해 만든 것으로 사실 백해무익한 시설이다. 심지어 '신곡보'를 없애도 유람선을 띄우는 데 아무런 문제가 없다. 서울환경운동연합, 대한하천학회 엮음, 『한강의 기적』, 이매진, 2010 참고.

::17장

漢　江　再　自　然　化
한강의 재자연화를 꿈꾼다

태백의 금대봉 검룡소에서 시작된 남한강과 금강산 근처 옥밭봉 금강천에서 시작된 북한강이 경기도 양수리에서 만나서 한강이 된다. 한강은 양수리, 팔당, 미사리, 구리를 지나 아차산 옆으로 흘러 서울로 들어서서 광진, 잠실, 뚝섬, 옥수, 이촌, 노량, 용산, 마포 등을 지나 난지도 옆으로 흘러 경기로 들어선다. 강북으로 보자면, 서울 한강은 아차산 옆에서 시작해서 난지도 옆에서 끝난다. 아차산은 일제 때인 1933년 조성된 '망우리 공동묘지'로 유명하나 사실 삼국시대부터 군사적 요지로서 그 핵심 유적인 아차산성에 대한 발굴 작업이 2015년 재개되었다. 아차산에서 한강의 건너편으로 백제의 도읍이 바라보였는데, 풍납토성과 몽촌토성이 바로 그 유적으로 파악되고 있다. 한강이 흘러드는 것을 바라볼 수 있는 아차산의 남쪽 기슭에 만해 한용운(1879~1944)과 죽산 조봉암(1899~1959)이 이웃해서 안장되어 있다. 난지도는 이름처럼 아름다운 한강의 섬이었으나 박정희 독재에 의해 서울의 쓰레기 매립장으로 전락해서 거대한 쓰레기 산이 되었다가 생태공원으로 거듭나게 되었다. 지금 이곳에는 월드컵 경기장과 월드컵 공원이 있는데, 월드컵 공원은 평화공원, 난지도 공원(하늘 공원, 노을 공원), 난지천 공원, 난지 한강 공원 등으로 이루어져 있다.

1

한양은 조선 500년 동안 약 18km의 한양도성으로 둘러싸인 성 안과 '성저십리'라고 불린 성 밖의 주변 4km였다. 성 안의 면적은 16km² 정도이고, 현재 서울의 면적은 606km² 정도이다. 지난 100여 년 동안 서울의 면적과 인구는 말 그대로 급팽창했다. 현재의 서울은 1963년과 1973년의 행정구역 개편을 통해 거의 이루어졌다. 그 사이에 경부고속도로가 건설되었고(1968년 2월~1970년 7월), '영동 신시가지 개발사업'이라는 이름으로 강남 개발이 시작됐다(1970년 12월). 서울의 '영동永東'은 대관령의 동쪽을 뜻하는 강원도의 영동嶺東과 달리 '영등포의 동쪽'이라는 뜻이다. 1970년 강남 개발을 시작할 당시 한강의 남쪽에서 도시화된 곳은 영등포밖에 없었기 때문에 이렇게 이름을 붙였던 것이다. 박정희 군사-개발 독재가 강행한 강남 개발의 결과 한강은 서울의 남쪽에 있는 큰 강에서 서울의 남쪽과 북쪽을 나누는 큰 강으로 바뀌었다.

　2015년 12월 현재, 서울의 한강에는 12곳의 공원이 있고, 28개의 다리가 있다. 28개의 다리 중에서 가장 특이한 것은 '노량대교'로서 이 다리는 한강의 남과 북을 잇는 것이 아니라 한강의 남쪽에 건설된 강변도로인 올림픽 대로의 노량진과 동작동을 잇는 것이다. 2km를 넘는 길이의 노량대교는 당시 국내의 최장 다리였으나 사실 다리로서 거의 인식되지 않는다. 한강의 다리와 관련해서 꼭 잊지 말아야 할 것은 이승만의 한강 다리 폭파 사

잠수교에서 바라본 한강의 노을(2017년 2월)
왼쪽은 신반포로 강변에 막대한 혈세를 탕진한 '세빛둥둥섬'과 그 뒤로 초고층 재개발 아파트들이 보이고, 오른쪽은 동부 이촌동으로 동작대교와 삼성물산 시공 초고층 아파트인 '래미안 첼리투스'(36층, 42층, 56층)가 보인다.

건이다. 이승만은 1950년 6월 27일 새벽에 몰래 한강 철교를 건너 대구까지 도망쳤다가 너무 멀리 도망쳤기에 다시 대전으로 올라와서 서울 시민들에게 가만히 있으라는 내용의 연설을 녹음해서 방송해 놓고는 6월 28일 새벽 한강 철교와 한강 인도교(지금의 한강대교)를 폭파시켜 서울 시민들을 고립시켰다. 이 폭파로 다리를 건너던 500~800명 정도의 사람들이 죽었고, 수십만 명의 서울 시민들이 피난을 가지 못하고 서울에 갇혀서 고생했다.[1]

서울은 한강이 있어서 행복한 도시이지만, 한강은 서울이 있어서 불행한 강이다. 모든 도시는 강에 기대어 형성되고 유지된다. 서울은 한강에 기대고 있다. 북한산과 한강은 서울을 대표하는 자연이다. 북한산과 한강은 서울을 더욱 아름답게 만들고 서울의 공기를 정화하며 시민들에게 휴식지를 제공한다. 특히 한강은 생명의 기본인 물을 제공한다. 이런 점에서 서울은 한강의 도시이다. 그러나 지금 서울 한강은 서울에 물을 제공하지 않는다. 서울의 물은 한강 본류의 최상류에 만들어진 팔당댐의 팔당호에서 제공된다. 사실 지금 서울 한강은 강이라고 하기 어려운 상태에 있다. 서울 한강의 부활은 생태적 전환이라는 긴박한 역사적 과제에서 핵심적인 가치를 갖는다.

2

본래 서울 한강은 많은 여울과 드넓은 모래밭, 울창한 강변 숲 등이 어우러진 아름다운 강이었다. 그러나 지금 서울 한강은 사실 강이 아니라 콘크리트 제방으로 둘러싸이고 콘크리트 보로 막힌 삭막한 '콘크리트 인공 수로-운하'이다. 그 뒤는 온통 콘크리트 아파트들이다. 한강에 커다란 '유람선'이 오가지만 그 배를 타고 '유람'할 수 있는 게 도통 없는 것이다. 매년 5천만 명이 넘는 사람들이 서울 한강을 찾는다. 걷는 사람, 뛰는 사람, 자전거 타는 사람, 낚시하는 사람 등 한강에는 늘 많은 사람들이 있다. 그러나 그 많은 사람들

---

[1] 이렇게 큰 잘못을 저질러 놓고도 이승만은 야당의 사과 요구를 격하게 거부했다('한강다리 폭파…1950년 6월 28일의 비극', 〈노컷뉴스〉 2014.6.23). 2014년 4월 16일의 세월호 대참사 때 선장과 선박 선원들은 승객들에게 '가만히 있으라'고 방송하고 자기들만 도망쳤다. 이런 점에서 사람들은 세월호 대참사에서 이승만의 서울 탈출과 한강 다리 폭파를 떠올렸다.

이 찾는 곳이 사실은 강이 아니라 삭막한 '콘크리트 인공 수로-운하'인 것이다. 강은 무엇인가? 다음의 설명에 귀 기울일 필요가 있다.

> 모든 땅은 강 유역의 한 부분이며 땅 위와 땅 밑을 흐르는 물로 인해 그 형태가 만들어진다. 강과 땅은 이렇듯 너무나도 긴밀히 얽혀 있어서 강의 경관을 마치 토지 경관처럼 다루는 것이 적절할 때조차 있다. 강은 단지 바다로 흘러 들어가는 물 그 이상의 것이다. 강은 단지 물만이 아닌 퇴적물, 녹아내린 광물질 성분들, 영양이 풍부한 살아 있거나 죽어버린 식물과 동물의 잔해들을 낮은 곳으로 실어 나른다. 쉬지 않고 변하는 강바닥과 둑, 지하수는 총체로서의 강의 한 부분이다. 심지어는 초지, 숲, 습지와 범람원에 고인 물까지도 강의 한 구성원으로서 볼 수 있으며, 강 자체 또한 그 전체의 한 부분이다(패트릭 맥컬리,『소리 잃은 강』, 지식공작소, 2001, 33~34쪽).

모든 강은 산에서 시작해서 들판을 적시고 바다로 들어간다. 강을 지키는 것은 세상을 지키고 생명을 지키는 것이다. 강은 단지 강물이 아니라 강변과 강바닥이 어우러진 전체

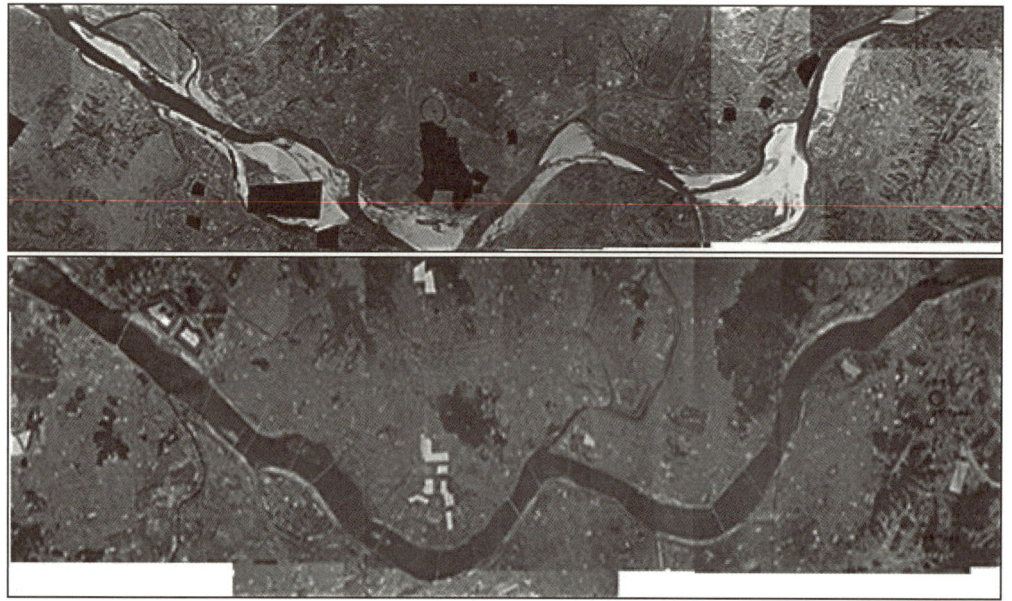

사라진 서울 한강의 모래밭(1972년(상), 2012년(하))
서울특별시, 〈하늘에서 본 서울의 변천사〉, 2013.

이다. 강을 지키는 것은 강물을 지키는 것뿐만 아니라 강변을 지키는 것이기도 하다. 강물을 더럽히는 것뿐만 아니라 강변과 강바닥을 파괴하는 것도 강을 훼손하는 것이다. 아니, 사실 강변과 강바닥을 파괴하는 것은 강을 거의 영구히 훼손하는 것이다. 더럽혀진 강물은 어렵지 않게 완전히 정화할 수 있지만 파괴된 강변과 강바닥은 완전히 복원하는 것이 대단히 어렵기 때문이다. 지금 서울 한강은 강변이 크게 파괴되어 콘크리트 제방으로 덮였으며, 강바닥도 크게 파괴되어 운하로 사용될 수 있도록 수심 6m로 평탄화되었다.

　서울 한강의 파괴는 박정희-전두환 군사-개발독재에 의해 강행됐다. 현대건설이 공사를 주도했고, 이명박은 현대건설의 사장이었다. 이명박은 이 경험을 살려서 '4대강 죽이기'를 강행했다. 감사원이 2013년 1월 발표한 감사 보고서에서 명확히 밝혔듯이,[2] 이명박 정부가 최고 국정과제로 강행한 이른바 '4대강 살리기'는 기획부터 시행까지 총체적 비리와 부실의 토건사업이었다. 공사에 참여한 재벌들이 담합 범죄를 저질러 1조원이 넘는 공사비를 착복했으며, 트럭기사들을 이용해서 1조원이 넘는 공사비를 착복했다는 의혹도 제기됐다. 가장 큰 문제는 '4대강 살리기'의 실체가 '한반도 대운하 1단계'였다는 것이다. 이런 점에서 이명박 정부는 전대미문의 대국민 사기극을 펼쳐서 불과 3년 만에 무려 30조원의 혈세로 토건족의 배를 불리고 민족의 생명을 지탱하는 4대강을 모두 대대적으로 파괴했다는 비판이 강력히 제기되었다. 나아가 많은 사람들이 이명박을 구속하고 그의 재산을 몰수해서 강 살리기에 써야 한다고 말한다.[3]

2　감사원, 〈4대강 살리기 사업 주요시설물 품질 및 수질 관리실태〉, 2013.1.17. 이렇듯 문제가 명확히 밝혀졌어도 2015년 12월 대법원은 '4대강 살리기' 사업이 모두 '적법'했다고 판결해서 세상을 경악하게 했다. 이 판결은 조봉암 사법살인, '인혁당 재건위' 사법살인 등을 떠올리게 하는 것으로 반드시 완전히 번복될 것이다. 지금 이 나라에서 사법부는 '정의의 보루'가 아니라 '비리의 보루'가 된 것 같다.

3　'환경단체 "4대강 사업 '대국민 사기극'드러나"', 〈연합뉴스〉 2013.1.18. '"4대강 사기극 드러났다" 민주당, 국정조사 요구', 〈한겨레〉 2013.7.11. '명백히 드러난 4대강 사기극, 이명박 수사받을까?-이명박 정부 내부 문건에서도 대운하 염두 두고 4대강 사업 추진', 〈미디어오늘〉 2013.7.30. 4대강에서는 발암물질이 함유된 녹조가 겨울에도 생기고 있으며, 여름에 그 농도가 국제 기준치의 300배를 넘었던 것으로 밝혀졌다. "4대강 녹조 독성, 정수해도 기준치의 4배", 〈한국일보〉 2015.12.29. '4대강 녹조, 독성물질 발견 "강아지가 먹으면 죽을 정도"', 〈전자신문〉 2015.12.29. '한강 녹조 독성물질, 기준치 300배', 〈TBS 교통방송〉 2015.12.29.

3

서울 한강은 길이가 41.5㎞로 전체 한강의 아주 작은 부분이다. 그러나 바로 그 주변에서 1천만 명을 훨씬 넘는 사람들이 살고 있다. 남한강과 북한강이 경기도 양수리에서 만나 비로소 한강이 된다. 한강은 팔당을 지나고 미사리를 지나서 서울로 들어와서 100리(41.5㎞)를 흐르고 난지도와 김포를 지나서 서해로 들어간다. 서울에게 서울 한강은 어떤 의미를 갖는가? 서울 한강은 조선 시대에는 물류를 위한 수로로 가장 중요했으며, 해방 뒤에는 먹는 물을 공급하는 상수원으로서 가장 중요했다. 그러나 1960년대 이후 박정희 개발독재의 파괴적 근대화[4]로 서울 한강은 크게 오염되어 상수원의 기능을 빠르게 잃었으며, 1980년대 이후 서울의 한강은 사람들이 쉬고 노는 휴식과 위락의 장소로서 가장 중요해졌다.

1960년대 이후 서울 한강이 겪은 변화는 자연과 역사를 무시한 군사독재에 의해 강행된 파괴적 근대화의 문제를 잘 보여준다. 자연과 역사의 면에서 보자면, 그것은 '한강의 기적'이 아니라 '한강의 경악'이었다. 본래 서울 한강은 반짝이는 드넓은 강변의 모래밭 곁으로 파랗게 맑은 물이 출렁이며 흐르는 아름다운 강이었다. 그러나 박정희와 전두환의 개발독재 시대에 강변은 모조리 파괴되고 매립되었으며, 그 자리에는 삭막한 아스팔트 도로와 콘크리트 아파트들이 대대적으로 들어섰다. 재벌들은 모든 사람들의 한강을 사유화해서 많은 돈을 벌었고, 사람들은 옹색한 '굴'을 통해 겨우 한강에 다가갈 수 있게 되었다. 서울 한강은 대체 어떻게 해서 이렇듯 삭막한 콘크리트 수로-운하가 되고 말았는가?[5]

1962년 공유재인 강변과 해변을 매립해서 토지를 만들게 하는 '공유수면매립법'이 제정된 것이 그 제도적 기초였다. 박정희 독재는 이 법에 근거해서 소중한 한강변을 대대

---

4 박정희 개발독재의 파괴적 근대화는 자연과 노동에 대한 '이중의 착취'를 기초로 이루어졌다. 홍성태, 『개발주의를 비판한다』, 당대, 2007을 참고.

5 한강의 제방은 일제에 의해 처음 축조되었다(1923~25년의 1차 제방과 1927~38년의 2차 제방). 일제는 1925년의 을축년 대홍수 뒤에 '한강개수계획'을 시행했다(서울시사편찬위, 『한강의 어제와 오늘』, 2001에서 '제방 축조'). 그러나 서울 한강의 전면적인 파괴와 변형은 박정희와 전두환의 개발독재에 의해 이루어졌다. 이에 대한 정리는 장경석, '한강변 모래밭과 아파트 단지', 〈하천과 문화〉 Vol.6 No.3(2010년 여름)을 참고.

적으로 준설하고 매립해서 도로와 아파트를 지었고 토건업체들을 배불렸고 재벌들을 키웠다. 이런 식으로 가장 먼저 만들어진 강변도로는 1967년에 완공된 '강변 1로'(한강대교 남단-여의도)였고, 가장 먼저 만들어진 아파트는 1967~68년에 들어선 동부이촌동의 공무원 아파트였다. 1970년에 들어선 동부이촌동의 '한강 맨션 아파트'(대한주택공사 시공)는 이른바 '중산층 아파트'의 효시로서 이후 망국적인 아파트 투기 붐을 일으킨 주역이었다. 동부이촌동은 압구정동, 잠실, 반포, 여의도 등 서울 한강의 전역으로 확대되었다. 박정희와 전두환의 개발독재에서, 서울 한강의 양쪽 강변은 모두 콘크리트 호안 제방으로 뒤덮였고, 그 위쪽은 모두 삭막한 자동차 전용도로(강변북로와 올림픽대로)로 막혀버렸고, 그 뒤쪽은 온통 콘크리트 아파트로 가득 채워져 버렸다.[6]

우리가 잃어버린 것은 서울 한강만이 아니다. 박정희와 전두환의 개발독재는 서울 한강을 콘크리트 수로-운하로 만들어서 강에 대한 우리의 올바른 인식 자체를 망가트렸다. 이 문제를 올바로 이해하기 위해 우리는 본래 서울 한강이 어떤 곳이었는가에 대해 살펴볼 필요가 있다. 다행히 겸재 정선(1676~1759)이 서울 한강의 모습을 그려놓은 그림들이 남아 있다. 겸재 정선이 서울 한강을 그린 그림들을 보면, 우리가 개발독재를 통해 무엇을 잃어 버렸으며, 우리가 얼마나 삭막하게 살고 있는가를 잘 알 수 있다. 응봉과 뚝섬의 한강 건너편인 압구정동은 1970년대 초까지 밭과 과수원 동네였으며, 압구정동의 강변은 바위 절벽과 모래밭이 어우러진 아름다운 곳이었고, 그래서 세조의 일등공신 한명회(1415~1487)가 압구정狎鷗亭을 짓고 놀았던 곳이다.[7] 그러나 1970년대 중반에 박정희 독재와 현대 재벌에 의해 그곳은 삭막한 콘크리트 동네가 되었다. 이 과정에서 엄청난 비리가 저질러졌다.[8]

---

6 독재는 억압만이 아니라 현혹의 방식을 함께 사용한다. 전두환은 폭압 통치와 재벌 비리를 두 축으로 하는 박정희의 파괴적 근대화를 이어받았으나 큰 차이도 있었다. 박정희에 비해 전두환은 현혹의 방식을 적극 활용했다. 이른바 '3S(Sex, Screen, Sports) 정책'과 '한강 유람선'은 그 대표적인 예이다. 1986년의 '한강 유람선' 정책은 2014년의 '세월호 대참사'의 출발점이 되었다. '세월호의 소유자' 유병언이 전두환의 동생 전경환을 통해 '한강 유람선'에 끼어들어 유람선 사업을 시작했던 것이다.

7 〈참고자료 54〉 세조의 반란과 한명회 참고.

8 〈참고자료 55〉 압구정동 현대아파트 특혜 분양 사건 참고.

서울 한강은 일제 때부터 그 본래의 모습을 잃기 시작했다. 그러나 일제 때는 한강에 세 개의 다리(한강 철교, 한강 인도교, 광진교)만 놓였을 정도로 한강의 개발은 미미하게 진행되었다. 사실 1950년대까지도 마포에 거룻배들이 모여서 시장을 열었다.[9] 서울의 한강이 본래의 모습을 완전히 잃게 된 것은 박정희와 전두환의 군사-개발독재 시대였다. 박정희와 전두환은 군사반란으로 권력을 찬탈했기 때문에 어떤 정치적 정당성도 갖지 못했고, 서울의 급속한 외형적 변화를 통해 그 능력을 선전하고 사람들을 세뇌하려 했다. 그 결과 서울의 전역에서 전통 도시와 식민 도시의 흔적이 빠르게 파괴되었고, 서울 한강은 본래의 자연을 급격히 잃게 되었다. 나라의 불행은 곧 한강의 불행으로 이어졌던 것이다.

아름다운 서울 한강을 삭막한 콘크리트 인공 수로-운하로 만든 것은 박정희의 '한강개발사업'(1967~70)과 전두환의 '한강종합개발사업'(1982~86)이었다.

먼저 전자는 한강의 모래를 파내고, 한강의 섬들을 폭파하고, 한강을 직강화하고, 강둑을 도로로 만들고, 강변을 매립해서 아파트를 짓는 파괴적 사업이었다. 그 무렵 서울의 한강에는 각종 생활하수와 공장폐수들이 마구 쏟아져 들어가고 있었다. 이런 와중에 박정희의 개발독재는 강물을 정화하는 강변의 습지와 모래를 대대적으로 없애 버렸고, 그 결과 한강은 더욱 더 자정력을 잃어서 1976년 8월 16일 〈동아일보〉에는 '한강-죽음의 강'이라는 사설이 실렸을 정도였다. 박정희의 개발독재는 한강을 거대한 하수구로 만들었던 것이다.

이어서 후자는 하수처리장을 만들어서 한강으로 흘러드는 하수를 일부 정화하게 했다. 이로써 한강의 수질은 점차 개선되기 시작했다.[10] 전두환의 개발독재는 '한강개발사업'을 계속 확대하고 강변을 위락공간으로 만드는 것에 초점을 맞추었다. 전두환 독재는 한강에 유람선을 띄워서 자기를 선전하고 싶어 했고, 이를 위해 편도 50km에 이르는 강변을 콘크리트 제방으로 뒤덮고 콘크리트 보들을 세웠다. 그 결과 한강의 생태계는 더욱 더 심

---

9 한국전쟁으로 마포는 포구 기능을 잃게 되었다. 이어서 북한강과 남한강에 댐들이 들어서면서 1960년대 초에 서울 한강의 수운은 완전히 중단되었다. 권혁희, '1900~1960년대 한강 수운의 지속과 한강변 주민의 생활', 『한국학 연구』 43호/2013.3을 참고.

10 여전히 지천의 수질 문제가 제기되고 있는데, 특히 탄천의 문제가 큰 것으로 나타났다. '서울 한강에 유입되는 지천 수질 빨간불', 〈뉴시스〉 2012.11.23. 또한 서울시, '서울의 물관리 정책', 〈서울정책아카이브〉 2015.3.30을 참고.

겸재 정선의 압구정 ⓒ간송미술문화재단

겸재는 2점의 압구정 그림을 남겼다. 한 점은 간송미술관에서 소장하고 있고, 오른쪽은 독일의 베네딕트 수도원에서 소장하고 있는데 왜관 수도원에 영구임대 형식으로 귀환된 문화재이다. 겸재 정선은 '장동'(청운동, 옥인동, 궁정동, 효자동, 통의동, 누각동 등)의 경치를 그린 〈장동팔경첩〉(1750년 경)을 세 화첩(간송박물관 소장본, 국립중앙박물관 소장본, 개인 소장본)으로 남겼을 뿐만 아니라 그에 앞서서 아름다운 한강의 경치를 그려서 〈경교명승첩〉(1741)과 〈양천팔경첩〉(1743년 경)의 화첩으로 만들어 남겼다. 겸재의 그림을 통해 우리는 아름다운 한강의 옛 모습을 생생히 살펴볼 수 있다. '압구정'이 실려 있는 성 베네딕트 수도원 소장 겸재 화첩은 1925년에 독일로 유출되었다가 1975년에 그 존재가 확인되고 2005년에 겨우 '반환'되었다.

하게 파괴되고 말았다. 지금 서울 한강은 거의 30년 동안 진행된 박정희-전두환의 개발독재와 그것이 만든 토건국가를 대표하는 거대한 구조물의 산물이다.

이미 오래 전부터 한강의 불행에 대해 많은 사람들이 탄식했다. 1990년대 초에는 서울 YMCA가 중심이 되어 서울의 한강을 되살리기 위한 활동을 적극 펼치기도 했다. 그러나 2000년대에 들어와서도 한강의 불행은 계속되었다. 오세훈은 '한강 르네상스'를 내걸고 서울 한강을 되살릴 것처럼 선전했지만 그 실제 핵심은 서울 한강을 더욱 더 크게 파괴할 '한강 운하'를 만드는 것이었다. 이명박이 '4대강 살리기'를 내걸고 강행한 '한반도 대운하 1단계' 사업으로 여주 지역에 무려 세 개의 보/댐이 급조되어 남한강의 유속이 느려진 결과 서울 한강도 발암성 남조류가 잔뜩 들어 있는 무서운 녹조 현상에 시달리게 되었다.[11] 이명박-박근혜 정권이 명확히 입증했듯이, 잘못된 정치는 잘못된 나라를 만든다.

우리는 알도 레오폴드(1887~1948)가 제시한 '대지의 윤리'에 대해 깊이 생각해 볼 필요가 있다. 자연을 무시하는 인간의 윤리는 잘못된 것이다. 갈수록 깊어지는 생태위기는 이 사실을 잘 보여준다. '대지의 윤리'를 마음에 담고 서울의 한강을 살펴보자. 서울의 한강을 되살리는 것은 생태위기의 시대가 절실히 요청하는 '대지의 윤리'를 지금 여기에서 적극 실천하는 것이 아닌가?

> 대지의 윤리는 공동체의 범위를 흙, 식물, 동물 등등 한마디로 대지 전체에까지 확대시킨 것이다. … 물론 대지의 윤리가 인간에게 이 '자원'들의 사용과 관리, 혹은 변화를 금지하지는 않는다. 그러나 그들이 계속 존재할 권리, 비록 일부 지역에 국한되더라도 자연 상태 그대로 생존할 권리는 보장되어야 한다. 한마디로 대지의 윤리는 우리 호모 사피엔스라는 존재를 대지 공동체의 정복자로부터 그 구성원으로 변화시키는 것이다(알도 레오폴드, 『모래 땅의 사계』, 푸른숲, 1996, 247쪽).

---

[11] '수도권 식수원 '한강' 녹조 위험…"4대강 사업 때문"', 〈노컷뉴스〉 2013.8.26. "'녹조비상' 한강, 4대강 가운데 조류 증가율 최고', 〈연합뉴스〉 2015.7.1. '보 설치 탓' 알았으면서…왜 자꾸 하늘 탓할까', 〈한겨레〉 2012.8.10.

4

오늘날 서울 한강은 서울을 대표하는 시민의 휴식 공간이다. 수많은 건물들로 복잡한 서울에서 한강은 시원하게 탁 트인 드넓은 공간으로서 대단히 중요하다. 서울 한강에는 100리에 이르는 한강변에 12곳의 공원과 수 천 개의 운동시설들이 설치되어 있다. 이 공원과 시설들은 한강의 물을 이용하는 곳이 아니라 한강의 탁 트인 드넓은 공간을 향수하는 곳이다. 한강의 탁 트인 드넓은 공간 덕에 서울은 큰 숨을 쉴 수 있다. 서울에서 한강처럼 넓게 탁 트인 곳은 없다. 서울의 생태적 전환을 위해 이 공간을 잘 지키고 다른 동식물과 공유하는 것이 대단히 중요하다.

여기서 우리가 무엇보다 먼저 유의해야 할 것은 한강변을 시민공원으로 만드는 과정에서 서울 한강이 삭막한 콘크리트 인공 수로-운하가 되어 버렸다는 사실이다. 서울 한강이 다시 강으로 부활한다면 서울의 생태성이 크게 개선되어 서울은 생태문화도시를 향해 한걸음 더 나아갈 수 있게 될 것이다. 그것은 한강의 자연을 되살리고, 서울의 자연을 되살리는 역사적인 과제이다. 여기서 나아가 그것은 우리의 건강을 지키기 위한 역사적인 과제이다. 자연이 생생히 살아 있는 곳에서 우리는 마음이 위안 받고 영혼이 치유되는 깊은 만족을 느낄 수 있다. 우리는 자연 속의 존재이므로 자연을 돌보고 지키는 것은 결국 우리 자신을 돌보고 지키는 것이다.

서울의 한강은 어떻게 복원될 수 있을까? 복원은 원래의 모습을 되찾는 것이며, 대체로 생태적 복원과 역사적 복원이 그 중심을 이룬다. 생태적 복원은 파괴된 자

'한강의 기적' 표지
서울환경운동연합의 주관으로 2009년 가을부터 2010년 봄까지 서울 한강의 복원에 관한 연구를 진행하고 그 결과를 『한강의 기적』이라는 제목의 책으로 발간했다. 이 그림처럼 서울 한강은 본래의 강으로 부활할 수 있다.

연을 되살리는 것이고, 역사적 복원은 파괴된 역사를 되살리는 것이다. 생태적 복원은 역사적 복원보다 수월한 과제라고 할 수 있으며, 한강에서는 생태적 복원이 역사적 복원의 의미를 동시에 지니게 된다. 서울의 한강은 두가지 과제, 즉 콘크리트 제방들과 콘크리트 보들을 철거하는 것으로 거의 모두 이루어질 수 있다. 상당한 구간의 콘크리트 제방들을 철거하고 물을 가둬놓아 녹조를 발생시키는 외에 아무런 쓸모가 없는 잠실보와 신곡보를 철거하면 서울의 한강은 본래의 모습을 크게 되찾게 될 것이다.

  이 과제는 점차적으로 이루어질 수 있다. 예컨대 예전에 드넓은 모래밭이 있었던 광나루와 이촌동 쪽의 콘크리트 제방을 먼저 철거하고, 두 개의 보 중에서 하류의 신곡보를 먼저 철거하는 것이다.[12] 신곡보는 서울의 한강을 운하로 만들어 유람선을 띄우기 위해 건설한 불필요한 시설이다. 그러나 신곡보를 철거해도 한강에 유람선을 띄우고 한강에서 물놀이를 하는 데는 아무런 문제가 없으며, 강변에 모래밭과 습지가 만들어져서 강변이 밤섬처럼 아름답게 변모할 뿐이다. 박정희 개발독재에 의해 폭파되어 사라졌던 밤섬의 회생은 자연의 위대한 자정력을 잘 보여준다. 이런 식으로 크게 어렵지 않게 서울 한강은 상당한 정도로 아름답게 되살아날 수 있다.

  독일 뮌헨의 이자르^{Isar} 강은 콘크리트 제방을 없앤 결과 다시 옛날과 같은 모래밭이 생겨나서 아름다운 강의 모습을 되찾았다. 1960년대 초까지 서울 시민들은 한강 곳곳의 백사장에서 강수욕을 즐겼다. 광나루, 잠실, 뚝섬, 압구정, 반포, 이촌, 여의도, 마포, 양화 등 100리에 걸친 서울의 한강은 어디나 드넓은 백사장과 시원한 여울이 어우러진 아름답고 풍요로운 자연의 공간이었다. 다시 강수욕을 즐길 수 있는 곳으로 서울의 한강을 되살릴 수 있다. 본래 서울 한강은 그런 곳이었다. 파괴적 근대화의 문제를 개혁하고 치유하는 생태적 근대화는 진정한 선진화의 핵심이다. 서울 한강에서 이 시대적 과제를 이룰 수 있다. 자연을 존중하고 보호하는 생태적 삶은 결코 멀리 있지 않다.

---

12 '죽어가는 한강, 보 철거해야', 〈TBS 교통방송〉 2015.7.24. '한강 위의 갈림길 신곡수중보', 〈EBS〉 2015.10.9.

1950년대 동부 이촌동의 한강 백사장(상), 독일 뮌헨의 이자르강(하)
시민들이 살아 있는 진짜 강에서 강수욕을 즐기는 아름다운 생태문화 생활의 모습이다.

서울 한강과 주요 지천의 생태 지역

자료: 서울시 녹색도시국, 〈2012 한강 생태 지도〉

漢江　自然
한강의 자연을 찾아서

　지금 서울 한강에서 아름다웠던 옛 자연의 모습을 간직하고 있는 곳은 단 한 곳밖에 없다.* 남산의 줄기가 동남쪽으로 흘러서 중랑천이 한강으로 들어가는 곳에서 살짝 솟은 작은 봉우리인 응봉鷹峰이 그곳이다. 응봉은 멋진 바위 봉우리인데, 봄에 개나리가 만발하면 그야말로 장관을 이룬다. 지금 응봉은 뚝섬에 만들어진 '서울 숲 공원'에서 가장 잘 볼 수 있다. 용산과 청량리를 오가는 경원선의 응봉역에서 내리면 응봉에 쉽게 갈 수 있다.**

　응봉의 건너편에 바로 압구정동이 있다. 조선 시대에 압구정동은 한강변에서도 아름다운 곳으로 손꼽혀서 조선 최고의 영악한 간신이었던 한명회(1415~1487)가 '압구정'이라는 이름의 정자를 짓고 놀았다. 한명회가 명의 사신 예겸(倪謙, 1415~1479)에게 청해서 받은 정자의 이름인데 한명회는 이 정자의 이름을 자신의 호로도 삼았다. '압구狎鷗'는 '갈매기와 친하게 지낸다'는 뜻으로 세속을 떠나 자

---

*　고덕 생태·경관보전지역과 밤섬 생태·경관보전지역은 파괴되었다가 복원된 곳이다.

**　1994년 10월 21일 아침에 이 전철을 타고 출근하던 나는 차창 밖으로 놀라운 광경을 보게 되었다. 뚝섬과 압구정동을 잇는 성수대교의 가운데 상판이 없어졌던 것이다. 성수대교 붕괴사고였다. 1979년 7월 16일에 박정희가 참석해서 성대히 성수대교의 준공식을 열었으나, 그 건설과 관리는 비리와 부실로 이루어졌던 것이다. 성수대교의 붕괴로 박정희-전두환의 군사-개발독재가 추구한 '한강의 기적'이 실은 '한강의 경악'이라는 사실이 처참히 드러났다.

연을 벗하며 조용히 사는 것이다.* 그러나 한명회는 결코 그렇게 살지 않았고, 늙어서도 계속 권력을 전횡하다가 결국 모든 관직을 삭탈당했다.

야사에 다음의 유명한 이야기가 전한다.** 한명회는 압구정에 여러 시판을 내걸었는데 그 중에는 자기를 과시하는 다음과 같은 시가 있었다.

  청춘에는 나라를 지켰고(青春扶社稷)
  늙어서는 자연에 누웠네(白首臥江湖)

압구정에 들렀다가 이 시를 본 생육신***의 한 명인 매월당 김시습(1435~1493)이 다음과 같이 두 글자를 바꿔서 한명회를 비판했다.

  청춘에는 나라를 망쳤고(青春亡社稷)
  늙어서는 자연을 더럽혔네(白首污江湖)

한강에는 잠실섬, 둑섬, 저자도, 여의도, 밤섬, 선유도 등 여러 섬들이 있었으나 박정희 독재 때 완전히 파괴되거나 크게 훼손되었다. 지금 가장 섬의 형태를 잘 보

---

* 사실은 단순히 자연을 벗삼아 사는 것이 아니라 '기심'(機心, 교묘히 남을 속이는 마음)을 버리면 갈매기와도 친하게 지낼 수 있다는 뜻이다. 즉 예겸은 한명회에게 '기심'을 버리고 자연에서 살라고 권했던 것이다(예겸, '압구정기'(押鷗亭記), 〈한국향토문화전자대전〉 참고). 그러나 한명회는 겉으로는 그런 척하고 실제로는 전혀 그렇게 하지 않았다. 남효온(1454~1492)은 『추강냉화』에서 이 사실을 밝혔다(남효온(1477), 남만성 역(1981), 『추강냉화』, 삼성문화문고, 49~50)

** 이종묵, 『조선의 문화공간 1』, 휴머니스트, 2006, 158쪽.

*** 세조가 반란으로 왕위를 찬탈한 뒤 관직을 그만두거나 관직에 나아가지 않고 세조를 비판하며 살다가 세상을 떠난 김시습(金時習)·원호(元昊)·이맹전(李孟專)·조려(趙旅)·성담수(成聃壽)·남효온(南孝溫) 등 6명을 뜻한다.

이고 있는 것은 노들섬, 밤섬, 선유도인데, 선유도는 기존의 산업시설을 활용한 생태공원으로 변모했고, 밤섬은 안의 작은 산이 완전히 파괴되어 원래와는 크게 다른 모습이지만 자연 퇴적을 통한 재자연화가 가장 잘 이루어진 곳이고, 노들섬은 원래 섬이 아니었으나 일제가 1916년 3월~1917년 10월에 '한강 인도교'(현재의 한강대교)를 만들면서 그 교각을 받치기 위해 한강 모래밭의 언덕을 타원형으로 돋워 만들었다. 원래 이곳은 드넓은 이촌동 모래밭의 일부였던 것이다. 그 뒤 박정희와 전두환 독재 때 한강의 모래를 모두 파내어 없앴고, 전두환 독재 때 한강의 바닥을 파내고 신곡보를 만들어 물을 채웠고, 그 결과 노들섬은 완전히 섬이 되었다. 일제는 '중지도 中之島'라고 이름을 붙였는데, 1995년에 '일본식 지명 개선사업'으로 '노들섬'으로 바뀌었다. 서울시는 2015년에 공모를 통해 노들섬에 '음악 복합문화공간'을 만들기로 결정했다. 노들섬은 서울 한강의 역사와 자연이 겪은 고통과 재생을 잘 보여줄 수 있는 곳이라는 점에서 이 결정은 상당히 아쉬운 것이었다.

한편 '노들강변 봄버들에'로 시작하는 신민요 '노들강변'*에서 '노들'은 '버들'을 연상시키지만 '버들'과 전혀 무관하며, 본래 '노돌'로서 '백로가 노니는 돌다리'라는 뜻의 '고유명사인데, 그것을 한자로 적은 것이 '노량 鷺梁'이다. 이와 함께 '이슬로' 자의 '노량 露梁'도 쓰였는데 이 경우는 '이슬이 내린 돌다리'의 뜻이 된다. 이런 차이를 떠나서 '노들강'은 노량진의 한강을 가리킨다.** 노량진은 한강을 건너 과천과 시흥으로 가는 길목이어서 조선 초부터 나라에서 관리했고 근처에 '노량원'

---

* 신불출(申不出, 1905~미상) 작사, 문호월(文湖月) 작곡, 박부용(朴芙蓉, 1901~미상) 노래의 신민요로 1934년에 발표되어 널리 불렸다. 신불출은 월북해서 활동하다가 1962년에 사라졌다. 박부용은 기생 출신으로 1930년대에 신민요 가수가 되어 큰 인기를 누렸으나 1940년대에 들어와서 사라졌다.

** 조선 때 한자로 노량진으로 썼지만 실제로는 사람들은 노들나루로 말했다고 한다. 그러나 일제가 우리말 지명을 대대적으로 폐기해서 1910년부터 노량진으로 널리 쓰게 되었다는 것이다.

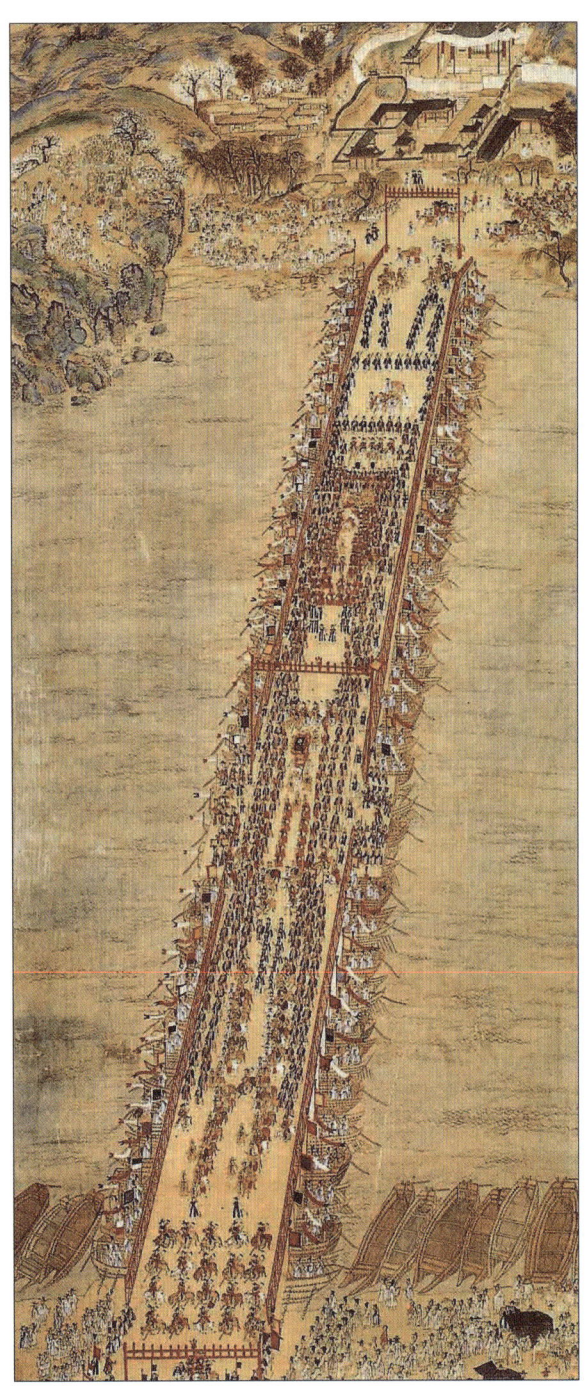

**'화성 능행도병'의
'노량주교 도섭도'(국립중앙박물관)**

1795년 정조가 화성 행차를 한 것을 8폭 병풍 그림으로 그린 기록화의 여덟번째 그림으로 1796년에 완성됐다. 위가 노량진 쪽이고, 아래가 이촌동 쪽이다. 노량진 쪽에 정조가 휴식하는 행궁이 보이고, 가장 위에 '용양봉저정'(龍驤鳳翥亭, 서울시 유형문화재 6호)이 있다. 이 정자는 1791년(정조 15)에 정조의 화성 행차를 위한 정자로 지어졌다.

을 설치했다.* 조선에서 노량진은 한강 수운의 핵심인 곳이었고, 정조 때는 정조가 아버지 사도세자의 묘를 찾아 화성으로 행차하기 위해 '주교'(배다리)를 놓았던 곳이며, 이런 역사 위에서 한국 최대의 수산시장인 '노량진 수산시장'이 들어섰다.** '노량진 수산시장'은 지하철 1호선 노량진역으로 바로 이어지고, '노들나루 공원'(옛 노량진 배수지 공원)은 지하철 9호선 노들역으로 바로 이어진다.

한강대교를 건너 오른쪽으로 가면 노량진이고, 왼쪽으로 가면 흑석동이다. 흑석동에는 '검돌나루' 또는 '흑석나루'가 있었는데, 지금의 원불교 방송국이 있는 곳이

---

* 지금 노량진 지역은 학원 동네로 유명하다. 1980년대부터 대성학원을 비롯한 여러 입시 학원들이 들어섰고, 1990년대부터 여러 공무원 학원들이 들어섰다. 그런데 조선 때부터 1970년대까지 노량진 일대는 무속으로 유명했다. 한양의 무속에는 동쪽, 서쪽, 남쪽의 세 유파가 있었는데, 남쪽의 유파인 '노들본 무속'은 노량진을 중심 지역으로 했다. 이용범, '노들본', 〈한국 민속신앙 사전〉(국립민속박물관의 〈한국 민속 대백과사전〉 중). 현재 동작구의 민속신앙 문화재는 노량진의 용왕당, 부군당, 장승, 흑석동의 산신상, 산신제 등이 남아 있다(동작구 문화관광의 민속자료 소개 참고).

** 일제는 1927년에 어물로 유명했던 남대문 밖 칠패 시장의 자리에 '경성수산'이라는 시장을 열었는데, 이 시장은 1971년에 한강 건너 노량진으로 옮겨서 '노량진 수산시장'으로 바뀌었다. '노량진 수산 시장'은 2012년부터 '현대화'를 추진해서 옆에 새로운 시장을 지었는데, 수협의 황당한 요구 때문에 그 입주와 운영을 둘러싸고 수협과 상인들 사이에 큰 갈등이 빚어졌다. 2015년 상반기에 수협은 기존 시장의 터에 외국인 전용 카지노 리조트를 만들겠다는 계획을 추진했다가 8월에 탈락하고 바로 '해양수산 복합테마센터'를 추진하기 시작했다. 2016년 11월에 수협의 노량진 수산 시장 현대화 사업도 최순실 일당과 깊이 연관되어 있다는 의혹이 강력히 제기됐다. 1960년대 초에 박정희 독재가 만든 국가 주도 농협, 수협은 모두 폐기되고 진정한 생산자 협동조합이 만들어져야 한다.

었다.* 이곳의 남쪽 산에 중앙대학교가 있고, 중앙대학교의 동쪽에 '현충원'이 있다. 그런데 중앙대학교와 '현충원'의 사이에 한국에서 가장 크고 비싼 주택이 있다. 바로 방상훈 조선일보 회장의 저택이다. 모두 3천 평이 넘는 땅 위에 들어선 이 저택은 2012년 1월 공시가격이 129억 원에 이르러서 한국에서 가장 크고 비싼 집이 되었다. 그런데 2012년 6월 이 집의 공시가격은 64억7천만 원으로 대폭 줄어들었다. 방상훈이 이 집의 땅의 57%를 '조선일보 뉴지엄'이라는 '박물관'의 땅으로 전환했기 때문이었다.** 이로써 방상훈은 종합부동산세와 상속세를 크게 줄일 수 있게 되었다. 그리고 한국에서 가장 비싼 집은 다시 남산의 남쪽 기슭에 자리잡고 있는 이건희의 이태원 저택이 되었다. 2015년 이 집의 공시가격은 156억 원에 이르렀다.***

흑석동에서 계속 동쪽으로 나아가 고개를 넘어 현충원을 지나면 지하철 4호선 동작역에 이르게 된다. 이곳에 '삼남대로'의 주요 나루였던 '동작나루'가 있었다.

---

* 박정희 개발독재 때에 한강이 대대적으로 파괴되고 매립되어 노들나루, 흑석나루, 동작나루 등의 자리도 모두 없어졌다. 한강의 주요 나루로는 동쪽에서부터 광나루(廣津), 삼밭나루(三田渡), 뚝섬나루(영동대교), 두모포(동호대교), 한강나루(한남대교), 서빙고나루(西氷庫津, 반포대교), 동작나루(銅雀津), 노들나루(鷺梁津), 삼개나루(麻浦津), 서강나루(西江津), 양화나루(楊花津) 등이 있었으며, 이 중에서 광나루·삼밭나루·동작나루·노들나루·양화나루는 한강의 5대 나루로 꼽혔다.

** 방상훈의 흑석동 저택은 '아방궁'이라고 해야 할 것이다(노태운, '국내 최고가 주택 1, 2위가 바뀐 사연', 노태운 기자의 블로그, 2013.1). 이 집에 얽힌 박정희 독재와 〈조선일보〉의 유착에 대해서는 정운현, '박정희가 〈조선일보〉 사장 집에서 춤 춘 사연-가장 비싼 집, 방상훈 집에 얽힌 과거', 〈오마이뉴스〉 2012.5.15를 참고.

*** '이건희 회장 이태원 단독주택, 서울서 가장 비싼 집-올해 공시지가 지난해보다 4.7% 오른 156억…100억 넘는 주택 5가구 달해', 〈뉴스 1〉 2015.4.29. '가장 비싼 집에 사는 재벌 총수는 이건희 회장', 〈경향신문〉 2014.6.15. '삼성家, 전국 가장 비싼 집 10채 중 7채 소유…이건희 회장 3채', 〈뉴스 1〉 2013.11.1.

겸재 정선의 '동작진'
지금 동작대교가 들어서 있는 곳이고, 뒤로 보이는 산은 관악산이다.

방호자 장시흥의 '노량진'과 '동작촌' (고려대학교 박물관 소장)

박정희 독재가 이곳의 산을 파괴하고 강변을 매립해서 완전히 다른 곳으로 만들어 버렸던 것이다. 겸재 정선이 남긴 '동작진'을 보면 이곳이 큰 바위 아래 모래밭이 펼쳐진 대단히 아름다운 곳이었음을 잘 알 수 있다. 방호자 장시흥(方壺子 張始興, 18세기 말~19세기 초?)은 생몰연대가 알려지지 않았는데 성선의 화법을 배워 여러 그림을 남겼으며 그 중에는 아름다운 노량진과 동작진의 풍경을 기록한 그림이 있다. 박정희-전두환 독재의 군사적 성장과 파괴적 개발을 통해 우리는 아름답고 귀한 존재들을 참으로 많이 잃었다.

　김수영(1921~1968)의 시 '거대한 뿌리'(1964)를 떠올린다. 박정희 독재의 개발이 맹렬히 강행되기 시작했을 때 김수영은 우리의 역사와 전통을 올바로 알아야 하는 것의 중요성을 통렬히 노래했다.

거대한 뿌리

...

전통(傳統)은 아무리 더러운 전통(傳統)이라도 좋다
나는 광화문(光化門)네리에서 시구문의 진창을 연상하고 인환(寅煥)네 처갓
집 옆의 지금은 매립(埋立)한 개울에서 아낙네들이
양잿물 솥에 불을 지피며 빨래하던 시절을 생각하고
이 우울한 시대를 패러다이스처럼 생각한다
버드 비숍여사(女史)를 안 뒤부터는 썩어빠진 대한민국이
괴롭지 않다 오히려 황송하다 역사(歷史)는 아무리
더러운 역사(歷史)라도 좋다
진창은 아무리 더러운 진창이라도 좋다
나에게 놋주발보다도 더 쨍쨍 울리는 추억(追憶)이
있는 한 인간(人間)은 영원하고 사랑도 그렇다

...

2016년 4월 여의도

왼쪽의 고층 건물들은 '서울 국제금융센터'이고, 오른쪽은 국회의사당이다. 섬둑 도로의 보도에는 벚꽃이 만발해 있고, 그 아래 둔치 공원에서는 많은 사람들이 산책하고 있다. 옆의 자전거 도로에서는 자전거를 타는 사람들도 아주 많은데, 사람들을 무시하고 빨리 달리는 사람이 있어서 상당히 위험할 때가 있다. 여의도는 정치와 경제의 중심일 뿐만 아니라 여가의 중심이기도 하다. 벚꽃놀이 때는 벚꽃을 꺾어 머리에 꽂거나 손에 들고 다니는 사람들을 많이 볼 수 있는데, 자기의 만족을 위해 벚꽃과 벚나무를 해치고 망치는 잘못된 짓이다.

::18장

여의도의 벚꽃 섬둑길을 걷는다
汝矣島

서울에서 벚꽃 놀이로 가장 유명한 곳인 여의도는 영등포구에 속한다. 여의도는 정치, 경제, 문화를 망라한 여러 면에서 서울을 대표하는 곳이고, 이런 점에서 흔히 뉴욕의 '맨하턴'에 비교되기도 한다. 1975년 개봉된 김호선 감독의 영화 〈영자의 전성시대〉는 개발독재 시대에 끝없는 고통을 당한 영자가 한창 개발되고 있는 여의도에서 새 삶을 힘차게 살아가게 되는 것으로 끝난다. 1970년대를 지나며 여의도는 한적한 농경지와 비행장에서 경제 성장의 전시장이자 신흥 부유층/중산층의 동네로 변모했다. 여의도는 박정희 군사-개발독재를 과시하는 시범지로 적극 개발되었던 것이다. 이런 점에서 1990년대 중후반에 삭막한 '5·16 광장'이 편안한 '여의도 공원'으로 변화한 것은 군사-개발독재 시대의 종식과 민주화 시대의 개화를 상징하는 사건이었다. 그러나 군사-개발독재 세력들이 여전히 이 나라를 지배하고 있으며, 그 결과 또 다시 반민주 독재화가 강행되고 있지 않나?
이명박 비리 정권에 이은 박근혜-최순실 게이트는 이 문제를 명확히 입증한 것이니 그 해결은 반인륜적 시대착오적 군사-개발독재 세력들의 청산이어야 하지 않나?

1

지금 여의도는 서울에서 가장 번화한 곳이고 가장 비싼 곳이다. 전체 넓이는 8.5㎢이고, '윤중로'[1] 안쪽은 2.9㎢(80만 평)이다. 작은 땅이지만 여의도에는 이 나라의 민주주의를 대표하는 국회 의사당은 물론이고 방송국(KBS, 1976년 준공), 전경련[2](50층, 2013년 완공, 옛 건물은 1979년 완공), 한국거래소(2005년 증권거래소가 확장) 등 언론과 경제를 대표하는 곳들도 잔뜩 몰려 있다. 어느 지역의 크기를 알려줄 때 흔히 '여의도의 몇 배'라는 표현을 하는 데, 이 표현은 여의도가 그만큼 유명하다는 것을 잘 보여준다. 여의도가 이렇게 유명해진 것은 1970년대 초부터이다. 여의도의 개발은 약 100년 전부터 시작되었지만 오랜 동안 상당히 부분적으로 개발된 상태였고, 또 서울과 직결된 공군 기지가 있는 곳이어서 시민의 접근은 상당히 제약되었던 것이다. 지금의 여의도는 박정희 개발독재에 의해 1968년부터 만들어지기 시작했다.

'여의도汝矣島'는 '너의 섬'이라는 뜻이다. 지금의 국회 의사당 자리에 옛날에는 양과 말을 기르던 목장이 있다고 해서 '양말산'이라고 불리던 작은 산이 있었는데, 장마 때에도 물에 잠기지 않는 이 산의 봉우리를 두고 사람들이 '내 섬'이니 '네 섬'이니 하던 데서 '여의도'라는 이름이 유래되었다고 한다. 해발 190m였던 양말산은 밤섬과 함께 완전히 폭파되어 '여의도 윤중제'의 자재가 되고 말았다. 옛날에는 이 섬이 대부분 쓸모가 없는 모래땅이고 그나마 장마 때면 대부분 물에 잠겨 버려서 너나 가지라고 많이 농담했던 모양이다. 만일 이 섬이 예로부터 쓸모가 큰 좋은 땅이었으면, 아마도 서로 자기 섬이라고 우겨서 '내 섬'이라는 뜻의 '오의도吾矣島'가 됐을 것이다.

---

1 1968년 여의도 개발을 시작할 때 여의도를 빙 둘러 제방을 쌓고 그 위에 도로를 만들어서 '윤중제', '윤중로'로 불렸다. 그런데 이것은 사실 일본식 용어다. '윤중제'는 '섬둑'으로 고쳐 쓰는 게 좋을 것 같다. 여의도 개발의 과정에 대해서는 손정목, '여의도 건설과 시가지가 형성되는 과정', 『서울도시계획이야기 2』, 한울, 2003을 참고.

2 전경련은 삼성의 이병철을 중심으로 5·16 군사반란 직후인 1961년 8월에 군사반란 세력과 대기업들의 협력을 위해 만들어진 재벌들의 이익단체로서 한국의 정치와 경제에 막강한 영향력을 행사하고 있다. 전경련에 대한 감시는 한국의 민주주의를 위한 핵심과제이다. 2016년 상반기에 전경련이 정치폭력을 일삼는 '어버이연합'에 돈을 댔다는 사실이 밝혀졌다. 그리고 2016년 하반기에 전경련이 박근혜-최순실 게이트의 핵심 공범이라는 사실이 밝혀졌다. 전경련은 극심한 '범죄조직'으로서 해체되고 처벌되는 게 마땅하다.

여의도 비행장(1955년)

위 사진에서 한강 쪽으로 모래밭이 크게 발달해 있는 것과 영등포 쪽으로 샛강이 흐르는 것을 볼 수 있다. 또 여의도의 오른쪽에 양말산이 있는 것이 보인다. 아래 사진에서 활주로 옆으로 대규모 군사 기지가 있는 것과 그 주변에 논과 밭이 있는 것을 볼 수 있다.

여의도가 널리 알려지게 된 것은 일본이 1916년 '여의도 비행장'을 만들면서부터이다. 일본은 서울의 진입부인 용산에 무려 350만 평이 넘는 대규모 군사기지를 만들어서 한국을 지배했다. 해방 뒤에 일본의 용산 기지는 미국의 용산 기지로 바뀌었다. 일본은 일본과 서울의 빠른 연결을 위해, 그리고 중국 침략[3]을 위한 한국 군사화의 일환으로, 용산의 바로 앞인 여의도에 비행장을 만들었다. 한국 최초의 비행사는 아니지만 한국의 하늘에서 최초로 비행한 비행사인 안창남(1901~1930)이 1922년 12월 10일 이곳에서 5만 명의 군중이 모인 가운데 두 차례 비행기를 몰았다. 안창남은 1924년에 중국으로 망명해서 독립운동을 하다가 1930년에 비행기 추락사고로 세상을 떠났다. 해방 뒤에 이 비행장은 군사용뿐만 아니라 민간용으로 사용되었는데,[4] 민간 비행장 기능은 1958년 1월에 김포공항(1939년 일제의 가미카제 훈련장으로 시작)으로 옮겨졌고, 군사 비행장(공군 기지) 기능은 1971년 2월 성남 군사공항(공군 기지)으로 옮겨졌다.

1968년은 한국의 현대사에서 상당히 중요한 해이다. 잘 알다시피 1968년 1월 21일에 이른바 '1·21 사태'가 일어났다. 박정희를 암살하기 위해 31명의 북한 특수부대원들이 침투했다가 청와대 뒤쪽에서 김신조를 빼고 모두 사살된 사건이었다. 이 사건을 계기로 박정희는 주민등록증 제도와 예비군 제도 등을 실시해서 독재를 크게 강화했다.[5] 그런데 박정희 독재는 1967년 9월 22일에 〈한강 개발 3개년 계획〉을 발표했는데, 그 핵심은 강

---

3 일본의 중국 침략은 1931년의 만주 침략으로 시작되어 1937년의 중국 대륙 침략으로 본격화되었다. 이를 위해 일본은 한국을 병참기지로 만들었을 뿐만 아니라 '일본군 성노예'로 대표되는 조선인의 노예화를 강행했다. 나치의 히틀러와 일제의 히로히토는 실로 2차 세계대전의 양대 주범이다.

4 1945년 11월 23일 오후 4시 경 김구 선생과 15명의 임시정부 요인들은 여의도 비행장이 아니라 김포 비행장으로 귀국했다. 미국의 방해로 김구 선생과 임시정부 요인들의 귀국은 너무 늦게 이루어졌다. 미국은 진정한 민족 지도자들을 배제하고 친미파 이승만과 친일파의 결탁을 추구했다.

5 1968년 서구와 한국은 정반대의 역사적 경로를 가게 되었다. 서구는 파리에서 시작된 '5월 혁명'을 통해 문화, 여성, 환경, 반전 등으로 민주주의의 확대가 이루어지게 되었으나, 한국은 김일성의 무모한 도발과 박정희의 악랄한 독재로 민주주의가 더욱 더 질식되게 되었다. 박정희 독재는 18년이나 독재를 행하며 사람들을 협박하고 매수하고 세뇌했고, 그 결과 아직까지도 수많은 사람들이 박정희 독재에 사로잡혀 민주주의를 왜곡하고 부정하고 있다.

여의도 모래밭과 밤섬(1960년대 초)

왼쪽 사진은 밤섬이 한강에 물이 적을 때는 여의도의 강변 동네였고, 한강에 물이 많을 때는 여의도 옆의 작은 섬이었음을 잘 보여준다. 밤섬은 조선 시대 초부터 사람들이 배를 만들고 누에를 치고 약초를 기르며 살던 아늑하고 아름다운 곳이었다.

여의도와 밤섬

출처: 〈네이버 지도〉와 〈한겨레〉 2005.2.15. 오른쪽 '여의도의 변화' 지도에서 잘 볼 수 있듯이 본래 밤섬은 여의도와 모래밭으로 이어져 있었다.

변도로 건설, 공유수면 매립, 여의도 윤중제 건설, 잠실 개발 등이었으며, 이에 따라 '여의도 윤중제'가 1968년 2월에 착공되어 6월에 완공됐다. 이를 위해 박정희 군사-개발독재는 오랜 역사를 간직하고 수백 명의 사람들이 살고 있던 양말산과 밤섬을 폭파해서 한갓 골재로 만들어 버렸다. 이렇게 해서 여의도의 도시화가 시작되었다.

여의도의 도시화는 여의도 섬둑의 건설로 시작되었지만, 그것은 여의도 강변의 거대한 모래밭을 완전히 없애는 것과 함께 진행되었다.[6] 본래 여의도의 한강 본류 쪽에는 드넓은

---

[6] 여의도 모래밭은 최대 300만 평 정도였던 것으로 추정된다.

모래밭이 형성되어 있었다. 그리고 밤섬은 여의도와 모래밭으로 이어져 있었다. 아니, 사실 밤섬은 여의도의 북쪽 강변 동네였다. 그런데 박정희 정권은 이 모래밭을 모두 파내서 없앴을 뿐만 아니라 밤섬을 폭파시켜 여의도 섬둑의 자재로 썼다. 이렇게 해서 수만 년간 그 모습을 지켜왔던 아름다운 여의도의 강변은 1968년 상반기에 본래의 모습을 크게 잃어 버리게 되었다. 곧 이어 아름다운 서울 한강의 강변은 콘크리트와 아스팔트로 뒤덮였고, 그 안쪽은 매립되어 시멘트 아파트들이 들어서게 되었다.

2

박정희(1917~1979)와 김현옥(1926~1997)의 여의도 개발은 둘이 강행한 다른 서울 개발과 마찬가지로 군사적 방식으로 거세고 빠르게 이루어졌다.[7] 모래밭을 없애고 섬둑을 쌓는 것이 그 기반을 다지는 것이었다면, 거대한 국회 의사당의 건축은 박정희 독재를 민주주의로 위장하는 것이었고, 시멘트 아파트들의 건설은 그 실제적 이용을 시작하는 것이었다. 1967년에 박정희 정권은 당시 한국종합기술개발공사[8]의 부사장이었던 김수근(1931~1986)에게 본격적인 여의도 개발계획을 수립하도록 했다. 1969년에 김수근은 서쪽 끝에 국회·시청 지구를, 동쪽 끝에 대법원·종합병원 지구를 배치한 '여의도 종합개발계획'을 발표했다. 그러나 이 계획은 실행되지 않았다. 시간과 비용이 너무 많이 드는 것이라서 추진하기 어려운 점도 있었지만, 박정희의 돌연한 지시로 이 계획은 사실상 거의 모두 폐기되어 버렸는데, 이것은 상당히 다행스러운 일이었지만 또 다른 큰 문제를 낳게 되었다.

김수근의 '여의도 종합개발계획'은 여의도의 서쪽 끝에 국회 의사당, 동쪽 끝에 대법원, 가운데에 상가와 주택이 들어서게 하고, 여의도를 지나 마포와 영등포를 잇는 고가도로를 건설하고, 그 아래에 '민족의 광장'이라는 공원을 만드는 것이었다. 이것은 일본의 건

---

7 박정희의 군사-개발독재는 사실상 어떤 반론도 허용하지 않고 군사작전을 펼치듯이 경제성장을 추구하는 '군사적 개발주의', '군사적 성장주의'의 방식으로 강행됐다(홍성태, 『개발주의를 비판한다』, 당대, 2007).

8 〈참고자료 56〉 한국종합기술개발공사와 김수근 참고.

축가 단게 겐조(丹下健三, 1913~2005)의 '도쿄 계획 1960'을 모방해서 여의도를 수변 도시로 만드는 것이었는데, 그 구조적 핵심에는 세운상가를 확대한 것인 고가도로와 고가보도의 건설이 놓여 있었다. 김수근의 '여의도 종합개발계획'이 실현되었다면 여의도의 한복판은 거대한 고가도로가 차지하고 그 주변의 상가 지역은 고가보도로 어지럽게 되었을 것이다. 이것이 실현되지 않은 것은 다행이었지만 박정희의 지시로 군사 비행장을 겸한 거대한 아스팔트 광장이 만들어진 것은 또 다른 큰 문제였다.

여의도를 대표하는 건물은 역시 국회의사당이다. 1967년 12월 27일 당시 국회의장이었던 김종필이 국회의사당을 여의도에 짓겠다는 계획을 발표했다. 이에 따라 '국회의사당건립위원회'가 구성되었다. 그런데 국회의사당은 설계의 공모부터 큰 문제를 드러냈다. 박정희 정권은 무려 6명의 건축가에게 설계를 맡겼으나, 이와 함께 설계 공모를 추진해서 건축가들을 모욕했다. 이 논란은 지명 건축가와 공모 건축가의 설계를 취합해서 종합안을 만든다는 기괴한 것으로 정리되어 1968년 9월 4일에 공모를 통해 세 작품을 선정했다. 세 작품은 우수작(안영배 조창한 합작), 준우수작(박선길 김광욱 합작), 가작(장응재 외 3인 합작)이었다. 6명의 지명 건축가들 중에서 김정수, 김중업, 이광노는 출품했으나, 강명구, 김수근, 이해성은 포기했고, 김정수를 대표로 김중업과 안영배가 '국회의사당 건축기획단'을 조직했다.

국회의사당은 1969년 7월 17일 착공되어 1975년 9월 1일에 지하 2층 지상 6층으로 완공되었다. 전체 부지의 면적은 10만m^2가 넘어서 '동양 최대'라고 한다. 이 부지가 여전히 상당히 폐쇄적인 방식으로 운영되고 있다. 담을 둘러쌓아 놓고 경찰들이 배치되어 사람들의 통행과 이용을 통제하고 있는 것이다. 노무현 정부 때 시민단체들은 국회의사당 부지의 전면 개방을 요구했으나, 이명박-박근혜 정부에서 그런 민주적 개혁은 꿈도 꿀 수 없는 것이 되어 버렸다 국회의사당 건물에서 가장 큰 문제는 지붕의 돔이다. 애초의 설계는 돔이 없는 평면 지붕으로 되었다. 그러나 박정희가 미국의 어느 의사당 건물을 보고 와서 돔을 추가하라고 지시했고, 그 결과 '국회의사당건립위원회'는 국회 의사당의 권위를 내세우며 거대한 돔의 추가를 결정했다.[9] 삭막한 독재의 황당한 건축이었다.

---

9 강희달, '건축가 기행-김정수, 예술성보다 합리성', 〈한국경제매거진〉 2012.12.

국회의사당, 2016년 12월 9일 오후 4시 무렵
언제나 경찰의 감시 속에 갇혀 있던 국회의사당 정문 앞 도로가 갑자기 수많은 시민들이 춤을 추는 신나는 축제의 장이 되었다. 국회에서 박근혜에 대한 탄핵안이 통과되었던 것이다. 국회의사당이 완공된 이래 행해진 가장 올바른 일이었다.

나는 오래 전에 '국회의사당의 생태민주적 개조'라는 글을 썼는데,[10] 국회의사당의 돔은 그 자체로도 커다란 청동 사발을 엎어놓은 것처럼 볼품이 없을 뿐더러 국민을 위압하기 위한 것 이외에 아무런 실제적 용도도 없다. 국회의사당의 돔은 박정희 독재가 자기를 과시하기 위해 만든 반민주적 반문화적 장식물인 것이다. 여기서 영국의 건축가 노먼 포스터(Norman Foster, 1935~)가 설계한 독일 연방의사당의 개조에 주목할 필요가 있다. 독일의 수도 베를린에 있는 독일 연방의사당은 커다란 청동 지붕으로 덮여 있었다. 노먼 포스터는 이것을 없애고 대신 유리 돔을 설치했으며, 그 옆의 옥상에는 햇빛발전소를 설치했다. 그 결과 독일 연방의사당은 유리 돔을 통해 햇빛 채광을 하게 되었고, 햇빛발전으로 연방의사당의 전력을 모두 충당하게 되었다. 베를린은 유럽의 '생태 수도'를 목표로 추구하고 있는데, 그것을 위한 핵심 시설이 바로 독일 연방의사당인 것이다.[11] 우리의 국

10　홍성태,『사회로 읽는 건축』, 진인진, 2012를 참고.
11　이필렬,『에너지 전환의 현장을 찾아서』, 궁리, 2001을 참고.

독일 연방의사당

출처: fotolia.com.

옥상에 햇빛발전기가 설치되어 필요전력을 모두 자급한다. 유리돔 안은 사람들이 걸어다닐 수 있는 경사로가 있고, 유리돔 아래의 본회의장으로 햇빛을 보내는 채광 장치가 있다. 이처럼 독일 연방의사당의 유리돔은 전체 형태를 밝게 해 주고 채광을 하는 실제 기능을 넘어서 주권자인 시민들이 의원들을 지켜보고 있다는 것을 잘 제시해 주는 상징 기능도 수행하고 있다.

회의사당도 청동 돔을 유리 돔으로 바꾸면 내정으로 햇빛이 쏟아져 들어가며 햇빛이 넘치는 건물이 될 수 있고, 그 옆의 옥상에 햇빛발전소를 설치하면 국회의사당의 전력을 모두 충당할 수 있다. 시대의 요구에 부합하며 멋진 사례가 있는 이런 '선진화'를 적극 추구하지 않는 이유가 대체 무엇일까?

우리의 국회의사당은 사실 민주주의의 면에서 극히 심각한 문제를 안고 있다. 국민들은 후면 1층의 '개구멍'으로 드나들게 해 놓았고, 국회의원들은 차를 타고 정면 2층으로 올라가서 거창한 현관으로 드나들게 해 놓은 것이다. 독일 연방의사당은 그렇지 않다. 누구나 정면 계단을 올라가서 정면 현관으로 드나든다. 국회의원들은 커다란 정문으로 거

서울산책 **375**

만하게 드나들고 국민들은 조그만 뒷문으로 눈치를 보며 드나들게 하는 것은 그 자체로 심각한 반민주적 양상이 아닐 수 없다. 우리의 국회 의사당은 독일 연방 의사당을 모범으로 해서 하루빨리 생태민주적 개조를 실행해야 한다. 사실 독일 연방 의사당에는 그 부지를 차단하고 통제하는 담장도 없다. 국회가 국민들을 정말로 존중하고 시대의 변화를 선도한다는 것을 국회의사당의 형태와 운영에서부터 확실히 보여줄 수 있어야 한다. 비리 세력이 주도하는 우리의 정치를 생각하면 너무나 요원한 과제일 것인가?

3

강북의 마포와 강남의 영등포를 잇는 '여의대로'는 여의도의 복판을 가로질러 여의도를 동과 서로 나누어 놓는 거대한 아스팔트 분단지대와 같다. 이 넓은 길은 바로 박정희의 돌연한 지시로 만들어졌다. 김수근이 이루어지기 어려운 '여의도 종합개발계획'을 발표한 다음 해인 1970년 10월에 박정희는 돌연 마포와 영등포를 잇는 길을 중국의 천안문 광장이나 소련의 크레믈린 광장처럼 드넓은 아스팔트 광장으로 만들라고 지시했다. 박정희는 온갖 공사 현장을 다 찾아다니며 일일이 지시해서 사람들을 괴롭히고 자기가 원하는 대로 공간을 개조해서 망친 것으로 잘 알려졌다. 여의도의 개발에서 박정희는 자신을 마오쩌둥이나 스탈린과 같은 초강력 독재자와 같은 반열에 올려놓고 싶었던 모양이다. 당시는 김일성과 격렬히 개발 경쟁을 하던 때여서 그 영향도 컸을 것이다.

박정희가 여의도 비행장을 일부 활용해서 만들게 한 광장은 1971년 2월 착공되어 9월에 완공된 '5·16 광장'이었는데 얼마 뒤에 그 이름을 '여의도광장'으로 바꿨다. 55만 명을 수용할 수 있는 12만 평 넓이의 이 광장은 착공될 때 대체로 '민족의 광장'으로 불렸다. 그런데 박정희가 준공을 앞두고 '5·16 광장'으로 이름을 정하라고 지시했다. 이렇게 박정희는 5·16 군사반란을 정당화하고자 했다. '5·16 광장'은 박정희의 위세를 과시하기 위한 곳이었다. 박정희는 이곳에서 대대적인 군대 사열을 벌여서 자신의 무력을 세계에 보여주었고, 온갖 관제 집회를 열어서 자신의 위력을 세계에 보여주었다.[12] '세계적 규모'

---

12 2005년 4월 여의도 버스 환승센터 공사를 하던 중에 지하에서 대규모 '벙커'가 발견됐다. 이

의 광장으로 열렬히 선전된 '5·16광장' 또는 '여의도광장'은 군사독재를 대표하는 공간이었다.[13]

'여의도 공원'은 무도한 독재가 무너지고 민주화가 이루어지면 콘크리트와 아스팔트의 사막이 생명과 문화의 땅으로 거듭날 수 있다는 것을 잘 보여준 좋은 예이다. '여의도 공원'을 만들 때 자유총연맹을 비롯한 박정희 세력 쪽에서는 '5·16 혁명의 유적'을 없애는 것이라며 격렬히 반대했다. 군사반란을 혁명으로 미화하며 군사독재의 상징공간을 지키고자 했던 것이다. 이 나라가 진정한 선진화를 이루기 위해서는 박정희로 대표되는 친일과 독재의 역사를 청산하고 극복해야 한다. 그것은 암담한 반민족과 반민주의 역사일 뿐만 아니라 삭막한 반생태와 반역사의 역사이기도 하다. 민주화와 함께 이 비틀어진 역사가 바로잡히는 듯했으나 다시금 크게 비틀어지고 있다.[14] 박근혜-최순실 게이트는 이 사실을 명확히 입증했다.

여의도는 63빌딩(1985년, 249m, SOM(Skidmore, Owings & Merrill LLP) 설계)으로 한국에서 초고층의 시대가 시작된 곳이기도 하다. 1990년대 중반이 되면서 여의도에서는 초고층 재개발 경쟁이 벌어지기 시작했다. 이로써 여의도가 '여의도 공원'과 '여의도 샛강공원'을 통해 어렵게 찾은 오래된 희망이 다시금 큰 위기를 맞았다. '서울 국제금융센터'(IFC Seoul, 2012년, 55층, 285m, ARQUITECTONICA와 범건축 설계, AIG 소유)

에 관해 아무런 자료도 남아 있지 않지만 항공사진 조사를 통해 그 출입구가 1976년 11월에는 없었지만 1977년 11월에는 있는 것으로 확인되어 1977년에 만들어진 것으로 추정되며, 이 벙커의 위치는 군대 사열식 단상과 일치해서 군대 사열식 때 박정희를 경호하기 위해 만든 비밀 시설이었던 것으로 추정된다. 그 내부 모습은 "여의도 비밀 벙커' 직접 가보니', 〈한겨레〉 2015.10.1 참고.

13 히틀러가 잘 보여주었듯이 정권이 정치적 목적을 위해 공간을 적극 활용하는 '공간 정치'가 활발히 활용되는 것은 독재의 중요한 특징이며, 한국에서는 박정희와 전두환의 독재에서 '공간 정치'가 가장 강력히 실행됐다. 히틀러의 공간 정치에 대해서는 多木浩二, 『「もの」の詩学』, 1984를 참고.

14 '이명박근혜' 정부에서 '헬조선'이라는 말이 널리 퍼진 것에서 잘 볼 수 있듯이 이미 이 나라는 비리의 만연으로 너무나 크게 망가졌다. 2016년 11월에 드러난 박근혜-최순실 게이트는 이 사실을 생생히 입증했다.

문제(이명박 시장 때 서울시가 99년간 토지를 무상임대했으나 개장 1년도 안 되어 심각한 '먹튀' 의혹), '한강 르네상스' 문제(오세훈 시장 때 한강의 복원을 내걸고 더 큰 파괴적 개발 강행) 등은 그 좋은 예이다.

여의도 섬둑의 벚나무 길을 걸으며 자연이 아름답게 살아난 여의도를 꿈꾼다. 둔치의 주차장들은 모두 지하화하고 지상을 둔치 숲으로 만들면 좋겠다. 강변 콘크리트 둑과 마당을 모두 재자연화해서 모래밭과 풀숲이 우거진 아름다운 강변을 보고 싶다. 그러나 여의도와 그 주변에는 갈수록 거대한 초고층 건물들이 늘어나고 있고, 강과 강변의 재자연화는 좀처럼 추진되지 않고 있다. 마포대교[15]를 건너 마포 쪽은 이미 마포대로를 따라 초고층 건물들이 빼곡이 들어섰다. 이런 상황에서 경의선의 폐선 구간이 '경의선 숲길 공원'으로 거듭난 것은 큰 다행이 아닐 수 없다.[16] 여의2교를 건너 영등포 쪽은 마포 쪽보다 덜한 듯이 보이지만 이쪽도 곳곳에 초고층 건물이 들어섰다. 어디서나 자연이 계속 없어지고, 오랜 작은 집들과 골목들이 계속 없어지고 있다.

---

15 여의도와 한강 본류 사이에는 마포대교(1970년에 서울대교로 완공, 1996~2005년에 걸쳐 확장), 원효대교(1981년 완공), 서강대교(1980년 착공, 1983년 중단, 1993년 재공사, 1996년 부분 개통, 1999년 완공) 등 세 개의 다리가 놓여 있다.

16 〈참고자료 57〉 폐선 부지 도시 공원 '프롬나드 플랑테'(Promenade plantée, 식물 산책로) 참고.

서강대교에서 바라본 여의도의 고층 건물군
왼쪽부터 63 빌딩, LG 쌍둥이 빌딩, 국제금융센터(IFC) 등이 보인다.

여의도 증권가의 초고층 건물들
예전에는 LG의 쌍둥이 건물이 여의도광장 도로(마포대교-여의도-영등포)를 대표하는 건물이었으나 이제는 IFC가 그 자리를 차지했다.

여의도에서 바라본 강변 고층 아파트군

강변북로 쪽은 고층 아파트로 완전히 차단되어 있다시피 하다. 판상형 아파트들이 한강 경관을 대대적으로 사유화하고 한강 경관을 크게 훼손하고 있는 것이다.

여의도와 그 주변
汝矣島 周邊

여의도는 박정희-전두환 개발독재의 압축판이다. 이런 점에서 빼놓을 수 없는 곳이 '여의도 순복음교회'다. 이 교회는 한국 최대를 넘어서 세계 최대의 신자를 갖고 있는 초대형 교회이다. 조용기 목사는 이 교회를 기초로 많은 기업들을 설립해서 운영했다. 조용기는 목사의 탈을 쓴 '재벌'이라고 할 수 있는데, 〈신동아〉 2013년 8월호에서 그 실체를 엿볼 수 있다.

> "조용기 목사는 단순한 목회자가 아니다. 국민일보와 그 외 다수 법인을 설립해 직접 대표나 주주로 운영했다. 친인척과 신뢰하는 장로 등을 대표, 이사, 감사 등으로 세우며 그들을 통해 해당업체를 현재까지 장악해 운영하고 있다. 조용기 목사와 피고인(조희준)은 단순한 부자 관계인 동시에 재벌총수와 계열사 사장에 불과하다."
> - 〈신동아〉가 입수한 조희준 전 국민일보 회장의 6월 4일 법정 진술 가운데 일부

1958년에 조용기가 5명의 신도로 대조동 천막교회를 시작해서 1962년 5월 순복음 중앙교회를 지었고 1973년 여의도 교회를 지었다. 1979년에 신도 수가 10만 명을 넘어섰고, 2010년 신도 수가 100만 명을 넘어섰다. 2015년 현재 1년 예산은 1,200억 원 정도이다. 순복음교회로 대표되는 한국의 대형 교회들은 수많은 신도와 엄청난 돈을 갖고 정치, 경제, 사회 등 여러 면에서 많은 문제들을 일으켰고, 일으키고 있다.

지금 여의도는 섬둑 벚꽃이 아니어도 한강 둔치 공원, 여의도 공원, 여의도 샛강 공원에서 쉬기 위해 즐겨 찾아갈 만한 곳이다. 그리고 공부하는 사람들은 방대한

자료를 보기 위해 국회 도서관에 꼭 가 보게 된다. 지금 여의도는 정치, 경제, 언론, 연구, 여가 등 여러 활동의 중심으로 이미 밀도가 높은 곳이지만 초고층 재개발이 계속되면 너무 삭막하고 답답한 곳이 될 것이다.

  사실 여의도는 이미 '공실률'이 너무 높아서 더 이상 초고층 새개발을 해서는 안 되는 곳이다. 이명박-오세훈이 서울시장 때 강행한 대대적인 초고층 재개발과 이명박-박근혜 비리 정권의 비리와 무능으로 경기 침체가 이어지며 여의도는 빈 사무실이 많은 초고층 건물들이 널린 곳이 되었다. 화려한 IFC도, 전경련 회관도 그런 곳이다. 둘 다 극심한 비리 문제를 안고 있는 곳이기도 하다.('식당 운영 20년 터줏대감도 문 닫는 여의도의 눈물', 〈잡아라잡〉 2017.2.21. "공실이 무서워"…여의도 오피스·상가 재건축 바람 꺾여', 〈조선비즈〉 2016.7.14. '곳곳이 텅텅..여의도 불꺼진 빌딩 어찌하오리까', 〈SBS CNBC 뉴스〉 2014.3.13).

- '국토지리정보원'의 여의도 옛 지도

박정희-전두환의 군사개발독재를 통해 여의도와 주변이 전면적으로 훼손됐다는 것을 잘 알 수 있다.

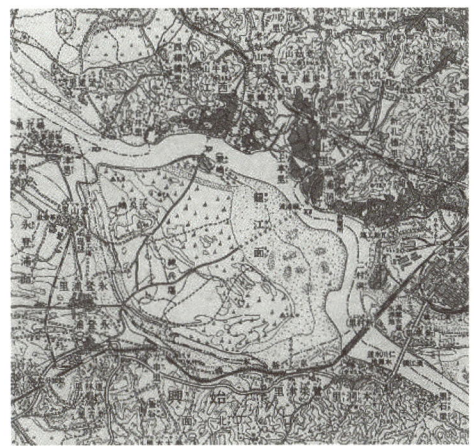
1910년대 여의도

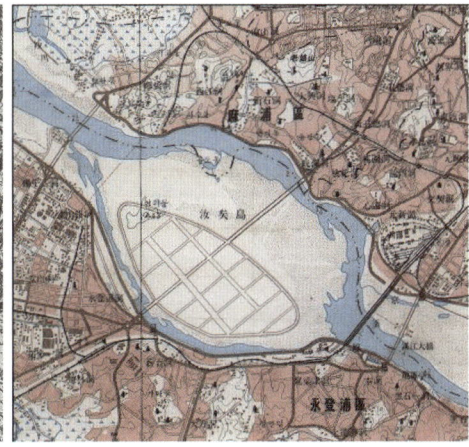
1970년대 여의도

1980년대 여의도

1990년대 여의도

2013년 11월에 '경방'의 '타임 스퀘어'에서 찍은 사진

왼쪽에 영등포역이 보이고, 가운데 아래는 '사창가'이며, 오른쪽에 초고층 아파트 단지가 보인다.

::19장
永登浦　　加里峯
영등포와 가리봉을 걷다

영등포는 한국의 첫번째 공업지대인 경인 공업지대의 핵심으로서 1936년에 서울 한강의 남쪽에서 가장 먼저 서울(경성)에 편입된 곳이다. 근대 사회는 공업화를 통해 거대한 물질적 풍요를 이루었지만 그것은 자연과 노동에 대한 '이중의 착취'에 근거한 것이었다. 이 때문에 공업화의 결과를 누리는 도심은 화려해졌으나 그 원천인 공장 지역은 아주 삭막한 곳이 되었다. 영등포는 이런 근대의 공간적 이중성이 잘 구현된 대표적인 곳이었다.* 그런데 '영등포'라는 나루는 어디에 있었을까? 지금의 '여의 2교'쯤에 있었던 것 같다.

> 영등포라는 나루터는 여의도 샛강변에서 여의도의 옛 양말산(현 국회의사당)을 오가는 소규모 나루터를 말한다. 〈대동여지도〉에도 기재되어 있다. 현재의 영등포라는 명칭은 음력 2월 초하루를 영등일(靈登日)**로 하여 보름까지 여의도 샛강변에서 성행된 영등굿과 관계되어 있으나, 뒤에 영등(永登)과 물가에 있는 마을을 뜻하는 포(浦)를 합친 말에서 유래됐다('영등포구', 〈한국지명유래집 중부편〉, 국토지리정보원).

* 김하나, '1930년대 전후 공업도시 담론과 영등포의 서울 편입', 〈도시연구〉 11호/2014.7. 황석영은 영등포에서 성장해서 이런 사실을 잘 파악하고 중요한 소설들을 썼다. 전성태, '작가의 고향을 찾아서: 폐허의 서성 속에서 근대를 읽다-소설가 황석영을 '근대의 아이로 키운 영등포', 『웹진 대산문화』 2003년 가을호.

** 정월 대보름에 이은 명절로 하늘에서 '영등 할머니'가 내려오는 것을 기리는 날인데, '영등 할머니'는 음력 2월에 부는 계절풍을 의인화한 것으로, 결국 '영등일'은 봄이 되어 농사를 시작하며 풍년을 기원하는 날이다.

서울산책

1

'영등포'라고 하면 지저분하고 혼란스러운 이미지를 떠올리기 쉽다. 크고 작은 공장들이 곳곳에 들어서 있고, 많은 사람들로 혼잡한 영등포역과 영등포시장이 있기 때문이다. 영등포는 서울의 서남부에서 가장 많은 사람들이 모이고 가장 큰 활력이 있는 곳이다. 그런데 행정적으로 영등포는 동의 명이자 구의 명이다. 구로서 영등포는 영등포동, 당산동, 대림동, 도림동, 문래동, 신길동, 양평동, 그리고 여의동(서울에서 가장 잘 개발되고 비싼 곳인 여의도 전체)[1]로 이루어져 있다.

사실 구로서 영등포는 서울에서 가장 특이한 곳이라고 할 수 있다. 현재 서울 강남 지역의 절반 이상이 1960년대까지는 영등포구에 속했던 것이다.

> 영등포구는 1963년 1월 1일 서울시 행정구역 확장편입을 계기로 경기도에서 서울시로 신규편입된 지금의 서초동·사당동·봉천동·공항동·목동·개봉동·시흥동까지로 확대됐다. 영등포구가 현 강남구·강동구·송파구를 제외한 한강 이남 서울 대부분을 포함할 만큼 방대했던 것이다. 당시 면적은 208km^2(시 전역의 34.4%), 인구 132만여 명(시 전체의 22.6%)으로 서울시 전체에서 가장 광활했고, 가장 많은 인구가 거주했다.(김여란, '서울 영등포구', 〈네이버 캐스트〉)

1970년 8월 13일 '영동지구 개발사업 및 영동교 가설 공사 기공식'이 열렸다. 여기서 '영동'은 바로 '영등포의 동쪽'이라는 뜻이었다. 당시 한강의 남쪽에서 도시화가 어느 정도 이루어져 있던 곳은 사실상 영등포구 지역 밖에 없었던 것이다. 그 중에서도 중심은 영등포역 일대의 영등포동이었다. 영등포역은 오랜 동안 대단히 중요한 역이었다. 영등포가 거대한 구로 확장되었던 것도 영등포역 때문이었다.

> 대한제국 말기 신식 교통수단인 철도가 영등포를 지나고, 영등포역이 설치되면서부터 영등포는 일약 교통의 중심지가 됐다. 전국의 물화가 영등포로 모여들기 시작했다. 영등포는

---

[1] 여의동은 행정동이고, 법정동은 여의도동이다.

1899년 개통한 제물포~노량진 간 철도, 1900년 7월 개통한 서울~인천 간의 철도, 1904년에 개통한 서울~부산 간의 경부선 철도까지 모두 연결하는 합일지점이었다.[2] 서울~인천, 서울~수원 간의 자동차 노선 또한 영등포를 지났다. 1936년에 이르러서는 전차선이 한강 인도교를 건너 노량진에 이르고, 다시 신길동과 영등포동으로 연장돼서 영등포는 서울 남쪽지역의 교통 중심지가 됐다(김여란, '서울 영등포구', 〈네이버 캐스트〉)

일제강점기 영등포는 서울과 인천, 부산을 잇는 교통의 중심지로서 공업의 중심지가 되었으며, 이 때문에 영등포에는 공장들이 아직 많을 뿐만 아니라 일제 때 지어진 공장 건물들도 꽤 남아 있고, 일제 때 지어진 대규모 집합주택인 영단주택도 아직 많이 남아 있다.[3] 영등포는 교통도시이자 공업도시이다. 이 점이 대척점에 있는 서울의 부심인 청량리와 크게 다른 점이다. 청량리와 영등포는 비슷한 점이 많다. 그런데 청량리는 상업 중심인 반면에 영등포는 공업 중심인 까닭에 영등포는 청량리에 비해 삭막해 보인다. 동네를 삭막하게 만드는 공장들이 영등포에는 흔한 반면에 청량리에는 없는 것이다.

1964년부터 구로 수출산업공단[4]이 만들어지기 시작했는데, 이 공업단지는 영등포의 공업지역을 남쪽으로 확장한 것이라고 할 수 있다.[5] 그 끝이 구로 제3공단이 있던 가리봉동이다. '구로공단'은 원래 영등포구였으나 1980년에 구로동을 중심으로 구로구가 신설

---

[2] 호남선은 대전-목포를 잇는 철도로서 대전에서 경부선에 이어지면, 아직 대한제국 때인 1910년 1월에 착공되어 일제의 식민지가 된 뒤인 1914년 1월에 완공됐다.

[3] 『사진으로 보는 서울Ⅱ』의 제10장을 참고. 또한 '문래동 철부지 형성과정-영단 주택의 형태와 현재', 〈서울 스토리〉 2014.1.15를 참고.

[4] '한국수출산업공단', 국가기록원을 참고.

[5] 정부의 공식기록은 '구로공단'을 비롯한 '수출산업공업단지'를 일방적으로 칭송한다. 그러나 여기에는 박정희-전두환 군사-개발독재의 야만성이 짙게 배어 있다. 이곳은 '공돌이', '공순이'로 불리며 천대받고 착취당한 노동자들의 고통이 쌓인 곳이었다. 그런데 '구로공단'의 역사는 박정희 독재가 5·16 군사반란으로 정권을 찬탈하고 얼마 뒤인 1961년 8월에 농민들의 땅을 강탈한 것으로 시작되었다('구로공단에 농지 뺏긴 주민들 50년 만에 재재심서 최종 승리-대법, 유족 등 14명 원고 승소', 〈세계일보〉 2016.1.3). 박정희-전두환 독재는 '간첩 사건'을 조작해서 무고한 사람들을 고문하고 살인했을 뿐만 아니라 순박한 농민들의 땅을 강탈하고 사기로 몰아서 죽도록 괴롭혔던 것이다.

2000년대 초 영등포 지역의 대대적인 재개발

출처: '확 바뀐 현장/문래동/① 공장이 주거타운으로', 〈중앙일보〉 2004년 6월 17일.

되어 구로구에 속하게 되었다. 서울의 다른 곳과 마찬가지로 영등포와 가리봉도 2000년대 이후 예전 자기의 모습을 급속히 잃어 버렸다. 이 지역은 서울의 최대 공장 밀집지역이었으나, 2000년대 이후 복합상가, 아파트, 디지털 공단 등으로 빠르게 바뀌었다. 이 과정에서 소중한 근대화의 역사와 문화도 함께 많이 사라지게 되었다.

2

거대한 민자역사인 영등포역[6] 3번 출구로 나와 보도에서 10시 방향을 보면 화려한 초고층 건물이 보인다. 바로 2009년 9월 16일 개장한 경방의 '타임스퀘어'이다. 경방(경성방직)[7]은 1923년 문을 연 경방의 영등포 공장을 2003년 9월에 폐쇄하고 그 터에 공사비 6천억 원을 비롯해서 모두 1조2천억 원을 투자해서 '타임스퀘어'를 지어 2009년 9월 문을 열었다. 지하 5층에서 최고 지상 20층의 이 거대한 건물군은 국내 최대의 복합상가로

---

[6] 영등포역은 1899년 경인선의 역으로 설치되었으며, 지금은 롯데백화점의 민자역사로 운영되고 있다.

[7] 〈참고자료 58〉 경성방직 참고.

경방의 '타임 스퀘어'를 홍보하는 그림

쪽방촌, 사창가, '타임스퀘어'

'타임스퀘어' 앞 사창가

서 상가, 영화관, 사무실, 호텔 등으로 이루어져 있다. '타임스퀘어'의 영어 이름은 'Times Sqaure'인데, 이 이름은 세계에서 가장 유명하고 비싼 거리 광장인 뉴욕 맨하턴의 'Times Square'와 같은 것이다. 주변에 문화시설, 상가, 식당들이 모여 있는 뉴욕 맨하턴의 '타임스 스퀘어'는 1903년 '뉴욕 타임스'가 그곳으로 이전하면서 그 이름으로 불리게 되었다. 경방의 '타임스퀘어'는 사실 뉴욕의 '타임스 스퀘어'가 아니라 홍콩의 '타임스 스퀘어'와 비슷한 곳이다.

'타임스퀘어'는 규모가 굉장하다. 5층의 휴식공간에서는 근처 지역을 잘 둘러볼 수도 있다. 그런데 지금 '타임스퀘어'는 영등포 지역의 양극화를 대변하는 곳으로 비치고 있기도 하다.[8] '타임스퀘어'는 넓은 공장 부지를 재개발한 것이어서 주변의 파괴와 주민의 추

---

[8] 이 점은 민자역사 영등포역도 그렇고, 서울의 많은 곳도 그렇다. 곳곳에 들어선 화려한 초고층 건물들의 주변에는 퇴락한 작은 건물들과 가난한 사람들이 많이 있다.

방이라는 문제를 일으키지 않았고 주변에 상당한 활력을 제공한다는 점에서 '도시 재생'의 성공 사례로 꼽을 만하다. 그러나 주변과 연결해서 살펴보면 '타임스퀘어'는 '이중도시' 서울의 면모를 잘 보여주는 곳이다.[9] 영등포역에서 '타임스퀘어'로 가다 보면 쪽방촌과 사창가를 지나 '타임스퀘어'에 이르게 된다. 초호화 초고층 복합상가의 바로 앞에 낡고 작은 공장들은 물론이고 쪽방촌과 사창가도 자리잡고 있다. 극명한 대비를 이루는 경관이 아닐 수 없다. 앞으로 이 지역은 어떻게 변하게 될까? 화려한 '타임스퀘어'에 맞추어 퇴락한 것들을 모두 없애려고 하지 않을까?

2013년 11월 이 동네를 답사했을 때 '타임스퀘어'(영등포동 4가) 옆에는 공장들이 아직 많았는 데, 특히 '대선 제분'(문래동 3가)의 문래동 공장(1936년 '조선 제분'의 영등포 공장으로 시작)은 거대한 사일로 시설들이 남아 있어서 이 지역이 예전에 거대한 공장 지역이었다는 사실을 바로 깨닫게 해 주었다. '대선 제분'을 지나가면 '에이스 하이테크 시티'(5·7·17·20층의 4개 건물로 이루어진 '지식산업센터')라는 거대한 건물군을 만나게 된다. 2007년 5월 완공된 이 건물군은 백남준 집안과 깊은 관계[10]를 맺고 있는 '방림방적'[11]의 터를 재개발한 것이다. 여러 이유로 더 이상 공장을 유지할 수 없게 되면 도시화

---

9   '경방'의 어두운 역사도 결코 잊지 말아야 한다. '경방'을 비롯해서 영등포의 모든 공장들에서 박정희-전두환의 군사-개발독재 시대에 혹독한 노동자 탄압과 노동권 억압이 이루어졌다. '인명진, "타임스퀘어는 여공들의 피눈물 배인 곳", '5·16 옹호' 박근혜 캠프에 쓴소리', 〈오마이뉴스〉 2012.7.12.

     2016년 12월 인명진은 박근혜-최순실 게이트의 상황에서 박근혜-새누리당 지키기의 책임을 맡았고, 그의 지휘 아래 새누리당은 '자유한국당'으로 이름을 바꿔서 촛불 시민들을 공격하고 나섰다. 당시 인명진은 경실련의 공동대표였는데, 경실련과는 아무런 상의도 없이 이런 짓을 저질렀고, 경실련은 긴급회의를 열어 인명진을 영구제명했다.

10 '가연'이 아닌 '악연'에 가깝다. 백남준의 큰조카로서 그의 작품에 대한 저작권을 모두 물려받아 관리하고 있는 '백건'이 이 사실을 잘 보여준다('하쿠다 켄', 〈위키백과〉). 서울의 거상이었던 백남준의 할아버지 백윤수가 '대창직물'을 세웠고, 막내 아들 백낙승이 '태창직물'로 바꿨고, 큰아들 백남일(백남준의 형)이 태창을 물려받았는데 박정희 정권에게 부정축재자로 지목되어 태창을 넘겨야 했다. '박상하의 한국기업성장사-③종로 육의전의 마지막 후예 대창무역', 〈아시아경제〉 2012.2.3.

11 〈참고자료 59〉 방림방적 참고.

대선 제분의 사일로

공장 골목과 '에이스 시티'

의 결과를 최대한 활용해서 공장을 주거시설이나 상업시설로 재개발하는 것은 일반적인 도시 변화의 양상이다. 서울에서 영등포는 그 대표적인 지역이다.

1990년대 중반부터 정부와 자본의 주도로 영등포 지역의 곳곳에서 대규모 재개발이 계속 진행된 결과, 영등포 지역은 낡고 작은 공장들과 주택들이 넓게 퍼져 있는 속에 새로 지은 고층 건물들이 여기저기 불쑥 솟은 어지러운 경관을 보이고 있다.[12] 건물도 그냥 지어지는 것이 아니고, 경관도 그냥 만들어지는 것이 아니다. 사회의 변화가 그 바탕에 자리잡고 있으며, 건물과 경관의 변화는 다시 사회의 변화에 영향을 미치게 된다. 사회와 공간은 '되먹임feedback'의 관계 속에 있는 것이다. 그런데 박정희-전두환의 군사-개발독재 시기에 강력한 국가 폭력을 통해 더 큰 이익을 향한 막개발absurd development이 당연한 것으로 강력히 구조화되었다. 이 때문에 막개발에 맞서서 자연, 역사, 주민, 생활 등을 지키는 것이 너무나 어렵게 되었다.

이런 점에서 2000년대 중반부터 문래동의 작은 공장들이 밀집한 지역에 예술가들이 들어가서 그 공간의 역사적 특성을 유지하며 창작 활동을 하게 된 것은 아주 중요한 변화였다. 그런데 예술가들이 값싼 공간을 찾아서 가장 퇴락한 곳으로 들어가서 그곳이 널리 알려지게 되고 사람들의 관심을 끌게 되자 그곳의 땅값이 오르고 집값이 오르고 임대료가 오르게 되었다.[13] 문화인들의 문화적 노력의 성과를 지주들이 전취하는 이른바 '젠트리

---

12 영등포 지역의 재개발과 공간 이용의 변화에 대한 실증 조사로는 여옥경·이용배, '강남·영등포 부도심의 토지이용 특성에 관한 연구', 〈국토지리학회지〉 46권 3호/2012를 참고.

13 '"문래동 예술촌" 재개발로 사라지나', 〈뉴스메이커〉 787호/2008.8.12. '문래동 예술창작촌… 재개발 계획에 이색지대 위기로', 〈스카이데일리〉 2014.6.6.

피케이션gentrification' 문제가 나타난 것이다.14 파괴와 투기의 문제를 해결하기 위해 가장 중요한 과제는 거대 자본(과 결탁된 정치인, 관료, 공무원)이 주도하는 파괴적-추방적 재개발을 주민이 주도하는 보존적 재개발로 바꾸는 것이다. 그런데 주민은 임대인과 임차인으로 이루어져 있으며 대체로 임대인은 임차인을 이용해서 더 많은 이익을 얻으려고 한다. 공간을 위해, 사회를 위해, 임대인에 못지 않게 임차인을 지키고, 주민을 지키고, 자연과 역사를 지키는 실질적인 제도의 개혁이 절실히 필요하다.

1960년대 미국에서 제인 제이콥스(Jane Jacoba, 1916~2006)는 정부나 자본이 아니라 주민을 중시하는, 새로운 거대 건물이 아니라 기존의 작은 건물을 중시하는 도시 재개발의 방향을 제안했다. 요컨대 주민이 주도하는 보존적 재개발이다. 2000년대 초에 나는 정기용 선생과 함께 생활과 자연을 중시하는 생태문화적 개발을 서울이 추구해야 할 올바른 발전의 방향으로 제안했다.15 그러나 그 뒤 이명박과 오세훈이 서울시장에 당선되어 파괴적-추방적 재개발을 더욱 더 강화했다. '뉴타운 사업'은 그 대표적인 예이다. 그 공간적, 사회적, 경제적 폐해는 서울 전역에서 입증됐다. 서울의 올바른 발전은 파괴적-추방적 재개발의 문제를 해결하는 동시에 생태문화적 개발을 핵심으로 하는 주민 주도의 보존적 재개발을 적극 실행하는 것으로 가능할 것이다. 영등포 지역의 재개발도 그렇다.

사실 영등포 지역에서 재개발은 1970년대 말부터 시작되었다. 그 결과 문래동에는 아파트 단지들이 많이 들어섰고, 지금은 숲이 우거진 문래근린공원도 조성됐다. 그런데 본래 이 공원은 수도방위사령부의 전신인 '6관구 사령부'였다. 1961년 5월 16일 바로 이곳의 지하벙커에서 박정희가 군사반란을 지휘했다. 일제군 장교 출신 박정희는 1948년 10월 여순사건으로 사형 선고를 받았으나 일제군 출신 선배들의 구명운동으로 파면되는 것

---

14 이 용어는 직역하면 '신사화'로 1964년에 영국의 사회학자 루스 글래스(Ruth Glass)가 런던의 변화를 가리키기 위해 고안했다. 퇴락한 주택, 버려진 공장이나 상점 등이 중산층 신사(gentry)의 그윽한 공간으로 바뀌며 가격이 치솟아 기존의 가난한 주민들이 쫓겨나는 현상을 가리킨다.

15 제인 제이콥스(1961), 유강은(2010), 『미국 대도시의 죽음과 삶』, 그린비; 정기용 외, 『문화도시 서울, 어떻게 만들 것인가』, 시지락, 2002; 홍성태, 『생태문화도시 서울을 찾아서』, 현실문화, 2005; 홍성태, 『서울의 개혁』, 진인진, 2014.

으로 끝났다. 그러나 1950년 6월 25일 한국전쟁이 발발하자 박정희는 소령으로 군에 복귀됐고, 1958년 소장 진급, 1959년 6관구 사령관, 1960년에 제2군 부사령관 등을 거쳐, 1961년 5월 16일에 제2군 부사령관으로서 군사반란을 일으켜서 권력을 찬탈했다. '문래'라는 동명은 문익점 선생(1329~1400)의 목화 전래지라는 것에서 유래됐다. 이런 거룩한 문기가 서린 곳에서 우리 역사상 최악의 무반이 일어났던 것이다. 이 공원의 한쪽에는 1966년 7월 7일 박정희 무리가 '5·16 군사반란'을 칭송하며 세운 박정희 흉상이 서 있다. 2016년 11월 박근혜-최순실 게이트가 밝혀지자 한 시민이 이 흉상에 붉은 페인트를 칠했고 많은 시민들이 그 철거를 강력히 요구하고 나섰다. 박근혜는 수천억 원의 혈세를 써서 전국 곳곳에서 박정희 우상화를 시행했고 심지어 국정 역사 왜곡 교과서로 강제 교육하는 짓마저 강행했는데 이에 대한 국민들의 저항이 본격화되었다. 박근혜의 비정상적 반민주 행태로 박정희의 비정상적 반민주 정체가 여실히 드러나게 되었다.

3

2013년 11월의 답사에서 어스름이 내려와 어둠이 깔리기 시작할 때 흉악한 박정희의 흉상을 보니 무서운 느낌마저 들었다. 이명박 정권이 박근혜 정권으로 이어지고 '반민주 독재화'의 문제가 2단계로 들어서며 더욱 심각해지고 있어서 더욱 그런 느낌이 들었을 것이다. 박정희의 삶은 친일, 반란, 독재의 삶이었다. 박정희는 결코 기념하고 존중해야 할 인물이 아니라 비판하고 극복해야 할 인물이다. 그런데 박정희의 후예들이 계속 권력을 잡게 되자 이제 친일과 반란과 독재를 칭송하고 박정희를 아예 신격화하고 나섰다.[16] 참으

---

16 박근혜는 2014년 '뉴라이트'의 '교학사 교과서'를 대표 교과서로 만들려고 했다가 실패했다. 그러나 박근혜는 2015년에 아예 '역사교과서 국정화'를 강행했다. 이에 대해 박근혜를 대표로 한 박정희 세력이 매국을 애국으로, 독재를 민주로 왜곡하고 미화하기 위한 '역사 쿠데타'라는 비판이 국내외에서 강력히 제기되었다. '뉴욕타임스 "박 대통령과 아베 총리, 역사 교과서 왜곡" 사설로 비판', 〈한겨레〉 2014.1.14. 'NYT, '아버지는 군사 쿠데타, 딸은 역사교육 쿠데타', 〈뉴스프로〉 2015.10.12'. 2016년 11~12월에 박근혜-최순실이 이 역사 왜곡을 강행했으며, 막대한 혈세를 집필료로 제공해서 국정 교과서의 이름으로 완전한 역사 왜곡 쓰레기를 만들었다는 사실이 밝혀졌다. 여기에 참여한 학자들은 그 자격을 스스로 저버린 자들로서 학계에서 영구추방해야 옳을 것이다.

문래근린공원의 박정희 흉상　　　　　5·16 군사반란 직후 박정희

로 놀랍고 무서운 역사의 퇴보가 아닐 수 없다. 독재는 반드시 부패하고, 부패는 반드시 망한다. 남미가 망한 것은 민주화 운동이 독재를 이기지 못했기 때문이며, 한국이 흥한 것은 민주화 운동이 독재를 이겼기 때문이다. 이대로 민주화가 실패하면 결국 나라가 망할 것이다.[17]

무섭고 무거운 심정으로 문래근린공원 앞에서 택시를 타고 도림천을 건너 신도림동 쪽으로 가서 가리봉동으로 갔다.[18] 가는 길에 1941년에 지어진 문래동의 영단주택 단지도 지나쳤다. 영등포 지역의 공장 노동자들을 위해 지어진 단층 주택 단지이다. 지금과 같은 식으로 재개발을 한다면, 이곳도 머지않아 완전히 사라지게 될 것이다. 그렇게 되면 여기에 살고 있는 사람들은 모두 어디론가 떠나야 할 것이다. 공간의 역사와 살고 있는 사람들을 존중하는 재개발은 불가능한가? 그렇지 않을 것이다. 문제는 사회이다. 박정희-전두환은 강력한 국가 폭력을 동원해서 공간을 무엇보다 투기를 통한 축재의 수단으로 만들었고, 그 결과 한국은 세계적으로 보기 드문 폭력-개발사회, 토건-투기사회가 되었다. 이 후진적인 문제가 발본적으로 개혁되지 않으면 '진정한 선진화'는 결코 이루어질 수 없다.

17　이에 대한 이론적 논의와 현실 분석은 홍성태, 『민주화의 민주화』, 현실문화, 2009를 참고. 민주화는 근대화의 핵심이고, 선진화의 기반이다.

18　가리봉동은 1980년에 영등포구에서 분구된 구로구에 속한다. 구로구의 동은 가리봉동, 개봉동(1~3동), 고척동(1, 2동), 구로동(1~5동), 수궁동, 신도림동, 오류동(1, 2동)으로 이루어져 있다.

폐기된 '가리봉동 재개발 계획'

가리봉 종합시장

가리봉동은 구로구 구로동과 금천구 가산동 사이에 있다.[19] 가산동은 가리봉동과 독산동 사이에 있어서 가산동이다. 가리봉역은 '가산디지털단지역'(금천구 가산동)으로 바뀌었는데, 이 역이 가산 디지털단지 2단지와 3단지 사이에 있기 때문이다. 가산 디지털단지 2단지와 3단지는 구로 수출공단 2단지와 3단지의 이름이 바뀐 것이고, 구로 수출공단 1단지는 구로 디지털 1단지로 바뀌었다. 구로 수출공단은 1960~80년대의 급속한 공업화를 상징하는 곳이다. 그 동력은 박정희-전두환 독재의 강력한 국가 폭력이었다. 1980년대 후반과 1990년대 초반에 걸쳐서, 한국 경제의 성장과 6월 항쟁 이후 민주화, 그리고 냉전의 종식과 '지구화'의 전개 등으로 경쟁력을 잃은 구로공단의 공장들은 속속 외국으로 떠나거나 폐업했다. 그 결과 곳곳에서 공장들이 헐려 없어지고 그 자리에는 고층 건물들이 빠르게 들어섰다. 가리봉 지역의 외형적 변화는 참으로 놀랍다. 벌집, 쪽방, 작은 단독 주택, 저층 아파트, 복잡한 골목길 등 1960~70년대의 건물, 시설, 장소, 공간이 대거 사라지고 그야말로 완전히 다른 곳이 되었다.

재개발되지 않고 남아 있는 '구로공단' 주변의 주거지역과 상업지역은 이 지역의 예전 모습을 잘 보여준다. 특히 많이 남은 곳이 '가산디지털단지역' 1번 출구 앞쪽에서 '디지털단지 5거리'(옛 가리봉 5거리[20]) 앞쪽(동쪽)에 이르는 동네이다. 이 동네는 2003년 11월

---

19 금천구는 1995년에 구로구에서 분구됐으며, 가리봉동은 구로구 가리봉동과 금천구 가산동으로 나뉘었다. 금천구는 가산동, 독산동(1~4동), 시흥동(1~5동)으로 이루어져 있다.

20 〈참고자료 60〉 가리봉 5거리 참고.

이명박의 '뉴타운 사업'에 의해 '가리봉 균형발전 촉진지구'로 지정되었으나 주민들의 반대로 2014년 11월에 해제되어 중국 동포 중심 다문화와 노동자 역사를 기반으로 한 '도시 재생 사업'을 하게 되었다.[21] 이곳은 1970년대에 '구로공단'의 배후 지역으로 개발되어 이제는 많이 낙후된 곳이어서 임대료가 싸다. 그래서 1990년대부터 중국 동포들이 여기에 많이 모여 살게 되었다.[22] '가리봉 종합시장'은 '동포타운'이라는 간편을 함께 내걸고 있다. 이 앞의 큰 골목은 연변의 어느 상가를 떠올리게 할 정도인 모양이다. 중국 음식의 냄새도 곳곳에서 진하게 풍긴다. 중국 동포들을 상대로 하는 세탁사 자격증 학원도 성업 중이고, 중국 동포들의 휴식을 위한 춤방(무청)도 있다.

1990년대 중반부터 영등포와 가리봉은 공장 지역에서 고층 건물 지역으로, '굴뚝 산업'으로 불리는 전통 제조업 지역에서 이른바 첨단 디지털 산업 지역으로, 작고 낡은 주택 지역에서 고가 고층 아파트 지역으로 빠르게 변했다. 그 동안 경제 성장과 민주화가 계속 진척되어 노동권도 크게 향상됐다. 그러나 영등포와 가리봉이 대표했던 불평등의 문제는 여전히 사라지지 않았다. 2008년부터 이명박 정권에 의해 '반민주 독재화'가 추진되더니, 2015년에는 박근혜 정권에 의해 노동권을 20년 전으로 되돌릴 '노동 개악'이 강행되기에 이르렀다. 1985년 6월 '구로공단'에서 해방 이후 처음으로 '동맹 파업'이 벌어져서 민주화와 노동권의 물꼬를 트기 시작했다. 그런데 그로부터 30년 뒤인 2015년에 극심한 역사의 퇴행이 강행되기 시작한 것이다.

그리고 2016년 10~12월 이 퇴행이 권력 비리에 의한 것이라는 사실이 박근혜-최순실 게이트를 통해 여실히 밝혀졌다. 비리 세력을 올바로 징벌하고 척결하지 못하면 역사의 왜곡과 사회의 퇴락은 계속 되풀이된다.

---

21 '창신·숭인 뉴타운에 이어 서울시 35개 뉴타운 중 2번째 해제 사례'이다. '서울시, 가리봉 균형발전촉진지구 해제…다문화 반영 도시재생 추진', 〈뉴시스〉 2014.9.16. '가리봉 지역에 뉴타운 대신 도시재생 사업', 〈한국일보〉 2014.9.16. 가리봉동의 쪽방촌을 새로운 지역 공동체의 기반으로 가꾸어 가자는 의견도 제시되었다. '가리봉동 쪽방촌, '호스텔 빌리지'로 성장시키자', 〈프레시안〉 2014.2.12.

22 〈참고자료 61〉 한국의 중국교포 현황 참고.

영등포와 가리봉 주변
永登浦　加里峯　周邊

 1994년에 구로공단, 영등포, 성수동의 공장지대를 초고층 복합건물들로 재개발한다는 계획이 발표됐다.* 1964년에 '구로공단'의 조성이 시작되고 30년 만에 '구로공단'은 역사의 뒤안으로 사라지게 되었다. 이어서 1997년에 '구로단지 첨단화계획'이 발표되어 구로공단의 변화가 적극 추진되기 시작했다. 이렇게 해서 '구로공단'(구로수출산업공단)은 '서울 디지털 국가산업단지'로 바뀌었다. 그런데 외형은 놀랍게 크고 화려해졌으나 '구로공단'의 문제는 여전히 남아 있다.**

 구로구청은 한국의 민주화에서 중요한 곳이다. 1987년 6월 항쟁의 결과로 전두환 독재의 종식과 대통령 직선제가 이루어지게 되었다. 1972년 10월 박정희의 유신 독재에 의한 헌법 유린과 주권 말살이 행해지고 15년 만의 일이었다. 1987년 12월 16일이 대통령 선거일이었다. 그러나 이 역사적인 선거는 권력욕에 취한 두 야권 지도자 김대중과 김영삼의 분열, 그리고 전두환-노태우 쪽의 국가 권력을 동원한 선거 부정으로 결국 노태우의 승리로 끝났다. 이로써 박정희의 5·16 군사반란으로 시작된 군사독재는 완전히 종식되지 않고 합법적으로 지속될 수 있게 되었다. 그런데 구로구에서 5개의 '부정투표함'이 발견되었다. 선거감시 활동을 하던 시민들과 학생들은 이 5개의 '부정투표함'을 구로구청으로 옮기고 농성을 벌였다. 전두환 독재는 12월 18일 오전 6시 무렵 4,500명이 넘는 경찰을 동원해서 최루탄

---

* '구로공단, 영등포, 성수동 공장지대 재개발', 〈중앙일보〉 1994.3.19.

** '상전벽해(桑田碧海) 구로공단 50년-제조 공단에서 첨단 지식산업 메카로', 〈포브스〉 201403호. '화려해진 옛 구로공단…노동자 삶은 되레 후퇴', 〈한겨레〉 2012.1.8. "'현대판 여공'들이 월 100만 원에 밤샘하는 구로공단', 〈프레시안〉 2012.12.24.

을 터트리고 무차별 폭력을 휘두르며 강제진압을 행했다.

"45시간에 걸쳐 5개의 부정투표함을 지키며 선거무효투쟁을 벌였던 1천여 시민들과 학생들의 구청짐거 농성은 18일 새벽 6시 30분부터 진행된 4천 5백여 경찰들의 공격으로 마침내 무너지고 말았다. 경찰의 진압작전은 86년 건대사태를 능가하며 마치 광주를 연상케 하는 처참함 그 자체였다"('13대 대통령 선거 부재자 투표함 시비 구로구청 점거농성', 〈Open Archives〉).

이 과정에서 서울대 학생 양원태가 최루탄이 자욱한 5층 강당에서 전경들의 쇠파이프 폭력에 창밖으로 추락했다. 이 사고로 그는 척추가 부러지는 큰 부상을 입었고 불구의 몸이 되었다. 1987년의 민주화는 1월의 서울대 학생 박종철(언어학 84)의 고문사로 시작해서 6월 국민 항쟁과 7, 8, 9 노동자 대투쟁을 거쳐 12월의 서울대 학생 양원태(경영학 84)의 큰 부상으로 끝났다.* 1987년은 참으로 처절한 1년이었다. 이런 큰 희생들에도 야권의 분열로 독재의 종식을 제대로 이루어지 못한 것은 참으로 통탄할 일이다.

---

* '양원태를 기억하시나요', 〈한겨레21〉 493호/2004.1.14. '1987년 대선 때 구로구청 농성중 추락 양원태 씨', 〈동아일보〉 2013.5.25.

구로구청 항쟁(출처 : 경향신문, 민주화운동기념사업회)

강남역 옆 삼성타운
강남역 옆 삼성전자, 삼성화재, 삼성물산의 초고층 건물들. 대단히 깔끔해 보이지만 다가가면 베일 것 같은 냉혹한 기운이 넘치는 초고층 건물들이다. 2015년 가을부터 근처의 보도에서 삼성전자 백혈병 노동자들의 가족들과 시민사회단체들이 '백혈병 소녀상'을 세워 놓고 삼성전자의 올바른 대책을 촉구하는 농성을 벌이고 있다.

강남역 옆 삼성타운
저 거대한 부는 지독한 정경유착 비리와 노동착취 비리에 기초한 것이다.

::20장

강남 또는 괴물을 찾아서
江南　　　　　怪物

  서울은 1963년의 행정구역 개편을 통해 지금과 거의 같은 넓이로 커졌다. 이때 '강남' 지역이 서울로 편입됐다. 오늘날 '강남'은 서울에서 가장 부유한 구로 꼽히는 강남구, 서초구, 송파구의 '강남 3구'를 뜻한다. 그러나 사실 지리적으로 '강남'은 한강의 남쪽을 뜻하고, 이곳은 본래 모두 영등포구에 속했다. 1920년대부터 공장지대로 본격 개발되었던 영등포 지역은 1936년에 서울로 편입되어 서울 한강의 남쪽에서 가장 먼저 서울에 속하게 된 곳이다. 이런 점에서 역사적으로 강남은 '원 강남'과 '신 강남'의 구분이 적절하다.

  '강남' 지역의 분구는 1936년 영등포구, 1949년 성동구, 1963년 성동구를 '강남'으로 확대, 1975년 강남구를 기본으로 한다. 관악, 강서, 동작, 구로, 양천, 금천 등은 본래 영등포구였고, 강동, 서초, 송파 등은 강남구가 나뉜 것인데 원래 성동구였다. '강남'은 사실 1963년부터 현재 강북에 있는 성동구에 속했다가 1975년에 강남구가 신설되며 '강남'이 된 것이다. 강남구는 1975년에 성동구에서 분구했지만 성동구에 속했던 강남 지역은 본래 영등포구에 속했던 곳인데 1973년에 성동구로 변경됐던 곳이다. 강남이라는 말이 본격적으로 쓰이게 된 계기는 1975년에 강남구가 만들어진 것이다.

  참고로 '강북'의 분구는 다음과 같이 진행됐다. 도봉구 1973년(성북구에서 분구), 은평구 1979년(서대문구에서 분구), 노원구 1988년(도봉구에서 분구), 중랑구 1988년(동대문구에서 분구), 강북구 1995년(도봉구에서 분구), 광진구 1995년(성동구에서 분구).

1

가수 싸이의 '강남 스타일'이 지구적으로 히트를 치면서 '강남'은 지구적으로 알려지게 되었다.[1] 그러나 내게 강남은 여전히 낯설다. 자주 가는 것은 아니지만 오래 전부터 아주 여러 번 간 곳도 그렇다. 그런데 내게 이 동네들이 낯선 이유는 그 사회적, 공간적 특징에 있다기보다는 접근과 이동의 방식에 있는 것 같다. 생각해 보니 비스를 다고 강남에 간 적이 아주 드물다. 일을 봐야 하는 강남의 동네로 전철을 타고 가서 일을 보고 그곳에서 다시 지하철을 타고 돌아오는 지하 접근과 이동의 방식을 썼던 것이다. 1980년대 중반부터 30년이 넘는 긴 세월 동안 강남을 꾸준히 다녔어도 여전히 낯선 이유는 이것이다.[2] 지하철을 통한 지하 접근/이동의 방식이 버스를 타고 다니는 지상, 면적 접근/이동의 방식으로 바뀌어야 넓은 지역에 대한 마음 속 지도를 그릴 수 있다. 그런데 도로변은 큰 건물로 대부분 막혀 있어서 역시 '산책'이 가장 세밀한 마음 속 지도를 그릴 수 있게 해 준다.

서울의 강남은 서울 한강의 남쪽을 뜻한다. 그러나 서울의 강남이 서울 한강의 남쪽을 모두 뜻하는 것은 아니다. 보통 서울의 강남이라고 하면 서울 한강의 남쪽에서도 강남구를 중심으로 서쪽의 서초구와 동쪽의 송파구, 즉 '강남 3구'를 뜻한다. 1970년대 초까지 이 지역은 전형적인 농촌 지역이었다. 그러나 오늘날 이 지역은 서울에서 가장 번화한 도시 지역이다. 강남역은 이렇게 번화한 강남 지역을 대표하는 곳이다. 강북을 대표하는 상업지역이 명동이라면, 강남을 대표하는 상업지역은 강남역 동네이다. 2008년 11월에 '삼

---

1 이렇듯 싸이(박재상)는 한국을 대표하는 연예인이 되었기에 그가 예술인들을 괴롭히는 '젠트리피케이션'의 주역으로 크게 비판받게 된 것은 대단히 안타깝고 유감스러운 일이었다. 다행히 2016년 4월에 싸이와 세입자는 합의로 사태를 마무리했다. 싸이의 건물은 용산구 한남동에 있는데 삼성 리움 미술관의 아래쪽이다. 한편 성동구는 2015년 9월 24일부터 '서울시 성동구 지역공동체 상호협력 및 지속가능발전구역 지정에 관한 조례'를 시행했다. 성동구의 시도는 대단히 중요하다. 또한 서울시는 2015년 12월에 '젠트리피케이션'를 규제하는 내용을 담고 있는 〈2025 서울시 도시재생 전략계획〉을 확정했다. 이 '계획'은 2013년에 제정된 '도시 재생 활성화 및 지원에 관한 특별법'에 따른 서울시 최초의 도시재생 법정계획이다.
2 내가 강남 쪽에 처음 간 것은 국민학교 5학년 때인 1976년 여름이었던 것 같다. 아버지를 따라서 '광나루 다리'(광진교)를 건너 천호동에 다녀왔는데 당시 광진교 근처 한강변에는 '장어구이' 간판을 내건 작고 낡은 식당들이 보였고 천호동은 푸른 논밭과 나무들의 농촌이었다.

강남역 삼성타운 앞 삼성전자 백혈병 피해 노동자 가족들의 거리 농성 천막

2017년 1월에 또 한 명의 삼성전자 백혈병 노동자가 사망해서 이제까지 삼성전자 백혈병 사망 노동자의 수는 무려 79명이 되었다. 이 심각한 인권 유린 범죄에 맞서서 '반도체 노동자의 건강과 인권지킴이'(약칭 '반올림')이라는 시민단체가 2007년 11월에 만들어졌으나 삼성 재벌은 계속 국민을 농락하며 정비, 법비, 언론을 뇌물로 매수해서 문제를 왜곡-은폐하고 부를 쌓았다.

500만 원

'삼성전자의 반도체 공장에서 일하다가 백혈병에 걸려 2007년 11월에 세상을 떠난 젊은 여성 노동자 황유미 씨의 유족에게 삼성 재벌은 500만 원을 주는 것으로 문제를 덮으려 했다.

430억 원

삼성 재벌은 최순실-정유라에게 430억 원을 주고 수십조 원의 불법 상속과 불법 이익을 챙겼다.

삼성 재벌은 백혈병 사망 노동자에게 500만 원을 주는 것으로 문제를 덮으려 했고, 최순실에게는 무려 430억 원의 뇌물을 줘서 국가를 사유화하려 했다. 삼성 재벌은 단순히 비리 범죄 조직을 넘어서 '국가의 적', '국민의 적'이 된 것이다. 삼성 재벌이 진정 세계적인 대기업이고자 한다면, 삼성전자 노동자 등의 피해자들에 대한 철저한 배상과 비리 이익의 완전한 국고 환수를 비롯해서 이미 드러난 비리 범죄들에 대해 철저히 처벌받아야 하며, 이재용의 '불법' 상속은 원천적으로 잘못된 것이니 무효화하고 법에 따라 상속세를 모두 제대로 납부하고 상속해야 한다.

성타운'이 완공되면서 강남역 주변은 서울을 대표하는 상업지역의 위치를 더욱 더 강하게 굳혔다. 이제 강남역 주변은 한국의 최대 기업인 삼성 재벌의 지배 아래 놓인 것처럼 보이기도 한다. 사실 지금 삼성 재벌은 이 나라 전체에서 지배력을 행사하며 심각한 문제를 일으키고 있다.[3]

행정구역으로 보지면, 강남역은 강남구 역삼동이지만 실은 역삼동과 서초동의 사이에 있다. 강남역 주변은 신사동과 양재동을 잇는 강남대로를 중심으로 동쪽과 서쪽으로 나뉘는데, 동쪽은 강남구 역삼동이고, 서쪽은 서초구 서초동이다. 강남대로 양쪽에 높은 건물들이 줄지어 들어서서 길에서 잘 보이지 않지만 사실 두 곳은 지형에 큰 차이가 있다. 역삼동 쪽은 낮은 산이고, 서초동 쪽은 들판이다. 역삼동 쪽은 산자락에 길을 내고 층층이 단독 주택들을 지었고, 서초동 쪽은 들판에 격자 형태로 길을 내고 고층 아파트들을 지었다. 역삼동 쪽은 산세를 살린 단독 주택들이 그윽한 분위기를 자아낸다. 그러나 2000년대에 들어와서 역삼동의 단독 주택들도 많이 사라졌다. 아래쪽은 대부분 식당, 술집, 카페 등으로 바뀌었고, 위쪽은 다세대 주택으로 많이 재개발되었다.

'원 강남'으로 보자면, 영등포와 노량진이 1920년대부터 개발되었고, 그 뒤 봉천동과 신림동이 1960년대 초부터 개발되었다. 그러나 '강남 3구'로 대표되는 '신 강남'은 1970년대 초부터 개발되기 시작했으며, 사실 1970년대 내내 많은 곳이 농촌이었다. 그런데 '원 강남'은 일제 때 공장 지대로 개발된 곳(영등포, 노량진)과 1960년대에 도심에서 강제이주된 빈민들의 주거로 변모한 곳(신림동, 봉천동)이었고, '신 강남'은 군사-개발독재

---

[3] 삼성 재벌은 박정희-전두환 독재와의 극심한 정경 유착, 편법 증여, 노동 착취를 통해 형성되고 성장했는데, 이 심각한 반민주적 문제가 해결되기는커녕 이명박-박근혜 비리 정권의 '반민주 독재화'의 진행과 함께 오히려 더욱 더 악화되었다. 박근혜-최순실 게이트에서 정유라에게 수십억 원의 말을 사 준 것을 비롯 최순실에게 430억 원의 뇌물을 준 것으로 드러났다. '최순실의 뇌물'…삼성사건은 '받은사람', 옷값대납은 '준사람', 〈연합뉴스〉 2017.1.23. 삼성 재벌은 최순실을 매수해서 국민의 노후를 준비하는 국민연금이 이재용의 상속을 돕도록 하는 극심한 뇌물-국기문란 범죄를 저지른 것이 아닌가? 2017년 2월 17일 이재용이 구속된 것은 너무나 당연한 것이었다. 그러나 이것은 시작일 뿐이다. 온갖 죄를 저질러 부를 쌓는 재벌을 철저히 개혁하지 않으면 국가와 국민이 모두 재벌의 먹이로 전락할 수 있는 것이다.

1950년대 중후반 신림동(현 서울대 정문 앞 쪽)의 모습
멀리 관악산이 보이고 거기서 흘러내린 도림천이 보인다.

의 강력한 물리력을 통해 농촌 지역에서 중상층 아파트 도시로 삽시간에 바뀐 곳이었다.[4] 강남(정확히는 '신 강남')은 거대 개발사업들의 군사적 강행을 통해 경제 성장을 이루고 정치적 정당성을 확보하려 했던 박정희-전두환 개발독재의 위력을 가장 잘 보여주는 곳이다. 지금 한국을 대표하는 초고가 초고밀 도시 지역인 강남은 1970~80년대의 불과 20년 만에 박정희-전두환 개발독재의 막대한 특혜에 의해 만들어진 것이기 때문이다. 이런 내력에 의해 강남은 투기의 본산이자 '천민 자본주의'의 대표로 여겨지게 되었다. 강남이 극심한 '보수성'을 보이면서 계속 특혜를 요구하는 것은 큰 잘못이고 문제이다.[5] 한국의 '보수'는 실은 '보수 참칭 비리'이니 강남의 '보수성'은 실은 '비리성'이다. 이것은 민주화와 합리화를 부정하고, 비리와 독재로 부를 쌓으려는 반인륜적 태도이다.

근대 건축의 아버지로 여겨지는 프랑스의 르 꼬르뷔지에(1887~1965)는 1922년에 파

---

4 손정목, 『서울도시계획이야기 3』, 한울, 2003. 강명구, '강남 개발', 〈서울 정책아카이브〉, 2015.5.8. 김정미, 강남의 형성과 변화를 보여주는 자료들은 서울역사박물관, 〈강남 40년 : 영동에서 강남으로〉, 2011에 잘 정리되어 있다.

5 '한홍구의 유신과 오늘〈29〉 영동 구획정리사업-강남은 박정희 덕분에, 박근혜는 강남 덕분에…', 〈한겨레〉 2013.2.15. '강남구, 내가 너를 어떻게 키웠는데…" 분노한 서울시', 〈아시아경제〉 2015.10.16.

강남대로의 고층 건물들

리의 개조를 염두에 두고 '300만 명의 거주자를 위한 현대 도시 계획안'을 발표했다.[6] 중심에 60층의 초고층 업무 건물들이 있고 주변에 공공 건물과 복층 빌라들과 정원들을 조성하는 구상이었다. 그러나 이 계획은 실현되지 않았다. 그 실체는, 르 꼬르뷔지에가 제시한 그림은 그럴 듯했을지라도, 자연과 역사와 사회를 대대적으로 파괴하는 것이면서 주택과 도시에 대한 사람들의 요구를 제대로 충족하는 것도 아니었기 때문이다. 서울의 강남은 르 꼬르뷔지에의 구상이 세계적으로 가장 잘 실현된 곳인지 모른다. 그러나 그도 여기에서 벌어진 공간과 사회의 파괴를 보면 눈살을 찌푸리고 혀를 찼을 것이다. 개발독재가 극도로 강화한 개발과 투기의 욕망으로 만들어진 화려한 폐허의 문제를 안고 있기 때문이다.

---

6   이 계획안은 수정되어 1935년 『빛나는 도시』라는 제목의 책으로 발표되었다. 이관석, 『르 코르뷔지에-근대 건축의 거장』, 살림, 2006을 참고.

2

2013년의 발표에 따르면, 서울 강남에서 땅값이 가장 비싼 강남역 부근의 땅값은 공시지가 평당 2억 원 정도였고 실거래가 평당 4억 원 정도였다. 전국에서 가장 땅값이 비싼 곳은 명동의 '네이처 리퍼블릭'[7]이라는 화장품 회사의 건물인데, 이곳의 땅값은 실거래가 평당 5억 원 정도로 추정됐다. 1961년 지적인 말죽거리의 최고가 땅값이 평당 400원이었던 것에 비추어 보자면, 강남역 부근의 최고가 땅값이 50년 만에 무려 1백만 배나 상승된 셈이다. 정말 깜짝 놀라지 않을 수 없는 변화가 이루어졌다. 이렇게 비싼 곳이라고 해서 멋이 있는 것은 아니다. 오래 전 건축가 정기용은 압구정동을 답사하며 "돈이 많다고 좋은 건물을 짓고 좋은 도시를 만드는 것은 아니라는 사실을 여기서 잘 알 수 있다"고 말했다. 고층 건물들에 꽉 막히고 쓰레기와 전깃줄로 뒤범벅된 강남역 주변을 걸으면 그 말을 다시 떠올리게 된다.

지난 50년 동안 서울에서 이루어진 변화, 아니 서울을 중심으로 전국에서 이루어진 변화를 짚어보기 위해 서울 강남을 잘 살펴볼 필요가 있다. 특히 강남역 주변은 그 중심지로서 큰 의미를 갖고 있다. 이 동네에서 가장 유명한 곳은 아마도 '뉴욕제과'였을 것이다. 강남역 앞에서 만나자고 하면 십중팔구는 '뉴욕제과' 앞에서 만나는 것이었다. 그러나 이제 '뉴욕제과'는 거기에 없다. 재벌들이 빵 장사를 하면서 많은 동네 빵집들이 없어진 것처럼 1970~80년대를 대표하는 빵집 '뉴욕제과'도 망해 없어졌다. 오늘도 '뉴욕제과'가 있던 건물의 앞으로는 수많은 사람들이 오가고 있지만 '뉴욕제과'는 다시는 그 자리로 돌아오지 못할 것이다. 만남의 명소였던 종로 2가 '종로서적'과 강남역 앞 '뉴욕제과'가 망해 없어진 것은 한국 사회의 불안정성을 보여주는 또 다른 징표일 것이다.

---

[7] 그 회장 정운호는 원정도박을 일삼다가 체포됐다. 노동착취와 유착비리로 많은 돈을 쉽게 벌었던 모양이다. 이 재판에 노무현 협박 수사 5인방의 한 명인 홍만표가 불기소 청탁을 해 주겠다며 총 38억 원 정도를 받았다가 변호사법 위반, 조세법 위반 등으로 구속됐다. 롯데 재벌 신격호의 딸인 신영자도 관련된 횡령 배임 등의 혐의로 구속됐다. 부장판사 출신 변호사 최유정도 수십억 원의 돈을 받아서 구속됐고, 부장판사 김수천도 수억 원의 뇌물을 받아서 구속됐다. '정운호 게이트'는 '박근혜-최순실 게이트'에 앞서서 이 나라가 검판 법비들이 핵심인 비리 세력의 지배로 얼마나 썩은 상태에 있는가를 보여준 큰 비리 범죄 사건이었다. 박형준, '정운호 게이트 제1심 총정리', 〈슬로우 뉴스〉 2017.2.14.

강남역의 '뉴욕제과' 쪽 출구에서 답사를 시작하면 강남역 앞 최고의 '볼거리'인 '삼성타운'을 가장 잘 볼 수 있다. '뉴욕제과' 쪽 출구로 나와서 뒤를 돌아 강남역 사거리 쪽으로 가면 갑자기 저 앞으로 너무나 차갑고 거대한 건물들이 불쑥 솟아오른 것을 보게 된다. 바로 '삼성타운'이다. 여기는 두번째 '삼성타운'이다. 첫번째는 태평로에 있었다.[8] 삼성 재벌은 강북의 중심과 강남의 중심에 '삼성타운'을 갖고 있는 것이다. '삼성타운'은 세 동의 건물들로 이루어져 있다. A동은 삼성생명으로 34층, B동은 삼성물산으로 32층, C동은 삼성전자로 43층이다.[9] '삼성타운'은 1993년에 '삼성 패션단지'로 시작해서 우여곡절 끝에 2008년 완공됐다. 모두 1조원 이상의 엄청난 돈이 들었다.

'삼성타운'의 외관은 같은 간격의 유리판을 가로와 세로로 붙여서 형태를 만든 것인데 정밀한 느낌을 넘어서 대단히 차가운 느낌을 준다. 이 느낌은 결코 좋은 것이 아니다. 삼성 재벌이 노동조합을 인정하지 않는 문제와 결합해서 생각하면 '삼성타운'은 사람의 존엄을 인정하지 않는 반인간적 느낌을 아주 강하게 주는 것이다. '사이버네틱스'의 창시자인 미국의 수학자 노버트 위너(Nobert Wiener, 1894~1964)는 사이버네틱스의 발달로 기계인간을 만들 수 있게 되면 인간이 기계인간과 경쟁하며 노예의 상태로 전락하게 될 것이라고 설명했다. '삼성타운'은 명백히 '사이버 룩'을 표방한 것은 아니지만 사람을 기계로 전락시킬 사이버네틱스의 문제를 가장 잘 구현한 '사이버 룩'에 해당되는 것 같다. '삼성타운'이 구현한 것은 최고의 반인간적 세련미이다.

2013년 11월 '삼성타운'을 둘러보다가 아주 기분나쁜 경험을 했다. '삼성전자'의 간판

---

8 태평로의 '삼성타운'은 삼성 본관(1976년 완공), 삼성생명(1984년), 태평로 빌딩(1997년)으로 이루어져 있었다. 2009년의 조사에서 태평로 빌딩은 장부 가격이 2조5천억 원으로 20대 재벌의 최고가 건물로 꼽혔다. '20대그룹 최고가 건물은 '삼성 태평로빌딩'〈한겨레〉2009.8.10. 삼성 재벌은 서울의 요지 곳곳에 큰 건물들을 갖고 있다. 예컨대 종로 2가에는 삼성 타워가 있고, 을지로에는 삼성화재 본사가 있고, 대치동에는 거대한 '타워팰리스'가 있다. 박정희-전두환의 독재는 온갖 특혜를 제공해서 재벌을 육성했고 그 대가로 막대한 '비자금'을 받았다. 이 특혜에는 서울의 요지들을 차지하게 한 것도 포함된다. 그 결과 1980년대 말에 이르러 재벌은 서울을 사실상 완전히 장악하게 되었다. '재벌빌딩 신지도-서울의 스카이라인 '황금알의 노른자위'에 아성 우뚝', 〈경향신문〉1991.11.9.

9 삼성 전자의 본사는 수원 영통의 삼성 전자 사업장이다. 2015년 말~2016년 초에 '삼성타운'의 이용이 많이 바뀌었다. '기업 본사 이전으로 수도권 '들썩'', 〈경향신문〉2015.10.30.

'삼성타운'과 '윤빌딩'   삼성 전자와 경비원

을 사진찍는 데 젊은 남자 경비원이 천천히 다가오더니 거만한 말투로 다짜고짜 사진찍지 말라고 말했다. 저따위 명함 확대판 같은 간판도 못 찍게 하다니. 그래서 간판도 사진찍지 못하냐고 물었더니 그건 아니고 내부를 찍으면 안 된다고 대답했다. 휴대전화로 간판을 사진찍는 사람에게 할 말이 아니었다. 이런 식의 위압적인 경고와 저지는 반인권적인 것이면서 반인간적인 것이고, 불법적인 것이다. 그 젊은 남자 경비원은 대체 왜 그렇게 무리한 과잉경비의 과잉충성을 했을까? '관리의 삼성'이라고 하니 분명히 '위'에서 그렇게 시켰을 것이다. '관리의 삼성'은 위압의 삼성이고 비리의 삼성이다. 2004년 5월 삼성 재벌의 '타워팰리스'를 둘러보다가 당한 일이 떠올랐다. '타워팰리스'를 사진찍고 가는데 아주 젊은 남자 경비원이 뒤에서 '아저씨'하고 부르더니 인상을 잔뜩 쓰고 사진찍지 말라고 아예 '협박'했던 것이다. 정상 기업이 되기 위해 삼성 재벌에게 절실히 필요한 것은 인권과 인간의 면에서 세련미를 추구하는 것이 아닐까? 무엇보다 먼저 법을 올바로 지키는 것이 아닐까? 삼성 백혈병 노동자들, 이건희 성매매 범죄, 그리고 박근혜-최순실 게이트 등이 잘 보여주듯이 지금 삼성 재벌은 비리 국가 한국을 대표하는 비정상 기업이다.

'삼성타운'의 세련미는 여름마다 반복된 강남역 일대 침수와도 관련되었다. 2009~2011년 강남역 일대는 비가 많이 오면 계속 침수되었다. 그런데 이 황당한 문제는 '삼성타운'과 강남역을 연결하는 지하 통로를 만들기 위해 하수관을 이설해서 발생한 것으로 밝혀

서울산책 411

졌다.[10] 요컨대 세련된 '삼성타운'은 수많은 시민의 공익을 희생하고 만들어진 것이다.[11] 서초구청이 커다란 '특혜'를 삼성 재벌에게 준 것으로 지적되었는데, 서초구청은 삼풍에게 '특혜'를 줘서 502명이 한 순간에 죽은 '삼풍백화점 붕괴사건'이 일어났다.[12] 한국을 대표하는 기업 삼성 재벌의 실체는 대단히 어둡다. 이건희가 '모든 것을 바꿔야 한다'고 외쳤던 '프랑크푸르트 선언'(1993년 10월) 20주년이 지나도록 삼성 재벌의 문제는 전혀 시정되지 않았다.

참고로 서초구청은 황당하게도 보도의 지하를 '사랑의 교회'가 차지하도록 '도로 점용 허가'를 내주기도 했다. 이것은 공공재산을 '사랑의 교회'에 그냥 넘겨준 심각한 불법이 아닐 수 없다. 서울시와 법원은 이것을 모두 불법 무효로 판정했다. '사랑의 교회'는 담임목사의 비리 논란이 심각한 곳인데, 보도 지하 점용에 대해 법 위에 '영적인 법'이 있다는 주장을 해서 세상을 더욱 더 놀라게 했다.

삼성 전자의 정문 앞쪽에 '큐원'이라고 쓰인 큰 간판을 옥상에 세워놓은 6층 건물('윤 빌딩')이 있다. 삼성 재벌은 이 건물을 사려고 했으나 주인이 거부해서 못 샀다. 이 오래된 건물은 삼성이 아무리 많은 돈과 강한 힘을 갖고 있어도 세상을 완전히 제 마음대로 할 수는 없다는 것을 웅변하는 것 같다. 그렇기는 해도 이 나라의 부자들은 이익을 위해

---

10 감사원, 〈도시지역 침수 예방 및 복구사업 추진실태〉, 2012.5.30. "'강남역 상습침수, 서초구의 삼성전자 배려 때문", 서울환경연합 "삼성전자-지하철역 연결통로가 원인" 주장', 〈오마이뉴스〉 2012.9.4. '강남역 침수 결정적 원인 "삼성전자 서초사옥 특혜 때문"', 〈동아일보〉 2013.5.15. '강남역 '상습침수' 방지 위한 3대 대책 발표', 서울시, 2015.3.17. 서울시의 대책에 대해 서초구는 오히려 심각한 적반하장의 태도를 보였다. 이에 대해 서울환경연합은 2015년 3월 18일에 강력히 규탄하는 성명을 발표했다('서초구, 강남역 침수 끝까지 '책임 회피-삼성 뒤 봐주기'로 일관하기인가!').

11 삼성 전자의 성공에 젊은 여성 노동자들의 희생, 그것도 백혈병에 걸려 목숨을 잃게 된 절대적인 희생이 있다는 점에서, 삼성 전자가 가장 큰 건물을 차지하고 있는 '삼성타운'의 문제는 더 심각해 보인다.

12 삼풍백화점 붕괴사고는 1995년 6월 29일에 일어났다. 서초구청장이었던 이충우와 황철민이 삼풍에서 뇌물을 받고 삼풍의 비리를 눈감아줬다. 둘은 1995년 7월에 구속되어 징역 10개월의 징역형을 받았다. 징역형을 받은 공무원은 더 없었다. 이렇게 엄청난 범죄에도 처벌이 너무나 미미해서 비리 범죄가 도무지 사라지지 않는 것이다.

사랑의 교회
교회의 운영은 물론 교회의 건물도 심각한 비리 논란의 대상인 '사랑의 교회'. 이 건물은 외부를 온통 유리로 치장해서 햇빛 반사가 아주 심하기 때문에 서울고검이 햇빛 공해 문제로 고발하기도 했다.

똘똘 잘 뭉치며 그 정상에는 분명히 삼성 재벌이 있다. 사실 강남역 주변에는 '삼성타운' 보다 훨씬 다양하고 흥미롭게 느껴지는 거대 건물들이 많이 있다. 삼성전자 건너편의 물결치는 외관의 'GT 타워'와 그 옆의 더 독특한 ㄷ자형 건물인 '부띠끄 모나코', 논현동 쪽 사거리에 있는 붉은 벽돌의 '교보타워', 그 대각선 건너편에 있는 '어반 하이브' 등이 그 예이다.[13] 그러나 이 흥미로운 건물들에도 불구하고 강남은 모두 극심한 비리부패, 불평등과 연결되어 있기도 하다.[14]

---

13 '부띠끄 모나코'와 '어반 하이브'는 용적률과 건폐율의 규제를 회피해서 더 크고 높은 건물을 짓기 위해 독특한 디자인을 추구하게 되었다. '건물 중간 곳곳 도려내고 외벽에 벌집처럼 구멍 숭숭 "층수 높이며 용적률 맞추려"', 〈중앙일보〉 2016.3.26.
14 '한국, 소득불평등 해소 정책 최악 수준·구조적 부패 심각', 〈연합뉴스〉 2015.9.10. 이명박-

부띠끄 모나코   어반 하이브

　삼성, 현대, 롯데, SK, 한화 등 재벌이 모두 박근혜-최순실 게이트와 연루되어 있지만, 롯데는 이명박-박근혜 비리 정권에서 최악의 토건 비리 재벌이 됐다. '삼성타운'의 뒤쪽으로는 업무용 건물들이 늘어서 있고, 그 건너편에 마당이 넓은 큰 창고가 있다. 롯데칠성의 창고인데, 롯데는 2009년 이곳을 초고층 재개발하겠다는 계획을 발표했고, 2015년 12월에 47층 복합시설을 짓겠다는 계획을 서울시에 제시했다. 조만간 '삼성타운' 옆에 '롯데타운'이 들어설 모양이다. 삼성은 본래 도곡동에 102층 건물을 지으려다 실패하고 '타워팰리스'를 지었다. 롯데는 이명박 정권의 특혜로 잠실에 123층 건물을 짓는 수완을 부리더니 이제 강남역 주변에 '롯데타운'도 지을 모양이다. 롯데 재벌은 1970년대에 박정희 독재와 유착해서 소공동에 롯데호텔(1979년 3월 10일 개관)과 롯데백화점(1979년 12

　박근혜 정권에서 한국의 불평등은 금수저, 흙수저의 '수저론'이 제시될 정도로 신분제적으로 고착되고 악화되고 있다. 비리 세력의 지배로 사회의 전근대적 퇴행이 이루어지고 있는 것이다. 박근혜-최순실 게이트는 이 사실을 명확히 입증했다.

월 17일 개점)을 지었고, 1980년대에 전두환 독재와 유착해서 잠실에 '롯데월드'(1989년 7월 완공)를 지었고, 2000년대에 이명박 정권과 유착해서 성남 비행장(서울 공항)의 공군 활주로마저 변경하며 잠실에 123층 제2롯데월드(2016년 완공)을 짓게 되었다.[15]

'삼성타운'의 대각선 방향으로 길을 건너면 역삼동 산이 있는데, 그 정상 부근은 1971년 8월 '역삼공원'으로 지정되었고, 같은 해 11월에 그 정상부에 '국기원'의 건립이 시작되어 1972년 11월에 준공됐다.[16] 나는 중학교 1학년이었던 1978년 봄에 이곳에서 '품' 심사를 받았는데, 당시 이곳의 주변에는 고층 건물이 없었기에 2층에서 멀리 한강이 바라보였다. 강남대로 옆까지 이 산 전체가 공원으로 지정되었으면 아주 좋았을 것이다. 이 주변은 그윽한 단독 주택 지역인데 2000년대에 들어와서 유흥적 상업화로 빠르게 변했다.

3

강남역 주변은 온통 고층 건물들로 가로막혀 있고 높은 임대료에 쫓기는 가게들의 호객성 간판들로 대단히 어지럽다. 서울의 강남은 권력과 자본에 의해 급조된 도시이고 강남역 주변은 이런 사실을 잘 보여준다. 강남역 주변은 사람과 가게는 넘치지만 잠시 앉아 쉴 수 있는 거리 의자는 없다. 강남역 주변을 중심으로 하는 강남 전체는 그야말로 모든 곳이 들판과 동산이었기 때문에 공공용지들을 충분히 확보해서 '공원의 도시'나 '정원의 도시'를 만들 수 있었다. 그러나 박정희 정권 자체가 막대한 '비자금'을 마련하기 위해 악성 투기꾼이 되어 강남을 거대한 투기와 비리의 대상으로 만들어 버렸다. 오늘날 한국은 세계 10위권의 경제대국이지만 그 이면은 세계 최고의 노동강도와 경쟁과 비리에 시달리고 있다. 한국을 대표하는 상업지역인 강남역 주변의 화려하고 번잡한 모습에도 이 문제는 깊이 스며 있다. 이곳에서 여유와 공존의 미학은 좀처럼 찾아볼 수 없다.

---

15 손정목, '을지로 1가 롯데타운 형성과정-외자유치라는 미명 하에 베풀어진 특혜', 『서울도시정책이야기 2』, 한울, 2003. '제2롯데월드 건립 의혹, MB정권 실세 정조준', 〈일요서울〉 2015.9.14.

16 서성원, '국기원 명칭, 어떻게 만들어졌나? 대한 태권도협회 중앙도장으로 출발, 1973년 재단법인 등록', 〈태권 저널〉 2015.4.30. 사실 '국기원' 건물은 상당히 엉성하게 지어졌다.

국기원 주변 역삼동 일대의 주택 건축(1977년)

1972년 11월 30일 준공된 국기원과 주변 지역의 모습

국기원은 한국의 '국기'인 태권도의 총본부라고 할 수 있다. 그런데 한국 태권도는 심각한 비리 문제를 안고 있기도 하다. 그 핵심에 김운용(1931년 대구 생)이 있다. 이 자는 군인 출신으로 박정희의 신임을 얻어 한국 태권도계를 장악하고 IOC 위원까지 되었다가 뇌물 범죄로 구속되며 비리 정치 인생을 마쳤다. 지금은 전라북도 무주에 건설된 '태권도원'이 사실 더 중요한 시설인데 최순실이 문화체육부를 내세워서 태권도원과 태권도복을 장악해서 자손대대로 막대한 비리 이익을 챙기려고 했다는 사실이 밝혀졌다.

서초동 쪽 강남대로 보도 위의 대형 화분과 그 뒷길 상가

　산자락의 단독주택을 배경으로 하는 역삼동 쪽 뒷길 상가와 들판의 고층 아파트를 배경으로 하는 서초동 쪽 뒷길 상가는 상당한 차이를 보인다. 전자는 후자에 비해 훨씬 그윽한 골목길의 정취같은 것을 갖고 있다. 그러나 그 차이는 사실 그렇게 중요하지 않을 수 있다. 화려한 고층 건물들이 길가에 즐비하게 늘어서 있지만 전국에서 가장 많은 사람들이 오가는 보도는 괴로울 정도로 답답하다. 그런 보도 위에 늘어선 큰 화분들은 답답한 보도에 활력을 불어넣기 위한 것이 아니라 노점상들을 쫓아내기 위한 행정의 수단으로서 답답한 보도를 더욱 답답하게 만들 뿐이다.[17] 뒷길의 상가 지역에서도 사람보다는 자동차가 우선이며 간판과 전깃줄/전봇대, 쓰레기 등이 어지럽게 얽혀서 사람들을 괴롭힌다. 강남역 주변은 화려하고 요란하게 거칠고 삭막한 상태이다.

　지금 강남역 주변에서는 무도한 개발독재가 만든 '강남 신화', 즉 개발과 투기의 신화

17 　'[길 위의 노점상](3) 생존까지 '불법'으로 낙인찍혀, 합의는 휴지조각-노점상이 사라진 자리, 구청은 무엇을 남겼나', 〈참세상〉 2015.2.21. 강남대로의 동쪽은 강남구 역삼동이고, 서쪽은 서초구 서초동이다. 두 구청의 방침에 따라 양쪽의 보도도 다르게 관리되고 있다. '쓰레기통 있고 없고…길 건너면 달라지는 강남대로', 〈중앙일보〉 2015.7.24. 서울에서 보도는 제대로 지켜지지 않고 있다. '[기획] 忍道가 된 人道 보행자는 괴로워…멀고먼 '걷기 좋은 거리', 화분·간판·노점 등 장애물 즐비…주변 공사장엔 장비·자재 널려, 오토바이·자전거 '쌩쌩' 아찔', 〈국민일보〉 2015.4.18.

방치된 건물과 쓰레기들

가 무너지는 조짐도 보인다. 2013년 11월 커다란 유리 건물 전체가 통채로 비워져 있는 것을 보았다. 멀리서 보기에는 화려하고 그럴 듯해 보였지만, 가까이 다가가서 보니, 앞마당의 조형물은 우스꽝스러운 것이었고, 그 주변에는 각종 쓰레기들이 쌓여 있어서 놀랐다.[18] 강남역 주변의 보도와 상가가 정말 좋은 곳이 되려면 국기원이 있는 '역삼공원'에서나 겨우 조금 느낄 수 있는 여유와 공존의 미학이 스며들게 해야 하지 않을까? 전깃줄-전봇대를 없애고, 간판들을 정비하고, 쌈지 공원들을 만들고, 노점들이 규제된 방식으로 장사하게 해야 하지 않을까?

강남은 박정희 군사개발독재에 의한 투기와 비리를 대표하는 곳으로 여겨졌다. '강남 복부인'은 그 상징과 같았다. 박근혜-최순실 게이트는 '강남 복부인'이 아예 나라를 사유화해서 망칠 수 있다는 것을 보여준 역사적 사건이었다. 박근혜의 삼성동 집 앞에서 벌어진 박근혜 지지자들의 폭력적 불법 집회와 강남구청장 신연희의 문재인 비방 가짜 뉴스 유포는 강남에 대한 우려를 더욱 키웠다. 물론 강남에도 공생과 평화, 민주주의를 추구하는 사람들이 많다. 그러나 이런 사람들은 '강남 좌파'라는 부당한 비난을 받았다. 강남은 젊은이들의 활력이 넘치는 곳이기도 하고, 강남역 앞에서는 세월호 대참사의 진상 규명을 위한 촛불이 계속 밝혀지기도 했다. 강남에서 투기와 비리의 문제에 맞서 희망이 더욱 더 커지기를.

---

18 대기업들이 강남을 떠나면서 빈 건물이 늘어나고 있다. '강남 빌딩 10%가 빈 사무실…'두 달 공짜'도 안 통해 임대료 20%↓', 〈한국경제〉 2016.1.26. 공실 증가는 서울 곳곳에서 진행되고 있다. 사무 건물의 과잉공급에 경기 침체가 결합된 까닭이다. '치솟는 공실률' 오피스 임차인 잡기 백태', 〈매일경제〉 2016.1.16.

구룡마을에서 타워 팰리스 쪽을 바라본 모습

서울에서 최고 부자 동네와 최저 빈민 동네가 이렇듯 이웃하고 있다. 불평등 서울을 넘어 불평등 한국의 생생한 축도다. 그런데 2017년 2월에 이곳의 초고층 아파트 건축이 결정됐다. 이곳에서 양재대로를 건너면 바로 저 유명한 개포동인데, 이곳의 저층 주공 아파트도 모두 초고층 아파트로 재건축된다. 개포동의 평당 지가는 2017년 2월 현재 4,636만원이었고, 압구정동은 4,631만원, 반포동은 4,518만원이었다. '강남'에 남아 있는 몇몇 빈민 동네들이 모두 이렇게 부자들의 아파트나 단독 주거로 바뀐다.

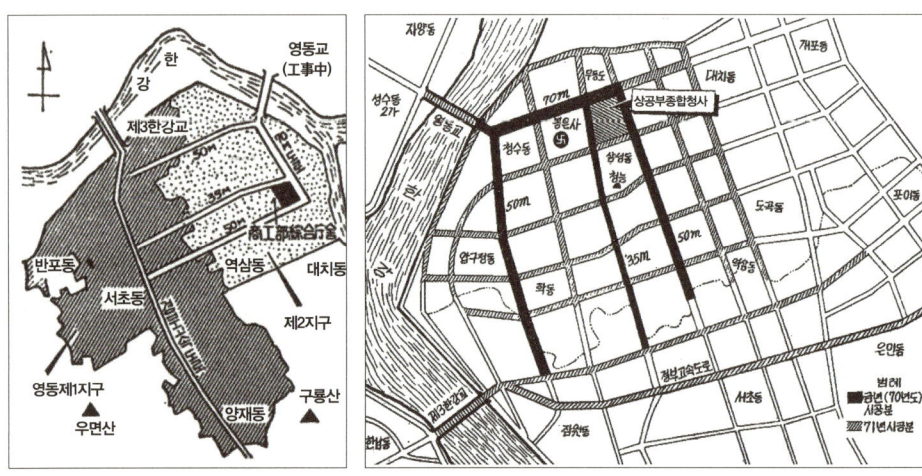

1970년 11월의 '영동지구 개발계획'과 '남서울 개발계획'

왼쪽은 '영동지구 개발계획'(《경향신문》 1970.11.5), 오른쪽은 '남서울 개발계획'(《동아일보》 1970.11.5). '영동교'와 이어지는 삼성동 지역이 중심지로 계획되었다.

1970년 봄 무렵 제3한강교(한남대교)와 그 일대(용산구 한남동, 성동구 반포동과 신사동)의 모습

강남에 대해
江 南

이호철(1932~2016)이 1966년에 발표한 『서울은 만 원이다』는 소설의 제목이 직설적으로 보여주었듯이 1960년대의 서울은 지방을 떠나 서울로 몰려온 사람들로 말미암은 인구 급증으로 대단한 포화상태였다. 이런 점에서 강남의 개발은 필연적이었다.

  1966년 1월 '강남 개발 구상'(남서울 신도시 계획안)이 발표되었고, 3월에 '제3한강교'(한남대교)의 건설이 시작되었다. 이로써 '강남 개발'이 시작되었다. 1969년 12월 25일 준공된 제3한강교는 1970년 7월의 '경부 고속도로'로 이어졌다. 경부 고속도로는 서울과 부산을 두 축으로 하는 국토 이용구조를 만들었으며, 서울에서도 강남의 급속한 도시화를 추진하는 직접적인 계기가 되었다. 1970년 6월 16일 '영동 제2지구와 잠실 지구 개발계획'(또는 '강남 서울 개발계획')이 발표되었고, 같은 해 11월 5일 '남서울 개발계획'(또는 '영동 지구 개발계획')이 발표되었고, 이어서 12월 '영동 신시가지 개발사업'이 시작되었다. 지도를 보면 잘 알 수 있듯이, 강남은 직교형 가로망으로 명확히 구조화되어 있는데 이것은 강남이 박정희 독재에 의해 전면적인 토지구획정리사업을 통해 짧은 시간에 만들어졌기 때문이다.* 이 과정에서 박정희 독재의 주도로 엄청난 자연과 역사의 파괴와 망국적인 투기의 조장이 이루어졌으며, 박정희 독재는 청와대 경호실과 중앙정보부를 동원해서 엄청난 규모의 '비자금'을 만들어 가졌다.

---

* 김선웅, '토지구획정리사업', 〈서울 정책아카이브〉, 2015.5.8. 박은병, '토지구획정리사업', 〈국가기록원〉, 2014.2.20. '영동토지구획정리사업-영동개발의 과정', 〈서울 스토리〉 2014.7.10.

사실 '영등포의 동쪽'을 뜻한 '영동'은 제1지구(반포, 잠원, 서초, 양재, 포이동 등: 472만 평)와 제2지구(대치, 개포, 도곡, 역삼, 청담, 논현, 삼성, 압구정, 신사, 학동 등: 365만 평)로 구분되었다. 원래 제1지구는 경부 고속도로를 중심으로 하는 그 주변 지역이었고, 제2지구가 정부 청사의 신축을 비롯한 신시가지 지역이었다. 제2지구에 정부 청사는 들어서지 않았지만 한전 본사와 무역센터가 들어서게 되었다. 그런데 그 부지는 사실 모두 1,200년의 역사를 간직한 고찰 봉은사의 땅이었다. 1976년 2월에 봉은사의 뒤쪽으로 경기고가 옮겼는데 이곳도 역시 봉은사의 땅이었다. 박정희 독재는 1969~70년 상공부 청사를 짓는다며 봉은사의 땅을 싸게 매입했다. 이 과정에서 당시 중앙정보부장으로서 조계사 신도회장이었던 이후락이 적극 '공작'을 펼쳤다.* 이와 함께 서울시는 주변의 다른 땅들을 사들였다가 파는 방법으로 1970~71년의 1년 동안 20억 원(현재 5천억 원 이상)의 '비자금'을 만들어 청와대에 상납했다.**

2014년 9월 한전 본사와 그 부지가 '현대차 그룹'에게 무려 10조5,500억 원에 팔렸다. '현대차 그룹'은 이곳에 105층의 본사 건물을 짓기로 했다. 이를 위해 '현대차 그룹'은 서울시에 1조7천억 원의 '공공기여금'(자치체가 기업의 개발 규제를 완화해 주는 대신에 기업이 자치체에 일정액을 기부해서 개발 이익을 사회에 환원하

---

* '정상적 매매 절차 이면에 어른거리는 '권력의 손'-현대차에 팔린 한전 부지, 정부는 '40여 년 전 매매 과정' 밝혀야', 〈불교신문〉 2014.9.24. 봉은사에 대해서는 『한국의 사찰(상)』, 대한불교진흥원, 2006과 이종묵, 『조선의 문화공간2』, 휴머니스트, 2006.

** 손정목, '경부고속도로 준공으로 시작된 강남개발', 『서울도시계획이야기 3』, 한울, 2003. 노주석, '[노주석 선임기자의 서울택리지] (20·끝) 강남(하) 1963년 평당 300원 하던 땅값이 1970년대 초반 3만 원으로 껑충… 정치자금 조성 놀음판으로 변질', 〈경향신문〉 2013.11.29. 윤은정, '강남의 도시공간 형성과 1960년대 도시계획 상황에 대한 연구', 한양대 석사학위논문, 2009.

는 것)을 내기로 했는데 이 돈의 사용을 둘러싸고 강남구가 심하게 무리한 요구를 해서 불필요한 논란이 크게 빚어졌다. 강남구는 이 '공공기여금'을 강남구가 모두 써야 한다고 주장했으나 서울시는 '한전 부지'(강남구)의 동쪽에 있는 잠실 종합운동장(송파구)까지 연계해서 '국제교류복합지구'를 조성하는데 6,500억 원을 쓰기로 했다.* 이에 대해 여론은 서울시를 강력히 지지했다. 강남구가 그 형성에서 누렸던 엄청난 특혜를 생각하면, 강남구는 개발 이익의 공유에 적극 나서는 게 옳을 것이다.**

'남서울 개발계획'에 대해 당시에 한 신문은 "서울시가 도심 인구의 분산을 위해 새로운 시가지를 만들려는 곳은 버려진 땅으로 불리던 한강 이남의 영동지구(837만 평)와 잠실지구(176만 평) 및 여의도(87만 평)"라고 보도했다.*** 1960년대까지 영동, 잠실, 여의도 등 서울의 강남은 '버려진 땅'이었던 것이다. 이런 곳을 박정희 정권은 각종 시설의 집중 건설, 고등학교의 (강제) 이전, 투기의 허용 등의 온갖 방법으로 급속히 도시화했다.**** 그 결과 투기를 비롯한 비리가 만연했고, 재벌

---

* '서울시, 한전 부지 공공기여금 6,500억 빼고는 강남구에 사용', 〈아시아 경제〉 2015.8.11. '국제교류복합지구'는 잠실 종합운동장(서울 종합운동장)의 재개발을 핵심으로 하되 한전 부지, 무역센터와 연계해서 추진되는 거대한 재개발사업으로 모두 2조 원 이상의 돈이 들 것으로 추정된다.

** "한전부지 기여금 강남구에만 쓰면 안돼" 76%', 〈경향신문〉 2015.10.1. 강남구는 소송을 제기했고, 서울시는 소송에 맞서는 동시에 관련 법의 개정을 추진했다. '한전부지 공공기여금 갈등–서울시 "국토법 시행령 개정 추진", "서울시 전체가 하나의 생활권…공공기여금 사용 범위 확대해야", 〈뉴스1〉 2015.4.10.

*** '서울 새살림 71 〈7〉 신시가지 개발 (상)', 〈경향신문〉 1971.1.15.

**** 전강수, '1970년대 박정희 정권의 강남개발', 〈역사문제연구〉 28호/2012. '인위적, 인공적 계획에 의해 건설된 도시로서의 강남', 〈한국향토문화전자대전〉. 2014년에 개봉된 유하 감독의 〈강남 1970〉은 이 문제를 다루었다.

을 중심으로 부자들이 막대한 개발 이익을 취했으며, 강남의 개발은 기형화되었다. 또한 이 과정에서 박정희 독재는 막대한 '비자금'을 만들어 가졌고, 이 나라는 개발을 이용한 투기와 비리의 수렁에 깊이 빠지고 말았다. 말죽거리(양재동)의 땅값은 1961~2010년의 50년 사이에 평당 200~400원에서 평당 1,500~3,000만 원으로 무려 16만배 정도나 올랐다. 이렇게 해서 강남은 이 나라를 '돈이 지배하는 사회'로 만들었다.

강남 개발은 한국 사회에 투기열병을 불러일으킨 직접적인 도화선이 되었다. 특히, 아파트 붐으로 부채질된 투기열병은 일부에 국한됐던 투기를 일반 서민들에게까지 확산시키는 결과를 낳음으로써 심각한 문제점을 던져 주었다. 즉, 성실하고 정직하게 살아가기보다는 수단과 방법을 가리지 않고 돈만 벌면 제일이라는 한탕주의와 배금주의가 사회 전반으로 번져 나갔던 것이다.

단돈 몇백만 원으로 잘만 하면 순식간에 수백, 수천만 원의 돈을 벌어들일 수 있었다. 그리고 그 돈의 위력을 실감한 이후 갖가지의 편법주의와 탈법행위들이 아무런 거리낌 없이 보통사람들에 의해 저질러졌다. 돈에 최고의 가치를 부여하는 사회적 풍토가 너무나도 자연스럽게 형성되어 갔던 것이다(신한종합연구소, 『7089 우리들』, 고려원, 1991: 64~65).

'한전 부지'의 뒤쪽으로 탄천이 흐르고, 탄천을 건너면 잠실 지역이 된다. 1971년 2월 17일 '잠실도 지구 개발공사'(잠실 지역 공유수면 매립공사)가 시작됐다.*
이로써 한강이 수만 년에 걸쳐 만든 거대한 모래섬으로 세종 때 누에를 치는 잠실

---

* 서울시는 1968년 잠실 공유수면 매립계획을 세우고 1969년에 건설부에 잠실 공유수면 매립면허를 신청했다. 그러나 건설부는 이 면허를 반려했다. 그 실제 이유는 '비자금'을 대준 기업들에게 그 대가로 잠실 공유수면 매립을 제공하려 했기 때문이었다. 손정목, '잠실 개발과 잠실 종합운동장 건립', 『서울도시계획이야기 3』, 한울, 2003.

이 설치되었던 곳이 삽시간에 육속화되고 택지화되는 거대한 변화가 이루어졌다. 이 과정도 역시 엄청난 특혜와 비리로 추진되었다. 박정희 독재는 잠실 지역의 공유수면 매립과 토지 구획정리를 통해서도 많은 '비자금'을 챙겼다. 1975년 시영 아파트 단지가, 1982년 잠실 야구장과 1984년 잠실 종합경기장이 완공되었고, 이곳에서 1986년 서울 아시안게임과 1988년 서울 올림픽이 열렸다. 이로써 잠실은 한국 스포츠의 역사적인 '성지'가 되었다.

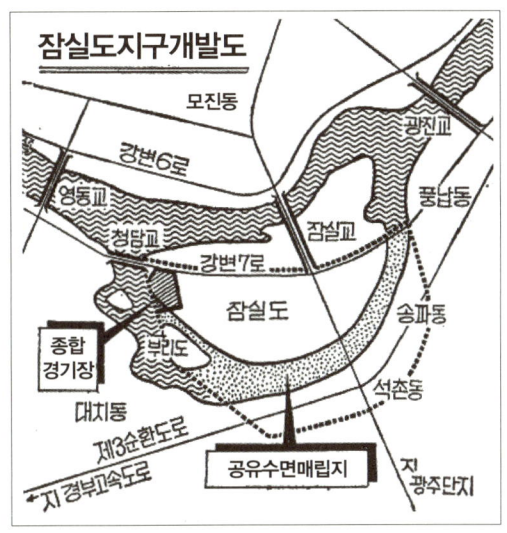

잠실도 지구 개발도
출처: 〈동아일보〉 1971.2.17.
잠실도 주변의 한강을 '송파강'이라고 불렀다. 석촌호수는 잠실도 남쪽으로 흐르던 한강을 매립해서 만든 것이다.

한편 롯데월드는 서울 올림픽에 맞추어 1985년 착공됐으나 여러 문제들이 발생해서 1989년 완공됐다. 그리고 그 옆에 123층의 제2롯데월드가 지어졌다(2009~16). 이와 관련해서 이명박 정권의 비리 의혹이 강력히 제기되었다.* 더 큰 문제는 이

---

* 박영선 "MB정부, 롯데슈퍼·제2롯데월드에 특혜", 〈연합뉴스〉 2015.8.5. "'제2롯데일드 허가, MB 경호실장이 주도", 〈뷰스앤뉴스〉 2015.8.28. 김용진, '속속 드러난 'MB정권-롯데' 밀월관계 증거들! [MB의 비용] MB의 기업비리와 특혜 ④-下·끝', 〈프레시안〉 2014.9.26. 롯데는 서울 공항의 활주로 변경 공사비로 3,000억 원을 내놓기로 했으나 실제로는 951억 원밖에 내지 않은 것으로 밝혀졌다. '제2롯데월드 '서울공항 공사비'의 진실 2탄 3,000억은 이렇게 951억으로 줄었다', 〈일요신문〉 2015.10.28.

잠실 주공아파트
위에 석촌호수가 보이고, 오른쪽 아래에 잠실 학생 체육관이 보인다.

때문에 석촌호수의 물빠짐 현상이 나타났다는 것이다. 이것은 주변의 '싱크 홀' 또는 지반 침하 현상의 원인일 수 있다. 본래 잠실은 모래 섬 동네였기에 지반이 약한 곳인데 이미 과잉개발된 상태에서 지하철 9호선과 123층의 롯데 제2월드가 들어선 것이다.[*]

---

[*] '석촌호수 물 빠짐 "제2롯데월드·9호선 공사 탓 맞다"-서울시, 용역결과 발표 최종 결론', 〈한겨레〉 2015.8.6. '송파구 "석촌호수 수위 저하, 제2롯데·9호선공사 영향"', 〈뉴시스〉 2015.12.29. '제2롯데월드 부지 1970년대 모습…한강 '모래밭'', 〈연합뉴스〉 2014.8.17. '"제2롯데월드 건축 허가 자체가 코미디"-이수곤 교수 서울 지반 재해도 공개…"서울에서 주변 지반 가장 취약"', 〈시사저널〉 1295호/2014.8.14.

석촌호수에서 송파대로를 따라 남쪽으로 조금만 가면 '삼전도비三田渡碑'가 있다. 예전에 이곳은 샛강이 있고 '삼전도'라는 나루가 있던 곳인데 매립해서 육지가 되었다. '삼전도비'의 원명은 '대청황제공덕비大淸皇帝功德碑'로서 인조 17년(1639)에 청의 강요로 세워졌다. 인조(1595~1649, 재위 1623~1649)는 선조의 다섯째 서자인 정원군의 아들로서 반란을 일으켜 개혁적인 광해군(1575~1641, 재위 1608~1623)을 내쫓고 왕이 되었다. 광해군은 둘째 서자로서 임진왜란에서 많은 공을 세우고 선조가 죽자 왕이 되어 양전 정리, 대동법 등의 개혁과 명·청을 상대로 한 실리 중립 외교를 펼쳐 조선의 발전을 위한 길을 열었다. 그러나 지배 집단인 서인은 이런 개혁에 반대해서 광해군의 조카인 인조를 내세워서 반란을 일으켜 권력을 찬탈하고(인조반정, 1623) 허황된 '숭명배척'(명나라를 숭상하고, 청나라를 배척한다) 정책을 펼치다가 정묘호란(1627)과 병자호란(1636년 12월~1637년 1월)을 당했다. 병자호란 때는 남한산성으로 도망갔던 인조가 결국 청의 군대에 항복해서 항복의 예와 군신의 예를 행하게 되었다. 인조와 서인의 황당한 숭명 사대정책으로 수많은 백성들이 큰 고통을 당하고 나라가 망하는 지경에 이르렀던 것이다. '삼전도비'는 그 역사적 유물이다. 조선은 왕과 양반들의 엉터리 정책으로 말미암아, 선조 때 일본에게 거의 망하다시피 했고, 그로부터 불과 30여 년 뒤 선조의 손자인 인조 때 청에게 사실상 망했던 것이다.

오늘날 잠실은 한국 스포츠의 '성지'보다 롯데 재벌의 '영지'라는 면이 더 두드러진다. 그러나 사실 이곳은 서울에서 가장 오랜 왕도의 흔적을 담고 있는 곳이다. 바로 '한성 백제'의 도읍이 이곳에 있었던 것이다. 2016년 1월 '서울역사편찬원'은 '한성 백제'의 도성이 풍납토성(사적 11호, 기원 전후~200년 무렵 축조)과 몽촌토성(사적 297호, 3세기 초에 축소)의 '이성 체제'로 규정했다. 그런데 몽촌토성은 1970년대 초 잠실의 매립 과정에서 파괴되어 사라질 뻔했다. 다행히 서울시는 이곳을 범상치 않은 언덕으로 여겨서 보존했고, 그 뒤 '한성 백제'의 도성이라는 사실이 밝혀졌고, '올림픽 공원'(1986) 안에 복원되어 보호받고 있다. '석촌동 백제 초기 적석총'(사적 243호)은 2011년에 '서울 석촌동 고분군으로', '방이동 백제 고분군'(사적 270호)으로 불렸던 고분군은 2011년에 '서울 방이동 고분군'으로 이름을 바꿨다. 백제 유적지를 지나 동쪽으로 더 나아가면 '서울 암사동 유적'(사적 267호)에 이른다. 이곳은 1925년의 을축년 대홍수로 발견된 신석기 시대 주거지 유적이다. 역사상 최대의 홍수로 6천년 전의 귀중한 유적이 드러났던 것이다. 송파구의 한강변은 실로 엄청난 역사를 간직한 귀하디 귀한 곳인 것이다.

서울 송파 석촌동의 백제 적석총에서 바라본 롯데 123층 건물(2016년 7월)

강남 개발의 전개

1961년   7월 박흥식, '강남 개발 계획'을 처음 제안
1962년   1월 '도시계획법' 제정(2002년 2월 폐지)
         12월 8일 '서울 도시계획 재정비'(서울 재정비계획) 발표
1963년   1월 서울의 행정구역 대폭 확대 ('강남' 지역을 서울시로 편입)
         박흥식, '남서울 도시계획사업 인가신청서' 제출
         12월 윤치영 서울시장 취임
1965년   2월 3일 '서울시정 10개년 계획' 발표
1966년   1월 '강남 개발 구상'('남서울 신도시 계획안') 발표
         3월 '제3 한강교'(한남대교) 착공*
         4월 김현옥 서울시장 취임
         5월 14일 '새서울 도시계획 구상' 발표
            27일 '새서울 백지계획 구상' 발표
         6월 '팔당댐' 착공
         8월 3일 '토지구획정리사업법' 제정(2000년 1월 28일 폐지)
         8월 11일 '새서울 백지계획' 발표
         8월 13일 '대서울 도시기본계획' 발표
         8월 15일 '대서울 도시계획 전시장' 개관
         9월 19일 '영동지구 토지구획정리사업 지구지정 요청' 제출

* 1966년 1월에 착공했다는 글들이 많은데 이것은 잘못이다. 1월에는 그 예산이 발표됐고, 그 착공은 3월에 시행됐다. '새서울 청사진 (1)제3한강교 착공 3월 중에', 〈경향신문〉 1966.1.4.

1967년	9월 23일 '한강 개발 3개년 계획' 발표
	12월 27일 '여의도 개발공사' 기공
1968년	1월 21일 김신조 등 북한 특수부대원들의 '1·21. 사태'
	2월 2일 '경부 고속도로' 착공
	2월 10일 '밤섬' 폭파
	5월 30일 '여의도 윤중제' 완공
1969년	1월 서울시, 잠실 공유수면 매립 면허 신청
	2월 현대건설, 압구정동 한강 공유수면 매립 허가
	12월 '제3 한강교' 완공
1970년	4월 양택식 서울시장 취임
	5월 '대서울 종합개발계획' 발표
	6월 16일 '영동 제2지구·잠실 지구 개발계획' 발표
	7월 7일 '경부 고속도로' 완공
	봉은사의 삼성동 부지 매입 (무역센터, 한전 등)
	8월 '영동대교' 착공
	10월 '잠실대교' 착공
	11월 5일 '남서울 개발계획' 발표
1971년	1월 '서울시정 10개년 종합계획안' 발표
	2월 잠실지구 공유수면 매립 착공
	12월 서울시 지하철 노선 확정
1972년	4월 '도시개발 촉진에 따른 서울특별시세의 관세면제에 관한 특별조례' 제정
	'특정시설 제한구역' 발표 (강북의 도시 기능 억제)
	5월 '영동지구 주택건립계획' 발표
	7월 1일 '잠실대교' 준공
	7월 4일 7.4 남북공동성명 발표

	10월 17일 유신 반란
	11월 15일 '팔당댐' 담수 개시
	12월 '특정지구 개발 촉진에 관한 임시조치법' 제정 (6년 한시법)
1973년	6월 '영동지구 개발 촉진지구' 지정
	8월 8일 김대중 납치 사건
	10월 19일 중앙정보부, 서울대 법대 최종길 교수 고문살해
	11월 8일 '영동대교' 완공
1974년	4월 3일 전국민주학생총연맹(민청학련) 사건
	5월 24일 '팔당댐' 준공
	6월 16일 잠실지구 공유수면 매립 준공
	8월 1일 '잠실지구 종합개발계획' 확정 (뉴타운)
1975년	2월 지하철 2호선의 순환선 변경
	3월 서울대학교 관악 캠퍼스 개교
	4월 '한강 이북지역 택지개발 금지 조치' 발표
1976년	1월 '아파트지구 제도' 신설
	9월 '강남 종합 버스 정류장' (서울 고속버스 터미널)
	12월 '영동 아파트지구 개발기본계획' 발표
1977년	4월 성수대교 착공
1978년	7월 압구정동 현대아파트 특혜 분양 사건
1979년	10월 15일 성수대교 준공
	10월 26일 박정희 피살
	12월 12일 12·12 군사반란
1982년	9월 28일 '한강 종합개발' 기공
1986년	9월 20일 서울 아시안 게임
1987년	6월 10일 6월 민주항행 시작

1988년   9월 17일 서울 올림픽 개최
1989년   9월 1일 서초동 법원청사 개관
1990년   1월 '강남.북 균형발전 종합대책' 발표 (강북 지역의 규제 해제)
1994년   10월 21일 성수대교 붕괴
1995년   6월 29일 삼풍백화점 붕괴

          12월 1일 서초동 대법원 신청사 준공 기념식
2000년   1월 28일 '도시개발법' 제정

참고자료

1. 젠트리피케이션(gentrification)

'신사'를 뜻하는 gentry에 '~화'를 뜻하는 fication이 붙어서 만들어진 말로 결국 '신사화'이라는 뜻이다. 1964년에 영국의 사회학자 루스 글래스(Ruth Glass)가 런던에서 하층 노동자 계급 거주지가 중산층 계급 거주지로 바뀌는 현상을 가리키기 위해 이 용어를 고안했다(Wikipedia, Gentrification). '젠트리피케이션'은 파괴적 재개발과 달리 원래의 외형을 살리는 것처럼 보이는 장점을 갖고 있으나 과도한 임대료 인상으로 가난한 상인들과 주민들을 내쫓고 공간의 성격을 크게 바꾸는 심각한 문제를 안고 있다. 세계적인 예로 뉴욕의 작은 프랑스 식당이었던 '플로랑'(Florent)을 들 수 있다.* 서울시는 2015년 12월에 〈젠트리피케이션 종합대책〉을 발표했다.

2. 하륜(1348~1416)

경남 진주 출신으로 정도전(1342-1398)과 함께 조선의 개국에 참여한 성리학자였지만 풍수와 천문에도 아주 밝았는데 지금의 연세대 쪽에 왕궁을 짓자고 제안했다가 정도전에 의해 강력히 반박되었다. 정도전과 무학의 안은 사실 도성을 산 속에 숨기는 것이었고, 하륜의 안은 도성을 한강과 쉽게 이어지도록 열어놓는 것이었다. 이성계가 하륜의 안을 따라서 한양을 만들었다면 조선은 훨씬 진취적인 나라로 발전했을 지도 모른다. 하륜은 '왕자의 난'에서 이방원을 지지하였고, 결국 정도전을 물리치고 조선의 최고 권세가가 되었다.

3. 서대문과 남대문의 수난

서대문은 1915년 3월 일제에 의해 철거됐고, 남대문은 2008년 2월 방화로 소실됐다. 이명박 서울시장 때 서울시는 보호 대책을 제대로 마련하지 않은 채로 사람들이 남대문에 근접할 수 있도록 했다. 그 결과 이명박의 뒤를 이은 한나라당 서울시장이었던 오세훈 서울시장 때인 2008년 2월 10일 재개발 보상에 불만을 품은 채종기(70살, 경북 칠곡)의 방화로 남대문은 소실되고 말았다. 이 사건은 당시 대통령 취임을 앞두고 있던 이명박의 문제를 예고한 대참사였다(홍성태, '아, 숭례문이 자신을 태워 경고하는구나', 〈프레시안〉 2008.2.11). 남대문이 소실되었으니 '국보 1호 남대문'의 해제는 당연한 것이고, 이를 계기로 국보와 보물의

---

* 다큐 영화 Florent: Queen of the Meat Market(2010) 참고.

지정 방식을 올바로 바꾸는 것이 옳지 않을까? 인류의 최고 문화유산인 '훈민정음'을 '국보 1호'로 지정하는 게 옳을 것이다. 한편 임진왜란 때 가토 기요마사(加藤清正)가 지나간 문이라서 일제가 남대문과 동대문을 지키고 보물 1, 2호로 지정했다는 것은 근거가 없는 '낭설'이다(이순우, '남대문 일제 잔재 주장 근거 없다', 〈오마이뉴스〉 2005.11.10).

4. 조선왕조실록의 경복궁 준공 기록

"이 달에 대묘(大廟)와 새 궁궐이 준공되었다. … 무릇 390여 간이다. 뒤에 궁성을 쌓고 동문은 건춘문(建春門)이라 하고, 서문은 영추문(迎秋門)이라 하며, 남문은 광화문(光化門)이라 했는데, 다락[樓] 3간이 상·하층이 있고, 다락 위에 종과 북을 달아서, 새벽과 저녁을 알리게 하고 중엄(中嚴)을 경계했으며, 문 남쪽 좌우에는 의정부(議政府)·삼군부(三軍府)·육조(六曹)·사헌부(司憲府) 등의 각사(各司) 공청이 벌여 있었다"(『조선왕조실록』, 태조 8권, 4년(1395 을해/명 홍무(洪武) 28) 9월 29일(경신) 6번째 기사, '대묘와 새 궁궐이 준공되다. 그 규모와 구성 및 배치 상황'). 『태조 실록』은 세종 때 개수되었다. 궁성의 축성과 동·서·남문의 건립은 정종 원년인 1399년 1월 중순에 끝났으며, 세 문에 건춘·영추·광화의 이름을 붙인 것은 세종 8년 때인 1426년 10월 26일이다.

5. 서울 이름의 변천사

고려의 '남경'이었으며, 1392년 조선의 개국 때는 '한양(漢陽)'이었으나, 1395년 6월 6일에 '한성'으로 바뀌었다. 그런데 "사람들은 한성부라는 딱딱한 행정용어보다 한양이라 즐겨 불렀다. "산의 남쪽, 물의 북쪽을 양이라 한다(山之南 水之北 謂之陽)" 했으니, 한양은 북한산 남녘과 한강 북쪽 사이에 자리잡은 양지바른 터전이란 뜻이다"(『사진으로 보는 서울Ⅱ』, 2002). 1910년 8월 29일 일본은 대한제국을 무력으로 병탄해서 식민지로 만들고 한성을 '경성'(京城, 일본식 발음은 '게이조')으로 바꿨다. 1945년 8월 15일 광복과 함께 경성을 대신해서 '서울'이 널리 쓰이게 되었다. 사실 서울은 '수도'를 뜻하는 일반 명사였는데, 한국인들은 일제가 강요한 경성이라는 말이 아니라 서울이라는 말을 널리 써서 일제에 의해 없어진 수도를 계속 떠올렸다. 1946년 8월 15일 미 군정은 '서울특별자유시 헌장'을 발표했는데, 이로써 '경성부'가 폐지되고 '서울시'가 공식 명칭이 되었으며, 또한 그 지위는 '특별자유시'로 규정되었다. 사실 영어는 'Seoul Independent City'(서울독립시)인데 담당 공무원이 '독립시'를 '특별자유시'로 번역했던 것이다. 1949년 8월 15일 서울은 다시 '서울특별시'로 규정되었다. 그런데 영어로는 보통 Seoul City나 Seoul Metropolis(서울 대도시)로 표기한다.

6. 광화문의 파괴와 복원

일제는 경복궁을 대대적으로 파괴하고 총독부 청사를 지으면서 광화문도 없애려 했으나 반대 여론으로 그렇게 하지 못하고 1926년에 조선총독부 청사가 준공되고 얼마 뒤인 1927년에 경복궁의 동문인 건춘문의 북쪽으로 광화문을 옮겼다. 그 뒤 박정희 독재에 의해 1963년 9월에 '문화재 보수 5개년 계획'이 추진되어 1968년 12월에 광화문 복원이 완료됐다. 그러나 이 복원은 목조인 문루를 콘크리트로 만든 엉터리 복원이었다. 광화문의 올바른 복원은 2006년에 시작되어 2010년 8월 15일에 완료됐다. 그러나 이명박 정권(2008년 2월~2013년 2월)의 졸속공사로 현판이 계속 균열되는 문제가 나타났고, 석축도 기계로 자른 돌을 많이 써서 역사를 제대로 느끼기 어렵게 만들었다.

7. 경복궁의 건청궁과 향원정

고종은 1873년에 즉위 10년을 맞아 섭정을 끝내고 친정을 시작했다. 그리고 경복궁의 가장 북쪽에 건청궁과 향원정을 지었다(문화재청의 경복궁 소개 참고. http://www.royalpalace.go.kr/). 민비는 건청궁의 옥호루에서 잔악하게 시해되었으니 건청궁은 경복궁에서 가장 참혹한 곳이기도 하다. 일제는 1909년에 건청궁을 파괴했고 1939년에 그 자리에 조선총독부 미술관을 지었다. 한편 현재 한국에서 가장 해괴한 건물로 꼽히는 국립민속박물관은 1972년 8월 25일에 국립중앙박물관으로 개관됐던 것이다.

이 건물이 있는 곳은 원래 조선의 왕들의 '어진'(초상화)를 모시고 제를 지내던 '선원전'이 있던 곳이다. 이 선원전은 임진왜란 때 일본군에 의해 불타 없어졌는데, 일제는 이 자리에 조선총독부를 과시하는 미술관을 지었고, 다시 일제군 출신 박정희 독재는 역사상 가장 해괴한 잡탕 건물을 지었던 것이다. 강봉진이라는 건축가의 설계였다.

8. 임진왜란 때 일본의 경복궁 파괴

일본은 1592년 4월 14일에 부산을 침략해서 임진왜란을 시작했다. 선조는 4월 30일에 평양을 향한 피난길에 올랐고, 이로써 일본군은 서울로 무혈입성하게 되었다. 5월 2일에 고니시 유키나가(小西行長)군이 동대문을 통해 처음 서울로 들어왔고, 다음 날 가토 기요마사 군이 남대문을 통해 두번째로 서울로 들어왔다. 왕과 양반의 무능에 화가 난 백성들이 여러 곳에서 민란을 일으킨 것도 사실이지만 경복궁과 종묘를 불태우고 약탈한 것은 퇴각하는 일본군이었다. 이강근(2008), '경복궁의 변천과정', 문화재청(2008), 『경복궁 변천사-상』, 40~41쪽. 이 방대한 보고서는 문화재청 홈페이지에서 PDF 화일로 받아볼 수 있다.

9. 경복궁 복원 계획

경복궁은 일제의 파괴로 고종의 중건 때에 비해 겨우 7%만 남게 되었다. 1차 경복궁 복원사업(1990~2010)으로 경복궁의 건물은 36동에서 89동으로 늘어났고, 2차 복원사업(2011~2030)으로 254동을 더 지어 모두 379동으로 늘어나게 될 것이다. 원래의 76% 정도를 복원하는 것이다. 그런데 2013년에 문화재청은 예산을 이유로 최소 복원을 추진해서 전체의 50% 정도만 복원할 뜻을 밝혔다("'조선 정궁' 경복궁 절반만 복원한다', 〈매일경제〉 2013.4.23).

경복궁을 완전히 복원할 필요는 전혀 없을 것이다. 국립민속박물관을 이전해서 그 해괴한 건물을 철거하고 경복궁 동쪽을 복원하는 것으로 마치면 좋을 것이다.

10. 일제의 도시계획

일제는 1912년 9월 '조선 시구개정사업'과 11월 '경성 시구개수 예정노선'을 통해 도로의 정비에 의한 한양도성 안의 도시 개조를 추진했고, 1934년 6월 '조선 시가지계획령', 1936년 2월 경성부 구역의 확대, 12월 경성 시가지계획 가로망과 토지구획정리지구 등을 통해 한양도성 밖으로 도시 확대를 추진했다. 이 대대적인 변화는 일제의 필요와 의도에 의한 '식민지 근대화'로서 500년 동안 이어온 세계적인 역사도시 서울의 대대적인 파괴였다.

11. 도로원표

일제는 1914년 서울을 비롯 전국 10개 도시에 '도로원표'를 설치했는데 서울의 '도로원표'는 세종로에 설치됐다. 이로써 세종로는 서울의 지리적 중심 공간이 되었다. 현재의 이순신 장군상 앞에 설치됐던 이 '도로원표'는 1935년에 '기념비전' 마당으로 옮겨졌다. 1997년 광화문 파출소 앞쪽 마당에 새로운 '도로원표'가 설치됐다. 현재 '도로원표'는 '도로법'에 따라 특별시·광역시·특별자치시·시, 군에 각 1개를 설치해야 한다.

12. 이상과 미쓰코시(三越) 백화점

이상은 1936년 9월에 '날개'를 발표하고 10월에 도쿄로 갔다. 그리고 1937년 2월에 거리에서 '불령선인'으로 잡혀 경찰서에 갇혔다가 보석으로 풀려났으나 폐결핵이 악화되어 4월 17일에 도쿄 제국대학 병원에서 27살의 나이로 사망했다. '날개'의 주인공은 '미쓰꼬시' 옥상에서 뛰어내려 자살하는데, 이곳은 1930년 10월에 문을 연 미쓰코시 백화점의 경성점(지금의 서울 명동 신세계 백화점 본점)이었고, 당시 서울에서 식민지 근대를 대표하는 장소였다. 이상은 일본에서 군부의 발호가 크게 악화되던 때에 도쿄에 갔다가 불행한 최후를 맞았다. 일제의 일제군 출신 박정희의 5·16 군사반란은 일제 육군 장교들의 1936년 군사반란을 모방한 것이었다.

13. 박정희 독재의 동상 건립

1968년 1월 21일에 '1·21 사태'가 발생해서 박정희는 독재를 더욱 더 강화했고, 이와 함께 1966년 8월에 발족한 '애국선열조상건립위원회'의 주관으로 1968년 4월 광화문 네거리에 이순신 장군 동상을 세우는 것으로 시작으로 유신독재를 시행한 1972년 5월까지 15기의 동상을 서울시내 곳곳에 세웠다. 광화문의 이순신 장군 동상은 박정희의 '헌납'으로 세워졌다. 이것은 박정희가 매국노 반란군 독재자인 자신의 정체를 애국자로 위장하기 위해 벌인 짓이었다. 이순우, '민족중흥시대, 사실은 '동상 전성시대'였다-애국선열조상건립위원회가 만든 15구의 동상', 〈오마이뉴스〉 2004.5.12. 혜문, '광화문 이순신 장군 동상의 5대 문제점', 〈한겨레〉 2010.11.15. 정준모, '그림, 시대를 증언하다-초등학교 교정, 관제 동상 밭으로 변하다', 〈시사저널〉 1282호/2014.5.15.

14. 조선시대 세종로의 넓이

『경국대전』에서는 대로를 영조척(營造尺)으로 56척으로 규정했는데 이것은 미터로 17.48m에 해당된다. 종로는 56척으로 만들어졌으나 '육조거리'(세종로)는 훨씬 넓게 만들어졌다. '육조거리'에 대해서는 『광화문 연가-시계를 되돌리다』, 서울역사박물관, 2009에서 많은 자료들을 볼 수 있다. 그런데 이 책에서 '육조거리'가 『경국대전』의 대로 규정에 따라 56척, 즉 17.48m의 도로로 만들어졌다고 한 것은 틀린 것이다. 2007년 9월 광화문 복원을 위한 광화문 터 발굴에서 광화문의 기단부가 동서 34.8m, 남북 14.7m로 확인됐고, 광화문 앞 '육조거리'의 너비는 51~53m였다. '육조거리, 세종로- 가장 넓은 도로 ②', 〈건설경제〉 2010.8.25

와 '육조거리, 세종로- 가장 넓은 도로 ③', 〈건설경제〉 2010.8.30을 참조. '광화문 땅밑 '1800년'이 살아 있다', 〈한겨레〉 2007.11.30. 『광화문광장 백서』, 2011.

15. 건축가의 의도를 잘 지킨 세종문화회관
세종문화회관 건물은 권력자들의 전횡이 자심하던 박정희 독재 시대에 건축가의 의도를 잘 지킨 운 좋은 건물로 손꼽힌다. "엄덕문의 세종문화회관(1973~78)은 설계자의 의도가 제대로 반영된 운 좋은(?) 경우에 속한다고 볼 수 있다. 그는 고건축의 기둥을 차용해 열주를 사용한 고전적 근대주의와 한국 전통 건축의 기둥과 문, 처마와 지붕, 창살 무늬, 추녀선 등의 세부를 현대적으로 반영해 '전통 건축의 현대적 해석'을 요구하는 당시 관제 건축에 부응하는 것이 아니라, '기능 위주의 현대 감각에 고유의 정서를 가미한 디자인'을 고수함으로써 한국 현대 건축의 백미 중 하나로 꼽히는 작품을 만들어냈다. 특히 건물 외벽의 격자 무늬 장식과 김영중의 벽면 좌우에 자리한 '날아오르는 비천상'은 웅장한 건물을 날아오르듯 가볍게 만들었다. 또 전통과 현대라는 시간의 초월을 이뤄낸 김찬식의 '노래하는 대장군상', 유화가 권옥연과 변종하가 각각 만든 극장 무대막 그림, 엄덕문이 디자인하고 전뢰진이 조각한 2층 중간층 귀빈용 로비의 십장생 벽화 등을 통해 당대 문화의 총체적 결집체로서 호사를 누린 건물이다"(정준모, '마천루에서 국민의 자존심을 보다', 〈시사저널〉 1288호/2014.6.26).

16. 이승만의 반민특위 해체
1949년 6월 6일 오전 8시 30분에 서울 중앙청(조선총독부 청사를 정부 중앙청사로 사용)의 반민족행위특별조사위원회(반민특위) 사무실에 당시 서울중부경찰서장 윤기병의 지휘로 경찰관 80명이 들이닥쳐서 쑥대밭을 만들었고 결국 반민특위는 해체됐다. 사흘 뒤인 6월 9인 이승만은 자신이 이 습격 테러를 지시했다고 'AP통신'에 밝혔다. 이승만 정권은 독립운동가로 반민특위에서 활동했던 최능진을 1951년 2월 '이적죄'로 살해했으나 64년여 만인 2015년 8월 법원은 최능진의 무죄를 판결했다. 세종로공원에 세워져 있는 대표 친일파 '주요한'의 시비를 통해, 독립운동가는 악랄하게 살해되고 일제 매국노는 승승장구하는 역사를 볼 수 있다.

17. 대한민국 역사박물관과 한국 정부의 문화체육관광부
대한민국 역사박물관 건물과 주한 미 대사관 건물은 USOM(미 대외원조처)의 자금과 필리핀의 건축으로 1961년 10월에 완공됐다. 대한민국 역사박물관 건물은 한국 정부의 청사로,

주한 미 대사관 건물은 USOM의 건물로 지어졌다. 1968년에 주한 미 대사관이 현재의 건물로 옮겼고, 2012년에 기존의 건물을 고쳐서 대한민국 역사박물관이 들어섰다. 2015년 9월에 대한민국 역사박물관이 참으로 무참했던 박정희의 유신 독재를 미화하는 심각한 역사 왜곡의 전시와 설명을 하고 있는 사실이 드러나서 큰 논란을 일으켰다(〈한겨레〉 2015.9.1). 이곳의 옥상 휴게소에서는 세종로와 경복궁을 잘 바라볼 수 있다.

18. 임진왜란

1592년 4월 14일 일본의 침략으로 시작되어, 1597년 1월 중순의 재침(정유재란)으로 이어졌다. 이순신 장군은 명량대첩(1597년 10월 25일, 남해대교)과 노량대첩(1598년 12월 16일, 진도대교)의 대승을 거두었고 노량대첩의 막바지에 배에서 일본군의 총탄을 맞고 별세했다. 임진왜란은 무능하고 탐욕스런 왕족과 양반들이 혼란의 전국 시대를 끝내고 강성해진 일본의 침략에 대응하지 못한 참사였다. 조선에서는 극히 고루하고 차별적인 성리학(주자학)의 지배 속에서 도공을 비롯한 기술자들이 천민으로 여겨진 반면에 일본에서는 양명학에 기반을 둔 실용적인 문화 속에서 기술자들이 '신'으로까지 모셔졌다. 임진왜란 때 일본으로 끌려간 이삼평, 심당길, 박평의 등의 도공들도 뛰어난 실력으로 이렇게 극진히 존중받았으며 지금까지 대를 이어 도자기를 만들게 되었다. 한국에는 수백 년 동안 대를 이어가며 기술을 다루는 집안은 단 한 곳도 없다.

19. 정동의 유래

정동은 조선 태조 이성계의 계비였던 신덕왕후의 능인 정릉이 있던 데서 유래했다. 태조는 사랑하던 신덕왕후가 죽자 도성 안에 묘를 쓸 수 없도록 한 『경국대전』의 규정을 무시하고 이곳에 신덕왕후의 묘를 만들었다. 그러나 태종 이방원은 신덕왕후와 원수 사이였으므로 정릉을 혜화문 밖 지금의 정릉으로 옮기고 그 신장석은 광통교의 기반석으로 썼다. 정릉의 자리는 1997년 7월의 정동 미 대사관저 첫 정밀조사에서 석물이 발견됨으로써 정동 미 대사관저의 뒤쪽이었을 것으로 추정되고 있다("'용의 눈물' 신덕왕후릉 첫 위치 확인', 〈중앙일보〉 1997.7.26). 정동의 미 대사관저는 모두 경운궁(덕수궁)의 부지였으나 민비에 의해 최대 세도가가 된 민씨 척족이 차지했다가 미국 정부에 팔았다(김정동, '왜 우리 역사에 삽질하려 하는가', 〈주간한국〉 2002.8.15).

20. 로마네스크 건축 양식

로마네스크(romanesque)는 '로마적인'이라는 뜻이다. "로마네스크 건축 양식은 10세기 후반에 일어나 12세기에 고딕 양식으로 발전한 유럽의 건축을 설명하는 용어이다. … 로마네스크 건축은 육중한 특질, 두꺼운 벽, 둥근 아치, 튼튼한 기둥, 그로인 볼트, 큰 탑과 장식적인 아케이드(늘어선 기둥 아래의 공간)로 잘 알려져 있다. 모든 건물은 명확히 정의된 형태를 가지고 상당수가 규칙적이고 대칭적인 평면을 가진다. 그래서 전체적인 외관은 그 뒤를 잇는 고딕 건축에 비교하면 단조로워 보인다"(〈위키백과〉, '로마네스크 건축').

21. 2009년 쌍용자동차 폭력진압

쌍용자동차 해고자들은 2009년 6월부터 평택의 쌍용자동차 공장에서 점거농성을 벌이다가 2009년 8월 9일 당시 조현오 경기 지방 경찰청장의 지휘로 폭력적으로 진압되었고 2015년 5월까지 28명이 목숨을 잃었다. 조현오는 폭력 진압을 펼치기 전에 이명박에게 전화해서 직접 지시를 받았고, 이 진압에 힘입어 2010년 1월에 서울 지방 경찰청장에 임명되었고 8월에 경찰청장에 임명되었으나 노무현 대통령에 대한 악성 거짓말로 2014년에 결국 징역형의 처벌을 받았다. 그리고 조현오는 2017년 2월에 뇌물죄로 또 실형을 선고받았다.

22. 고종과 덕수궁

고종이 덕수궁을 택한 것은 주변에 서양 공사관들이 많아서 악독한 일본의 위협을 피할 것으로 여겼기 때문이었다. 그러나 1905년 11월 을사늑약이 체결되고 일본이 한국을 사실상 지배하게 되면서 서양 공사관들은 떠나게 되었다(이순우, '정동길에 남은 '열강'의 옛 그림자-근대 개화기에 각국 공사관 들어찼던 거리, 을사조약 여파로 공사관 폐쇄되면서 그 흔적만 전해져', 〈시사저널〉 2010.10.4). 1896년 7월에 설립된 독립협회를 중심으로 자주운동이 강력히 펼쳐져서 고종은 아관파천을 끝내고 대한제국의 수립을 추진하게 되었다. 1896~98년의 엄중한 상황에서 고종은 대한제국의 수립과 같은 허식이 아니라 만민공동회의 요구(입헌군주제)와 같은 올바른 요구를 적극 수용해서 민주주의를 추진했어야 했다. 그것이 나라를 지키고 자기 집안을 지키는 유일하게 올바른 길이었을 것이다.

23. 서울의 화교촌

1882년의 임오군란을 계기로 청의 군대가 한성으로 들어오면서 명동 일대(소공동, 회현동)

에 화교촌이 형성되기 시작했다. 1894년의 청일전쟁에서 일본이 승리하고 일본이 명동 일대를 장악하게 되었으나 화교촌은 계속 유지되었다. 오늘날 명동에 중국 대사관과 화교학교가 있는 것도 이 때문이다(〈사진으로 보는 서울I〉의 '조선을 두고 각축을 벌인 청나라와 일본' 참고). 그러나 이승만-박정희 독재 때 화교를 계속 탄압했고, 특히 박정희의 명령으로 1973년에 소공동 화교촌은 없어지게 되었다. 쫓겨난 화교들은 대만으로 많이 떠났고, 일부는 연남동에 새로 자리를 잡았다. 지역정보포털의 '소공동' 소개; Visit Seoul의 '명동 속 중국으로'; 한강문화재연구원, 『서소문구역 제5지구 문화재 지표조사 보고서』 2009.11; 노주석, '서울택리지-(10)도심재개발 '화교 집단촌' 소공동 첫 삽…대기업이 중소상인 생계 터전 점령', 〈서울신문〉 2013.8.30. '서울에 '차이나타운'이 없는 이유는?', 〈프레시안〉 2010.2.8. 오미일, '근현대 한국을 만든 40곳-〈2〉 파란만장한 조선의 심장부-명동·충무로', 〈교수신문〉 2012.6.9.

24. 북촌의 한옥

'북촌'의 한옥은 남쪽으로 율곡로를 지나 인사동, 운니동, 낙원동, 익선동 등으로 이어진다. 특히 익선동은 도심에 남은 유일한 대규모 한옥 지구로서 중요하다. 그런데 현재 남아 있는 '북촌'과 익선동의 한옥들은 대부분 1920~30년대에 정세권이라는 개발업자이자 독립운동가가 건축한 것이다. 한국 최초의 근대적 건설업체인 건양사의 정세권이 아니었다면 '북촌'과 익선동에는 한옥이 지어지지 않았을 수 있다(이혜리, '시간이 멈춘, 빌딩숲 속 한옥마을… 자본의 유혹 버텨낼까', 〈경향신문〉 2015.7.3.; 김경민, '건축왕, 경성을 만들다-한옥 집단 지구의 탄생과 디벨로퍼', 〈프레시안〉 2015.9.9). 서울의 한옥 변화에 대해서는 정기황(2015), '서울 도시 한옥의 적응태', 서울시립대학교 건축학과 박사학위논문을 참고.

25. 전통 골목길의 형성

한성은 신분과 지위에 따라 좋은 곳에 땅을 차지해서 집을 먼저 짓고 길을 만드는 식이었기 때문에 길이 제대로 만들어지지 않았고 막다른 골목으로 끝나게 됐다고 한다(『서울』, 뿌리깊은 나무, 22~23쪽). 한성만이 아니라 전국의 모든 도시와 마을이 이런 식이었다. 그런데 바로 이런 (골목)길이 바로 한국의 전통적인 마을과 도시에서 가장 기본적인 특징을 이루는 것이기 때문에 함부로 없애서는 안 되며 이제는 오히려 잘 보존하기 위해 애써야 한다. 사실 이 과제는 이미 오래 전에 제기되었다('인사동 골목 제발 좀 그냥 둬 두세요', 〈한겨레〉

1999.5.27).

26. 북촌의 개발과 파괴

북촌의 위기를 더 정확히 살피자면 1969년에 건축된 걸스카우트 회관(10층), 1970년에 준공된 안국빌딩(15층), 1970~71/76~77년에 건축된 '공간 사옥'(5층) 등에 의해 '북촌'의 훼손이 시작되었다. 특히 걸스카우트 회관은 4층으로 허가를 받고 10층으로 불법 증축한 건물로서 계속 논란을 빚었다(〈경향신문〉 1981.11.26). 걸스카우트 회관이 건축될 때 육영수가 걸스카우트 연맹의 명예총재였고, 그가 죽은 직후 당시 20대 초반의 박근혜가 걸스카우트 연맹의 명예총재를 맡았으니, 결국 박정희 독재가 북촌 훼손의 시초 주역이었던 것이다. 한편 감사원도 1971년 4월에 '북촌'에서 가장 높은 곳에 지상 8층의 큰 건물을 짓고 들어서서 '북촌'의 훼손을 주도했다. 더욱이 감사원은 1967년에 '삼청공원'의 부지를 대폭 해제하고 들어서서 큰 비판을 받았으나 1991년에 또 '삼청공원'의 부지를 해제하고 연수원을 건축해서 또 큰 비판을 받았다('말로만 푸른 서울-공공건물이 공원에 마구 들어서', 〈경향신문〉 1967.8.29; '공원 용지 야금야금-서울시 6공 들어 38만여 평 해제', 〈동아일보〉 1992.10.20; '시민공원 부지 예정지에 감사원 새 청사', 〈MBC 뉴스데스크〉 2005.5.1). 이렇게 박정희 독재가 나서서 서울을 필두로 전국에서 자연과 역사를 파괴했기에 이미 1970년대 초에 이에 대한 큰 우려와 비판이 제기되었다('상고정신과 파괴적 풍조-문화재 보존, 도시계획에 맹성을 촉구한다', 〈경향신문〉 1974.10.24).

27. 민영휘와 휘문고

1945년 8월 16일 오후에 당시 건국준비위원회 위원장이었던 여운형 선생은 자신의 집 옆이었던 휘문고 교정에서 해방을 알리는 연설을 했다('KBS 인물현대사-좌우를 넘어 민족을 하나로-제1편 여운형', KBS 2005.1.7 참고). 휘문고는 1904년에 민영휘(1852~1935)가 설립했다. 민비의 척족인 그는 '임오 군란' 때 탐관오리로 유배됐으나 곧 복귀해서 '갑신 정변'을 진압했고, 동학혁명이 일어나자 청군의 지원을 요청해서 진압했고, 이어서 일제의 침략에 가담해서 일제의 자작이 되어 엄청난 재산을 쌓은 대표적인 친일 민족 반역자이다. 풍문여고와 남이섬도 민영휘의 후손들이 소유하고 있다. 남이섬은 1944년 청평댐의 건설로 완전한 섬이 됐다. 여기에 있는 남이 장군(1443~1468)의 묘는 '가짜 묘'이고, 진짜 묘는 경기도 화성에 있다. 남이는 뛰어난 젊은 장군이었으나 그를 질투한 예종과 유자광의 모함으로 역모죄로 처형됐고 그의 집안도 모두 파탄되고 말았다. '일제하 최고 갑부, 휘문고 설립자 민영휘의 후손들', 〈대자보〉 2007.5.12, '옛 안동별궁 터 '풍문여고' 70년 만에 공예문화박물관으로'(〈서울신문〉 2015.5.18), '친일땅 국고 귀속 후에도 불법 묘지 '버젓이''(〈충청일보〉 2015.5.19), '친일파 4억3000만 ㎡ 중 환수된 건 0.3% 뿐'(〈미디어오늘〉 2015.8.14) 등 참고.

28. 강북학교의 강남 이전
박정희 독재는 재벌과의 유착을 통한 불법 정치자금 확보를 위해 급속한 '강남 개발'을 강행했고, 이를 위해 강력한 강북의 개발 억제와 강북 학교들의 강남 이전을 강행했다. 전두환 독재는 강북 학교들의 이적지에 재벌들의 개발을 허가해서 강남 개발에 이은 도심 개발의 막대한 특혜를 제공했다('강남으로 간 강북 학교 부지 일관성 없는 건축허가', 〈동아일보〉 1982.8.3). 원래 학교 이적지들은 '공원'을 만들 것으로 알려졌으나 모두 재벌의 건물들이 들어서 버렸다('땅 짚고 헤엄-재벌 놀음, 서울의 강북 학교 옮겨간 자리(상, 중, 하)', 〈동아일보〉 1984.3.13, 14, 15). 이렇게 재벌은 박정희-전두환 독재와의 유착을 통해서 강북과 강남의 주요지를 모두 차지하게 되었다.

29. 고종의 후궁 엄비
고종의 후궁 엄비(순헌황귀비, 1854~1911)는 고종의 정비 민비(명성황후, 1851~1895)가 살아 있을 때는 상궁이었으나 민비가 1895년 10월 8일 일본 공사와 폭력배들에게 시해된 뒤 고종의 승은을 입어 순종(1874~1926, 민비의 둘째 아들)의 이복동생으로서 마지막 황태자가 된 영친왕 이은(1897~1970)을 낳고 황귀비가 되었다. 엄비는 교육에 힘을 쏟아 양정, 숙명, 진명 등의 학교를 설립했다. 한편 1910년 경술국치에 앞장선 최악의 친일파들 중 한 명인 윤덕영은 엄비를 통로로 해서 동생인 윤택영의 딸을 순종의 계후(순종효황후, 1894~1966)로 만들어서 권력을 잡았고, 그 뒤 윤덕영과 윤택영 형제가 송현동을 거의 모두 차지했다.

30. 오세훈 시장의 엉터리 중학천 복원
오세훈 시장 때인 2009년 7월 초에 서울시는 중학천을 친환경 수변공간으로 조성한다고 발표했다. 언론은 이 발표를 '중학천 복원'으로 보도했다. 그러나 이 사업은 '중학천 복원'이 아니었으며, 오히려 대단히 심각한 '중학천 훼손'이었다. 심지어 청소년들마저 이 문제를 강력히 지적하고 나섰다. "청소년 문화재보호단체인 '달항아리 문화학교(cafe.daum.net/dalhangari)' 소속 학생 107명이 지난 주 서울시·문화재청 등에 "중학천을 제대로 복원하라"는 제안서를 무더기로 제출했다. 이들과 함께 최근 찾아간 방송통신위원회 뒷길 청진2, 3지구에는 이미 중학천 조성 공사가 진행 중이었다. 문제는 이 공사에 앞선 발굴 결과 조선시대 석축이 완벽히 보존된 상태로 드러났다는 점이다. 그러나 서울시는 "중학천의 원형을 되살리면 행인이 빠지는 등 위험하다"며 발굴한 중학천을 다시 덮었다. 흙으로 채우고 콘크리트를 다시 깔아 재복개한 뒤 그 위에 인공 실개천을 조성하는 것이다. 문화재 전문가들은 "유구를 보존한다"는 전제 하에 서울시의 개발안을 받아들였단다. 그러나 한 관계자는 "중학천이라는 이름을 쓰는 것뿐이지 복원도 아니고, 중학천이라고 할 수도 없다"고 지적했다."(이경희, '엉터리 중학천 복원', 〈중앙일보〉 2009.12.1).

31. 입법부와 사법부를 무시한 송현동 호텔 건립 계획

송현동 호텔 건립을 강행하는 박근혜 정부의 무모한 규제완화 정책은 입법부와 사법부를 모두 무시하는 것이었다. "대한항공은 서울고등법원과 대법원에 잇따라 상소했지만 모두 패소했다. 특히 대법원은 "정화구역 안에서의 호텔영업을 금지함으로써 토지나 건물주 혹은 호텔 영업자가 입게 될 불이익보다 학생들의 건전한 육성 및 학교 교육의 능률화 등의 공익이 결코 작지 않다"고 판시했다. 대한항공이 추진하는 7성급 관광호텔도 일반 호텔과 다를 바 없다는 것도 재차 강조했다."('대법원 위에 규제 개혁? 대법원 위에 호텔 건축?', 〈노컷뉴스〉 2014.3.29).

그러나 2015년 12월 3일 국회에서 새누리당과 새민련이 '관광진흥법'의 개정에 '합의'해서 송현동에 호텔이 들어설 수 있게 되었다. 이로써 새누리당의 큰 문제가 또 다시 확인되었을 뿐만 아니라 새민련도 또 다시 크나큰 잘못을 저질렀다. 박근혜-최순실 게이트로 너무나 잘 드러났듯이, 지금 이 나라는 비리 세력의 지배와 전횡으로 재벌의 돈벌이를 위해 역사도, 교육도 모두 망치고 없애는 통탄할 지경에 있는 것이다('관광진흥법에서 세월호가 보인다…국회 통과 대유감', 〈뉴스타파〉 2015.12.3).

한진 재벌의 조양호 회장의 딸 조현아가 대한항공 부사장으로서 2014년 9월에 송현동 호텔 건립 계획을 발표했다. 그러나 2014년 12월에 대한항공 비행기에서 큰 행패를 부린 사건('땅콩 회항 사건')으로 조현아가 처벌되면서 이 계획은 추진되기 어렵게 되었다. 문화부는 2015년 8월에 송현동에 복합문화시설인 'K-익스피리언스'를 짓겠다는 계획을 발표했는데 넉 달 뒤인 12월에 송현동에 호텔을 지을 수 있는 법 개정이 이루어진 것이다. 놀랍게도 이 복합문화시설은 박근혜-최순실이 차은택을 내세워 실행한 것으로 드러났다('박원순 "대한항공 송현동 복합문화단지사업도 차은택 개입"', 〈서울신문〉 2016.11.9).

32. 필운대

이곳은 백사 이항복(1556~1618)의 집 뒤였으며, 각자는 백사가 쓴 것으로 전해진다. 그는 권율 장군(1537~1599)의 사위였으며 권율 장군의 집은 사직터널 위 500년 은행나무가 있는 곳에 있었다. 이 동네가 종로구 행촌동인 것은 바로 이 우람한 나무 때문이다. 권율 장군의 집터에는 조선의 금광 개발로 많은 돈을 번 미국인 기술자이자 일제의 침략을 서구에 널리 전한 언론인이었던 앨버트 테일러가 1923년에 '딜쿠샤'(Dilkusha, '이상향'이라는 뜻의 힌두어)라는 붉은 벽돌 집을 지었다.

33. 추사 김정희(1786-1856)의 집터에 관해

서울 종로구 통의동 길가에 김정희가 살던 집터를 알리는 표지석이 설치되어 있다. 그 근처에는 영조(1694~1776)의 잠저(궁궐 밖에서 살던 집) 터를 알리는 표지석도 설치되어 있다. 그런데 두 곳이 모두 통의동 백송의 자리로 되어 있다. 어떻게 된 것인가? 통의동 백송의 자리는 영조의 잠저인 '창의궁'의 터가 맞다. 영조의 차녀 화순옹주가 여기서 태어났는데, 화순옹주는 영의정 김흥경의 아들 김한신과 결혼했다. 이로써 김한신은 '월성위'(경주 김씨 사위라는 뜻)가 되었다. 영조는 두 사람을 위해 통의동에 있던 창의궁의 바로 옆인 적선동에 '월성위궁'을 지어 주었다. 왕의 자녀가 궁궐 밖에서 사는 집을 '궁집'이라고 하는데, 경기도 남양주 평내에는 영조의 막내 따님 화길옹주가 능성위 구민화와 살던 '궁집'이 사유재산이지만 잘 보존되어 있다(중요민속문화재 130호). 김한신은 김정희의 증조부인데 여기에는 대단히 애절한 사연이 있다. 김한신이 39살의 나이로 병사하자 화순옹주는 슬픔을 못 이겨 스스로 곡기를 끊고 자결했다. 두 사람은 동갑이었다. 두 사람은 자식이 없어서 사후에 조카인 김이주를 양자로 들여서 후계를 잇게 했다. 김이주는 네 아들을 낳았는데 셋째 김노경이 김정희의 친아버지이다. 김노경은 충남 예산에서 살았으니 김정희의 생가는 바로 이곳이다('추사 김정희 고택'). 그런데 큰아버지 김노영에게 자식이 없어서 김정희가 8살(1793)에 그의 양자로 입양되어 월성위궁의 주인이 되었다. 이 집은 통의동의 바로 남쪽이었던 적선동에 있었는데 창의궁과 서궐대의 사이에 있던 저택이었을 것으로 추정된다. 지금 통의동 길가에 설치된 김정희의 집터 표지석은 잘못된 것이다.

34. 율곡 학파

율곡 이이(1537~1584)는 이황(1501~1570)의 영남학파에 대비되는 기호학파의 조종이다. 주리론의 영남학파는 동인과 남인으로, 주기론의 기호학파는 서인으로 당파화되었고, 서인은 다시 노론과 소론으로 나뉘었고, 결국 송시열(1607~1689)이 주도한 노론이 최강 당파가 되었다. 이렇듯 조선은 16세기 말부터 지배 세력인 양반들의 처절한 당파 투쟁으로 극심한 혼란과 퇴락의 길을 걷게 되었다.

35. 주민등록제도

우리의 주민등록증 제도는 모든 국민이 출생과 함께 국가로부터 고유 식별번호를 부여받게 되며, 만 17살이 되면 주민센터에서 열손가락 지문을 날인해서 제출하고 주민등록증을 발부받게 된다. 이러한 두 제도는 한국의 주민등록제도에만 있는 극히 반인권적인 국민감시제도이다. 이에 대해서는 홍성태(2012), '유신 독재와 주민등록제도', 『역사비평』 99호/2012년 여름호, 91~112쪽을 참고.

36. 동농 김가진 선생

동농 선생의 유구는 아직도 환국하지 못한 상태이다. 동농 선생에 대해서는 『동농 김가진 전』(김위현, 학민사, 2009), 며느리 정정화 선생에 대해서는 『정정화: 대한민국 임시정부의 안살림꾼』(신명식, 역사공간, 2010), 『장강일기』(정정화, 학민사, 1998), 동농 선생 가족들의 독립운동에 대해서는 손자 김자동 선생이 쓴 『임시정부의 품 안에서』(김자동, 푸른역사, 2014) 등을 참고. 아들 김의한 선생은 1951년에 납북되어 북한에서 1964년에 별세했다. 이승만 정권은 김의한(1900~1964)이 납북되고 정정화(1900~1991)를 인민군 부역자로 몰아 투옥했다. 김의한과 정정화의 아들 김자동 선생(1928년 상하이 출생)은 대한민국 임시정부 기념사업회 회장으로 활동했다. '동농 김가진 일가의 4대에 걸친 나라사랑'(신명식, 〈내일신문〉 2005.6.3)을 참고.

37. 자하문로

자하문로는 자하문터널을 통해 사직로와 세검정 삼거리를 잇는 도로이다. 창의문길은 청와대 앞(궁정동)에서 청운동을 지나 부암동에 이르는 도로로서, 1936년의 〈조선 시가지계획령〉에 따라 만들어졌다(서울지명사전). 경복궁역에서 청와대로 이어지는 경복궁 서쪽 담 옆의 도로는 효자로이다. 이 길은 조선 때 개설됐고, 1923년 9월에 일제는 이 길에 전차노선을 부설했다. 1923년 10월에 일제는 경복궁 안에서 '조선 부업품 공진회'를 열었는데, 이 행사에 대비한다는 명목으로 효자로에 전차 선로를 부설했고, 이때 경복궁의 서쪽 궐대였던 서십자각을 철거했다(이순우, '경복궁 서십자각은 왜 사라졌을까', 〈오마이뉴스〉 2003.9.4).

38. 경술국적

"경술국적(庚戌國賊)은 1910년 8월 한일 병합 조약 체결에 찬성, 협조한 내각총리대신 이완용, 시종원경 윤덕영, 궁내부대신 민병석, 탁지부대신 고영희, 내부대신 박제순, 농상공부대신 조중응, 친위부장관 겸 시종무관장 이병무, 이완용의 처남인 승녕부총관 조민희 여덟 명을 가리킨다. 이들은 모두 합방의 공을 인정받아 일본 정부로부터 귀족 작위를 받았으며, 2002년 민족정기를 세우는 국회의원모임과 광복회가 공동 발표한 친일파 708인 명단과 2008년 민족문제연구소에서 친일인명사전에 수록하기 위해 정리한 친일인명사전 수록예정자 명단에 전원 선정되었다"(〈위키백과〉, '경술국적').

39. 조선의 당쟁

조선의 당쟁은 1575년(선조 8)에 사림파인 김효원과 심의겸이 문반의 인사권을 갖고 있던 이조전랑의 자리를 두고 크게 대립한 것으로 시작되었다. 집이 동쪽 인현동에 있었던 김효원을 중심으로 모인 사람들을 동인으로, 집이 서쪽 정동에 있던 심의겸을 중심으로 모인 사람들을 서인으로 불렀다. 소장파인 동인은 이황과 조식의 영남 학맥이 중심이었고, 노장파인 서인은 이이와 성혼의 기호 학맥이 중심이었다. 뒤에 서인의 영수 정철이 처벌받게 되었을 때 동인은 서인을 강경하게 처벌하자는 북인과 온건하게 처벌하자는 남인으로 나뉘었다. 전자는 정인홍 등 조식의 학맥이 중심이었고, 후자는 유성룡 등 이황의 학맥이 중심이었다. 광해군과 북인을 축출한 인조반정(1623) 뒤에 조선은 사실상 서인의 나라가 되었고, 1680년 송시열의 노장파(노론)와 윤증의 소장파(소론)가 남인의 축출을 둘러싸고 싸운 뒤에 결국 조선은 노론의 나라가 되었다.

40. 조선의 4대 사화와 기축옥사(己丑獄事)

조선의 4대 사화는 무오사화(연산군 4, 1498), 갑자사화(연산군 10, 1504), 기묘사화(중종 14, 1519), 을사사화(명종 1, 1545)이다. '사화'는 '선비들이 화를 입은 사건'을 뜻하는데, 조선 초기의 지배 세력인 훈구파에 의해 이에 맞선 신진 선비들인 사림파가 탄압받고 축출된 정치 사건이다. 권력을 잡은 사림파는 다시 노장파인 서인과 소장파인 동인으로 나뉘어 싸웠다. 서인은 동인을 축출하기 위해 동인을 모함해서 '기축옥사'을 일으켰다. 서인이 주도한 '기축옥사'의 동인 쪽 희생자는 1천 명이 넘어서 4대 사화의 희생자 500명의 두 배를 넘었다고 한다. 정여립은 전주 출신이었기에 주로 호남의 선비들이 처형되었다. 그런데 정철은 본관이 연일이고 서울 청운동에서 태어나서 자랐지만 집안이 사화로 망한 뒤 담양의 외가로 가서 10년여 살다가 벼슬길로 나아간 사실상 호남 사람이었으니 정철에게 중요했던 것은 서인의 권력뿐이었던 모양이다.

'기축옥사'에서 동인의 영수였던 이발은 혹독한 고문을 당해 죽었고 형제들은 물론 82살 노모와 10살 아들도 모두 혹독한 고문을 당해 죽었다. 그 뒤 이발 집안에서는 고기를 썰 때 '정철 정철' 하며 썰었다는 참담한 얘기도 전해진다. 그런데 이발과 그 노모, 아들은 선조의 친국에서 고문을 당해 죽었다. 선조가 동인을 제압하기 위해 정철과 서인을 내세워 '기축옥사'를 일으킨 것이기도 하다. 정철은 세자 책봉에서 선조의 심기를 거슬러 강화도로 유배되어 죽었다.

41. 몽유도원도

"현재 몽유도원도는 일본의 덴리(天理) 대학 부속 덴리 도서관에 소장되어 있는데, 어떤 경로로, 어떻게 반출되었는지는 확실하지 않다. 임진왜란 당시 제4진으로 조선에 출병한 시마즈 요시히로(島津義弘)가 경기도 고양현에 있는 절 대자암(大慈庵)에서 이 그림을 약탈해 일본의 손에 들어갔다는 얘기도 있었지만 추정만 할 뿐 확인된 사실은 아니다. 몽유도원도를 소장했던 일본소장가 중에서 시마즈 히사나루(島津久徵)의 생애나 활동을 미루어 볼 때, 1893년 이전에 이미 일본에 있었다는 사실이 추정되고 있으며, 1955년경부터 덴리 대학이 소장하고 있다. 학계에선 당시의 시대적인 상황이나 이 작품의 가치 등을 미루어 보았을 때 사실상 약탈당한 문화재라고 추정하고는 있지만 아직 명확한 증명은 이루어지지 못했다"('몽유도원도', 〈위키백과〉).

42. 을사오적

*을사오적(乙巳五賊): 학부대신 이완용, 군부대신 이근택, 내부대신 이지용, 외부대신 박제순, 농상공부대신 권중현

*정미칠적(丁未七賊): 내각총리대신 이완용, 농상공부대신 송병준, 군부대신 이병무, 탁지부대신 고영희, 법부대신 조중응, 학부대신 이재곤, 내부대신 임선준

*경술국적(庚戌國賊): 경술팔적. 내각총리대신 이완용, 시종원경 윤덕영, 궁내부대신 민병석, 탁지부대신 고영희, 내부대신 박제순, 농상공부대신 조중응, 친위부장관 겸 시종무관장 이병무, 이완용의 처남인 승녕부총관 조민희

43. 러시아의 마지막 황제 니콜라이 2세

러시아의 마지막 황제 니콜라이 2세는 시대의 변화에 제대로 대응하지 못한 아주 무능하고 악독한 자였으며, 1904년의 러일전쟁에서 일본에 패전해서 조선 침략의 야욕을 접어야 했다. 그는 1899년과 1907년에 만국평화회의를 개최했으나 밖으로는 일본과 전쟁을 벌였다가 패전하고 안으로는 개혁을 요구하는 민중을 계속 강력히 억압해서 결국 1917년 10월 레닌(1870~1924)이 지도한 볼셰비키 혁명에 의해 폐위되고 처형되었다.

44. 증주벽립

공자의 제자 증자(曾子, 이름은 曾參, 기원전 505~기원전 435)와 남송의 주자(朱子, 朱熹, 1130~1200)가 벽에 서 있는 것처럼 여기서 열심히 공부하며 두 사람의 삶을 이어받겠다는 뜻이다. 주자는 증자에 매달렸고, 조선은 주자에 매달렸다. 조선이 망한 근원에는 부패하고 무능한 양반 체제를 강력히 옹호하기 위해 주자학만을 절대시해서 사람들을 억압하고 세뇌했던 것이 놓여 있다. 송시열도 칭송했던 문충공 계곡 장유(谿谷 張維, 1587~1638)는 주자학에만 매달리는 조선의 행태에 대해 "중국에는 학자가 있으나 우리나라에는 학자가 없다"고 질타했다(장유(1632), 김철희 역(1974), 『계곡만필』, 을유문화사, 71쪽).

45. 송시열

송시열은 숙종(1661~1720, 재위 1674~1720)이 장희빈(1659~1701)의 아들을 세자로 봉하는 것을 반대해서 사사되었다. 경종(1688~1724, 재위 1720~1724)은 장희빈의 아들이었으며, 그에게 후사가 없어서 이복동생이 세제로 봉해지고 영조(1694~1776, 1724~1776)가 되었다.

46. 효성그룹 가계도

장남 조석래가 효성그룹(창업자 조홍제)을 물려받았고 차남 조양래는 한국타이어그룹을 경영하고 있는데, 조양래의 차남 조현범이 이명박의 세째 딸 이수연과 결혼한 사이라 이명박이 대통령에 당선되자 효성그룹과 한국타이어그룹은 큰 주목을 받게 되었다. 한국타이어그룹은 심각한 노동자 탄압과 노동자 집단사망의 문제를 안고 있고, 효성그룹은 엄청난 비리를 저지른 사실이 드러났다('한국타이어에서 작업 중 노동자 사망', 〈오마이뉴스〉 2013.3.7; '사상최대 세금 추징 효성그룹…비리 실태-국세청, 1조원대 분식회계 적발…차명재산 1000억 원대 이상', 〈서울신문〉 2013.10.5). 그런데 검찰은 조석래 회장과 장남 조현준 사장을 모두 불구속 기소했다. 2014년 7월 차남 조현문 변호사가 효성그룹의 한 계열사 대표를 배임과 횡령으로 검찰에 고발했는데, 〈한겨레〉는 그 경위를 상세히 보도했다(곽정수, '효성 재벌 3세 조현문은 말한다 "가족들 모두 감옥 간다" 진언하자 "회사 나가라"', 〈한겨레〉 2014.8.8). 조석래는 장남 조현준, 차남 조현문, 삼남 조현상 등 세 아들을 뒀다. 차남 조현문은 보성고와 서울대 인류학과(88학번)를 졸업했고, '마왕' 신해철과 보성고 동기로 '무한궤도'를 함께 했다. 조양래는 장남 조현식과 차남 조현범의 두 아들을 뒀다.

47. 이승만의 행적

이승만은 '반민특위'(반민족행위특별조사위원회, 1948년 9월 7일~1949년 6월 6일)를 1949년 6월 6일에 강제해산시켜 일제 매국 세력을 구제했다. 그는 1905년에 대표 친일단체였던 '일진회'의 대변인 자격으로 시어도어 루즈벨트 미국 대통령을 면담했고(최원형, "'이승만 고종 밀사설' 깨졌다-한겨레, 미국 옛 신문보도 발굴, 1905년 루즈벨트 만나 "일진회 대변인" 자처, 대한제국 부정하고 반러·친일 노선 드러내', 〈한겨레〉 2011.8.21), 1918년의 미국 징집서류에 국적을 '일본'으로 직접 썼다("'내 국적은 일본" 이승만 美체류시절 자필 국적표기 충격', 〈뉴시스〉 2013.10.5). 이승만은 임시정부의 초대 대통령이었으나 비리로 탄핵된 최초의 대통령이 되었다. 그의 독립운동은 각종 비리와 의혹에 쌓여 있으며, 대통령으로서 그의 학정과 학살은 너무나 악랄할 것이었다. 이 자의 묘를 하루빨리 국립묘지에서 없애야 할 것이다.

48. 국립서울대학교 설립안

서울대는 1946년에 미 군정에 의해 서울 시내 여러 곳에 있던 9개의 학교들을 통합해서 만들어졌다. 미 군정은 1946년 7월에 '국립서울대학교 설립안'을 전격 발표하고 8월에 '국립서울대학교 설립에 관한 법령'을 제정했다. 이것은 한국의 최고 교육기관을 미 군정이 원하는 형태로 만드는 것이었기 때문에 격렬한 대립이 빚어졌다. 이것을 '국대안 파동'이라고 한다. 서울대의 형성과 변화에 대해서는 『서울대 60년사』를 참고(www.snu.ac.kr/about/snu60/index.htm).

49. 자하 하디드

21세기에 들어와서 자하 하디드(1950~2016)는 세계에서 가장 '잘 나가는' 건축가가 되었다. 그런데 그녀는 건물이 들어서는 지역의 역사와 사회를 무시하고 자신의 환상을 최대한 추구하는 것으로 악명이 높았다. 최근에는 베이징과 도쿄, 그리고 서울에서 큰 비판을 받았다. 2014년 8월에 한 학자가 뉴욕타임스에 쓴 서평에서 그녀를 비판했는데 그녀는 이 학자를 명예훼손으로 고소했다. 자하 하디드의 오만한 행태는 학문과 언론에 대한 위협의 수준에 이른 것으로 보였다. 건물의 상품성이 커지면서 이른바 '세계적인 건축가'를 활용한 건축 마케팅이 세계적으로 붐을 이루고 있다. 이에 따라 '세계적인 건축가'에 의한 자연, 역사, 문화의 훼손과 파괴의 문제도 갈수록 커지고 있다. 재벌이 주도하고 언론이 현혹하는 '세계적 건축가 마케팅'의 문제를 올바로 인식해야 한다.

50. 치도규칙

1882년 일본에서 김옥균(1851~1894)이 『치도규칙』(등록문화재 565호)을 썼다. 이로써 김옥균은 도로의 정비와 위생의 개선에 초점에 맞춘 근대적 도시 개혁을 처음으로 제시했다. 1883년 1월에 한성부 판윤에 부임한 박영효(1861~1939)는 『치도규칙』을 실행에 옮겼으나 '가가'를 없애고 거리를 넓히려던 조치에 대한 반발이 커져서 불과 석달만에 한성부 판윤을 그만두게 되었다. '가가'의 주인들에 민비 쪽 척족을 비롯한 세도가나 그와 연결된 자들이 많았기 때문이었다. 1896년 9월에 '내부령' 제9호로 '한성내 도로의 폭을 규정하는 건'이 공표되고 비로소 '가가'의 정비가 이루어지게 되었다. 박영효는 대표 개화파에서 대표 친일파로 전락한 자였다.

51. 깡패조직 '동대문사단'

두목은 이정재(1917~1961), 행동대장은 유지광(1927~1988)이었다. 둘은 이승만의 심복이었던 경찰 곽영주(1924~1961)와 함께 '이천 3인방'이었다. 이정재는 각종 범죄 혐의로 사형됐고, 곽영주는 4·19 혁명 시위대에 발포 명령 등으로 사형됐고, 유지광은 사형 선고를 받았으나 감형되어 석방됐다. 사형된 정치깡패로 임화수(1924~1961)도 있는데, 그는 '반공예술인단'을 만들어 연예인들을 괴롭혔고, 반공청년단 소속의 깡패들을 동원해서 4·18 고려대생 습격사건을 저질렀다. 1960년 4월 18일 당시 태평로의 국회의사당(현 서울시의회) 앞에서 이승만 정권의 부정선거에 항의하고 돌아가는 고려대생들을 임화수의 지시를 받은 깡패들이 청계천 4가에서 쇠고리, 쇠사슬 등으로 마구 공격해서 한 명을 죽이고 50여 명을 크게 다치게 했다('고대생 시위대 피습사건', 〈한국근현대사 사전〉). 고려대생들은 '4·18 의거'를 기려서 매년 4월 18일에 안암동 교정에서 수유리의 4·19 혁명 묘지를 왕복하는 4·18 마라톤 대회를 열고 있다.

52. 서울의 몽마르트 용산

방배동의 서래마을에 '몽마르트 공원'이 있는데 사실 용산이 서울의 '몽마르트 동산'이라고 할 만하다. 파리에서 가장 높은 곳인 '몽마르트 동산'(La Butte Montmartre)에서 몽(mont)은 '산'을 뜻하고 마르트(martre)는 '순교자(martyrs)'를 뜻하기 때문이다. '몽마르트'라는 말 자체가 본래 '순교자의 동산'을 뜻하는 것인데, 272년 생 드니(Saint-Denis)와 2명의 제자가 이곳에서 참수된 데서 유래됐다. 몽마르트 동산의 꼭대기에 있는 흰 대리석의 '사크레쾨르 대성당'(Basilique du Sacré-Coeur)은 1871년 1월 프랑스가 프로이센과의 전쟁에서 패한 뒤 참혹한 '파리 코뮌(1871년 3월 18일~5월 28일)'을 거치고 공화국이 되어 국민들의 사기를 진작하기 위해 1876년에 착공되어 1910년에 완공됐다. 용산의 아래 당고개와 새남터는 한국 천주교의 최대 순교지이니 용산이야말로 몽마르트, 즉 '순교자의 동산'이다.

53. 흥선대원군과 조두순

조두순은 1865년(고종 2)에 70살이라는 고령으로 영의정이 되었다. 조두순이 영의정이 된 것은 1863년 풍양 조씨의 집권과 고종의 즉위에 의한 것이다. 조두순은 고종의 옹립에 적극 찬성해서 흥선대원군의 신임을 얻어서 영의정에 오르게 되었다. '동학 혁명'의 직접적인 원인 제공자인 고부군수 조병갑(1844~1911)은 조두순의 서조카였다. 정조 이후 조선에는 사실상 왕이 없었고, 외척 양반들이 왕을 내세워 나라를 사유화했다. 이 자들은 자기들의 이익을 위해 온갖 비리를 저지른 비리 세력으로서 결국 매국과 독재도 주도했고 여전히 이 나라의 지배 세력으로서 전횡하고 있다.

54. 세조의 반란과 한명회

한명회는 조선에서 가장 영악한 간신이었다. 그는 세조가 1453년에 반란(계유정난)을 일으켜 권력을 잡고 조카인 단종을 죽이는 과정을 주도해서 부귀영화를 누린 자였다. '압구정동'은 1970년대 중반에 아파트 동네로 변모했고 1990년대에 들어와서 '천민 자본주의'의 상징처럼 여겨지기도 했다. '압구정'의 변화에 대해서는 이종묵, 『조선의 문화공간 1』, 휴머니스트, 2006; 1990년대 '압구정동'의 변화에 대해서는 강내희 외, 『압구정동-유토피아 디스토피아』, 현실문화연구, 1999를 참고.

55. 압구정동 현대아파트 특혜 분양 사건

1978년 7월 14일 검찰은 '압구정동 현대아파트 특혜 분양 사건'의 전모를 발표했다. 현대 재벌은 압구정동의 한강변을 매립해서 사원용으로 지은 이 아파트의 무려 600여 가구를 국회의원, 고위 관료, 언론인 등에게 특혜 분양해서 큰 이익을 취하게 했다. 이 사건은 박정희 개발독재 시대를 대표하는 '정경언 유착' 사건이었다. 현대 재벌은 이를 통해 압구정동을 자신의 '영지'로 만드는 데 성공했다. 이로써 압구정동은 현대아파트와 현대 백화점으로 대표되고 '천민 자본주의'의 대표로 여겨지게 되었다. '천민 자본주의'는 실은 폭력과 비리로 유지되는 '박정희식 자본주의'이다.

56. 한국종합기술개발공사와 김수근

이 '공사'는 김종필이 각종 토건사업을 위해 설립한 국영 토건회사였다. 김수근은 1967년에 부사장으로 임명되었다가 1968~69년에 사장으로 재직했다. 김수근은 박정희 독재를 대표하는 공식 대표 관변 건축가이기도 했던 것이다. 김수근은 1950년에 서울대 건축과에 입학했는데, 1951년 초에 일본으로 밀항해서 공부하고 일하다가 1961년에 귀국했다. 손정목은 김수근의 밀항이 한국전쟁 때 징병을 피해, 즉 군역을 기피해서 이루어진 것으로 추정했다. 『서울도시계획이야기 2』, 한울, 2003, 44쪽.

57. 폐선 부지 도시 공원 '프롬나드 플랑테'(Promenade plantée, 식물 산책로)

세계적으로 '폐선 부지'를 활용한 도시 공원의 대표 사례로는 1993년에 완공된 파리의 '프롬나드 플랑테'(Promenade plantée, 식물 산책로)를 들 수 있다. 이 공원에는 고가 철도 구간도 일부 있다. 2009년에 개장된 뉴욕의 '하이 라인 공원'은 '프롬나드 플랑테'를 모방한 것이나 전체가 고가 철도 구간이었다. 국내에서 '폐선 부지 공원'의 첫번째 사례는 2003~13년의 10년에 걸쳐 구간 별로 계속 조성된 광주의 '푸른 길 공원'이다. 2015년 현재 서울의 경원선 폐선 부지도 공원으로 전환되고 있다. 서울시가 2015년부터 조성하기 시작한 '서울역 고가도로 공원'은 '고가도로 공원'이라는 점에서는 '하이 라인 공원'을 모방한 것이지만 고층 건물들 사이가 아니라 넓은 철도와 도로를 건너는 것이라는 점에서 둘은 크게 다르다. 나는 옛 서울역 역사의 역사성과 주변 지역의 생태문화적 개발의 면에서 서울역 고가도로를 철거하는 것이 옳다고 생각한다. 옛 서울역 역사의 북쪽 철도를 복개해서 퇴계로와 만리동을 잇는 도로를 만들고, 옛 서울역 역사의 앞으로 사람들이 자유로이 길을 건널 수 있도록 건널목을 설치하며, 옛 서울역 역사의 뒤에서 만초천을 일부 복원하는 것 등이 그 내용이다.

58. 경성방직

경성방직은 1919년에 김성수가 설립한 방직회사이지만 실제 창업주는 1938년에 지배인으로 입사해서 1946년에 4대 사장이 된 김용완이었다. 1970년에 회사 이름을 '경방'으로 바꿨다. 경방의 '타임스퀘어'는 '도시 재생'의 성공 사례로 꼽히기도 한다. '도시재생 패러다임 변화-上 도시재생, 어디까지 왔나', 〈건설경제〉 2016.1.4.

59. 방림방적

'방림방적'은 서갑호가 세웠다. 경북 울산 출신인 서갑호(1915~1976)는 일제 때 일본으로 건너가 방직사업을 해서 갑부가 됐고, 1961년 5·16 군사반란이 일어난 뒤인 1962년에 박정희 정권에게 일본 대사관 부지와 건물을 제공했고, 1963년에 한국산업은행이 관리하던 태창방직을 인수해서 1967년에 '방림방적'으로 이름을 바꿨다. 서갑호는 1974년에 윤성방적(1964년 구미에 설립)이 전소하고 일본에서 운영하던 '사마모토 방직'도 부도나서 도산했다. 1974년에 경쟁자였던 코오롱의 창업자 이원만의 차남이 김종필의 장녀와 결혼했는데, 이렇게 이루어진 김종필-이원만의 유착으로 서갑호가 망하게 되었다는 설도 있다. 박정희 반란 세력에게 헌신했으나 배신당해서 망한 것이 맞는 것 같다.

60. 가리봉 5거리

'가리봉 5거리'는 '구로공단'을 대표하는 곳이어서 1980년대 중반부터 이곳에서 전두환 독재 타도와 노동권 보장을 요구하는 기습 시위가 활발히 펼쳐졌다. 서울역사박물관은 2015년에

'구로공단 반세기 기념 특별전'을 열었는데, 그 제목은 바로 '가리봉 오거리'였다. 이 전시의 내용은 『가리봉 오거리』라는 제목의 책으로 잘 정리되어 출판됐다.

61. 한국의 중국교포 현황

2016년 1월 현재, 한국에는 80만 명이 넘는 중국 동포들이 살고 있고, 그 다수는 서울에서 살고 있는데, 서울에서 중국 동포들이 가장 많이 살고 있는 곳은 대림동(영등포구)이고 다음으로 많이 살고 있는 곳이 가리봉동(구로구)이다. '중국 조선족들이 일구어낸《가리봉 조선족 타운》', 〈길림신문〉 2008.12.10; '국내 조선족 80만명… 이방인 아닌 이방인-中 조선족 3명 중 1명 한국 체류', 2015.12.19; 서지수, '서울 대림동의 조선족 통로(portal)로서 장소성 형성', 〈지리학 논총〉 58호/2012.3.

• 재개발과 재건축에 관해

도시의 변화는 여러 법과 제도에 의해 규제된다. 최상위에 '국토기본법'과 '국토계획법'(국토의 계획 및 이용에 관한 법률)이 있다. 두 법에 의거해서 '도시기본계획'과 '도시관리계획'이 수립된다. 전자는 도시 변화의 장기 전망을 제시하는 것이고, 실제 법적 효력을 갖는 것은 후자이다. 2017년 현재 서울시는 〈2030 서울 도시기본계획〉('2030 서울 플랜')을 수립해서 추진하고 있다. 도시의 변화는 '국토계획법', '도시개발법', '도시 및 주거환경정비법'('도정법')에 의해 가장 강력히 규정되는데, 도시환경정비사업, 주거환경개선사업, 주택재개발사업, 주택재건축사업 등이 그것이다. 이명박-오세훈이 시행해서 서울을 크게 망친 이른바 '뉴타운'은 '도시 재정비 촉진을 위한 특별법'('도촉법', '뉴타운법')에 의한 것이다. 서울에서 재개발/재건축은 극심한 자연과 역사의 파괴는 물론 가난한 주민의 추방과 약탈의 문제를 안고 있다. 사실 파괴적-추방적-약탈적 개발은 언제나 범죄일 수밖에 없는 것이다.

참고: 홍성태(2007), 『개발주의를 비판한다』, 당대; 홍성태(2014), 『서울의 개혁』, 진인진; '한국 토건자본주의의 '리얼월드' - 서울 중랑 면목 3구역으로 보는 재건축·재개발 범죄의 '일반 원리', 〈한겨레〉 2017.2.24.

• 법령 · 제도 연혁

1882	김옥균, 〈치도약론〉(도로 정비 제안)
1883	박영효, 한성 개혁 시도
1896	이채연, 한성 개조사업 시작
1912.9	조선 시구 개정사업
1934.6	조선 시가지계획령
1961.12	공유 수면 관리법 제정
1962.1	공유 수면 매립법 제정
	도시계획법 제정(2002.2 폐지)
1966.8	토지구획정리사업법 제정(2000.1 폐지)
1972.12	주택건설 촉진법 제정(주촉법, 2003년 5월 주택법으로 법명 개정)
	특정지구 개발 촉진에 관한 법 제정(강남 개발 특별법, 1978년 폐지)
1973.3	주택개량 촉진에 관한 임시조치법
1976.12	도시재개발법 제정(1983년 합동재개발 개정)
1980.12	택지개발촉진법(택촉법, 신도시법) 제정
2000.1	도시개발법 제정(토지구획정리사업법 폐지)
2002.2	'국토의 계획 및 이용에 관한 법률' 제정(도시계획법 폐지)
2003.3	서울시, '서울특별시 지역균형발전지원에 관한 조례' 제정 (서울시 뉴타운 사업 시작)
.7	도시 및 주거환경정비법(도정법) 시행(도시재개발법 폐지)
2005.12	도시재정비 촉진을 위한 특별법(뉴타운법, 도촉법) 제정
2010.4	공유 수면 관리 및 매립에 관한 법률 제정
2013.6	도시재생 활성화 및 지원에 관한 특별법 제정(도생법? 도시재생특별법)
2015.9.24	서울 성동구, 젠트리피케이션 방지 조례 (성동구 지역공동체 상호협력과 지속가능발전 구역 지정에 관한 조례) 제정
11.18	'2025 서울시 도시재생 전략계획' 도계위 조건부 통과
11.23	서울시, '젠트리피케이션 종합대책' 발표
12.7	'젠트리피케이션 종합대책' 공개

12.10	'2025 서울시 도시재생 전략계획' 확정
2016.1.7	서울시, '상가 임차인 보호를 위한 조례' 제정
2.3	서울 중구 젠트리피케이션 예방 상생협약 표준안 발표
2.11	서울시, '경제민주화 특별시 선언' 발표
	서울시, '뉴타운 해제지역 등 저층주거지 관리 및 재생모델 개발' 계획 발표